Das Buch

In der Zukunft hat sich die Erde in ein ökologisches Wrack verwandelt. Der Mond ist ein einziges Bergwerk, und alle Hoffnungen liegen nun auf der Besiedlung des Mars. Dessen Terraforming ist in vollem Gange, und mit Raumfrachtern werden die Rohstoffe des roten Planeten abtransportiert. Jak ist Mechaniker an Bord eines vollautomatischen Frachters, der gerade mit zwei Millionen Tonnen Erz auf dem Weg zur Erde ist. Was er nicht weiß: Einer der Container ist vollgestopft mit Bomben. Und auch Jak hat ein paar Geheimnisse zu verbergen. Für ihn und seine Schwester Sal, die als Marshal auf dem Mond stationiert ist, beginnt ein gnadenloser Wettlauf gegen die Zeit, bei dem es um nichts weniger geht als um das Schicksal des Planeten Erde …

Die Autoren

Hinter dem Pseudonym T. S. Orgel stehen die beiden Brüder Tom und Stephan Orgel. In einem anderen Leben sind sie als Grafikdesigner und Werbetexter beziehungsweise Verlagskaufmann beschäftigt, doch wenn beide zur Feder greifen, geht es in fantastische Welten. Für ihren ersten gemeinsamen Roman *Orks vs. Zwerge* wurden sie im Oktober 2013 mit dem Deutschen Phantastik Preis für das beste deutschsprachige Debüt ausgezeichnet. *Terra* ist ihr erster Science-Fiction-Roman.

Mehr zu T. S. Orgel auf

diezukunft.de›

T. S. ORGEL

TERRA

ROMAN

WILHELM HEYNE VERLAG
MÜNCHEN

Verlagsgruppe Random House FSC® N001967

Originalausgabe 12/2018
Redaktion: Catherine Beck
Copyright © 2018 by Tom & Stephan Orgel
Copyright © 2018 dieser Ausgabe by
Wilhelm Heyne Verlag, München,
in der Verlagsgruppe Random House GmbH,
Neumarkter Straße 28, 81673 München
Printed in Germany
Umschlaggestaltung: DAS ILLUSTRAT, München,
unter Verwendung eines Motivs von Sergey Nivens / Shutterstock
Satz: GGP Media GmbH, Pößneck
Druck und Bindung: CPI books GmbH, Leck

ISBN: 978-3-453-31967-7

diezukunft.de

All jenen, die hinaus ins All streben:
den Ingenieuren, den Wissenschaftlern, den
Raumfahrern, den Weltraumverrückten, den
Geschichtenerzählern und Visionären, die unseren
Horizont erweitern und uns gleichzeitig zeigen,
wie klein und zerbrechlich unsere Heimat
von außen gesehen ist

INHALT

ABBILDUNGEN

I would like to die on Mars.
Just not on impact.
Elon Musk

—

NEUNUNDZWANZIG MINUTEN

Drei Tage zuvor

»Du hast noch Sauerstoff für neunundzwanzig Minuten.«

Kaltes Grauen stieg in Charlotte auf. Unwillkürlich klopfte sie gegen die Seite ihres Helms, als würde das genügen, um die Anzeige auf ihrem Display zu verändern. Die Grafik in einer Ecke ihres Helmmonitors zeigte dasselbe an, was die Stimme in ihrem Ohr gerade verkündet hatte. »Audrey, das kann nicht stimmen! Meine Tanks waren voll, als ich sie angelegt habe, und ich bin erst seit einer knappen Stunde draußen. Ich müsste noch für mehr als elf Stunden Sauerstoff haben und nicht für verdammte neunundzwanzig Minuten! Und was ist mit der Energieanzeige los?« Der Balken im Display, der den Füllstand ihrer Batterien anzeigte, hatte bereits die 50%-Marke unterschritten.

»Beruhige dich, Charlotte.« Ihre AVA, ihr *Advanced Virtual Assistant*, hatte die beruhigend samtige Stimme einer französischen Schauspielerin, die ihre Großmutter zutiefst vergöttert hatte. Sie selbst hatte ihr diese Stimme ausgesucht, genauso wie ihren Namen.

»Sag mir bloß nicht, dass ich mich beruhigen soll, Audrey!

Wag es ja nicht, oder ich kratz dich aus dem Speicher und ersetze dich durch …«

Eine Injektionsnadel aus der Med-Einheit in ihrem Helm stach in ihren Nacken. Beinahe sofort breitete sich ein eisiges Gefühl in ihr aus, während das Beruhigungsmittel wirkte.

»Ich bitte um Entschuldigung, doch deine erhöhte Atemfrequenz verbraucht den Restvorrat schneller als notwendig.«

»Fick dich«, murmelte sie, dieses Mal jedoch halbherzig. Dann seufzte sie und atmete tief durch. Diesen Luxus gönnte sie sich. »Welche Möglichkeiten habe ich noch, Audrey?«

»Die Schleusen des zentralen Schachts stehen offen. Bis zum Rig sind es zweihundertfünfzehn Meter. Bis zum habitablen Bereich des Rigs solltest du es in zwölf Minuten schaffen.«

Charlotte hatte das fast übermächtige Bedürfnis, sich die Stirn zu massieren, doch das war ein Luxus, den ein Raumanzug nicht bot. Sie stampfte auf. Die Luke unter ihren Füßen vibrierte und erzeugte ein dumpfes Dröhnen in ihrem Anzug. »Ich wiederhole mich: Ich stehe auf Schott 10-B, und es ist geschlossen wie … etwas verschlossen sein muss, um den verdammten Weltraum draußen zu halten. Oder die Luft drin. Du weißt, was ich meine.«

Ein leiser Signalton ertönte. Dann kehrte die Stimme der AVA zurück. »Das ist nicht möglich. Mir liegen keine Fehlfunktionen vor. Schott 10-B ist geöffnet und gesichert.«

Charlottes Blick zuckte unwillkürlich zur Sauerstoffanzeige. Sechsundzwanzig Minuten. »Wir haben hier offensichtlich mehr als nur ein Problem«, murmelte sie. »Audrey, das Ganze wird langsam unübersichtlich. Mein Anzug hat eine Fehlfunktion. In dem verdammten Container ist etwas anderes, als darin sein sollte, du kannst das Problem nicht sehen, das verdammte Schott hat eine Fehlfunktion, die Kommunikationssysteme sind down, der Lift ist tot, und mir geht die verdammte Luft aus.« Sie atmete tief durch, im vollen Bewusstsein, dass das nicht dazu beitrug, ihre Vorräte zu schonen. »In Ordnung. Audrey, geh einfach davon aus, dass ich nicht durch den Zentralschacht will. Aus welchen Gründen auch immer. Welche Möglichkeiten habe ich dann? Lebend?«

Die AVA schien zu zögern. »Es kommt darauf an, wie lange du ohne Sauerstoff bei Bewusstsein bleiben kannst.«

»Welche Möglichkeiten?«, wiederholte Charlotte eindringlich.

»Du kannst über die Außenhaut gehen.«

»Gut, und wie mache ich das?«

»Geh durch die Container 7-4 und 7-15. Die Schleuse von 7-4 ist bereits geöffnet. In beiden Einheiten sind dicht gepackte Erzlasten mit den vorgesehenen Notgängen.«

Charlotte verschwendete keine Luft auf eine Antwort. Stattdessen begann sie zu klettern. Es waren fünfzehn Meter bis zu den Einstiegsluken in die LastContainer, und der Liftmechanismus funktionierte nicht – egal was Audrey behauptete. Also blieben ihr nur die Leitern in den Wänden des Schachts. Fünfzehn Meter waren vielleicht nicht viel. Aber mehr als genug, wenn man in einem VacSuit mit voller Ausrüstung steckte und offenbar Luft verlor. Selbst wenn man nur gegen ein Drittel der Erdanziehungskraft anzukämpfen hatte.

Als Charlotte die Luken erreichte, hatte sie wertvolle Minuten verloren. Also hielt sie sich nicht damit auf, eine Pause einzulegen, sondern schob sich durch das Schott in Container 7-4. Den Laderaum, in dem ihre Probleme angefangen hatten. Audrey mochte darauf bestehen, dass dieser Container

Erz enthielt, doch das, was sie mit ihren eigenen Augen sah, passte ganz und gar nicht dazu. Aber es bereitete ihr Magenschmerzen. Beinahe genauso viele wie der Gedanke daran, dass irgendetwas ihrer AVA permanent falsche Daten lieferte. Nicht nur Sensordaten, sondern auch Kamerabilder und wer wusste was noch. Möglicherweise waren sogar die Daten ihres Displays falsch, und sie hatte mehr Sauerstoff, als sie dachte. Erneut klopfte sie gegen ihren Helm. Das Display blieb unverändert. Aber das war garantiert nichts, worauf sie einfach warten wollte.

Die Astronautin erreichte das gegenüberliegende Schott und gab den Notfallcode ein. Wider Erwarten glitt es sofort beiseite und gleich darauf das nur einen Meter entfernte Gegenstück. Die Notbeleuchtung im angrenzenden Container begann zu glühen. Eilig zog sie sich hindurch. Dieser Container hier enthielt tatsächlich vorraffiniertes, gepresstes Erz, und ihre Magnetstiefel hinterließen bei jedem Schritt Abdrücke in der dicken, rötlichen Staubschicht. Im schummrigen Halbdunkel lag zehn Meter vor ihr, auf der anderen Seite des Doppelstegs, das Außenschott des Containers. Dahinter wartete das Nichts auf sie. Plötzlich empfand Charlotte ein unbestimmtes Grauen. Dafür war sie nicht gemacht. Das war nicht das, wofür sie hier war. Sie hasste das All, das wurde ihr in diesem Augenblick klar. Es war absurd und doch seltsam logisch. Seit acht Jahren flog sie Transportschiffe, davon ein halbes Dutzend Flüge auf der Goldilocks-Route zwischen Erde und Mars, doch bis heute hatte sie die kleine Blechdose an der Spitze der *Olympia* nie verlassen. Nicht im freien All, außerhalb der Reichweite einer der Raumstationen. Sie war keine Astronautin, sie war nur …

»Du hast noch Sauerstoff für einundzwanzig Minuten.«

Audreys ruhige Stimme durchdrang den chaotischen Wirbel aus Gedanken, den die aufsteigende Panik in ihr erzeugte, und sie biss die Zähne zusammen. Hastig zog sie sich am Geländer der Gangway durch den düsteren Container, auf die ferne Luke zu. Hinter ihr glitt das innere Schott wieder in Position.

»Audrey, öffne das äußere Schott.«

»Öffne das äußere Schott«, wiederholte die AVA ihre Anordnung. Die Anzeige vor ihr blinkte träge. Rot.

Blau. Komm schon. Blau! Nichts veränderte sich.

»Audrey, öffne das äußere Schott. Jetzt!«

»Äußeres Schott ist geöffnet, Charlotte.«

Noch immer blinkte das rote Licht. »Einen Scheiß ist es, Audrey! Benutz deine verdammten Kameras.«

»Visuelle Bestätigung. Das äußere Schott ist geöffnet.«

»*Merde!*« Charlotte schlug so fest gegen das Schott, dass nur der Handschuh ihres VacSuits sie davor bewahrte, sich die Knöchel zu brechen. *Öffnen von Hand.* Wie ging das noch mal? Sie packte den Nothebel und zerrte ihn nach oben. Vielmehr versuchte sie es und verschwendete dabei wertvolle Sekunden, bis ihr klar wurde, was sie vergessen hatte. Fluchend öffnete sie das Panel und deaktivierte die Elektronik der Verriegelung. Dann zerrte sie erneut am Hebel, und dieses Mal gab er nach. Mit einem dumpfen Klacken lösten sich die Siegel des Schotts. Sie stemmte die Platte beiseite und starrte zum ersten Mal überhaupt in den gigantischen Abgrund zwischen den Welten, nur noch durch das Glas ihres Helms getrennt vom absoluten Nichts. Eine Welle der Übelkeit brandete über sie hinweg und wurde von einer plötzlich einsetzenden Euphorie davongespült, noch bevor sie sich in ihren Helm übergeben konnte. Schließlich blinzelte sie. »Das ist … tatsächlich ist das wunderschön, Audrey.«

»Das kann ich nicht beurteilen. Du hast noch Sauerstoff für neunzehn Minuten.«

»Weißt du was? Das macht es nicht einfacher. Wirklich nicht. Stell die Ansage ab, Audrey. Gib mir einfach Bescheid, wenn wir bei dreißig Sekunden sind.«

»Verstanden. Deine Wegstrecke beträgt zweihundertdreißig Meter bis zur Heckschleuse.«

Charlotte riss den Blick vom unter ihr gähnenden Abgrund los und schloss die Augen. *Es ist eine Illusion. Wo hier draußen oben und unten ist, legst allein du fest.* Dazu gab es eine Regel im Basistraining, das jeder absolvieren musste, der auf einem Frachter arbeiten wollte. *Unten ist, wo deine Füße sind.*

Sie zog sich aus dem geöffneten Schott und aktivierte noch beim Aussteigen ihre Magnetstiefel. Sofort spürte sie den vertrauten Zug, der ihre Fußsohlen auf die Außenhaut des Containers zwang, wo sie mit einem satten Geräusch aufschlugen. Einen langen Moment kämpfte sie gegen die irrationale Furcht, das Schott loszulassen und sich in der großen Leere aufzurichten. Beinahe zu groß war die Furcht, einfach haltlos davonzutreiben in die Unendlichkeit, wie ein Sandkorn um die winzige Sonne zu kreisen, die der einzige Stern war, den die Menschheit je erreichen konnte. Alle Instinkte schrien in ihr, dass sie, wenn sie jetzt losließ, davontreiben würde, so als sinke sie in die ewig lichtlose Tiefe eines Meers, von dessen Grund ihr die wundervollen Lichter der Tiefseekreaturen zublinkten. Und sie würde weiter sinken, bis ihr Sauerstoffvorrat zur Neige ging und sie …

Der VacSuit zog sich fester um sie zusammen, und erneut spürte sie eine Injektion in ihren Hals. Der Anzug musste registriert haben, dass sie dabei war, das Bewusstsein zu verlieren. Charlotte zwang ihre Augen auf und sah auf die Anzeige am Rand des Helmdisplays. Der Sauerstoffvorrat stand bei siebzehn Minuten. Sie blinzelte erneut. Zwei Minuten? Der Anzug hätte viel früher reagieren müssen. Irgendetwas lief hier gewaltig schief. »Audrey, kannst du jetzt Kontakt zu den anderen Schiffen herstellen?«

»Nein. Die Kommunikationskanäle sind noch immer gestört.«

»Ich rede nicht von der Bodenkontrolle. Ich will den Konvoi erreichen. Irgendjemanden!«

»Tut mir leid, Charlotte. Meine Daten legen Störungen durch eine Sonneneruption nahe. Du solltest dich beeilen. Das Risiko von Strahlenerkrankungen ist deutlich erhöht.«

Charlotte schnaubte. *Als ob das der dringendste Grund ist, sich zu beeilen.* Sie widerstand der Versuchung hinaufzusehen, sondern konzentrierte sich auf die ausgeblichene stumpfe Außenhaut des Containers unter ihren Stiefeln. Vorsichtig löste sie einen Fuß, setzte ihn vor sich und spürte, wie sich der Magnet wieder am Metall festsaugte. Dann der andere Fuß. Die konstante Beschleunigung des Schiffs vermittelte ihr das Gefühl, bergauf zu gehen und gegen einen spürbaren Gegenwind anzukämpfen. Fünfzehn Meter vom Ausstieg bis zum Ende des Containers. Fünf Meter bis zum nächsten Container lediglich auf einem schmalen Wartungssteg. Dreißig Meter über den Container, wieder fünf Meter, und so weiter. Eng, aber sie konnte es schaffen. Die Lücke zwischen den Containermodulen tauchte vor ihr auf, und auf einmal hatte

Charlotte das Gefühl, sich auf eine dunkle Gletscherspalte zu-zubewegen, über die frühere Tourengeher eine schmale Leiter gelegt hatten. Sie hatte das irgendwann in einer alten Doku-mentation über Bergsteiger gesehen, aus der Zeit, als es in den Alpen noch Gletscher gegeben hatte und als man den Hima-laja einfach so betreten durfte. Damals hatte sie sich gefragt, was Menschen zu derart verantwortungslosen Wagnissen ver-anlässen mochte. Jetzt wurde es ihr plötzlich klar. Es gab Situationen, in denen Stehenbleiben den Tod bedeutete. So einfach war das: Man blieb stehen und starb – oder man lief weiter und starb nur vielleicht.

Klack. Klack. Klack. Das monotone Klicken der sich lö-senden und wieder anhaftenden Magnetstiefel war neben ihrem eigenen Atem das einzige Geräusch, das sie hier drau-ßen begleitete. Es erinnerte sie an das Ticken eines Count-downs, der ihre letzten Atemzüge zählte. Der Steg tauchte vor ihr auf, schmaler und filigraner, als sie ihn in Erinne-rung hatte. Unter ihr gähnte schwarz der Schlund zwischen den Lastmodulen, außerhalb des harten Lichts, das von der fernen Sonne kam. Der starke Strahler an der Seite ihres Helms machte die Schatten nur noch tiefer. Gefühlt brauchte sie eine Ewigkeit, bis sie die fünf Meter hinter sich ge-bracht hatte. Sobald sie den nächsten Container unter den Stiefeln hatte, beschleunigte sie ihr Tempo. Dreißig Meter. Fünf Meter. Dreißig Meter. Fünf Meter. Dreißig Meter, fünf Meter …

Inzwischen rannte sie. Die Hälfte der Strecke lag hinter ihr. Vor ihr ragte der klobige Verbund aus Tanks auf, der das hin-tere Ende des Zugschiffs markierte, und links und rechts da-neben, weit außen, brannten die blauen Flammen der beiden gewaltigen Triebwerke, die die *Olympia* mit steter Beschleunigung in Richtung Erde trieben. Gleichzeitig schien es, als hänge ihr Schiff bewegungslos im leeren Raum. Bei aller Geschwindigkeit waren die Sterne viel zu weit weg, um sich vor ihren Augen auch nur um das Geringste zu verschieben, und so schien es, als laufe sie auf einem Feld in Richtung Schatten, so wie ein kleines Nagetier vor einem Räuber in Richtung seines Baus flüchtete.

Sie überquerte den letzten der Container so schnell, wie es ihre Stiefel erlaubten, stampfte über den letzten Steg und prallte beinahe gegen das verschlossene Schott. Die Sauerstoffanzeige des Helmdisplays wies sechs Minuten aus. Mehr als genug Zeit.

Charlotte klappte ein Panel neben dem Schleusenring auf und gab den Entriegelungscode ein.

Nichts geschah.

»Schon wieder? Audrey? Kannst du dieses Schott öffnen?«

Niemand antwortete.

Charlotte richtete sich auf, ihre Augen suchten das Display ab. »Audrey?«

Schweigen.

Sie betrachtete das rote Leuchten des Verriegelungsmechanismus. Das hier war nicht die einfache Schleuse eines Wegwerfcontainers, das hier war ein Schott zum Andocken von Hangarbrücken, groß genug, um Verladestapler hineinzufahren. Nichts, was man von außen einfach überbrücken konnte.

»Audrey, verdammt. Meldung!«

Noch immer schwieg die AVA.

»Merde!«

Mit einem Blinzeln wählte sie den Schiffscomputer. »*Olympia*. Ich brauche Zugang zur Heckschleuse des Laderaums. Jetzt.«

»Zugang nicht gewährt. Bitte geben Sie Ihren Autorisierungscode ein.«

Die Stimme des Schiffs ließ Charlotte innehalten. Das war nicht die freundliche Stimme einer älteren Dame, nicht die Stimme, die Charlotte für ihren Bordcomputer eingestellt hatte. Das war die unpersönliche Stimme der Werkseinstellungen. »Was ist hier gerade los, *Olympia*?«

»Inkorrekt. Geben Sie bitte Ihren Autorisierungscode ein.«

Charlotte biss die Zähne zusammen. »Autorisierungscode 2-7-3-2-2-9-5-1-4-2-3-7-7-9-1, Charlotte Darville.«

»Inkorrekt. Geben Sie den Autorisierungscode manuell ein.«

Was? Sie ging den Code im Kopf durch. Von wegen inkorrekt. Sie kannte ihn besser als ihre Sozialversicherungsnummer.

Fünf Minuten.

Sie klappte die Tastatur der Schleuse heraus und begann mit zitternden Fingern zu tippen. »Bestätigt.« Das Licht sprang auf Blau um.

Charlotte keuchte und bemerkte erst jetzt, dass sie die Luft angehalten hatte.

»*Olympia*, öffne die Schleuse.« Die beiden Schotttore glitten beiseite, gleichzeitig aktivierten sich die Lichter innerhalb der Kammer. Charlotte murmelte ein stummes Gebet und betrat ihr Schiff. »Außenschott schließen. Druckausgleich.«

Mit einem Rumpeln, das von ihren Fußsohlen her in ihren Anzug drang, schloss sich das Außentor wieder. Luft strömte ein, und eine große Anzeige an der Wand kletterte stetig, bis sie schließlich den vollständigen Druckausgleich verkündete. Charlotte ließ sich gegen die Wand sinken und schloss die Augen. Die Anzeige für den Sauerstoffvorrat ihres Anzugs hatte zu blinken begonnen. Drei Minuten. Das war zu knapp gewesen. Wirklich. Sobald sie den Mond erreicht hätten, würde sie irgendjemanden Verantwortlichen bei ADO Eurospace gründlich zusammenfalten. Dieses Schiff war offensichtlich ein einziger Schrotthaufen. Sie öffnete den ersten Verschluss am Halssiegel ihres Helms. Ein durchdringender Warnton ließ sie zusammenfahren. Sie riss die Augen auf. Das Helmdisplay wurde plötzlich von einer grellroten Warnmeldung dominiert. *Lebensgefahr. Umgebung lebensfeindlich. Sofort Anzugversiegelung überprüfen.* Was?

»*Olympia,* bestätige die Sicherheit der Schleusenatmosphäre.«

»Schleusenatmosphäre sicher«, entgegnete die computerisierte Stimme ihres Schiffs.

»Aber ich habe hier eine verdammte Umweltwarnmeldung!«

»Schleusenatmosphäre geprüft und sicher. Druck normal, Temperatur normal. Rückschluss: Fehlfunktionen in Anzugs-Messarray und Elektronik. Stellen Sie den VacSuit bitte umgehend vollständig zur Überprüfung zur Verfügung.«

Schrotthaufen. Charlotte schüttelte den Kopf. Sie öffnete den Helm, riss ihn vom Kopf, saugte tief die kühle Filterluft des Hauptladeraums ein. Und würgte. Instinktiv griff sie sich an den Hals. Ihre Lunge schien plötzlich mit Wasser gefüllt zu sein. So viel sie auch einatmete, sie bekam keine Luft. Mit einem entsetzten Laut presste sie den Atem wieder heraus, atmete erneut ein und hustete, weil es das Gefühl zu ersticken nur verstärkte. Fahrig hob sie den Helm, versuchte, ihn sich wieder über den Kopf zu stülpen und einrasten zu lassen, doch er glitt ihr aus den Handschuhen, fiel zu Boden und rollte einen Schritt weiter. Charlotte sackte auf die Knie. Sauerstoffmangel ließ ihre Ohren rauschen und begann bereits, die Ränder ihres Gesichtsfelds abzudunkeln. Panik wallte in ihr auf, und sie unterdrückte nur mit äußerster Mühe einen dritten Atemzug, als sie auf allen vieren vorwärtskroch, dem Helm hinterher. Ihre Lunge brannte, und ihr Puls hämmerte so heftig in ihrem Hals, dass in ihr erneut das Gefühl aufstieg, sich übergeben zu müssen. Dann bekam sie den Helm zu fassen, schob ihren Kopf hinein und ließ ihn einrasten. Zischend strömte Atemluft in ihren Anzug. Charlotte sog sie mit einem Schluchzen ein, hustete, atmete erneut durch und blieb keuchend liegen, bis sich ihr Puls wieder zu normalisieren begann. »Olympia! In der verdammten Schleuse fehlt Sauerstoff«, krächzte sie. »Öffne das innere Schott. Sofort!«

»Autorisierungscode erforderlich. Geben Sie bitte Ihren Autorisierungscode ein.«

Hilflose Wut stieg in Charlotte auf. »Du hast meinen verdammten Code bereits! Mach das Schott auf!«

»Autorisierungscode erloschen. Geben Sie bitte einen gültigen Autorisierungscode ein.«

»Was?« Charlotte starrte ungläubig auf den Terminalmonitor in der Wand über ihr, auf dem sich träge das Firmenlogo von ADO Eurospace drehte. »Was soll dieser Mist jetzt? Ich ersticke hier gleich!« Wie aufs Stichwort begann die Dreißig-Sekunden-Warnung in ihrem Helmdisplay zu blinken.

»Ihre Codes wurden wegen nicht autorisierten Zugriffs auf

Frachtbehälterschotts deaktiviert. Setzen Sie sich bitte umgehend mit der Flugkontrolle in Verbindung.«

Charlotte fluchte. »Gib mir die Flugkontrolle! Sofort!«

»Kommunikation mit Flugkontrolle zurzeit nicht möglich. Bitte versuchen Sie es zu einem späteren Zeitpunkt noch einmal.«

»Fick dich!« Hastig zerrte sie einen Versorgungsschlauch aus der Bauchtasche und stöpselte ihn direkt in eines der Sauerstoffventile in der Kammerwand. Das erwartete Zischen blieb aus. »Unautorisierter Zugriff«, erklärte ihr das Schiff.

»Audrey! Verdammt, Audrey, öffne das verdammte Ventil!« Panik schnürte ihr den Hals zu.

»Ihre persönliche AVA wurde wegen missbräuchlichen Zugriffs vorübergehend deaktiviert«, stellte das Schiff fest. »Setzen Sie sich bitte umgehend mit der NOAH-Sicherheit in Verbindung.«

Die Vorratsanzeige von Charlottes Anzug sprang auf null, und plötzlich überkam die junge Französin eine unerwartete Ruhe. Sie atmete tief ein und trat an das winzige Bullauge in der Mitte des Außenschotts.

Die Pracht eines Sternenhimmels, den auf der Erde so noch niemand mit bloßem Auge gesehen hatte, blickte teilnahmslos zurück. Für einen langen Moment sah sie schweigend hinaus.

Das All mochte unendlich sein. Doch sie war so weit gelaufen, wie sie konnte, und trotzdem kam für jeden unweigerlich einmal der Punkt, an dem man nicht mehr weiterkam. An dem es keinen Punkt gab, zu dem man noch fliehen konnte. Irgendwann machte es keinen Unterschied mehr, ob man lief oder stehen blieb.

Man sagte, dass die Wege auf die Gipfel des Himalaja mit Toten markiert waren. Vielleicht musste das so sein. Vielleicht mussten auch die Wege zu den Sternen mit Toten markiert werden. Sie atmete aus und wieder ein. Benommenheit machte sich in ihr breit. Kohlendioxid. Das Einzige, was in ihrem Anzug noch kreisen konnte. Es fiel ihr erstaunlich leicht, das Warnsignal zu ignorieren.

Vermutlich wurde sie jetzt zu einer dieser Wegmarken auf dem Zug der Menschen hinaus ins All. Das war nicht der Plan gewesen – aber was lief im Leben schon jemals nach Plan?

Sie atmete erneut ein, und die Dunkelheit schloss sich über ihr, als sie zusammensackte. Ein paar Warnmeldungen flackerten noch für einige Zeit hektisch über ihr Helmdisplay, bis nach einer Weile der letzte Warnton verstummte.

Irgendwann erlosch das Licht in der Schleusenkammer wieder.

Charlotte - Olympia (11 - 14) Danville
Jakarta - Pequod (27 - 50)
Okoye Marco
Mansoor Firin - Zenobia (148 - 104)   281 =
Sharma Rajesh -   = Walham
Liu Ho -
Denrow Katalina -
Robert Hanlon - Charlevoise (145 - 177)
Topper Wisla -
Galicia (automatisch) (229)

Ihre Kundennummer: 13104526

...a Weihnachten steht bald wieder vor der Tür.
...ar mit ungewöhnlich viel Sonne endet nun langsam das Jahr 2018!

...till möchten heute die Gelegenheit nutzen, uns recht herzlich für Ihre Treue
...en wir Ihnen und Ihrer Familie, Freunden und Bekannten eine besinnliche
...tsfest und einen guten Start ins neue Jahr 2019!

...indruckende Sammel-Angebote auf Sie! Entdecken Sie zum Beispiel

...ro-Gedenkmünze von 2019 "Gemäßigte Zone – Hase"
...nlässigen Polymer-Ring im Tausch für nur € 5,-!

...denkmünze „60 Jahre Gesundheitsministerium"
...um Tauschpreis für nur € 2,-!

...n Vatikan-Sonderbeleg zum offiziellen Amtsantritt
...aul II. am 22.10.1978 f...

ROTE ERDE

Fünf Tage zuvor

Die staubige Oberfläche des Mars drehte sich gemächlich unter *Harmonia Station* hinweg und ließ die Nachtgrenze langsam näher wandern. Auf den ersten Blick wirkte der rötlichgelbe Planet genauso tot wie auf den Fotos des frühen einundzwanzigsten Jahrhunderts, als sich die ersten Pioniere darauf vorbereiteten, die Grenzen des menschlichen Siedlungsraums ein weiteres Mal ins Unbekannte zu verschieben. Für das geübte Auge gab es jedoch sehr wohl Unterschiede, die deutlich darauf hinwiesen, dass der kleine Bruder der Erde langsam, aber sicher aus seinem Millionen Jahre währenden Winterschlaf erwachte. Der zarte, bläuliche Schimmer, der in der kaum sichtbaren Atmosphäre am äußersten Rand der Kugel aufgetaucht war, hatte vor weniger als zwei Jahrzehnten noch nicht existiert. Und die vereinzelten Wolkenfelder, die wirkten wie Schwärme von unendlich zerbrechlichen Spinnweben, waren nicht nur Staubstürme, wie sie seit Äonen auf dem Mars tobten. Einige von ihnen enthielten jetzt Wasser, das auf den Staub herabfiel und versickerte, verdunstete, erneut herabfiel, sich zu winzigen Rinnsalen sammelte, zu schmalen Bächen, die Rinnen in die tote Erde gruben, das schlammige Tümpel bildete, erneut verdunstete und irgendwann seinen Weg in einen der Seen fand, die jetzt im schräg einfallenden Licht der Abendsonne glänzten. Es waren nicht viele. Noch nicht. Aber es wurden von Jahr zu Jahr mehr. Jak besuchte den Mars erst seit fünf Jahren, doch auch er konnte es sehen. Jede Saison, in der er zurückkehrte, waren die winzigen Spiegel auf der Oberfläche des Planeten ein wenig gewachsen. Nach allem, was er hörte, genug, um den größten von ihnen bereits Namen zu geben. Der See Neu-Genezareth zum Beispiel war nur rund dreißig Kilometer lang, an den meisten Stellen weniger als zwei Meter tief und so mit genetisch modifizierten Blaualgen vollgestopft, dass es hieß, man könne ihn zu Fuß überqueren, wie das einst schon seinem Namensgeber auf der Erde passiert sein sollte. Er lag an einem der tiefsten Punkte in den Valles Marineris, wo die Atmosphäre des erwachenden Planeten am dichtesten war und die Wolken sich am häufigsten sammeln und abregnen konnten. Doch auch in anderen Regionen tauchte das Wasser auf. Ursprünglich freigesprengt von den Fusionsbomben, die man vor rund vierzig Jahren an den Polen gezündet hatte, hatte das verdampfende Wasser Methan, Kohlendioxid und anderes Zeug in die Luft geschleudert. Das war der Startschuss des großen Terraformingprojekts gewesen, das die vereinigten Marsmissionen großspurig »Projekt Noah« genannt hatten – weil man den Planeten unter Wasser setzen und in eine neue Erde verwandeln wollte. Nur dass es nicht vierzig Tage und auch nicht vierzig Jahre dauern würde.

Jak drehte seinen Sitz und musterte das Netz aus unzähligen Kraternarben, die viele Areale des Planeten bedeckten wie staubige Poren. Sie waren die Spuren Noahs, die Ein-

schlagkrater der Darwinsonden, die jedes Jahr mehr Treibhauschemikalien, mehr Düngemittel und vor allem mehr von den
genetisch modifizierten Bakterien und Algen über den Roten
Planeten verstreuten. Samenkörner, von denen sich die ersten
Vorboten des Lebens zu winzigen Inseln ausbreiteten und Boden wie Luft zu verändern begannen.

Keine vierzig Jahre vielleicht, sicherlich aber auch nicht die
fünfhundert, die die Menschheit zu Beginn ihres Aufbruchs
ins All angenommen hatte. Dreihundert schienen inzwischen
wahrscheinlicher. Ein Kerl in der Messe der Station hatte ihm
das letzte Mal erzählt, dass es jetzt vielleicht sogar in weniger
als zweihundert zu schaffen war. Die Forschung blieb nicht
stehen, und inzwischen pumpten sie dort unten seit mehr als
zwei Jahrzehnten Treibhausgase in die Luft, zehntausend Mal
stärker als alles, was man sich zu Beginn des Jahrtausends
hätte vorstellen können. Die stetig steigende Temperatur
setzte mehr und mehr Gas und Wasser aus dem Boden frei,
die wiederum dafür sorgten, dass der Mars heißer und heißer
wurde und seine Atmosphäre dichter und dichter. Es würde
nicht mehr lange dauern, und die dort unten würden ohne
Druckanzüge auf dem roten Planeten spazieren gehen können. Vorausgesetzt, sie vergaßen ihre Sauerstoffmasken nicht.
Der Kohlendioxidanteil in der Luft überstieg im Moment
selbst den der riesigen Industriemegastädte des amerikanischen Ostens um ein Vielfaches. Schon seltsam eigentlich,
dass das, was die Erde langsam zu Tode quälte, hier als der
Schlüssel zu einer blühenden Zukunft gesehen wurde.

»He, Jakarta, schläfst du? Wie ist der Status von 17-7 auf
deiner Seite?«

Die Stimme in seinem Ohr riss ihn aus den Gedanken.

»Bin da, Velasma. Jetzt hetz mich nicht.« Er warf einen Blick auf die Uhr, die im Moment die Lokalzeit der Marsstation anzeigte. »Ihr habt euch genug Zeit gelassen. Zwanzig Minuten hinter dem Plan. Also schieb's nicht mir in die Stiefel.«

Die Verladetechnikerin am anderen Ende der Verbindung klang sogar durch die Kopfhörer deutlich gepresst. »17-7. Jetzt, bitte.«

Jak wischte das Marspanorama vor sich mit einer bedauernden Geste beiseite, um den Statusdaten seines Schiffs Platz zu machen. Schlagartig war das, was soeben noch wie eine gläserne Kuppel gewirkt hatte, mit Zahlenkolonnen und leuchtenden Diagrammen gefüllt. »Alles im grünen. Klammern eins bis zwanzig geschlossen, Container sitzt gerade, Schott schließt dicht.« Er unterdrückte ein Gähnen. »Nina?«

»Alle Systeme melden o.k.« Die rauchige Stimme seiner virtuellen Assistentin schien aus dem leeren Pilotensitz neben ihm zu kommen, ein Trick, den das Programm eigenständig perfektioniert hatte. »Kopplung Stand-by.«

»Koppeln. Danke, Nina.«

»Für dich immer.«

Als Bolzen ihre Halterungen fanden, ging ein dumpfes Dröhnen durch das Schiff.

»In Ordnung, dann kommt hier 17-8«, meldete sich die Marstechnikerin wieder in Jaks Kopf. »Wie sieht's aus, Jakarta? Die Jungs und ich gehen nachher noch etwas trinken. Nomez hat eine Lieferung Bier von unten mit hochgebracht, und dieses Mal soll ihnen der Ansatz wirklich gelungen sein. Was meinst du? Richtiges Marsbier? Garantiert mit Alkohol und vielleicht sogar aus echtem Getreide. Und ich meine nicht Hydroponikreis!«

»Oi.« Jak schnaubte belustigt und wischte Datenkolonnen über den Schirm. Es war eigentlich nicht notwendig. Nina hatte die Daten bereits in einem Sekundenbruchteil gründlicher gesichtet, als er es je können würde. Aber das war keine Entschuldigung, seine Arbeit nicht zu machen. »Marsbier? Wenn es auch nur halb so schlecht ist wie der Selbstgebrannte, den ihr uns das letzte Mal vorgesetzt habt, habe ich Verwendung dafür. Ich hätte ein paar Meter Bodenlack abzubeizen.«

Die Technikerin lachte. »Es ist besser, verspricht Nomez. In einem Monat wollen sie anfangen, es offiziell zu verkaufen, aber die Leute rennen ihm jetzt schon die Tür ein. Sie haben sich inzwischen sogar auf einen Namen geeinigt. Rockhammer Red.«

»Wie einfallsreich.«

»Jakarta hat bereits eine Verabredung«, warf die Stimme der virtuellen Assistentin ein. »In dreiundfünfzig Minuten.«

»Du hast die Dame gehört, Velasma. Sie hat meinen Kalender im Griff. Morgen, wenn wir hier fertig sind, vielleicht.«

»Dein Pech, *compañero*. Du hast keine Ahnung, was du verpasst.«

»Ich weiß ganz genau, was ich verpasse. Rajesh und Fazio werden endlos über Glaubensfragen diskutieren. Katalina wird irgendeinen eurer Techniker abschleppen, während alle noch Wetten darauf abschließen, wer dieses Mal das Pech haben wird. Hopper säuft Nomez vermutlich zum zehnten Mal unter den Tisch, und das Ganze endet damit, dass sich irgendwer mit irgendwem prügelt. Und alle haben am Morgen Kopfschmerzen wie von einem anderen Stern. Tut mir leid, aber ich habe die nächsten sieben Tage ausschließlich diese

Gestalten um mich. Ich glaube, ich kann heute mal darauf verzichten.«

Velasmas Lachen vibrierte in seinen Wangenknochen. »Ziemlich genau so wird's ablaufen, ja. Du fliegst die Route eindeutig schon zu lange, *bonito*. Falls du's dir anders überlegst, wir treffen uns in Rot Fünf.«

»Alles klar. Lasst mir sicherheitshalber was von dem Bier übrig. Nur für den Fall.« Irgendwo hinter ihm rumpelte dumpf der nächste Container an das Skelett seines Lastzugs. »Vorsichtig damit. Mach mir Dellen in meinen Trailer, und ich sorge dafür, dass du das selbst ausbeulst, und zwar da draußen.«

Velasma lachte erneut und würdigte ihn keiner Antwort. Ein weiteres Rumpeln hallte durch das Schiff. »17-8 sitzt.«

Jak seufzte. Er überflog erneut die Daten, bestätigte und gab Nina den Befehl zum Ankoppeln. Dumpf hallte das Schließen der Bolzen durch das Schiff.

»Schluss für heute.« Er konnte durch den Lautsprecher hören, wie sich die Technikerin drüben in der Station streckte. »Wir sehen uns nachher.«

»Nicht wenn nicht irgendetwas verdammt schiefgeht. Viel Spaß.« Jak trennte die Verbindung, öffnete die Gurte seines Sitzes und stieß sich mit den Fingerspitzen ab, um mit einem eleganten Salto über seinen Sitz ans andere Ende des Cockpits zu schweben. »Nina, mach das Fenster wieder auf und brüh mir einen Schwarzen. Mit viel Zucker.«

Rund um ihn verschwanden die Anzeigen wieder und machten erneut der Illusion einer gläsernen Aussichtskuppel Platz, während er vor der kurzen Verbindungsröhre landete, die das Cockpit mit dem Mannschaftsquartier der *Pequod* verband. »Und mach mir 'ne Dusche heiß.« Er schälte sich aus seinem Overall, noch während er in Richtung der kleinen Küchenzeile schwebte. Die Nahrungsausgabe blinkte bereits. Ein silberner Beutel mit Nummerncode und der so überflüssigen wie obligatorischen Aufschrift »Vorsicht, kann heiß sein« wartete im Ausgabeschacht auf ihn. Er nahm einen tiefen Schluck aus dem Vakuumverschluss und fluchte vor sich hin. Heiß und bitter, voller Teein und mit einem leichten Nachgeschmack von Schimmel und Scheiße. »Assam« stand in der Beschreibung dieses Nummerncodes. Das Zeug war so weit von einem anständigen Assam entfernt, wie es derzeit menschenmöglich war. Im Moment also rund sechzig Millionen Kilometer. Mars und Mond züchteten dieses Zeug genau aus dem, wonach es schmeckte. Und trotzdem war es besser als überhaupt kein Tee.

Jak trank einen weiteren Schluck und nahm den Rest mit in die Nasszelle. Er war spät dran, und seine Verabredung würde es ihm kaum verzeihen. Er war sich ziemlich sicher, dass es ein Fehler wäre, ungeduscht zu erscheinen. Oder zu müde, um aufmerksam zu sein. Wer weiß, vielleicht war heute ja sein Glückstag.

MUSTERERKENNUNG

Sieben Tage zuvor

Moses Moletsane war mehr als ordentlich. Er bezeichnete sich selbst als einen akkuraten Mann. Das begann schon bei seiner Haltung, die trotz seines stattlichen Körperbaus grundsätzlich tadellos war. Die deutlich geringere Schwerkraft des Monds half ihm natürlich dabei, sein Körpergewicht mit mehr Eleganz zu tragen, als es ihm auf der Erde je gelungen war. Es machte allerdings die Sache mit seiner Frisur nicht einfacher, und Moletsane legte größten Wert auf den perfekten Schnitt und Sitz. Dazu gehörte auch, dass er es nicht ertrug, wenn sein Haar in ständiger Bewegung war, wie bei den meisten Mondbewohnern, die ihres länger trugen. Und eine einfallslose, militärische Schädelrasur, die ein Großteil der Mooner bevorzugte, kam natürlich ebenfalls nicht infrage. Beachtliche Mengen an Haarwachs waren die einzige Option.

Moletsane war ein Mann, der auf der Erde niemals etwas anderes als einen perfekt gepflegten Anzug getragen hätte, vermutlich mit einem violetten Hemd samt schwarzer Krawatte. Dieser Luxus blieb ihm während seiner Arbeit auf dem Mond verwehrt. Wie jeder seiner Kollegen in Alpha One trug er den vorgeschriebenen VacSuit mit dem gut sichtbaren Logo der Zollunion, der ihm weitgehende Bewegungsfreiheit in den Raumhäfen des Monds gab. Jeder seiner Kollegen allerdings schwor, dass es keinen makelloseren VacSuit in den Docks gab – und das sogar am Ende einer langen Schicht. Moletsane selbst schien Schmutz geradezu abzuweisen, und er war dafür bekannt, alles zu verabscheuen, was unsauber war, angefangen von schlecht gepflegten Schiffen und noch nicht beendet bei nachlässig geführter Buchhaltung. Kurz – er war der Schrecken jedes Schichtführers in den Raumhäfen des Monds. Tandee Sharma zuckte zusammen, als der Zollbeamte ihr Büro betrat. Eilig bemühte sie sich um ein offenes, unverfängliches Lächeln und schickte ein Stoßgebet zur Göttin Maya, in der Hoffnung, dass Moletsane ihre erste Reaktion nicht bemerkt hatte. »Ihr Besuch kommt unerwartet, Herr Moletsane«, stellte sie fest und schloss unauffällig einige Programmfenster auf ihrem Hauptmonitor, ohne den Blick von dem Beamten zu nehmen. »Wir haben heute keinerlei Neuankömmlinge in meinem Abschnitt, und die Verladearbeiten an den beiden Schönheiten dort draußen werden nicht vor morgen ernsthaft beginnen.« Sie deutete aus den beiden Stahlglasfenstern, vor denen im Schatten der Hangars zwei große Orbitalshuttles lagen.

Moletsane erwiderte ihren Gruß mit einem knappen Nicken und trat an eines der Fenster, um die ruhenden Raumschiffe zu betrachten. Hinter ihm betrat jetzt ein Androide den kleinen Raum, ein älteres Modell mit den distinguierten Gesichtszügen eines weißen Butlers und der leicht beunruhigenden Aura eines künstlichen Menschen, der eine Spur *zu* echt, einen Tick nicht-ganz-echt wirkte. Nicht dass die

Erbauer dieser Maschine es nicht besser konnten, aber das, wie auch die seltsam mechanisch-fließende Art, sich zu bewegen, gehörte zu den strengen Auflagen der Hawkingdirektive, die verhindern sollte, dass sich Androiden nicht von lebenden Menschen unterscheiden ließen. Dazu kamen eine bewusste Drosselung ihrer Intelligenz und eine Myriade von Sicherheitsvorkehrungen in Soft- und Hardware. Niemand wollte nochmals so etwas erleben wie die Sache mit der französischen KI in den Fünfzigern, die eine eigene Partei gegründet hatte, um einen neuen Nationalismus in Frankreich zu etablieren. Mit sich selbst als geistigem Nachfolger von Napoleon.

All das diente dazu, die konstante Furcht der Menschen zu zerstreuen, von ihrer eigenen Schöpfung zu einer veralteten Sprosse auf der Leiter der Evolution gemacht zu werden.

Was Tandee betraf, funktionierte es nicht. Sie schluckte, als ihr klar wurde, dass sie nicht wusste, welchen der beiden Eindringlinge in ihrem Büro sie unheimlicher fand.

Der Afrikaner wandte sich schließlich von der Aussicht ab und betrachtete sie von oben bis unten. Tandee stellte sich unwillkürlich vor, wie Zahlenkolonnen durch seine dunklen Augen liefen. »Tandee Priya Sharma, Ladebetriebsleiterin Sektion vierzehn?«

Tandee nickte und warf dem Androiden einen Seitenblick zu. »Die bin ich.« Sie tippte auf die Datenkarte an ihrer Brust. »Aber das wissen Sie mit Sicherheit.«

»Entschuldigen Sie vielmals. Ich folge nur dem Protokoll, Frau Sharma.« Moletsane verschränkte die Hände hinter dem Rücken. »Aber entschuldigen Sie, Tandee Priya Sharma, ich habe vergessen, mich vorzustellen: Moses Moletsane, Zolldivision zwei, Inspektionsabteilung. Obwohl Ihnen das natürlich bekannt ist. Aber das ist kein Grund für Unhöflichkeit. Jedenfalls – Sie hatten vor einem halben Jahr zum ersten Mal um eine Versetzung vom Mond auf die Orbitalstation *Deep Space Gateway Four* gebeten. Aus …«, er zögerte. Sofort sprang der Androide mit vollkommen emotionsloser Stimme ein. »Aus persönlichen Gründen, sagt die Akte.«

»Persönliche Gründe.« Moletsane rollte diese Worte im Mund herum, als würde er einen Wein verkosten. »Ihrem Wunsch wurde bislang nicht stattgegeben. Es tut mir leid, das zu hören. Darf ich fragen: Liegen sie noch immer vor, diese persönlichen Gründe?«

Tandee dachte an die Frau, mit der sie noch immer ihr Quartier teilte. Weil sie es zusammen gemietet hatten und Tandee in Alpha One keine Bleibe fand, die sie mit ihrem Gehalt bezahlen konnte. Nicht solange sie noch den Kredit abstotterte, den sie, blind vor Liebe, für Ginebra aufgenommen hatte. Die Verliebtheit war längst verschwunden. Ginebra und der Kredit waren geblieben und weigerten sich hartnäckig, aus ihrem Leben zu verschwinden. Stattdessen brachte Ginebra ihre neuen Liebhaberinnen in ihr Quartier mit und …

Sie nickte. »Ja, kann man so sagen.«

»So hatte ich das verstanden.« Der Zollbeamte nickte ebenfalls. »Sehen Sie, zufällig weiß ich, dass oben im Orbit soeben eine Stelle frei geworden ist. Es hat einen Unfall gegeben, und sie benötigen jetzt einen zuverlässigen neuen Ladebetriebsleiter für das Industriedock. Oder eine Betriebsleiterin. Das kommt ganz auf die Person an, die dafür ausgewählt wird.« Er legte eine Pause ein und sah Tandee mit unlesbar liebenswürdiger Miene an.

»Und …« Tandee schluckte erneut. »Und Sie meinen, ich sollte mich darauf bewerben?«

»Das hängt sicherlich davon ab, wie dringend Sie die Stelle wollen«, stellte Moletsane fest. »Aber ich würde es Ihnen empfehlen, ja.«

Sie nickte vorsichtig. »Und wo ist der Haken?«

Das Lächeln des Afrikaners wurde um eine winzige Spur breiter. »Der Haken«, stellte er fest. »Das klingt so negativ. Es gibt keinen Haken im eigentlichen Sinne. Haken würde bedeuten, dass ich Sie ködern müsste, ohne dass Ihnen klar ist, dass ich Sie an Land ziehen will.« Er lehnte sich ein wenig vor. »Sie sind intelligent, Tandee. Sie wissen, dass ich keinen Haken brauche. Und wissen Sie, woher ich das weiß?«

Als die Ladebetriebsleiterin ihn lediglich stumm ansah, seufzte er und richtete sich auf. »Masken«, sagte er. »Masken sind dazu da, unser Gesicht hinter ihnen zu verbergen. Damit unser Gegenüber nur das sieht, was wir ihn sehen lassen wollen, nicht aber, was in uns, was in unseren Köpfen passiert.« Er deutete auf den Androiden, der Tandee unbewegt ansah. »Schauen Sie sich diesen Burschen an. Sein Gesicht ist eine Maske. Eine hoch entwickelte, die dafür da ist, ein genau vorherberechnetes Bild seiner simulierten Empfindungen zu zeigen. Sein Gesicht ist eine Maske, die uns genau sehen lässt, was wir sehen sollen. Alles, was es uns zeigt, ist das, was nötig ist, um von Menschen richtig gedeutet zu werden. Unsere Vorfahren trugen Masken, um sich in etwas zu verwandeln, das sie nicht waren. Tiere, Geister, Götter, Dämonen … Figuren in einem Schauspiel. Und genau wie bei unserem Freund hier ist nicht zu erkennen gewesen, was hinter der Maske vorging. Wir wissen nicht, was er denkt. Er könnte genauso gut meine Steuererklärung vorbereiten, wie Ihren Rechner dort durchforsten, planen, uns alle umzubringen, oder sich heimlich Pornos mit elektrischen Schafen ansehen. Ganz gleich, was, seine Maske wird immer die des hilfreichen Bediensteten sein.« Moletsane sah Tandee erneut an. Die androgynen Gesichtszüge des Androiden hinter ihm blieben unbewegt, aber er legte den Kopf ein winziges Stück schräg, wie um seine Aufmerksamkeit auszudrücken. Tandee schauderte.

»Sie und ich, Tandee, sind da leider anders. Unsere Gesichter sind lesbar. Wissen Sie, dass sich ein Großteil unserer Gehirnkapazität mit nichts anderem beschäftigt als mit der Erkennung von Gesichtsausdrücken und Körperhaltungen unserer eigenen Spezies? Das ist der Grund, warum wir sogar Gesichter in Dingen sehen, die überhaupt keine haben. Und in Ihrem Gesicht, Tandee, steht: ›Im Grunde ist es mir egal, was mir der seltsame Mensch vorschlägt und was seine Beweggründe sind, solange ich nur vom Mond wegkomme. Solange ich nur aus der Hölle von Ginebra Romeros Gesellschaft entkommen kann und aus dem Kredit, der auf meinen Namen läuft. Solange ich neu anfangen kann. Ich werde mich noch ein wenig zieren, aber ich erkenne eine zweite Chance, wenn ich sie sehe. Und wenn ich ehrlich bin, ganz tief drin ehrlich zu mir selbst, dann weiß ich, dass es mir weitgehend egal ist, was ich dafür tun muss.‹«

Tandee sah ihn verwirrt an. Für einen Moment war sie versucht, so etwas wie *Das ist nicht wahr*, oder *Ich glaube, Sie verwechseln mich*, oder vielleicht *Woher wissen Sie das?* zu sagen. Dann wurde ihr klar, dass nur Leute in schlechten Filmen solche Dinge von sich gaben. Also fragte sie schließlich das einzig Mögliche: »Was müsste ich dafür tun?«

Moletsane lächelte erneut. »Die zweite Eigenschaft neben der Mustererkennung, die uns auszeichnet: die Fähigkeit, uns schnell an geänderte Umweltparameter anzupassen. Das hat unsere Vorfahren in wenigen Tausend Jahren aus Afrika heraus und über die gesamte Welt geführt. Also – wenn ich unsere sage, meine ich offensichtlich Ihre. Sie und mich hat sie immerhin auf den Mond geführt.«

Tandee biss die Zähne aufeinander. Langsam begann der Mann, ihr auf die Nerven zu gehen. Wenigstens vertrieb dieses Gefühl ein wenig ihre Verunsicherung. »Was?«, wiederholte sie unwirsch. Immerhin gelang es ihr, eine scharfe Bemerkung herunterzuschlucken.

»Nichts Besonderes. Nichts Illegales, falls Sie das befürchten. Wir bitten Sie lediglich, Ihre hervorragende Arbeit zu tun. Auf *Deep Space Four*.« Moletsane streckte die Hand zur Seite aus, ohne sich umzusehen. Der Androide legte ein Multitablet hinein, und der Zollbeamte hielt es Tandee entgegen. »Dafür müssen Sie lediglich hier unterschreiben, Frau Sharma. Ihren Versetzungsantrag in Verladesektion E auf *Deep Space Four*.«

Tandee starrte das Tablet an. Ihr Hals war so trocken, dass sie das dringende Bedürfnis hatte, sich zu räuspern. Unwillkürlich zuckte ihr Blick zu einer der Überwachungskameras im Raum.

»Keine Sorge. Dieses Gespräch bleibt vollständig unter uns. So wie auch alle anderen Dinge, die in diesem Raum gesprochen werden. Zumindest, solange er hier ist.« Moletsane nickte in Richtung des Androiden. »Vertraulichkeit ist in meinem Beruf ein wertvolles Gut.«

Tandee sah erneut auf das Tablet, auf dem ganz eindeutig einer der standardisierten Versetzungsanträge der Heuergesellschaft von Alpha City zu sehen war. Sie kannte ihn in- und auswendig. Immerhin hatte sie im letzten halben Jahr fünf Stück davon ausgefüllt. Die allesamt abgelehnt worden waren. Sie gab sich einen Ruck und presste ihren Daumen auf den DNA-Scanner. Das Tablet nahm automatisch eine Probe und fügte sie dem Dokument hinzu. Dann blinkte es kurz grün auf.

Moletsane nickte und nahm das Gerät wieder entgegen. »Wundervoll. Dann würde ich vorschlagen, dass Sie noch heute Ihre Sachen packen, meine Liebe.« Er deutete auf eines der Shuttles, die auf dem betonierten Flugfeld warteten. »Verabschieden Sie sich vom Mond. Das dort wird morgen Ihr Flug hier hinaus sein. Unsere einzige Bedingung: Es wird zu gegebener Zeit jemand zu Ihnen kommen, den ich Ihnen sende. Zur Zollinspektion. Wenn er sich ankündigt, lassen Sie niemanden und nichts von Bord des Schiffs, das Ihnen genannt wird. Diese Person wird ihr eigenes Verladeteam mitbringen, und Sie werden seine Leute ihre Arbeit machen lassen. Ohne zu fragen, ohne sie zu behindern und ohne dass Ihre Leute unseren Leuten im Weg stehen. Ist das für Sie akzeptabel?«

Tandee nickte. Dieses Mal fiel es ihr etwas leichter. Vermutlich lag es daran, dass sie ihre Unterschrift bereits gegeben hatte. Ihre Entscheidung war gefallen. Moletsane lächelte erneut, und jetzt fiel ihr auf, wie extrem ebenmäßig seine Zähne waren. Ein Schauer zog über ihren Nacken. Ein Film kam ihr in den Sinn, den sie irgendwann spät nachts als Kind gesehen hatte. Irgendjemand hatte darin an irgendeiner Kreuzung einen Vertrag mit dem Teufel geschlossen und ihn mit Blut unterzeichnet. Und was war das anderes als die DNA-

Probe, mit der sie soeben ihr eigenes Schicksal besiegelt hatte?

»Verladesektion E«, sagte sie langsam. »Das ist die Sektion, die für die Marsschiffe reserviert ist, richtig?«

»Ich sehe, dass Sie auf dem Laufenden sind. Und ich habe vollstes Vertrauen, dass wir uns auf Sie verlassen können«, stellte der Zollbeamte fest. »Es sind Menschen wie Sie, die wir in den kommenden Jahren brauchen werden.« Er reichte das Tablet an den Androiden weiter. »Ihrem Antrag auf Versetzung ist stattgegeben, Tandee Priya Sharma.« Der Android presste seinen eigenen Daumen auf den DNS-Scanner, und erneut blinkte das Gerät grün auf. »Und im Vertrauen: Da kommen große Dinge auf uns zu.« Moletsane nickte ihr lächelnd zu und wandte sich zum Gehen. »Ich gratuliere und wünsche Ihnen noch einen schönen Tag.«

Der Android hinter ihm sah Tandee noch einen Moment unbewegt an. Dann blickte er seinem Dienstherrn hinterher und legte den Kopf erneut ein winziges Stück auf die Seite, bevor er dem Zöllner folgte.

PEQUOD
Transportschiff der Legrelle-Klasse
Baujahr 2066

Gesamtlänge:	130 Meter (nur Rig)
	690 Meter (mit Trailer)
Gewicht:	26.000 Tonnen (nur Rig)
	2 Mio. Tonnen (voll beladen)
Ladung:	360 Container mit vorraffiniertem,
	angereichertem Erz
Antrieb:	Henley Fusionsreaktor 3. Generation (Helium3-Wasserstoff) mit 2 Ionentriebwerken
Maximalschub:	3,25 g (voll beladen)

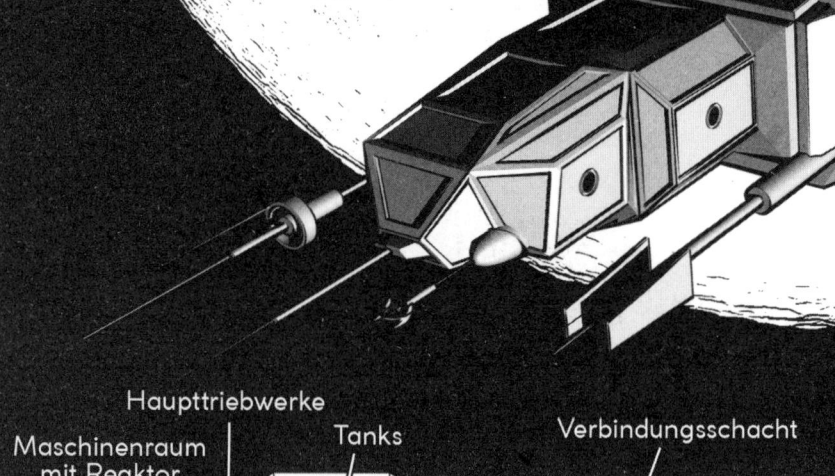

Haupttriebwerke

Maschinenraum
mit Reaktor

Tanks

Verbindungsschacht

Tin Can

Crew

Brücke

Hauptladeraum

Steuerdüsen

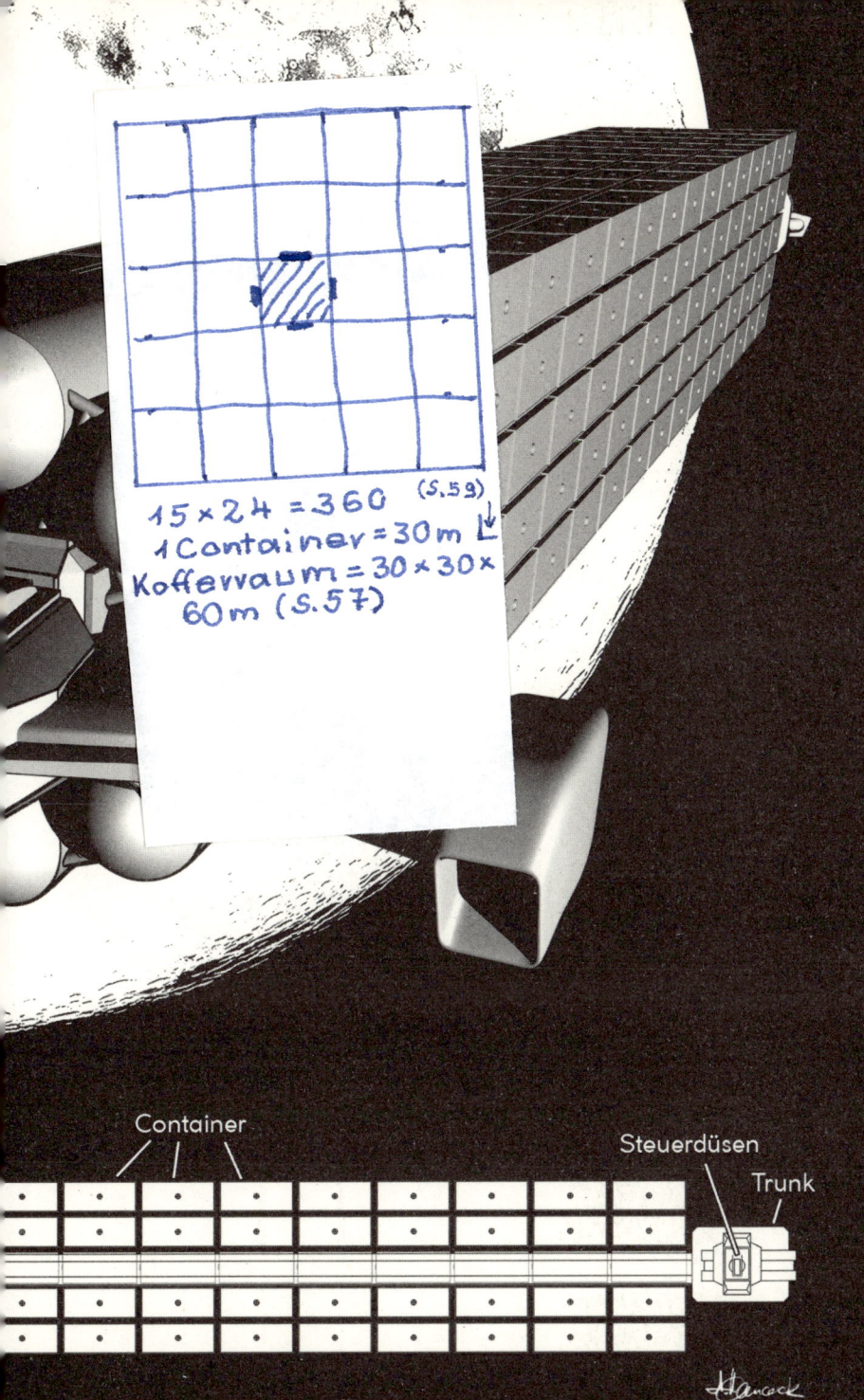

$15 \times 24 = 360$ (S.59)

1 Container $= 30$ m

Kofferraum $= 30 \times 30 \times 60$ m (S.57)

Container

Steuerdüsen

Trunk

Hancock

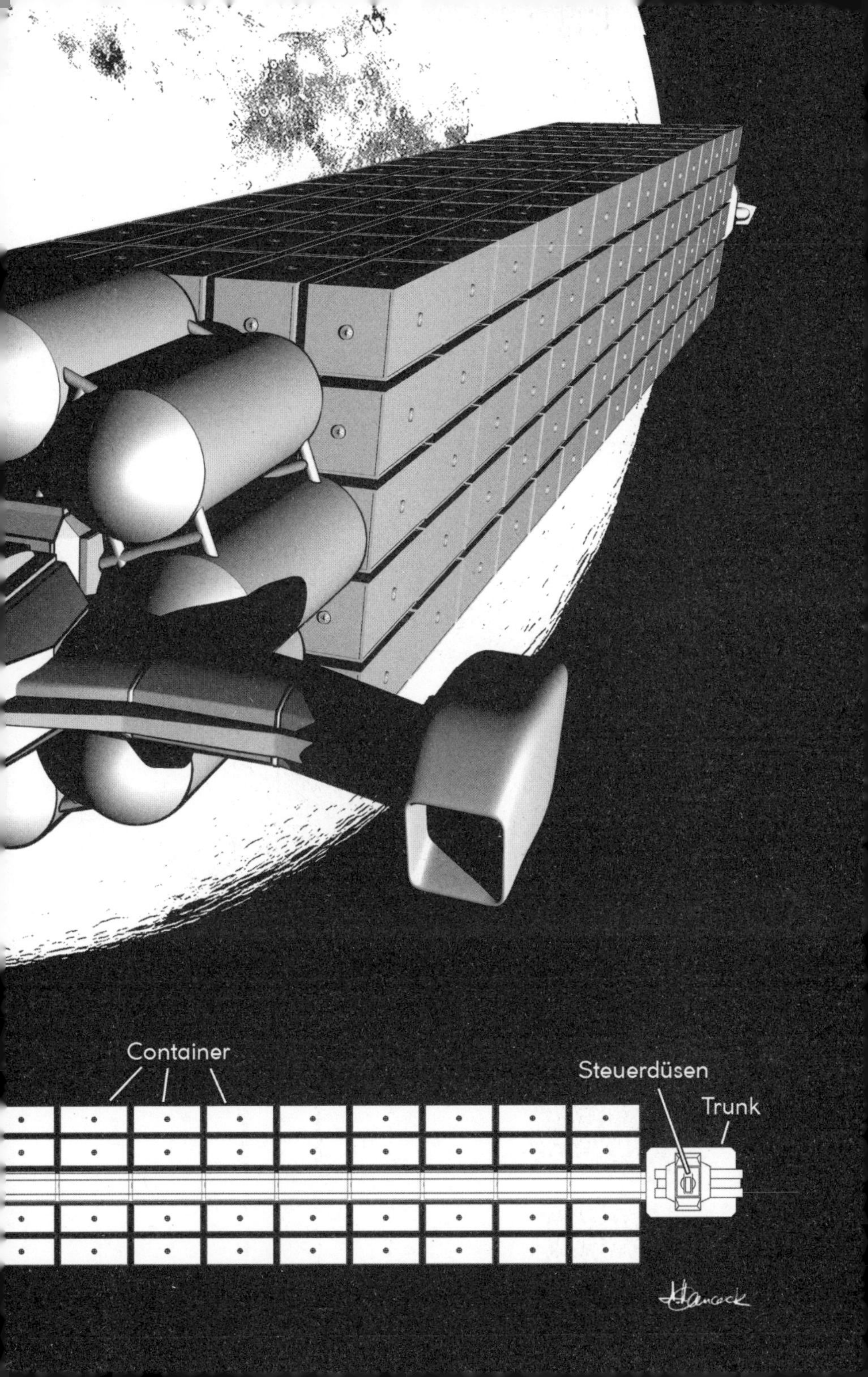

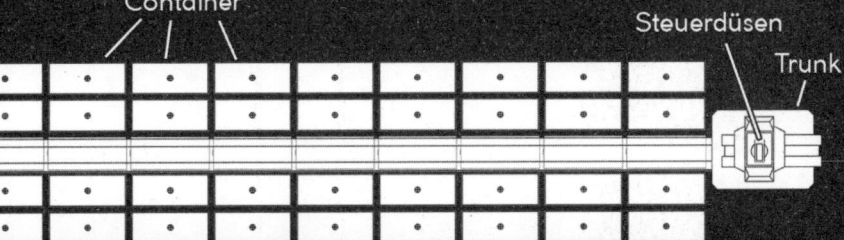

Container   Steuerdüsen
                        Trunk

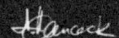

1

GO TO HELL

Die ersten Klänge des Barpianos holten Jak langsam an die Oberfläche seines Traums zurück, bevor sich die samtige Stimme von Nina Simone darüberlegte. Die Jazzsängerin begann ihm heiter zu erklären, dass er genau wisse, dass er zur Hölle fahren würde. Für einige lange Augenblicke ließ er sich von der weit über hundert Jahre alten Aufnahme tragen, ohne die Augen zu öffnen. Stattdessen sog er gemächlich die Luft ein, die im ewig gleichen Strom aus der Klimaanlage über sein Gesicht strich. Sie roch wie immer nach einem zu kleinen Raum, in dem ein Mann bereits etwas zu lange lebte, einer Ahnung von Desinfektionsmitteln, frischem Filter und einer Spur Maschinenöl. Jetzt mischte sich ein Hauch von schwarzem Tee darunter und täuschte Jaks Sinne lange genug, um ihm das Wasser im Mund zusammenlaufen zu lassen. Schließlich jedoch war er ausreichend wach, um sich daran zu erinnern, dass der Duft nicht wirklich aus dem Fach der Nahrungsausgabe kam. Es war lediglich die Art des Schiffs, ihm einen guten Morgen zu wünschen. Selbst wenn der Beutel, der dort auf ihn wartete, nicht luftdicht verschlossen gewesen wäre, wäre der Geruch daraus mit Sicherheit nicht der sorgfältig fermentierter Assamblätter gewesen. Also hatte sich Jak darauf trainiert, die Illusion zu genießen, solange es ging. Schweigend genoss er die letzten Noten der göttlichen Sängerin, bevor er tief durchatmete. »Guten Morgen, Nina.«

»Guten Morgen, Jak«, antwortete Nina Simones Stimme mit derselben Heiterkeit, mit der sie ihm soeben noch *You'll go to Hell* prophezeit hatte. »Es ist 07:33 Uhr. Dein Tee ist frisch gebrüht.«

Jak schnaubte spöttisch. »Man kann immer hoffen. Licht, bitte. Dämmerung. Gehen wir es langsam an.« *Es ist ja nicht so, als hätten wir einen Termin.* Mit einem Seufzen öffnete er den Gurt, der ihn in seiner Schlafnische hielt, und stemmte sich hoch, bevor er die Augen öffnete. Das sanfte Licht einer langsam heraufziehenden Dämmerung fiel durch die beiden Fenster der Kabine und täuschte seine Sinne wider besseres Wissen darüber hinweg, dass der Ausblick auf die träge rollenden graugrünen Wellen des Ozeans und das sanfte Rosa der Wolken im Osten nur das Ergebnis hochauflösender Monitore war. Eine Illusion, so wie die Idee der Richtung Osten im All. Irgendwo zirpte etwas zaghaft. Jak verzog das Gesicht und hob den Zeigefinger. »Wag es nicht.«

»Es gilt als erwiesen, dass Vogelgesang am Morgen dazu beiträgt, den menschlichen Organismus in einen Zustand des inneren Friedens zu versetzen«, sagte Nina Simones Stimme. »Es scheint, dass diese Reaktion im menschlichen Erbgut ...«

»Der frühe Vogel fängt sich eine Ladung Schrot«, murmelte Jak. »Hat mein Großvater immer gesagt. Und das liegt in meinem Erbgut. Dusche, bitte.« Er schlurfte durch den tonnenförmigen Raum, zog den silbernen Beutel aus dem Ausgabeschacht und hielt ihn für einen Moment zwischen den Händen, um die Wärme in seine Haut ziehen zu lassen. Der Vogel verstummte. Schweigend lauschte Jak dem Ticken und Knacken im Metall des Schiffs, als Nina irgendwo im Fußboden unter ihm den Wassertank erhitzte. Es waren nur minimale Spannungsveränderungen in der Struktur, doch wie jeden Morgen führten sie dazu, dass das Schiff gewissermaßen erwachte. Ein dumpfes Stöhnen, im Grunde kaum hörbar, ging durch den Rumpf und legte sich unter die Vibrationen der gewaltigen Triebwerke, die seit zwei Tagen unermüdlich daran arbeiteten, den gewaltigen Leib der *Pequod* abzubremsen. Es mischte sich unter die zahllosen anderen Geräusche, das simulierte Ticken von Anzeigen, das Knarren von Gelenken, das Zischen von verborgenen Hydrauliken – all die Laute, die den Klangteppich eines Raumfrachters bildeten und verkündeten, dass das Schiff am Leben war. Jak rieb die Implantate in Daumen und Mittelfinger seiner Rechten aneinander und scrollte damit durch die Liste der Nachrichten, die während der Nacht eingegangen waren. Er trank einen Schluck aus dem Teebeutel und grinste matt. Die meisten Leute hier draußen, weg von den Oberflächen von Erde und Mond, begannen irgendwann, von Schlaf- und Wachzyklen zu sprechen. Die Arbeiter in den Werften und Lasthäfen der Stationen hatten das Konzept noch gründlicher aufgegeben. Sie arbeiteten in Schichten, und so lebten sie auch. Für ihn aber waren es noch immer Tag und Nacht.

Der Großteil der Nachrichten waren Statusmeldungen und Memos aus Richtung Erde, Kleinigkeiten, die nicht sofort erledigt werden mussten. Eine Handvoll Nachrichtensendungen, die er abonniert hatte. Er würde sie später ansehen.

»Es liegen zwei Nachrichten aus dem Konvoi vor«, warf Nina hilfreich ein, bevor er bis zum Ende gelangt war.

Jak hörte auf zu scrollen. »Von?«

»Kapitän Marco Okoye und Kapitän Aliza Mansoor. Soll ich …?«

»Untersteh dich. Nicht bevor ich geduscht habe.«

Während die Duschbox das überschüssige Wasser von seiner Haut blies und wieder dem Recyclingsystem zuführte, leerte Jak seinen zweiten Beutel Schwarztee und rang mit der Entscheidung, sich zu rasieren. Normalerweise war sein Kopf, wie bei den meisten Piloten, glatt geschoren. Es war der einfachste Weg, Haare davon abzuhalten, in alle möglichen Ritzen eines Raumfahrzeugs zu kriechen, Dinge zu verstopfen, Luftfilter zu blockieren und generell lästig zu sein. Außerdem verbesserte die haarlose Haut den Kontakt zu den Elektroden im VacSuit enorm. Andererseits – wann hatte er den Overall, der das Herzstück jedes modernen Raumanzugs bildete, das letzte Mal wirklich gebraucht? Vor einem Jahr? Eineinhalb? Er rieb sich über den Scheitel, auf dem die Haare inzwischen lang genug waren, um dabei nicht mehr zu knistern. Was sollte es. Wenn es so weit kam, dass er auf die Lebenserhaltungssensoren seines Anzugs wirklich angewiesen war, dann war er sowieso geliefert. Mit einem Seufzen warf er den Rasierer zurück in sein Fach und ließ sich einen frischen Overall ausgeben.

»Lass uns anfangen, Nina.« Er verließ die Dusche, warf den Teebeutel in den Recyclerschacht und hangelte sich zum Aufzug in der Mitte des Raums. Die Tür öffnete sich surrend und gab den Blick in eine sanft beleuchtete Röhre frei, die sich nach oben hin schier endlos fortzusetzen schien. Wobei *oben* wie alles andere im All relativ war. Im Moment bremste der Konvoi ab, also vermittelte der Anpressdruck das Gefühl, das vordere Ende des Schiffs wäre in Wirklichkeit unten. Und da der Mannschaftsraum auf der *Pequod* in der vordersten Kapsel untergebracht war, befand sich der Rest des Schiffs über ihm. Das galt auch für das Cockpit. Jak griff nach der Leiter auf der Innenseite des Schachts und stieg nach oben. »Was wollte Marco denn?«

Nina Simones Stimme klang im Inneren der Röhre seltsam dumpf: »Soll ich die Nachricht abspielen?«

»Nein, eine kurze Zusammenfassung genügt.«

»Kapitän Okoye lässt ausrichten, dass er in der vergangenen Schicht die Aldebaran-Instanz erfolgreich bewältigt hat. Er möchte wissen, ob du dich ihm heute in der Konvoimission stellen ...«

»Stopp. Danke, Nina, das reicht.« Jak zog sich ein Stockwerk höher aus dem Zentralschacht. »Sag ihm ...« Jak zögerte. Der Afrikaner war ein nahezu fanatischer Spieler von Raumsimulationen. Die meiste Zeit fand Jak diesen Umstand reichlich seltsam. Ein Mann, der in einem echten Raumschiff mit unvorstellbaren zwei Millionen Tonnen Masse durch das All zwischen Mars und Erde donnerte, verbrachte seine Zeit am liebsten damit, im virtuellen Raum Raumschlachten durchzuspielen. Andererseits – jeder musste zusehen, wie er die ereignislosen Wochen im Nichts hinter sich brachte. Ein Weg war da wohl so gut wie der nächste – und Marcos vermutlich immer noch deutlich besser als andere. Und, das musste Jak zugeben, die VacSuits, die Hightech-Feedbackanzüge, die zur Ausrüstung jedes der Schiffe gehörten, waren vermutlich das beste AR-Equipment, das sich ein Spieler wünschen konnte. Sollten sie auch. Immerhin kostete einer davon mehr, als Jak vermutlich in seinem ganzen Leben verdienen würde. Sie waren unter anderem dazu da, echte Raumschiffe zu fliegen und echte Raumpiloten am Leben zu erhalten. Außerdem – Marcos derzeitiges Lieblingsspiel war tatsächlich unterhaltsamer als die Realität als Raumpilot.

»Vergiss es. Sag ihm nichts, ich rufe ihn später an. Licht. Gedämpft. Leg mir bitte die Statusdaten auf den Schirm.«

Flackernd erwachten die Lichter und Monitore des Cockpits. Irgendwo im Halbdunkel ratterte etwas mechanisch, und der Widerschein einer grünlichen Laufschrift huschte für einen Moment über die Wände, bevor der Hauptmonitor aufklarte und einen nahezu ungehinderten Blick auf den Sternenhimmel freigab. Was ebenso eine Illusion war wie das Flackern der Lichter und die mechanischen Geräusche zuvor. Jak schniefte. Nina war in letzter Zeit ein wenig melodramatisch. Um genau zu sein: seit dem ausgedehnten Marathon von Weltraumhorrorklassikern, den er sich auf dem Hinflug zum Mars gegönnt hatte. Danach hatte er ihr verbieten müssen, mit der Stimme dieses Bordcomputers namens HAL zu sprechen.

Das Cockpit der *Pequod* war, wie das Mannschaftsquartier, in einem grob tonnenförmigen Modul untergebracht. Auch dieser Raum war wie bei den meisten alten Modellen der Legrelle-Reihe auf eine Mannschaft von vier Crewmitgliedern ausgelegt. Alles, was nicht vom Hauptmonitor und den vier Pilotensitzen belegt war, war mit Technik vollgestopft, von der schon seit Jahren der größte Teil vom Bordcomputer des jeweiligen Schiffs bedient wurde. So gut wie alles, um genau zu sein, was auch der Grund war, warum Jak diesen ganzen Raum für sich allein hatte. Leute wie er, die Trucker, waren nur noch dazu da, regelmäßig einen Blick auf die Verschleißteile zu werfen, die Maschinen zu warten und im Notfall Flicken auf Stellen zu kleben, an die ein Computer nicht herankam. Aber auch die wurden jedes Jahr weniger. Inzwischen gab es Drohnen für alles. Menschen waren auf Raumtransporten heute nur noch eine weitere Ebene redundanter Systeme. Er zog sich in eine der beiden zentralen Pilotenliegen und setzte seine Brille auf. Sofort tauchten Statusmeldungen, Hinweissymbole und Tabellen vor ihm auf und füllten den Raum zwischen Sternenhimmel und Sitz mit den Daten eines Zwei-Millionen-Tonnen-Raumtransports. Jak blinzelte, wischte den Großteil davon zur Seite und überflog die Statusmeldungen des automatischen Systems. Ionentriebwerke – im Normbereich. Fusionsreaktor – alles grün. Kühlsysteme, Tanks, Luftrecycler, Wasseraufbereitung, Temperatur, Strahlungswerte, Strukturschwingungen, Druck, Netzspannung, Batteriestatus … Die Liste setzte sich noch einige Dutzend Punkte weit fort, und Jak ging sie mit derselben Routine durch wie jeden Tag. Nur zweimal machte er sich eine kurze Notiz. Eine Dichtung in einer der beiden Maschinenraumschleusen konnte beim nächsten Zwischenstopp im Mondorbit einen Austausch vertragen, und eine der Lampen im hinteren Maschinenraum schien zu flackern. Zumindest deuteten minimale Spannungsschwankungen darauf hin. Aber es war eine einzelne Lampe, und er hatte nicht vor, die beinahe siebenhundert Meter nach oben zu fahren, nur um ein Zehn-Cent-Bauteil auszutauschen, das er ohnehin nicht sehen würde. Darum durften sich andere kümmern.

»Alles im Normbereich«, stellte er schließlich fest.

»Alles im Normbereich«, bestätigte Nina aus Richtung der zweiten Liege. Sie trug ein altmodisches Sommerkleid und prostete ihm mit einem Cocktailglas zu.

Jak verdrehte die Augen. »Könntest du bitte ein wenig professioneller sein?«

Das Hologramm lächelte kokett, dann flirrte es kurz und trug jetzt den Standardoverall des Konzerns. »Aber wenn ich eine Anmerkung machen darf«, mit einer ausladenden Geste zog das Hologramm eine der Tabellen vor dem Hauptschirm größer. »Der Container in Sektion neun weist heute erneut Werte im unteren Bereich auf.«

Jak runzelte die Stirn. Er betrachtete die Werte. »Knapp – aber im Normbereich«, stellte er fest. »Was findest du daran bemerkenswert?«

Nina hob eine perfekte Augenbraue. »Die Schwankung ist regelmäßig.« Sie schob die Anzeige zusammen, und weitere Zeilen tauchten auf.

Jak überflog die Zahlen, und sein Haaransatz im Nacken begann zu jucken. »Prüf das bitte so weit wie möglich zurück.«

Nina legte den Kopf schief. »Dreihundertzwanzig Werte, dann beginnt der nächste Zyklus nach sechs Stunden und zwölf Minuten erneut. Eine perfekte Sinuskurve. Das ist seit dem Beladen auf *Harmonia Station* so.«

Jak sah sie an, auch wenn ihm klar war, dass das Hologramm lediglich in seine Brillengläser projiziert wurde. »Von wie perfekt reden wir?«

»Keine Abweichungen seit dem Start.«

Gedankenverloren kratzte er sich den Nacken und musterte die Werte erneut. Schwankungen in den Messwerten der

Container waren normal, regelmäßige ebenfalls. Die meisten Abläufe des Schiffs verliefen in Zyklen. Metall erwärmte sich und kühlte ab. Steuerdüsen lösten aus, und selbst seine eigenen Schlaf- und Wachzyklen hinterließen winzige Spuren in den Messwerten. Was allerdings nicht vorkam, waren perfekte Wiederholungen.»Hm. Das ist bemerkenswert, du hast recht. Prognose bitte.«

Das Hologramm strich sich über die kurz geschorenen Locken.»Mit zweiundsiebzigprozentiger Wahrscheinlichkeit ein Softwarefehler im Sensor«, stellte es fest.

Jak verzog das Gesicht.»Das bedeutet: eine Chance von eins zu vier, dass es etwas anderes ist. Kannst du das noch etwas genauer eingrenzen, Nina?«

Seine virtuelle Assistentin gab ihrem Hologramm für einen kurzen Moment den Anschein, die Daten erneut zu sichten – Ninas Version einer dramatischen Pause, denn in Wirklichkeit konnte die Prüfung der Optionen nicht mehr als eine Hundertstelsekunde benötigt haben. Jak hatte irgendwann einmal darüber gelesen. Virtuelle Assistenten hatten Eigenheiten dieser Art angeblich mit voller Absicht erhalten. Es erfüllte irgendeinen wichtigen psychologischen Zweck, der ihm längst wieder entfallen war. Vermutlich denselben, wegen dem man seinen AVA mit Name, Stimme und Aussehen personalisieren konnte.

»Tut mir leid«, sagte Nina.»Eine genauere Eingrenzung ist nicht möglich.«

»Irgendeine Chance, dass die Werte trotz eines Sensorfehlers korrekt oder zumindest innerhalb der Toleranzen sind?«

»Natürlich. Eine Chance besteht. Ich kann dir aber nicht sagen, welche. Ich gehe allerdings von über fünfzig Prozent aus.«

Jak scrollte ein letztes Mal durch die Zahlenkolonne, bevor er seufzend das Fenster schloss. »Woraus schließt du das?«

»Die *Pequod* ist noch intakt. Ein Fehler außerhalb der Toleranzen hätte sich spätestens bei der Schubumkehr zur Einleitung der Abbremsung kritisch ausgewirkt«, erklärte sie nüchtern.

Das Jucken in Jaks Nacken wurde unangenehm. »Das heißt, damit können sich auch die Leute auf *Deep Space Four* darum kümmern, wenn wir im Mondorbit sind?« Es hatte keine Frage werden sollen.

»Das, oder in der finalen Anflugphase tritt ein Problem auf«, entgegnete Nina und verschränkte die Arme.

Jak betrachtete das Hologramm. Dann seufzte er und kratzte sich im Nacken. »Ich sollte nachsehen.«

»Du solltest nachsehen«, bestätigte Nina. »VacSuit zwei ist vollständig geladen.« Sie nickte zum Staufach direkt neben dem Bullauge der Schleusenkammer. »Du hättest dich rasieren sollen«, fügte sie hinzu, und Jak war sich fast sicher, so etwas wie einen kritischen Unterton aus ihrer Stimme herauszuhören. Er verzog das Gesicht. »Ich schätze, ich habe heute nicht viel anderes vor, oder?«

»Dein Kalender hat keine weiteren Einträge«, bestätigte Nina.

»Na dann. Bringen wir's hinter uns.«

Der VacSuit war eine recht neue Weiterentwicklung auf dem Gebiet der Raumanzüge und im Grunde nicht mehr als beheizte Unterwäsche aus mehreren Lagen Karbonnanoröhren, die sich mittels elektrischer Spannung ausdehnen und zusammenziehen konnten. Er sah aus wie ein Trockentauchanzug und sorgte dafür, dass in seinem Inneren immer derselbe Druck herrschte, egal ob er sich im All oder in der Tiefsee befand. Nebenbei bewältigte er Heizung, Kühlung und Abtransport von Schweiß und anderen Körperausscheidungen, überwachte mittels zahlreicher Messpunkte seine Vitalwerte und bot auch noch deutlich mehr Schutz gegen mechanische Beschädigung als die bis dahin üblichen, klobigen Schutzanzüge. Als Folge davon wurden die Raumanzüge deutlich leichter und beweglicher als in den Anfangszeiten der Raumfahrt. Was nicht bedeutete, dass sie bequem oder einfach anzuziehen waren.

Außerdem war sich Jak fast sicher, dass er auf irgendetwas in diesen Dingern allergisch reagierte. Leise fluchend schloss er die zweite Haut seines Anzugs und überprüfte alle Siegel, bevor er den Helm aus seinem Fach nahm. »Ich hasse die Röhre, Nina. Wirklich.«

»Das hast du bereits mehrfach erwähnt.«

Jak warf dem Hologramm einen Seitenblick zu, setzte dann die Brille ab und den Helm auf. Mit leisem Zischen versiegelte der Anzug, und das Helmdisplay erwachte zum Leben. Ninas Hologramm tauchte erneut auf.

»Und ich mag deinen schnippischen Tonfall nicht.«

»Meine Einstellungen lassen sich jederzeit im Hauptmenü ändern.«

»Schon. Aber wer garantiert mir, dass du sie nicht selbst wieder zurücksetzt?« Er stieg erneut in die Röhre und klinkte sich dieses Mal in die Transportschienen ein, die in dem kaum eineinhalb Meter durchmessenden Schacht die Funktion eines Lifts übernahmen, und sah nach oben. Eine massive Schleusenklappe versperrte im Moment dort den Weg.

»Niemand«, stellte Nina trocken fest, »aber es würde gegen meine Programmierung verstoßen.«

»Das behauptest du jetzt. Schleuse öffnen und abfahren.«

»Etwas anderes zu behaupten würde ebenfalls gegen meine Programmierung verstoßen«, sagte Nina.

Über Jak glitt das Schott beiseite, und die Elektromotoren des Lifts sprangen an und zogen ihn hinauf in den Maschinenraum. Dieser Abschnitt des Schiffs war wesentlich größer als das Cockpitmodul, und es war deutlich zu sehen, dass hier wenig auf herkömmliche Richtungen wie oben oder unten Rücksicht genommen worden war. Die schmalen, mit Geländern bewehrten Laufstege hatten lediglich dann einen Sinn, wenn das Schiff an einer der Raumstationen festmachte. Und auch dann trugen sie weit mehr den Sehgewohnheiten von erdgebundenen Menschen Rechnung, als einen echten Zweck zu erfüllen. Für Leute wie Jak, die bereits Jahre ihres Lebens im All verbracht hatten, verloren sie ihre Bedeutung.

Ein Großteil der Liftröhre im Inneren der Maschinenhalle war aus Glas gefertigt, sodass er ungehinderten Ausblick auf die Blenden und Anzeigen hatte, hinter denen sich die Eingeweide der *Pequod* verbargen. Den weitaus meisten Platz nahm das Herz des Schiffs ein, ein Fusionsreaktor der dritten Generation. Das Teil hätte auf der Erde eine Kleinstadt fast unbegrenzt mit Energie versorgen können. Hier war es nur dafür da, die zwei riesigen Triebwerke anzutreiben, die ihrerseits das gewaltige Raumschiff in Richtung Erde schoben – beziehungsweise jetzt, auf dem zweiten Teil ihrer Reise, abbremsten. Die gleichförmigen Vibrationen übertrugen sich über die Röhre auf Jaks Anzug, ließen seine Zähne schmerzen und versetzten den ganzen Raum in ein monotones Brummen.

Jak runzelte die Stirn. »Ist das in Ordnung so?«

Ninas Stimme kam jetzt direkt über die Lautsprecher, die in seine Oberkieferknochen implantiert waren. »Vollkommen in Ordnung. Um genau zu sein, läuft er sogar um drei Zehntel Prozentpunkte besser als zu erwarten.«

»Das heißt, das Extrageld in die Wartungsmannschaft auf *Harmonia* zu investieren war nicht die schlechteste Idee.«

Die AVA schwieg, während Jak zur Schleuse am anderen Ende des Raums gezogen wurde. »Ich bin mir nicht sicher, was genau sie getan haben, das den Reaktor derart verbessern würde«, sagte sie schließlich. »Ich muss die Daten genauer überprüfen.«

»Solange du die Schleuse noch öffnest«, warf Jak ein. Das nächste Schott glitt direkt vor ihm auf und schloss sich wieder, kaum dass seine Füße die Öffnung passiert hatten. Der Raum hinter dem nächsten Schott war noch weit größer als der Maschinenraum. Er erstreckte sich fast sechzig Meter nach oben in das Dämmerlicht, das von der Notbeleuchtung der Transportröhre hervorgerufen wurde. Dieser Bereich wurde von den Schiffsbesatzungen nur der »Kofferraum« genannt. Im Grunde war er nur ein dreißig mal dreißig Meter messender Schacht, vollgestopft mit bunt gemischten Ladungseinheiten, wie dem Gepäck von Passagieren, Postsendungen und kleineren Lieferungen der Konzerne und Stationshändler. Außerdem lagerten hier die empfindlichsten Transportgüter, wie etwa elektronische Ausrüstung und medizinische Güter. Das lag vor allem daran, dass der Kofferraum von den Tanks des Schiffs umgeben war: Brennstoffe für den Fusionsreaktor und vor allem Tonnen von flüssigem Wasserstoff als Treibmittel für die Triebwerke. Der Nebeneffekt:

Strahlung drang so gut wie keine bis hierher durch. Jak sah sich nachdenklich um. Haltenetze und Zurrgurte fixierten Kisten, Transportboxen und vage Formen, die er im Dämmerlicht nicht einordnen konnte.

»Licht?«, fragte Nina, doch Jak schüttelte den Kopf. »Nein. Aber wo wir schon mal hier sind – markiere mir bitte Stellplatz 218-C im Display.«

»Auf 218-C befinden sich vierunddreißig Kisten mit Kelpproben. Vakuumiert«, stellte Nina prompt fest. Einer der verzurrten Stapel leuchtete auf seinem Helmdisplay auf. Er hing gut zwanzig Meter über dem Boden. »Gibt es Probleme damit?«

Jak sah dem Stapel zu, wie er an ihm vorüberglitt und in der dämmrigen Tiefe unter ihm verschwand. »Nein. Wenn das so deklariert ist, wird es stimmen. Standort bitte speichern.«

»Wir haben noch vier weitere Stellplätze mit ...«

»Nein, ist in Ordnung. Das reicht mir fürs Erste. Lass uns zuerst nachsehen, was in Sektor neun schiefläuft.« Jak sah noch einmal zurück auf Stellplatz 218-C, dann richtete er seine Aufmerksamkeit wieder nach oben, wo inzwischen das Schott am anderen Ende des Schachts auftauchte. Sorgfältig prüfte er nochmals die Versiegelung seines Helms. »In Ordnung, Nina. Mach auf.«

Auch dieses Schott schloss sich, sobald er es passiert hatte. Dieses Mal jedoch musste er einige Augenblicke in der Schleusenkammer warten, bis ihm ein Signal verriet, dass Nina die Luft aus dem kleinen Abschnitt gepumpt hatte. Sein Anzug blähte sich im einsetzenden Vakuum, während sich der VacSuit darunter automatisch zusammenzog, um seinen Blutdruck stabil zu halten. Die Geräusche des Schiffs verschwanden mit einem Mal und machten der bleiernen

Stille des Vakuums Platz, in dem er nur noch seinen Atem hören konnte – und dumpfes Schaben, wenn sein Anzug an etwas entlangrieb. Ein grünes Licht blinkte auf, und er betätigte den Schalter darunter. Das Außenschott glitt zur Seite und gab den Blick auf den nächsten Röhrenabschnitt frei. Dieser Schacht hier war lediglich ein kahles Rohr, in dessen Wände zwei Leitern eingelassen waren – und natürlich die Führungen für die Liftkabel, die ihn jetzt weiter nach oben zogen, in Richtung der nächsten Sektion. Dreißig Meter, Doppelschott, weitere dreißig Meter, weiteres Schott, und immer so fort. In der Mitte jeder Sektion gab es einen erweiterten Bereich, in dem vier Schotts in die Ladecontainer der entsprechenden Sektion führten, und neben jedem Schott war ein Statusmonitor in die Wand eingelassen, der flackernd zum Leben erwachte, wenn er sich näherte. Jak machte sich nicht die Mühe hinzusehen. Er kannte die Packlisten. Vierundzwanzig Container pro Sektion, und jeder war randvoll mit vorraffiniertem Rohmaterial, seltenen Erden, die auf der Erde ein Vermögen wert waren: Iridium, Lanthan, Lithium, Kobalt, Mineralien wie Silizium, Mangan, Magnesium, Bauxit, Schwefel, Metalle von Platin bis Kupfer.

Alles Dinge, die auf der Erde inzwischen seltener vorkamen, als sie gebraucht wurden, während sie auf dem Mars autonome Fördermaschinen, völlig ungehindert von störendem Mutterboden, Ökosystemen oder Umweltschutzauflagen einfach zusammenkratzen konnten. Inzwischen hatte der Mars seine ersten eigenen Raffinerien und Produktionsstätten, aber es würde noch Jahrzehnte dauern, bevor die neuen Kolonien auch nur einen nennenswerten Teil dessen, was sie förderten, selbst verarbeiten konnten. Also flog Jak das Zeug zur Erde.

Vierundzwanzig Container pro Sektion, fünfzehn Sektionen, circa 2,15 Millionen Tonnen pro Flug.

Ein weiteres Schott glitt auf. Die auf die Schachtwand gesprühte signalgelbe Nummer verriet ihm, dass er sich in Sektion sechs befand, schon gut dreihundert Meter hinter dem Cockpit.

»Nina, du hast gesagt, dass Kapitän Mansoor ebenfalls eine Nachricht hinterlassen hat.«

»Eine Sprachnachricht. Möchtest du die Nachricht jetzt hören?«

»Spiel sie bitte ab.«

Es knackte, dann kam Alizas Stimme aus den Lautsprechern seines Helms: »Hallo Jak. Entschuldige, dass ich mich noch nicht richtig bei dir gemeldet habe. Diese Fahrt ist bisher die Hölle. Zwei der verdammten Touristen haben sich irgendwas mit dem Darm eingefangen. Kann gut sein, dass wir sie isolieren müssen. Landon, die Kuh von den UA – Space Marshal Landon, sie legt tatsächlich Wert darauf, dass man sie mit Marshal anspricht – ist unerträglich. Die Frau Marshal hat nur Sonderwünsche. Dazu hat sich Fazio in einen der Chemiker verguckt. Würde mich ja nichts angehen, aber der Kerl vernachlässigt mal wieder seine Arbeit. Und als würde das noch nicht reichen, gehen mir die kleinen Marsbälger auf die Nerven. Gestern haben sie erst einen Feuerlöscher ausgebaut und damit Zielschießen geübt. Falls du mitbekommst, dass wir hier drüben Druck verlieren, dann liegt es ziemlich sicher daran, dass die kleinen Mistkerle eine Schleuse geöffnet und sich ins All geblasen haben. Ich …«, sie zögerte. »Jedenfalls, es tut mir leid. Wirklich. Und nein, ich kann dir immer noch nicht erzählen, was ich gemacht habe. Aber weißt du was? Wenn wir auf *Deep Space Four* sind, führe ich dich aus. Wenn du willst, reserviere ich uns einen Tisch bei Amruthas, und dann können wir … Ich meine, ich weiß, dass ich etwas gutzumachen habe.«

Jak konnte das Lächeln in ihrer Stimme hören und musste wider Willen grinsen.

»Aber vor allem kann ich dir dann erzählen, warum ich dich versetzt habe. Vielleicht … Ja, zum Teufel, was ist jetzt schon wieder?« Bei den letzten Worten war deutlich zu hören, dass sie sich vom Mikro weggedreht hatte. »Jak, ich melde mich später noch mal. Ich habe noch nicht einmal gefrühstückt, und Frau Marshal wünscht schon wieder meine Aufwartung. Vielleicht sollte ich die kleinen Marsianer auf die Idee bringen, *sie* aus Versehen aus der Schleuse zu befördern. Bis dann.«

»Ende der Nachricht«, ergänzte Nina.

Jak schniefte. »Klingt, als hätte sie Spaß.«

»Ich verstehe nicht.«

»Vergiss es, Nina. Das war ironisch.«

»Ich werde es in meine Datenbank aufnehmen.«

Jak verdrehte die Augen. Vermutlich war es eine der wenigen Sachen, die eine Künstliche Intelligenz wie Nina noch von einem Menschen unterschied. Egal wie ausgereift sie heute sein mochten – ihm war nicht bekannt, dass irgendeine KI Ironie verstand oder gar anwenden konnte. Vielleicht konnten das die großen KIs, wenn man sie lassen würde. Aber nachdem es Mitte des Jahrhunderts eine Reihe von Beinaheunfällen mit den ersten KIs gegeben hatte, die auf der Schwelle zum eigenen Bewusstsein gestanden hatten, hatte man ihnen Dämpfer verpasst, die ihre Möglichkeiten einschränkten.

Jak hielt das für einen Fehler. Seiner Erfahrung nach hielt gerade ein gesunder Sinn für Ironie viele Leute von größeren Dummheiten ab. Vielleicht galt das für künstliche Intelligenzen genauso.

2

CONTAINER 9-4

Ein weiteres Schott öffnete sich vor ihm, und auf der Gangwand prangte jetzt eine 9.

»Dann lass uns mal sehen, was wir hier haben.« Jak ließ sich die letzten Meter bis zur Schottkreuzung schleppen und stoppte den Lift. Wie zuvor erwachten die Monitore der Schotts mit kurzem Flackern zum Leben, gleichzeitig projizierte Nina ihm die Anzeigen in den Helm. Er überflog die Daten. So weit schien alles in Ordnung. Alle vier Schotts waren versiegelt, aber das war normal. Sofern es die Sicherheit des Schiffs nicht akut beeinträchtigte, hatte die Besatzung der Frachter keinen Zugang zur Containerladung.

»Container vier«, warf Nina hilfreich ein.

Jak runzelte die Stirn. Vier bedeutete, dass das Problem in einem der acht inneren Container auftrat.

»Die äußeren sind unauffällig?«

»Vollständig.«

Jak verzog das Gesicht. »Das schließt dann schon mal einen Schaden von außen weitgehend aus. Keine Mikrometeoriten oder so etwas.«

»Einen Einschlag von Mikrometeoriten hätte ich registriert und gemeldet«, stellte Nina fest.

»Schade. Ich meine, dass die Lösung nicht so einfach ist. Dann müssen wir das wohl auf die altmodische Art erledigen.« Jak öffnete eine Werkzeugtasche an seinem Anzug. »Gib mir bitte mal die Gaswerte der acht inneren Container.« Neue Zahlen tauchten auf seinem Display auf.

»Konzentration und Gemisch in den zu erwartenden Parametern für Platin-Osmiridium-Erden-Konzentrate. Ich kann keine signifikante Abweichung innerhalb der Containergruppe feststellen«, sagte Nina.

Jak nickte. Dann runzelte er die Stirn. »Moment. Es ging doch sowieso nicht um Abweichungen. Nina, betrachte die Gasmesswerte über den Flugzeitraum.« Die Zahlen wurden durch größere Zahlenkolonnen ersetzt. Dann hielten sie abrupt an.

»Container vier scheint eine Datenschleife zu sein. Sechs Stunden und einundvierzig Minuten, ohne Abweichungen zurück bis zum Start von *Harmonia Station*.« Ninas Stimme klang inzwischen gänzlich sachlich, vollkommen ohne ihre sonst üblichen künstlichen Emotionen.

Jak knurrte einen Fluch. »Das heißt, das Ding hat gleich zwei Messwertschleifen, und das schon seit Installation? Nina, können wir den Gaswert von diesem Ding von Hand auslesen?«

»Nein, Jak. Der Container ist ordnungsgemäß versiegelt, und du verfügst nicht über die notwendige Freigabe. Eine Gasmessung mit externen Sensoren ist nicht möglich.«

»Seit wann brauche ich eine Freigabe für mein eigenes Schiff?«

»Containersektionen acht bis vierzehn und die Inhalte der betreffenden Container sind hundertprozentiges Eigentum von Vedari Ryo Ressources«, erklärte Nina. »Der Inhalt ist auf etwas über zweihundertfünfzig Millionen versichert. Zugang nur unter Aufsicht eines VRR-Befugten und elektronischer Dokumentation.«

Jak fluchte. »Was glauben die denn, was ich mache? Mir 'ne Tonne Erzraffinade abzweigen und im Handgepäck rausschmuggeln?«

»Es ist festgeschriebene Firmenpolitik von VRR.«

»Aber es muss doch Ausnahmen geben. Es gibt immer Fehlfunktionen, die das Schiff gefährden können. Mikrometeoriten. Sonnenwind. Alienraumschiffe – was weiß ich …«

Nina schien einen Moment zu überlegen. Vermutlich durchforstete sie alle vorliegenden Dokumente von VRR. Wenn sie erst die Datenbanken auf der Erde abfragen musste, um etwas zu finden, konnte das eine Weile dauern.

»Nun, im Falle eines Brands zum Beispiel …«

»Brand?«

»Sollte ein Brand auftreten oder ein anderes akutes, unvorhersehbares Problem, das nicht von den automatischen Sicherheitseinrichtungen bewältigt werden kann, ist das menschliche Personal dazu befugt …«

»Menschliches Personal? Ernsthaft?« Jak verzog das Gesicht. »Aber weil du gerade Brand sagst – hier ist es ziemlich heiß, findest du nicht?«

»Heiß? Nein. Ich kann keine Abweichung von der Norm …«

»Nein?« Er legte die Hand auf das Schott zu Container Nummer vier und zog sie eilig wieder zurück. »Das ist verdammt heiß, wenn du mich fragst.«

»Die Sensoren deines Anzugs zeigen keinerlei Temperaturanstieg …«

»Also irgendwie ist auch gar kein Verlass mehr auf deine Sensoren, Nina. Die Containersensoren, die Gassensoren und jetzt die in meinem Anzug? Meine Güte. Es ist definitiv heiß dort drin. Feuer. Ganz sicher.«

Nina brauchte erstaunlich lange für eine Antwort. »Eine Sensorfehlfunktion kann zum derzeitigen Zeitpunkt nicht ausgeschlossen werden«, sagte sie schließlich. »Sicherheitsprotokoll aktiviert. Kapitän Jakarta Rafael Pérez Zhao berechtigt zum manuellen Überschreiben der Versiegelung der Lastcontainer von Segment neun. Ein Protokollvermerk ist angelegt.«

»Na also.« Jak atmete tief durch. »Dauert das immer so lange? Was, wenn mal ein echter Notfall vorliegt?«

»Definiere bitte genauer: echter Notfall«, gab die AVA zurück.

»Das … vergiss es, Nina. Öffne einfach das Schott, in Ordnung? Ach, und halte die Feuerlöscheinrichtung bereit. Auf mein Kommando, verstanden?«

»Verstanden«, entgegnete Nina.

Im nächsten Moment wechselte die Grundfarbe der Anzeige neben dem Schott von Bernsteinfarben auf Grün, und das Schott glitt beiseite. Jak konnte die Vibration bis in die Leiter hinein spüren. Eilig schwang er sich aus dem Transportschacht und sah in die schwarze Öffnung. »Containernotlicht, bitte.« Er schaltete seine Helmbeleuchtung an.

»Das …« Jak setzte dazu an, sich im Nacken zu kratzen, doch der Helm hinderte ihn daran. »Das da ist kein Seltene-Erden-Konzentrat«, stellte er beeindruckt fest. Er sah sich um, und der Lichtschein wanderte über eine dicht gepackte Unzahl von Transportkisten, die fast bis zur Decke und zu den beiden entfernten Enden des Containers reichten.

»Ich kann noch immer kein Feuer feststellen«, sagte Nina.

»Dann muss ich mich wohl geirrt haben«, stellte Jak abwesend fest. »Ups.« Er zog sich in die Containeröffnung hinein und sah so weit wie möglich nach oben und unten. »Ich sehe noch so einiges anderes nicht.« Argwöhnisch musterte er die nächstgelegene Kiste, die sorgfältig an der Wand verankert war. »Schau bitte noch mal auf deine Packliste. Das ist mit Sicherheit keine Erde. Es sei denn, jemand hat sich die große Mühe gemacht, den Scheiß als Geschenk zu verpacken.«

»Die Sensoren hier im Raum melden noch immer alle, dass der Container bis ans Maximum mit Platinerden gefüllt ist«, entgegnete die AVA.

»Weißt du«, Jak betrachtete sie nachdenklich, »ich glaube fast, du hast da ein kleines Problem mit deinen Sensoren.«

»Das Problem liegt nicht bei mir, Jak. Ich kann nur auf das zugreifen, was mir die Sensoren des Schiffs melden.«

Jak blinzelte und stellte fest, dass es das erste Mal seit vielleicht einer Minute gewesen war. »Seit wann versuchst du, dich herauszureden?« Er deutete in den düsteren Container. »Egal was deine Sensoren erzählen, sie liegen ganz offensichtlich falsch. Das kann ich auch ohne sehen.«

»Ich ...« Die AVA stockte, beinahe so, wie es ein Mensch tun würde, der um Worte rang. Jak hatte nicht gewusst, dass die AVA zu einer derartigen Reaktion fähig war. »Ich verstehe nicht. Die Videofeeds des Raums zeigen mir eine ordnungsgemäße Ladung.«

Jak sah sich nach ihr um, bevor ihm bewusst wurde, dass ihre Stimme nur aus den Lautsprechern in seinem Schädel kam. »Dann stimmt ganz offensichtlich etwas mit deinen Augen nicht.«

»Kameras.«

»Kameras. Was auch immer. Ich ... Moment. Hast du die Kameras in meinem Anzug verwendet?«

»Nein. Ich verwende das optische System der *Pequod*.«

»Dann sieh doch mal durch meinen Helm.«

»Ich sehe nicht ... Oh.« Dem letzten Laut nach zu schließen, hatte sich Nina in das System seines Anzugs eingeklinkt. »Ich sehe es. Das ist nicht dasselbe, was das System des Schiffs sieht.«

»Großartig. Das heißt, wir haben schon drei Systeme, die nicht anzeigen, was sie anzeigen sollten. Das ist fast schon ein kleiner Kabelbrand, was? In Ordnung, Nina, und was ist das, was wir jetzt sehen?«

»Ich weiß es nicht, Jak.«

»Dann finde es heraus. Wir haben hier etwas, das nicht auf unser Schiff gehört. Und ich wüsste zu gern, was.«

»Einen Moment.«

Diverse Filter begannen über den Schirm seines Helms zu flackern. Zahlenkolonnen liefen hindurch, die er mit Sicherheit nicht aufgerufen hatte, und Schemazeichnungen zuckten in einer verwirrenden Geschwindigkeit durch sein Blickfeld. Jak räusperte sich. »Könntest du bitte leise denken? Ohne meinen Monitor zu verwenden?« Das Flackern verschwand mit den restlichen Anzeigen seines Helmvisors.

»Danke.« Er seufzte. Dann aktivierte er seine Magnetstiefel und zog sich gänzlich durch das Schott. Vorsichtig näherte er sich der nächsten Kiste. Im Grunde war es eine Transportbox aus ohne Raffinesse zusammengeschweißtem Metall, an der jemand einen Hitzeschild angebracht hatte. Er runzelte die Stirn. Er hatte keine Ahnung, was er hier sah, doch diesen Hitzeschild erkannte er. Alles, was sie auf jeder Tour zum Mars ablieferten, war mit so einem Schild ausgestattet. Sie waren billig und wurden nur ein einziges Mal verwendet: wenn die Nachschubpakete, die sie mit jedem Flug am roten Planeten anlieferten, über den Siedlungen abgeworfen wurden. Vorsichtig klopfte er gegen die eiserne Kiste. Sie klang massiv. *Was bist du?* Langsam ging er an der Wand entlang zum gegenüberliegenden Schott. Kisten über Kisten füllten den Container.

»Ich kann dir nicht sagen, was sie sind«, beantwortete Nina seine ungestellte Frage. »Aber ich kann auslesen, dass jede von ihnen eine Batterie und einen ziemlich komplexen Schaltkreis enthält. Und eine Menge Material, das ich mit den Sensoren deines Anzugs nicht analysieren kann.«

Jak schniefte, dann zuckte er mit den Schultern. Er griff in die Werkzeugtasche und holte einen Laserschneider heraus. »Dann sehen wir doch einfach mal nach.«

»Ich rate dringend davon ab.« Ninas Stimme klang so dringlich, dass er zögerte.

»Und warum?«

»Ich kann die Kisten nicht einsehen, aber es deutet vieles darauf hin, dass der Inhalt explosiv reagieren könnte. Ich kann eine Kettenreaktion mit den anderen Kisten nicht ausschließen, was schwerwiegende Folgen für die Struktur des gesamten Frachtzugs hätte.«

Jak sah auf das Werkzeug, dann auf die Kiste. Dann steckte er den Laser wieder ein. »Die Struktur des Frachtzugs, hm?

Das wäre … ungünstig. Vor allem, da meine eigene Struktur deutlich weniger aushalten dürfte.«

»Korrekt.«

»In Ordnung. Lassen wir das. Ich mag meine Struktur. Dann sollte uns etwas anderes einfallen.«

»Ich habe alle Daten, die ich mit den derzeitigen Mitteln sammeln kann«, gab Nina zurück. »Ich werde so schnell wie möglich damit beginnen, sie zu analysieren.«

Jaks Nacken prickelte beinahe unerträglich. »Wie … Moment!« Er hob eine Hand, als könne das die körperlose AVA stoppen. »Warte! Warte.« Er sah sich um. »Lass uns das noch mal durchdenken. Die Sensoren der *Pequod* haben falsche Daten erhalten. Genauso wie die Sicherheitsprotokolle. Und es ist dem Schiff nicht aufgefallen. Ich habe das Gefühl, dass wir der Analyse auch nicht unbedingt trauen können.«

Die AVA zögerte beinahe zwei Sekunden. »Das ist mit größter Wahrscheinlichkeit richtig. Aber ich muss dem Protokoll folgen. Ich habe das Sicherheitsprotokoll überschrieben, ich muss den übrigen Punkten des Protokolls folgen und den Notfall analysieren.«

»Ah.« Jak nickte. »Ich freue mich schon darauf zu erfahren, dass es dem Erz hier drin hervorragend geht.« Er setzte dazu an, die nächststehende Kiste zu tätscheln, überlegte es sich dann jedoch anders und stapfte zum Zentralschacht zurück. »Soll ich die Missionskontrolle auf *Deep Space Four* informieren? Wir haben offensichtlich falsch deklarierte Ladung an Bord, die potenziell explosiv und damit missionsgefährdend ist. Dazu kommen sensorische Fehlfunktionen, die auf gezielte Manipulation schließen lassen. Nach Protokoll muss das ordnungsgemäß unters…«

»Stopp, Nina. Keine Meldung an die Missionskontrolle.«
Jak war am Schott stehen geblieben. »Jetzt hör doch mal auf
zu hetzen! Ich bin noch nicht fertig mit dem Durchdenken.
Wir haben ein Problem hier, ja. Aber ich bin mir nicht sicher …« Er atmete tief durch und ballte die Faust. Hatte er
eine verdammte Bombe an Bord? Einen ganzen Container
voll? Das ergab keinen Sinn. Aber vor allem – man würde das
komplette Schiff von vorne bis hinten untersuchen. Und das
durfte nicht passieren. Jak verzog das Gesicht.

Warum ausgerechnet auf dieser Reise? Ihm wurde bewusst,
dass er die Faust nervös öffnete und schloss. Gut, genau genommen wäre es ihm auf keiner Reise recht, Sprengstoffe an
Bord zu haben, aber dieses Mal – nein. »Nina, Protokollierung
aus.«

»Protokollierung ist ausgeschaltet, Jak.«

»Verdunkle bitte mein Visier.«

»In Ordnung.« Das Visier seines Helms wurde undurch-
sichtig, auch für die Kameras im Inneren des Schiffs.

»Nina, wir werden vorerst keine Meldung an die Missionskontrolle machen. Weder auf *Harmonia Station* noch bei Erde
und Mond. Vielleicht ist das alles harmlos und wirklich nur
falsch deklariert. Dann kann sich die Entladecrew darum
kümmern. Wir sollten erst mal sehen, ob wir auf anderem
Weg herausfinden, was wir hier an Bord haben. Wir … Moment.« Er stieg zurück in den zentralen Verbindungsschacht
und schloss das Schott. »Pass auf, ich habe eine Idee. Stell die
Bilder und deine Analysedaten samt aller Sensor- und Messdaten zusammen und mach eine verschlüsselte Datei daraus.«
Er klinkte sich in die Liftschiene ein. »Und jetzt nimm bitte
eine Nachricht für meine Schwester auf.«

»Nachricht für Sal Ilha Pérez Zhao, Aufnahmebeginn«, antwortete Nina.

In seinem Helmdisplay tauchte am rechten oberen Rand ein kleines grünes Symbol auf. Jak atmete tief durch, aktivierte den Lift nach unten und räusperte sich. »Hallo Schwesterherz. Ich weiß, ich habe mich viel zu lange nicht gemeldet. *Mi culpa.* Aber ich kann nun mal diese Sprachnachrichten nicht ausstehen. Und persönlich … du weißt ja, wo ich bin. Pendelverkehr. Ich muss noch diese Saison zu Ende fliegen, bevor sie mir Freigang auf den Boden geben, und – na ja. Ja, okay. Vermutlich suche ich nur Ausreden. Ja, ich melde mich mal wieder, weil ich etwas brauche. Nichts Illegales. Glaube ich zumindest. Ich schicke dir hier ein Paket Daten mit. Bitte tu mir den Gefallen und überprüfe das. Ich habe hier etwas an Bord, das hier nicht sein dürfte. Einen ganzen Standardcontainer voll davon, um genau zu sein. Und ich wüsste wirklich gern, ob ich ein Problem habe. Meine AVA ist der Ansicht, dass er Explosivstoffe enthält. Und ich würde ungern in sechs Tagen im Dock von *Deep Space Four* in einem Feuerball aufgehen – oder der sein, der dabei erwischt wird, einen Container voll Sprengstoff zum Mond zu schmuggeln. Es nimmt mir niemand ab, dass ich damit nichts zu tun habe. Nicht, nachdem … du weißt schon. Jedenfalls, der ganze Scheiß war ziemlich clever versteckt, und ich frage mich gerade, wer dazu in der Lage ist. Es wird vermutlich jemand sein, der die Sicherheitscodes von Vedari Ryo hat.«

Jak unterbrach sich, während unter ihm eine weitere Schleuse aufglitt und sich hinter ihm wieder schloss. Dann schnaufte er schwer. »Andererseits – ich weiß ja noch nicht einmal, ob es wirklich ein Problem ist oder nur eine Fehldeklaration. Dann hätte ich erst recht ein Problem. Illegaler Zugriff auf Fracht und so. Auch in diesem Fall wäre ich ziemlich erledigt. Und du weißt, ich brauche diesen Job. Ich kann es mir nicht leisten, ihn zu verlieren. Aber ich will auch nicht, dass mir das Schiff um die Ohren fliegt. Versteht sich, oder? Und um ehrlich zu sein – ich weiß nicht, an wen ich mich sonst wenden sollte, Sal. Du bist die von uns beiden, die sich mit Sprengzeug und Militärkram auskennt. Ich bin nur ein verdammter Frachterpilot. Also bitte, wenn du das hier ansiehst und mit den Daten irgendetwas anfangen kannst, melde dich … Moment, Nina, wie spät ist es auf dem Mond gerade?«

»Es ist momentan 05:08 Uhr Alpha-Zeit«, sagte die AVA, dieses Mal über die Lautsprecher des Helms.

»Danke. Na ja, ruf mich auf jeden Fall so schnell wie möglich zurück. Ich weiß, ich hab's nicht unbedingt verdient, aber wenn meine AVA recht hat, geht's nicht nur um mich.« Das nächste Schott glitt beiseite und ließ ihn durch, hinab in den Schacht des Kofferraums. Für einen langen Moment rang Jak um weitere Worte, dann jedoch schüttelte er den Kopf. »Jedenfalls – darum geht es. Bitte lass mich nicht hängen.« Er hielt die Aufnahme an. Nach einem langen Augenblick startete er sie erneut. »Und wenn du mit unseren Eltern sprichst«, fügte er hinzu, »gib Mira einen Kuss von mir. Aufnahme Ende.«

Er hielt den Lift an. »Nina, sende das bitte sofort mit Privatschlüssel direkt an Sal und häng das komplette Datenpaket an.« Er musterte den sicher vertäuten Stapel auf Stellplatz 218-C. »Und dann finde einen Weg, wie man die Ladung auf 218-C schnell und unauffällig loswerden könnte, wenn es nötig wäre.«

»Du willst die Kelpproben zerstören?«

Jak brauchte einen kurzen Moment. »Kelpproben. Richtig. Man kann nie wissen, wann man Kelp schnell verschwinden lassen muss. Idealerweise so, dass wir ihn nicht zerstören müssen.«

»Ich habe dich richtig verstanden.«

Jak meinte, jetzt wieder eine Spur Spott in der rauchigen Jazzsängerinnenstimme zu hören. »Du willst vierunddreißig Kisten mit Kelpproben aus dem Schiff verschwinden lassen können, ohne sie zu zerstören? Das heißt, ihr Aufenthaltsort sollte dir bekannt bleiben?«

»Das wäre der Idealfall. Nur als Gedankenspiel. Ich … ich würde gern eine Theorie testen und dabei ungern diese Ladung komplett verlieren. Also den Kelp.«

Die folgende Pause kam Jak eine Spur zu lang vor für eine AVA. »Verstanden, Jak. Ich werde mich diesem Problem widmen.«

Doch, da war ganz sicher etwas im Tonfall von Nina Simones Stimme. »Danke. Und jetzt ab, zurück in die Dose. Ich brauche dringend was zu essen.«

3

SAL

Sie haben eine neue Sprachnachricht.

Sal riss die Augen auf und schnappte nach Luft. Einen schrecklich langen Augenblick glaubte sie, unter der Erde gefangen zu sein. Doch nach einigen panischen Sekunden begriff sie, dass sie sicher in ihrem eigenen Bett lag. Nach der Zeitanzeige, die sie mit einem Augenzwinkern auf ihre Kontaktlinsen rief, war es 05:30 Uhr Alpha-Zeit, also beinahe noch mitten in der Nacht. Sie sah hoch an die schmutzig braune Decke über ihrem Bett, atmete tief durch und öffnete dann die Nachricht.

»Hallo Schwesterherz«, meldete sich die verzerrte Stimme ihres Bruders über den implantierten Kopfhörer. »Ich weiß, ich habe mich viel zu lange nicht gemeldet. *Mi culpa.* Aber ich kann nun mal diese Sprachnachrichten nicht ausstehen. Und persönlich …« Mit einer entnervten Geste wischte sie die Nachricht fort. Sie wusste ohnehin, wie sie weitergehen würde. Ich habe keine Zeit, wichtige Geschäfte, windige Ausreden … Dann würde Jak erzählen, wie sehr er sie vermisste und dass es doch schön wäre, sich mal wieder zu treffen, und ob sie ihm bei der Gelegenheit nicht aus der Patsche helfen könne, weil er wieder irgendeinen Mist angestellt hatte und Gefahr lief, seine Lizenz zu verlieren. Eine Zeit lang würde er ihr die Ohren volljammern und um Geld betteln, und wenn er daran dachte, würde er am Schluss sogar noch einen Gruß an seine Tochter hinzufügen, die ohne Videoschaltung nicht mal wüsste, dass sie überhaupt einen Vater hatte. Seufzend ließ sich Sal zurück auf ihr Kopfkissen fallen. Hinter dem Fenster ging langsam die Sonne auf, und die ersten zaghaften Strahlen erfüllten das Apartment mit einem warmen Licht.

Es handelte sich natürlich nicht um echte Sonnenstrahlen, und es war auch kein echtes Fenster, das den Blick auf eine unberührte Waldlandschaft irgendwo im Herzen von Mitteleuropa freigab. New Angeles befand sich, wie es der Zufall so wollte, nämlich zum Großteil unter der Erde. Genauer gesagt unter der Oberfläche des Monds. Selbst die gewaltigen Kuppeln der obersten Ebene lagen noch unter einer meterdicken Schicht Mondstaub begraben, um sie vor kosmischer Strahlung und Meteoriteneinschlägen zu schützen. Insofern hatte sie mit ihren Befürchtungen gar nicht mal so weit danebengelegen. Sie war tatsächlich mehr oder weniger unter der Erde gefangen.

Die Fenster mit den integrierten UV-Lampen waren ein Luxus, den die Regierung ihren Angestellten zur Verfügung gestellt hatte, um die Auswirkungen des Höhlenkollers abzumildern, der früher oder später jeden erwischte, der sich zu lange in diesem lebensfeindlichen Höhlensystem aufhielt. Aber selbst die künstlichen Sonnenstrahlen konnten die Tristheit von Sals Apartment nicht übertünchen, dessen kahle Wände im Prospekt mit dem schmeichelhaften Begriff »cremefarben« umschrieben worden waren. Die Wirklichkeit sah inzwischen eher grau und schmutzbraun aus, und die billigen Komfortmöbel aus Plastik waren abgewetzt von den unzähligen Gästen, die hier schon vor ihr Quartier bezogen hatten. Eine ziemlich abblätternde Illusion von Komfort. So wie die Landschaft vor dem Fenster, die an den Rändern bereits abdunkelte, oder wie die Marmoroptik in dem trostlosen Bad, dessen Duschkabine sie nur betreten konnte, indem sie über die Toilettenschüssel stieg.

Eine Weile lang starrte sie ihr Gesicht in dem winzigen Spiegel an, der über dem Waschbecken im Badezimmer hing. Tiefe Ringe unter den Augen und hässliche Krater, die man mit viel gutem Willen vielleicht noch zu Lachfältchen umdeuten konnte. Sie hatte ganz sicher schon bessere Tage gesehen. Außerdem krampfte ihre rechte Hand schon wieder, weil sich die künstlichen Nervenbahnen der Prothese aus irgendeinem Grund nicht mit Alkohol vertrugen. Sie erinnerte sich nur noch vage an den gestrigen Abend, an dem sie eigentlich nur noch schnell auf ein Bier ins Robin's gegangen war. Der kleine Pub in der Icklesham Street war der perfekte Ort für jemanden, der für sich sein wollte, weil sämtliche Gäste zu sehr mit ihren eigenen Problemen beschäftigt waren, um andere zu belästigen. Die Kundschaft bestand in erster Linie aus Truckern, Arbeitern und ein paar Hängengebliebenen, die keine Chance hatten, je wieder zurück in das geordnete Leben auf der Erde finden zu können. Gähnend zog sie ihr T-Shirt über den Kopf und drehte das Wasser an. Es stank nach Desinfektionsmitteln, aber die eisige Kälte weckte ihre Lebensgeister. Sie ließ es laufen, bis der Energiesparsensor von allein abschaltete, dann trocknete sie sich ab und band ihre Haare zu einem festen Pferdeschwanz. Ein prüfender Blick in den Kühlschrank verriet ihr, dass es mit ihren Vorräten auch nicht mehr zum Besten stand. Bis auf eine Handvoll Bierdosen und eine Packung Energieriegel war er gähnend leer. Sie machte sich eine gedankliche Notiz, bei nächster Gelegenheit einzukaufen, und warf die Kaffeemaschine an.

Hätte sie einen AVA besessen, wäre ihr so eine Nachlässigkeit mit Sicherheit nicht passiert. Aber sie hatte einen regelrechten Hass auf diese oberlehrerhaften Scheißdinger entwickelt, die jeden Schritt ihrer Besitzer überwachten und auswerteten und analysierten. In ihrem Beisein hatte sie pausenlos das Gefühl, dass einem jemand über die Schulter sah und sie ermahnte, sich richtig zu ernähren, nicht zu viel zu trinken und mehr auf ihre Gesundheit zu achten. Auf so etwas konnte sie gut und gern verzichten. Andernfalls hätte sie ja auch gleich heiraten können.

Die Uhr zeigte 06:20 Uhr, als sie die Tasse aus dem Automaten zog und sich an den Küchentisch setzte. Während sie ihren Kaffee schlürfte, scrollte sie gelangweilt durch die Nachrichten. Die Russen hatten sich schon wieder mit den Chinesen angelegt, und die Marsmission war einen weiteren bedeutenden Schritt vorangekommen. In Méjico Norte hatte eine Drohne einen Amoklauf vereitelt. Der britische Premier drohte Schottland mit einem Handelsembargo, und irgendwo in Indien war ein weiterer Staudamm gebrochen, und die Wassermassen hatten dreitausend Menschen in den Tod gerissen. Immerhin zweitausend weniger als beim letzten Unfall, doch auf dem Mond fragte man sich langsam, aus welchem Material die ihre Staudämme dort unten eigentlich bauten und ob man sich nicht auch langsam mal Gedanken um Maduraia machen sollte. Immerhin befand es sich zu zwei Dritteln in indischer Hand und wurde auch nicht jünger. Sal stellte die Tasse zurück in den Automaten und startete das Spülprogramm. Dann zog sie die Besteckschublade auf und wühlte ihre Pistole heraus. Eine westeuropäische Steyr, die auf ihre biometrischen Merkmale geeicht war und ziemlich gut in der Hand lag. Sie überprüfte die Funktion und das Magazin und steckte sie in ihr Schulterholster. Dann heftete sie den Marshalstern an ihren Gürtel und zog die Jacke darüber.

Im Laufe ihres Lebens hatte sie schon eine ganze Menge Megacitys kennengelernt. London, Mexico City, Guangzhou … Unüberschaubare Moloche, die sich wie Schimmelpilzkolonien über das Land ausbreiteten und überhaupt kein Ende mehr zu nehmen schienen. In vielen dieser Städte waren ganz eigene Gesellschaften entstanden. Ein wirres Gemisch aus Sub- und Gegenkulturen, die auf dem immer knapper werdenden Raum um jede freie Ressource kämpften. Diese Schmelztiegel – oder eher Hexenkessel – hatten sich so gewaltig von dem sie umgebenden Land unterschieden, dass sie beinahe wie Alienraumschiffe wirkten. Doch egal wie fremdartig und erschreckend sie gewesen waren, nichts hatte Sal auf New Angeles vorbereiten können, die größte der vier Mondstädte, die neben Chinatown, Klein-Paris und Maduraia aus der ursprünglichen Siedlung hervorgegangen waren.

Die schiere Masse an Menschen, die sich in den labyrinthartigen Tunnelsystemen über und vor allem unter der Mondoberfläche drängten, raubte einem schier den Atem. Überall waren Menschen unterwegs. In Gleitern und Transportern, in

Gebäuden und auf den Straßen, dicht an dicht in diesem seltsam springenden Gang, der der geringen Schwerkraft geschuldet war. Ununterbrochen brüllte und lärmte es. Maschinen röhrten, Ventilatoren pumpten dröhnend Luft durch die Gänge, und Transportdrohnen sirrten zischend durch die Luft, während sich einige Stockwerke unter ihnen monströse Abraumbagger krachend durch das Mondgestein fraßen. Auf der obersten Ebene reckten sich unzählige mächtige Gebäude in den künstlichen Himmel hinein, der von gewaltigen Rundbögen aus Beton und Aluminium getragen wurde. Ihre Anordnung folgte keinem erkennbaren Bauplan, so als wären sie einfach nur dort, wo die Bagger Platz geschaffen hatten, aufgestellt und durch Sperrmüll, Kabel und grellbunte Werbedisplays miteinander verbunden worden. In jeder Lücke und auf jeder nur erdenklichen Oberfläche flackerten Hologramme, Firmenlogos und Reklame-LEDs tauchten die Stadt in ein verwirrendes Spiel aus Licht und Farben.

Sal nahm den Weg über den Sunset Boulevard, weil es dort um diese Zeit noch vergleichsweise ruhig war. Als sie den Zentralpark erreichte, ging das Rot des künstlichen Sonnenaufgangs gerade in ein strahlendes Blau über, das von dekorativen Schäfchenwolken durchzogen war. Eine kühle Brise ließ die Blätter der Pappeln rauschen, die von der Nacht noch einen schwachen Rest Lumineszenz aufwiesen. Ein gutes Dutzend Freizeitsportler nutzten die frühe Stunde, um ihre Übungen an den Schwerkraftgeräten zu absolvieren – und um Sal daran zu erinnern, dass sie es in letzter Zeit mit dem Training nicht mehr allzu genau genommen hatte. Der Mond ließ einen gelegentlich vergessen, dass man auf der Erde beinahe sechs Mal so viel wog wie hier oben. Sie nahm sich vor, wieder regelmäßiger ins Fitnessstudio zu gehen – vielleicht sogar schon nächste Woche, falls ihr der Job nicht wieder dazwischenkam ... oder irgendeine andere billige Ausrede.

Als sie das Büro des Marshals Service erreichte, waren die Kollegen von der Einsatzbereitschaft schon bei der Arbeit. Die Neuankömmlinge unter ihnen erkannte man recht gut an den Ringen unter den Augen, weil sie den Tagesrhythmus nicht gewohnt waren und ihre Körper noch nicht damit klarkamen, dass sie circa 384.000 Kilometer über der Erde auf einem lebensfeindlichen Steinhaufen saßen. Sie lief zwischen den müden Gesichtern an den Schreibtischen hindurch und steuerte direkt auf die Küchenzeile zu.

»Morgen, Sal«, sagte Kasravi und zog zwei Tassen aus dem Schrank. »Siehst aus, als könntest du einen guten Schluck Kaffee gebrauchen.«

»Wenn du diesen Synthetikmist meinst ...«

»Der hier ist echt. Ist zwar nur noch ein kläglicher Rest, aber keine Sorge. Ich habe schon neuen bestellt. Eine Originalzüchtung vom Mars. Du zahlst ein Vermögen dafür, aber er soll jeden Coin wert sein. Kommt mit dem Konvoi diese Woche. Landon bringt ihn mit.«

»Landon war auf dem Mars?«

»Sondereinsatz. Irgend so ein Idiot hat versucht, die Plantagen anzuzünden.«

»Und dafür brauchen die uns?«

Kasravi stellte die Tassen unter die Maschine und startete sie. Er musste die Stimme heben, um das Mahlen der Bohnen zu übertönen. »Das Inferno von Klein-Paris, sagt dir das was?«

»Drüben auf dem Place Boex hängt eine Gedenktafel, oder?«

»Den Platz gab es damals noch nicht. Genauso wenig die Kuppel mit den Stahlstreben. Die haben sie erst zehn Jahre nach dem Brand über Klein-Paris gezogen, als sie schon klüger waren.«

»Was ist damals passiert?«

»Lambert ist passiert. So ein Ingenieur aus der Westeuropäischen Union. Aus Belgien, glaube ich. War auf seiner zweiten oder dritten Mondmission. Ist nicht besonders aufgefallen, aber soweit ich weiß, hat er immer gute Arbeit geleistet, bis er durch einen Roboter ersetzt wurde. Er hat drüben im dritten Arrondissement Kabelstränge verlegt, als das alles noch eine Forschungsstation gewesen war. Und als seine Chefs ihm mitgeteilt haben, dass das sein letzter Flug gewesen wäre, hat er nur mit den Schultern gezuckt und seine Schicht fertig gemacht. Hat jedes verdammte Kabel so ordentlich und gewissenhaft verlegt, wie es nur ging, ist danach in der Rue de Passy in die Bar gegangen, hat zwei Bier getrunken und dem Barkeeper ein halbes Monatsgehalt als Trinkgeld überwiesen. Ich erinnere mich noch so genau daran, weil ich an dem Abend selbst dort war und weil mir Lambert auf dem Weg nach draußen begegnet ist und ich ihn angesprochen habe.«

»Was hast du zu ihm gesagt?«

»Hey Lambert, alles senkrecht?«

»Alles senkrecht?«

»Yo.« Kasravi zog die Kaffeetassen unter der Maschine hervor und schob Sal eine über den Tresen hinweg zu. »Was hätte ich denn sagen sollen? Hey Lambert, hast du heute noch was vor? Klein-Paris anzünden, zum Beispiel?« Er zuckte mit den Schultern und nippte an seinem Kaffee. »Ich habe ihn einfach nur gefragt, ob alles senkrecht wäre, und er hat nur gegrinst, und dann ist er zurück ins dritte Arrondissement auf die Baustelle gefahren und hat alle Feuermelder deaktiviert. Dann hat er alles Brennbare in der Umgebung auf einen Haufen geworfen und mit einem Dutzend Flaschen Schnaps übergossen und angezündet. Der Brand hat sich rasend schnell über die Kabelstränge ausgebreitet, weil der Mistkerl sie vorher manipuliert hat. Ehe auch nur die ersten Rettungseinheiten vor Ort waren, stand schon das halbe Viertel in Flammen. Sie haben den Brand beim besten Willen nicht mehr unter Kontrolle gekriegt.«

»Was ist dann passiert?«

»Die schrecklichste Sache, die du dir überhaupt vorstellen kannst. Sie haben die Sicherheitsschleusen verrammelt, damit die Flammen nicht auf den Rest der Siedlung übergreifen konnten. Und dann haben sie die Sauerstoffpumpen abgestellt und von außen ein paar Löcher in die Wände gesprengt, um die Luft abzulassen. Verstehst du? Sie haben das Vakuum in das dritte Arrondissement hineingelassen. Dabei befanden sich zu diesem Zeitpunkt noch Dutzende Menschen in den Tunneln und Gebäuden.«

»Scheiße«, sagte Sal und blies die Backen auf. »Hätten sie denn nicht etwas anderes machen können?«

Kasravi schüttelte den Kopf. »Es war die einzige Möglichkeit, um den Rest der Siedlung zu retten. Siebenundachtzig gegen Achttausend. Eine einfache Rechnung – jedenfalls, wenn du nicht selbst davon betroffen bist. Ich gehörte damals zu dem Team, das die Leichen geborgen hat. Der Anblick hat mir fast das Herz gebrochen. Ich erinnere mich noch heute an jedes Gesicht, als wäre es gestern gewesen. So einen Anblick wirst du nie wieder los.« Kasravi sah Sal traurig an, senkte dann den Blick und fuhr sich mit der Hand durch die Haare. »Jedenfalls gibt es seitdem eine Order, dass Kündigungen immer erst nach der Rückkehr auf die Erde ausgesprochen werden dürfen. Das ist der Grund, warum manche Leute nicht gern den Mond verlassen. Sie haben Angst, dass man sie entlässt, während sie Urlaub machen.«

Sal trug die Kaffeetasse zurück an ihren Schreibtisch und schaltete den Monitor ein. Wenn ein Space Marshal nicht gerade im Einsatz war, bestand seine Arbeit größtenteils aus Weiterbildung und Formalitäten. Einer ganzen Menge Formalitäten. Auf dem Mond gab es viel Behördenkram zu erledigen, weil jede nur erdenkliche Dienststelle mitreden wollte und Konzerne und Regierungen jeweils ganz verschiedene Vorstellungen von Recht und Gesetz hatten. Das wirklich Schwierige an der Verhaftung eines Verdächtigen war deshalb nicht, ihn zu fassen zu bekommen, sondern einen hieb- und stichfesten Haftbefehl zu erwirken. Schießtraining war die eine Sache, aber ein Doktor in Jura brachte einen auf dem Mond manchmal deutlich weiter.

Es fiel ihr schwer, sich auf ihre Arbeit zu konzentrieren. Immer wieder schweiften ihre Gedanken zu Jaks Nachricht ab, die er ihr so früh am Morgen gesendet hatte. Was, wenn sie ihm mitgeteilt hatten, dass er sich nach der Landung nach einem neuen Job umschauen durfte? Er würde zwar nicht auf den Gedanken kommen, sein Raumschiff anzuzünden, aber es würde ihn ein ganzes Stück zurückwerfen. Soweit Sal wusste, hatte er sich in letzter Zeit recht ordentlich gemacht, und es wäre eine Schande, wenn das alles umsonst gewesen wäre. Es würde seiner Tochter das Herz brechen. Sie stieß einen Seufzer aus, lehnte sich zurück und spielte die Nachricht noch einmal von vorne ab.

»Hallo Schwesterherz. Ich weiß, ich habe mich viel zu lange nicht gemeldet. *Mi culpa.* Aber ich kann nun mal diese Sprachnachrichten nicht ausstehen. Und persönlich ... du weißt ja, wo ich bin. Pendelverkehr. Ich muss noch diese Saison zu Ende fliegen, bevor sie mir Freigang auf den Boden geben und – na ja. Ja, okay. Vermutlich suche ich nur Ausreden. Ja, ich melde mich mal wieder, weil ich etwas brauche. Nichts Illegales. Glaube ich zumindest. Ich schicke dir hier ein Paket Daten mit. Bitte tu mir den Gefallen und überprüfe das ...«

Mit zunehmender Irritation hörte Sal den Rest der Nachricht ab. Sie klickte auf den Anhang und sah sich das erste Bild an. Es zeigte eine Transportbox aus zusammengeschweißtem Metall, an der ein einfacher Hitzeschild angebracht worden war. Sie kannte sich mit den üblichen Transportmethoden der Marsmission zwar nicht so aus, aber sie gab ihrem Bruder recht, wenn er annahm, dass man seltene Erden wesentlich effektiver und kostensparender lagern konnte. Sie griff nach ihrer Kaffeetasse und klickte sich nacheinander durch die Bilder, bis sie am Ende angekommen war. Dann fing sie noch mal von vorne an. Schließlich rief sie die beigefügten Analyseprotokolle auf und las sie sorgfältig durch. Als sie damit fertig war, lehnte sie sich in ihrem Schreibtischstuhl zurück und verschränkte die Arme vor der Brust. Nachdenklich sah sie aus dem Fenster auf die Straße. Ihr Verstand sagte ihr, dass sie sich in diese Sache besser nicht einmischen sollte. Jak hatte einige schwerwiegende Verletzungen der Sicherheitsrichtlinien begangen, als er in einen versiegelten Lagerraum eingebrochen war. Das allein reichte schon, um ihn fristlos zu feuern. Von den potenziellen Vertragsstrafen ganz zu schweigen. Keine Versicherung der Welt würde dafür aufkommen. Der juristische Fachbegriff »mutwillig« kam ihr in den Sinn, und sie stieß entnervt die Luft aus. Ihr Bruder war wirklich ein Riesenidiot …

Und wenn doch was an dieser Sache dran war? Als Marshal lernte man irgendwann, auf sein Bauchgefühl zu vertrauen. Kriminalistischen Spürsinn nannte die Polizei das. Irgendwer hatte sogar mal behauptet, dass es ein Gen dafür gab und es bei Polizisten besonders häufig auftrat – genauso wie bei Verbrechern. Sal scrollte zurück zum ersten Bild und starrte es eine Weile nachdenklich an. Kurz dachte sie daran, es durch den Scan zu jagen. Der Marshals Service verfügte über einige verdammt mächtige Analysetools, mit denen man in kürzester Zeit an sämtliche Informationen über den Transport und die beteiligten Auftraggeber gelangen konnte. Das einzige Problem daran war, dass die Sache im gleichen Augenblick einen offiziellen Status erhalten würde. Falls es sich dann tatsächlich um eine Art Bombe handeln sollte, würden ihre Nachforschungen nicht lange verborgen bleiben. Unten in der Zentrale in Arlington County würde dann ganz sicher irgendein Automatismus Alarm schlagen und alle relevanten Stellen informieren. Dann würde es nicht mehr lange dauern, und sie hätten Jak am Arsch. Aber so richtig. Falls Sal für ihre Recherchen dann keine gute Erklärung parat hätte, dürfte sie sich ebenfalls auf ein paar sehr ungemütliche Wochen einstellen. Sie stützte das Gesicht in die Hände und rieb sich die Augen. Nach einer Weile hob sie den Kopf, rief die Datenbank auf und durchsuchte sie nach einem bestimmten Namen. Sie wählte die Nummer und wartete, bis sich am anderen Ende der Leitung eine misstrauische Stimme meldete.

»Ja?«

»Nathan?«

»Sie haben sich verwählt.« Die Verbindung wurde unterbrochen.

Sal trank ihren Kaffee aus, zog die Jacke über und stand auf.

4

GLITCH

Ein schriller Alarm riss Jak aus dem Schlaf, durchdringend genug, um ihn hochfahren und mit dem Kopf gegen die Decke der Koje prallen zu lassen. Fluchend schlug er auf den Schnellöffnungsmechanismus der Haltegurte und rollte sich über den Rand und schlug am Boden auf. Ohne mit dem Fluchen aufzuhören, stemmte er sich hoch, taumelte in die Verbindungsröhre und zog sich nach oben ins Cockpit. Der Alarm blinkte hektisch auf dem Hauptmonitor. Jak zerrte einen Vac-Suit aus einem Spint. »Nina, Status!«

»Zwei Schiffe von 10:30 Uhr, zwanzig Grad oben. Cobra-Klasse, Waffensysteme hochgefahren.«

»Schilde hoch! Klink mich aus, Ausweichmanöver sieben, und gib mir vier g Schub!«

Er zerrte sich den VacSuit über, schloss den Reißverschluss und rammte sich den Helm auf den Kopf. Violette Anzeigen scrollten über das Display des Helms. Er kletterte in seinen Sitz und sah hinüber in den zweiten Pilotensitz. Ninas Avatar nickte ihm grüßend zu. Sie hatte sich ebenfalls in einen Vac-Suit gekleidet. »Aktiviere mich.«

»Aktiviert.«

Der plötzliche Anpressdruck von vier g rammte ihn in den Sitz und machte ihm das Atmen schwer, als sich der VacSuit um seine Gliedmaßen zusammenzog. Er rief die Steuerkonsole auf. »Gib mir den taktischen Schirm. Und mach endlich diesen verdammten Alarm aus!«

Das Schrillen und Blinken erlosch und wich einer Übersicht, die seine momentane Flugbahn und die Positionen der übrigen Schiffe mit farbigen Markern und Bogenbahnen zeigte. Die beiden angreifenden Cobras waren rot vermerkt. Sie hatten ihre Flugbahnen bereits angepasst und versuchten einen Abfangkurs. Gleichzeitig setzte jede von ihnen ein halbes Dutzend kleinerer roter Marker ab. Torpedos.

Jak fluchte erneut. »Düppel«, bellte er, und grelle Pfeiftöne signalisierten ihm, dass Nina die Ablenkkörper ausgesetzt hatte. Er spürte, wie sich die Halteklammern, die sein Rig mit dem Trailer verbunden hielten, ausklinkten, und zog sein Schiff in eine scharfe Kurve, eng genug, um ihn mit den Zähnen knirschen zu lassen. »Nina, gib mir die Kennungen der Schiffe!«

Statusdaten huschten über den Schirm, und Jak pfiff durch die zusammengebissenen Zähne. »Eine MK VI? Wo zum Teufel hat der Kerl eine MK VI her?« Er wippte aus der Kurve hinaus und in eine Schraubenbewegung, um den Geschossen des angreifenden Raumjägers zu entgehen. Hinter ihm gingen die Torpedos im Schwarm seiner ausgelegten Abwehrkörper in stummen Explosionen auf, doch vor den Bordgeschützen des zweiten Angreifers konnten ihn die Täuschladungen nicht schützen. Gleißende Spuren jagten durch sein Blickfeld, dann prasselte für einen kurzen Moment ein Hagel aus glühenden

Wolframprojektilen gegen die Hülle seines Schiffes. Mit einem schrillen Kreischen jagten zwei oder drei Geschosse direkt durch die Kanzel und rissen klaffende Löcher in Decke und Boden. Einer der Monitore über ihm flackerte und erlosch, bevor der Dichtschaum zwischen den Hüllen auslöste, aus den Wunden des Schiffsbauchs quoll und die Löcher verstopfte. Jak presste einen Fluch hervor. »Stopp!« Seine Finger huschten über die virtuelle Konsole vor ihm, noch während Nina seinen Befehl ausführte und die Schubdüsen abschaltete. Der Projektilhagel jagte über ihn hinaus, als er die Steuerdüsen auslöste und seitlich ausscherte, während sein Verfolger an ihm vorbeischoss.

»Arschloch.« Er beschleunigte erneut und hielt direkt auf die zweite der feindlichen Cobras zu, nur um abzutauchen, als der andere das Feuer eröffnete. Das letzte Manöver hatte ihn dicht an den lang gestreckten Körper seines eigenen Transporters gebracht. Prompt stellte sein Gegner das Feuer wieder ein, und Jak gestattete sich ein grimmiges Grinsen. Die Kerle waren auf Beute aus, und das Letzte, was sie wollten, war, die Trailer zu beschädigen. Das war sein einziger Vorteil – ihm konnte das egal sein. Der Transport war versichert. Er zog die Maschine nach links und jagte so dicht wie möglich über die Reihe der Container hinweg. Trotzdem – dieses Manöver gewährte ihm nur so lange Aufschub, bis er das letzte der Transport-Rigs überholt hatte. Danach war er geliefert, wenn ihm nichts Besseres einfiel. Ein Blinken verkündete, dass sein Verfolger einen neuen Schwarm Torpedos ausgesetzt hatte. Verdammt. Anders als Geschützsalven fanden ihn Torpedos ziemlich unfehlbar. Diese Salve noch nicht, vielleicht auch noch nicht die nächste, aber dann würden ihm die

Täuschkörper ausgehen. Er löste die Düppel aus, und hinter ihm blühte eine glühende Wolke auf. »Wie sieht's mit Verstärkung aus, Nina?«

»Negativ. Keine Anzeichen.«

»Verdammt! Schlafen die alle noch, oder was?« Jak öffnete die Breitbandkommunikation. »He, ihr da drüben Cobra eins und zwei! Auszeit! Können wir reden? Ihr könnt doch einen alten Mann nicht so aus dem Bett werfen!«

Ein dreckiges Lachen war die einzige Antwort aus den Bordlautsprechern. *Wichser.* Er wartete einen Moment, bis er das leise Ping hörte, mit dem ihm das Schiff verkündete, dass er erneut als Ziel markiert worden war. »Wichser!« Er schloss den Kanal und warf einen schnellen Blick auf das Display, auf dem noch immer die beiden feindlichen Schiffe und die Flugbahnen der restlichen zu sehen waren. Wenn er es richtig deutete, versuchten sie, ihn in die Zange zu nehmen. Er runzelte die Stirn. »Ernsthaft? Dieses Manöver? Leute, das habe ich erfunden!« Er schoss über den Trailer unter ihm hinaus in den kaum einen Kilometer betragenden Zwischenraum zum nächsten Lastzug. Direkt unter ihm tauchte der zweite Raumjäger auf und entließ einen Schwarm Torpedos, der ihn zerfetzt hätte, wenn er nicht genau damit gerechnet und rechtzeitig seine letzte Wolke Täuschkörper ausgesetzt hätte. Er konnte die Explosionen zwar nicht hören, doch sie waren so nah, dass sie sein Schiff wie Hämmer trafen und beiseiteschoben. Die Geschosssalve des Schiffes hinter ihm verfehlte ihn nur haarscharf, weil er den Schwung nutzte, um eine 180-Grad-Kurve zu schlagen, während er gleichzeitig seine eigenen Torpedos aussetzte. Jak machte sich nicht erst die Mühe, ihre Triebwerke zu zünden. Das Schiff war dicht genug hinter ihm gewesen, um jetzt unter ihm hindurchzuschießen und direkt in die wartenden Raketen zu rasen. Die Cobra löste sich in einer glitzernden Trümmerwolke auf, die sich rund um die Nase des Rigs ausbreitete und in Jaks Triebwerkstrahl verglühte, während er in die Gegenrichtung davonschoss. »Nina, spiel Los Diablos Rojos, Track siebzehn.« Harter New Moon Crossover Metal dröhnte unvermittelt aus den Lautsprechern des Cockpits, und der Sänger erklärte ihm auf Spanisch, was er mit dem zu tun gedachte, der ihm sein Auto geklaut hatte. Jak grinste breiter. Er hatte Billy Fuentes vor zwei Jahren kennengelernt. Der dünne, spanischstämmige Mann war abseits der Bühne ein höflicher, etwas schüchterner *tío*, der auf dem Mond geboren worden war und garantiert noch nie ein Auto besessen hatte. Aber die Musik war gut. Er erhöhte die Beschleunigung seines altersschwachen Schiffs auf acht g und schoss dicht über die Oberfläche der Container dahin, zurück über den Abgrund zum nächsten Schiff und weiter, bevor der verbliebene Angreifer aus dem Radius der Explosion geflohen war und die Verfolgung erneut aufgreifen konnte. »Okay, was haben wir noch, Nina?«

»Acht Torpedos, zwei volle Bordgeschütze, eine Magnetmine. Keine weiteren Täuschladungen.«

Jak grunzte. Die acht g pressten ihn tief in seinen Sitz. »Großartig. Eine Mine. Und eine ganze Ladung voller keiner Düppel. Und das da war eine brandneue MK VI und vermutlich mit randvollen Arsenalen. Ich könnte mich ja vielleicht zum Fenster hinauslehnen und das Ding mit einer Pistole beschießen, was meinst du?« Er seufzte. »Wir sind so was von erledigt.«

»Ich hätte einen Lösungsansatz zu bieten.«

Jak sah verwirrt zum zweiten Pilotensitz, in dem Ninas Hologramm damit beschäftigt war, Tabellen und Diagramme durchzusehen, schneller, als es ein menschlicher Pilot je gekonnt hätte. »Sag schon.«

»In dreiundvierzig Sekunden erreichen wir Transport vierzehn. Ein automatischer Erztransport ohne Crew. Vier Ionentriebwerke, ein Henley-Fusionsreaktor. Ich schlage vor, die Mine im Überflug direkt über dem Reaktor abzusetzen. Ein nachfolgender Überflug lässt die Mine detonieren.«

Jak zog die Brauen hoch. »Der bloße Überflug über eine Mine wird die Cobra kaum aus der Bahn werfen, geschweige denn beschädigen, Nina.«

»Das nicht. Aber eine Explosion dieser Größenordnung direkt auf dem Reaktor wird seine Magnetfeldabschirmung beschädigen und ihn schneller explodieren lassen, als die Notabschaltung reagieren kann. Die folgende Detonation ist mehr als genug, um die Cobra zu zerstören. Es hat bereits in den Sechzigern in der Simulation funktioniert. Seitdem nennt es sich Henley-Manöver.«

»Hm. Und was wird dabei aus uns?«

»Wir sollten dann weit genug entfernt sein.«

»Na toll.« Jak sah auf den Schirm, der die feindliche Cobra beunruhigend dicht hinter ihm zeigte. »Mach es so, Nina.«

Transport 14 schien direkt von vorn auf sie zuzurasen, und Nina überflog ihn so dicht, dass sie beinahe die Aufbauten streifte. Der Maschinenblock des Frachters tauchte unter ihnen auf und raste vorbei, und Jak stellte sich vor, wie in diesem Augenblick die Mine aus seinem Schiff fiel und auf der metallenen Haut des Frachters aufschlug.

In diesem Augenblick tauchte die zweite Cobra auf. Allerdings nicht hinter ihm, sondern von rechts, auf einem direkten Abfangkurs. Gleichzeitig feuerte sie zwei Torpedos in Jaks Richtung, die ihn nur deshalb nicht trafen, weil er zu dicht über dem Transporter flog. Stattdessen schlugen sie in den Steuerbordtanks des Frachters ein.

»Woah!« Jak riss sein Schiff im letzten Moment herum, um eine Kollision mit der Cobra des Angreifers zu vermeiden. Eine Wolke von rasend schnell expandierendem Wasserstoff und stählernen Fetzen der Tanks blühte direkt vor ihm auf. »Bring uns durch, Nina!«

Dann wurden die Bildschirme in rapider Folge weiß, wurden von digitalen Fragmenten überzogen und erloschen. Gleichzeitig erloschen nahezu sämtliche Lichter des Cockpits und tauchten ihn für einen Moment in völlige Dunkelheit. Jak hörte, wie das stete Zischen der Lüftungsanlage leiser wurde. »Was zum …?«

Das Licht flackerte und kehrte zurück, und die Lüftung wurde wieder lauter, während die Monitore zu neuem Leben erwachten. *You lost* verkündete ein riesiges violettes Banner, das sich über nahezu alle Monitore der Kanzel erstreckte. »Fuck!« Jak brüllte seinen Frust heraus. »Was war das jetzt, verdammt noch mal, Nina?«

Er rieb die Finger aneinander, und der Druck des VacSuits ließ nach. Dann riss er sich den Helm vom Kopf.

»Schwerer Systemfehler, Jak«, sagte Nina mit einer Spur Bedauern in der Stimme. »Es tut mir leid.«

Jak versuchte, seinen rasselnden Atem zu beruhigen. »Was meinst du mit Systemfehler, Nina? Wie kannst du einen verdammten Systemfehler haben?«

»Nicht ich. Die Installation. Die letzte Berechnung hat den

Prozessor völlig überlastet. Ich musste die Systeme neu starten, um kritische Fehler zu vermeiden.«

Jak blinzelte und setzte sich auf. »Wow. Ich bin mir ziemlich sicher, dass das nicht legal ist.«

Er gab einen Befehl an der Konsole ein. »Marco! Was zur Hölle war das?«

Ein begeistertes Johlen antwortete ihm. »Ich habe deinen Arsch in die Luft gesprengt, Jakarta! Wir haben dich! Hopper, wir haben ihn. Von wegen bester Pilot des Konvois!« Der Afrikaner lachte lauthals, und das kehlige Lachen der Maoripilotin des ozeanischen Rigs war im Hintergrund zu hören.

»Einen Scheiß habt ihr«, knurrte Jak. Er öffnete seinen Vac-Suit, befreite seine Arme und rieb sich die Brust, die immer noch vom simulierten Druck der Beschleunigung schmerzte. »Dein verdammtes Spiel hat einen Bug. Hat mir gerade mein komplettes System lahmgelegt. Sonst hätte ich euch gehabt.« Er verzog das Gesicht, während er sich mühsam aus dem Pilotensitz stemmte. Mit steifen Knien schlurfte er zum Essensautomaten und ließ sich einen Tee zubereiten, bevor er sich wieder dem Hauptmonitor zuwandte. Unwirsch wischte er die Spielstandmeldung beiseite und ersetzte sie durch das Bild des brillanten Sternenhimmels, das die Außenkameras des Rigs im selben Moment einfingen. Dann setzte er seine Brille auf. Marcos Projektion erschien direkt auf seinem Pilotensitz. Was kein Wunder war, denn Okoye flog eines der Schwesternschiffe der *Pequod* und saß mit Sicherheit in seinem eigenen Cockpit an genau derselben Stelle. Der Nigerianer grinste breit und salutierte spöttisch. Im Gegensatz zu Jak hatte er seinen Schädel nicht rasiert. Neben ihm flackerte es, und die hagere Pilotin des ozeanischen Rigs tauchte auf.

Waiata Hopper schien in der zweiten Pilotenliege zu stehen, was die Illusion etwas offensichtlicher machte. Mit einem erneuten Flimmern verschob sich ihr Bild ein wenig nach rechts, als die AVA die Projektion etwas korrigierte. Der Arbeitsplatz der Neuseeländerin war ein wenig anders dimensioniert, was vermutlich daran lag, dass ihr Schiff gute zwanzig Jahre jünger war.

»Ernsthaft, Marco, seid ihr noch ganz bei Trost? Mitten in der Nacht? Ich hätte mir fast in den VacSuit gemacht.«

Marco kicherte, verzog das Gesicht und betastete seine Rippen. Vermutlich hatte auch sein VacSuit blaue Flecken hinterlassen. Aber das brachte die Simulation der G-Kräfte eben mit sich. »Was denn, Jakarta? Du wolltest unbedingt am Trainingsprogramm teilnehmen.«

»Es ist ein Spiel, Marco.« Jak rieb sich die Augen und schüttelte den Kopf. »Es ist gerade mal ... was ... halb vier? Mann ...«

»Es ist ein Trainingsprogramm. Pilotenschule inklusive G-Training im Anzug, Reflextraining, Reaktionsschulung, physische und psychologische Analyse der Trainingseinheiten. Genau dafür wurde die Anschaffung genehmigt und finanziert. Du hast dich zum Training bereit erklärt, jetzt musst du auch den Regeln folgen.«

»Es hat ein Scoreboard und Custom-Skins für die Schiffe. Hopper, sag du's ihm.«

Die Maori zuckte mit den Schultern. »Na ja, die Leitstelle hat es als Trainingsprogramm auf unseren Flügen zugelassen, also ist es rein technisch tatsächlich ...«

»Weil die Idioten in der Rechnungsabteilung nie mehr als die Basisinstallation gesehen haben.« Jak winkte ab. Jetzt, da das Adrenalin verflog, kroch ihm die Erschöpfung in die Knochen. »Meine Güte, es hat sogar Micropayments. Was hast du eigentlich für die MK VI gezahlt, Marco?«

»Nicht bezahlt. Ich habe die Aldebaran-Instanz beendet. Das habe ich dir doch extra geschickt.« Der Afrikaner kicherte noch immer. »Das schicke Teil gehört zum Loot. Hörst du eigentlich deine Nachrichten nie ab?«

»Nicht wenn ich's vermeiden kann«, brummte Jak. Er runzelte die Stirn. Marcos Frage hatte ihn an ein ganz anderes Problem erinnert. »In Ordnung, Leute. Das war genug Spaß für heute. Ich hab noch was zu tun, und bevor Nina das Problem mit meiner Installation nicht analysiert hat, bin ich ohnehin raus. Viel Spaß noch.« Er unterbrach die Verbindung, und die beiden Projektionen verschwanden aus seinem Cockpit.

Er rief sein Postfach ab. Keine neuen Nachrichten. Also auch keine Nachricht von Sal. Na gut, das war auch nicht zu erwarten gewesen. Vermutlich hatte sie seine noch nicht mal abgerufen. Immerhin hatte sie Wichtigeres zu tun, als in einer Hightech-Blechdose zu sitzen und zu warten, dass irgendeine Schraube nachgezogen werden musste.

Außerdem war es wirklich noch verdammt früh. Einen Moment lang spielte er mit dem Gedanken, zurück in seine Koje zu kriechen, verwarf ihn jedoch wieder. Er war wach, und es war nicht so, als würde ein arbeitsreicher Tag vor ihm liegen. Er sah nach oben, wo über ihm die Simulation des Lecks wieder der Simulation des schwarzen Nichts gewichen war, in dem Milliarden Sonnen langsam vor sich hinstarben.

Jak ließ sich in seinen Sitz fallen und betrachtete die Sterne. In Ordnung, der letzte Gedankengang war vielleicht etwas negativ gewesen.

Die Sterne konnten nichts dafür, dass er frustriert war, und auch nicht dafür, dass er in dieser Blechdose festsaß und noch die nächsten zwei Jahre festsitzen würde. Sein jüngeres Ich vor etwa zwanzig Jahren hätte sein aktuelles Leben für einen Traum gehalten. Er, Pilot eines wahrhaftigen Raumschiffs, einer der wenigen Auserkorenen, die die überfüllte Erde verlassen konnten, der inmitten der ewigen Pracht der Sterne fliegen konnte, allein und mit mehr Platz für sich, als den meisten Familien auf der Erde zur Verfügung stand! Dieses jüngere Ich hätte ihn dafür beneidet, aus dem Orbit der überfüllten Erde ausbrechen zu können, um einen anderen Planeten sehen zu dürfen, um einen Teil des großen Aufbruchs mitzuerleben. Es hätte sich Raumschlachten vorgestellt, Abenteuer in den Weiten des Weltraums, aufregende Entdeckungen. Und tatsächlich war Vergangenheits-Jak privilegiert genug gewesen, um nach Abschluss seiner Schule eine Stelle auf einem Orbitaltransporter zu ergattern. Eine bezahlte Stelle, was mehr war, als der überwiegende Teil der Menschheit heute noch erwarten konnte. Und für eine Weile hatte er seinen Traum gelebt, hoch über dem aussichtslosen Dasein unter Grundversorgung, das die meisten Menschen inzwischen fristeten, weit weg von den Tretmühlen in den Konzernstädten, in denen der Rest gefangen war. Er schwebte zwischen den Sternen, inmitten der Brillanz der Abermillionen Lichter, die vom Boden aus im Schein der menschengemachten Lichter nicht einmal in klaren Nächten auch nur zu erahnen waren. Er war Teil jenes nächsten großen Schritts, den die Menschen von der kleinen schmutzig-blauen Murmel hinaus ins All machten.

Jak starrte auf den Sternenhimmel und schnaubte spöttisch. Der Glanz der Sterne war irgendwann, irgendwie verblasst. Und wenn man es genau nahm, hatte er sie bereits seit Langem nicht mehr wirklich gesehen. Sie alle saßen in Blechdosen in der Leere zwischen den Felsbrocken, die sie Planeten nannten. Blechdosen, die aus Sicherheitsgründen keine Fenster besaßen. Warum auch? Kameras und Monitore waren so viel praktischer, günstiger und sicherer, und das menschliche Auge konnte den Unterschied ohnehin nicht erkennen. Zumindest war das der Gedanke dahinter. Jak empfand das anders. Die meiste Zeit machte es ihm nichts aus, aber es gab Momente, so wie diesen, in denen er glaubte, den Unterschied doch erkennen zu können. Es gab keinen sinnvollen Grund dafür, außer, dass er es wusste. Dass er wusste, dass die Bilder über ihm nicht echt waren. Sicher, sie gaben wieder, was die Kameras ihnen schickten. Aber wenn sie die Bilder aus Okoyes Spiel zeigten, waren diese genauso echt. Er betrachtete das breite Band der Milchstraße. Eine Geste, und das Bild zoomte tiefer hinein, als es den Kameras möglich war. Die Illusion des echten Bilds verschwand. Das hier kam aus dem Hauptrechner des Schiffs, eingespeist aus den großen Teleskoparrays, die außerhalb des Mondorbits in Erdnähe hingen. So viel zur Wirklichkeit.

Sechs Jahre auf dem Orbitaltransporter hatten das Gefühl der Freiheit genauso verblassen lassen wie die Sterne. Andere waren aufgebrochen zu den Planeten. Zum Mars, auf dem schon damals drei Kolonien wuchsen, zum Asteroidengürtel und darüber hinaus zum Jupiter, um die Monde des Riesen mit eigenen Augen zu sehen. Er dagegen flog im Kreis – eine Route zwischen den drei großen Raumstationen, einem halben Dutzend kleinerer und Alpha-Basis auf dem Mond. Immer im Kreis. Die *Tesla* und ihre achtköpfige Crew versorgte die Basen mit Helium 3 vom Mond, Treibstoff für die ewig hungrigen Fusionsreaktoren in den Herzen der Raumstationen, mit Wasser, mit Nahrungspasten aus Soja, Pilzen und InVi-Fleisch aus den Bakterienbecken der Mondmetropole. Er flog Post von den Relaisbüros und die Fäkalien der Raumstationen zum Mond und Baumaterialien dorthin, wo seit Jahren die vierte der großen Raumstationen gebaut wurde – von dort, wo Spezialisten in Raumanzügen die erste wieder demontierten. Und mehr und mehr wurde ihm bewusst, dass er das perspektivlose Leben auf der Erde gegen ein Dasein in einer Blechdose ohne Fenster getauscht hatte, nur unterbrochen von wenigen Besuchen auf dem Mond und noch selteneren, zunehmend schmerzhaften unten auf der Erde, die ihm von Jahr zu Jahr fremder wurde.

Dann kam die Zeit, in der die *Tesla* immer weniger Aufträge sah. Das Unternehmen, von dem die meisten ihrer Charteraufträge kamen, war von Benzos-Tams aufgekauft worden, und der Konzern aus den Vereinigten Amerikas verfügte über deutlich modernere, effizientere Transporter. Immer öfter hatte der Laderaum des Schiffs deshalb neben Ausrüstung auch nicht deklarierte Kisten enthalten, die von eigenen Ladearbeitern gebracht und geholt wurden, oder solche, die in den Postlieferungen ihren Weg auf das Schiff fanden und deren Empfang nicht protokolliert, dafür jedoch bei Kapitän Lasaros bar bezahlt wurde. Niemand erklärte Jak, was es genau mit dieser Ladung auf sich hatte, und er fragte nicht nach. Ohne darüber zu sprechen, wussten alle an Bord, dass es diese Lieferungen waren, die ihnen die Luft zum Atmen und den Treibstoff in den Tanks kaufte. Jetzt waren die »Landgänge« noch seltener. Lediglich auf dem Mond schien sich

Lasaros wohl genug zu fühlen, um von Bord zu gehen, und auch das nur für kurze Ausflüge. Jak war das recht. Die Stationen, *Deep Space Gateway Two* und *Three*, boten nicht viel Unterhaltung, besonders wenn man in der Hälfte der Bars und Bordrestaurants Hausverbot hatte. *Deep Space Four*, die einmal mit fast fünfhundert Metern Durchmesser für die drei Hauptringe die größte der internationalen Raumstationen werden sollte, war damals noch nicht fertiggestellt. Ihnen allen war klar gewesen, dass auch das nicht von Dauer war, und sie alle wussten, wie es enden würde. Was es auch tat. Eines Tages waren sie nicht mehr vom Mond abgehoben.

Kapitän Lasaros hatte er nie wiedergesehen. Von den anderen sechs Besatzungsmitgliedern waren nur zwei im selben Knast gelandet. Der Mond war nicht auf dauerhafte Gefangene eingestellt, sofern es nicht Insassen des legendären Hochsicherheitsgefängnisses waren, das Gerüchten zufolge irgendwo draußen in der staubigen Einöde verborgen liegen sollte. Also verfrachtete man die übrigen in den nächsten Transport zur Erde. Nur er und die junge indische Mechanikerin Mahali saßen für einige weitere Wochen in einer Arrestzelle auf dem Mond, bis irgendjemand entschieden hatte, dass sie zu wenig wussten, um das Geld für ihren Rückflug zu verschwenden. Schließlich bekamen sie einen Vermerk in ihre Ausweise und wurden in die Stadt entlassen. Erst dann hatte er begriffen, dass Mahali ihm einen Gefallen getan hatte. Sie hatte sich für ihn verbürgt, bei irgendjemandem auf dem Mond, dem sie jetzt einen Gefallen schuldeten. Einen großen Gefallen, wie er etwas später erfuhr. Vier weitere Jahre lang arbeitete er für und mit Mahali. Was hätte er auch sonst tun sollen? Der Vermerk, so einfach er war, verhinderte, dass er an

Bord irgendeines Raumschiffs kam. Niemand brauchte ihn einzusperren. Für ihn war der Mond sein Gefängnis, und von den Stadtbezirken aus, die jemand wie er betreten konnte, sah er die Sterne genauso selten wie zuvor aus der *Tesla*. Es gab Kuppeln auf dem Mond, ja. Gewaltige Stahlglasgewölbe, durch die man einen Ausblick auf den silbergrauen Staub der Mondoberfläche hatte, durch die man bei Nacht die Myriaden von Sternen sah, und die blau-weiß marmorierte Kugel der Erde. Aber diese Orte waren den Reichen vorbehalten, den Mitarbeitern der Konzerne, den Politikern, Geschäftsleuten und Touristen. Für die gewöhnlichen Arbeiter von New Angeles gab es andere, kleinere Kuppeln, errichtet aus Glasbeton. Ihre Innenseiten waren mit Monitoren ausgekleidet, die bei Nacht dieselben falschen Sterne zeigten wie die fensterlosen Eingeweide der Raumfahrzeuge. Bei Tag spiegelten sie den Bewohnern falsche Landschaften und einen falschen Himmel vor, der sie mit künstlichem Tageslicht versorgte und angeblich die psychische Stabilität der Bewohner verbesserte. Das funktionierte in etwa genauso gut wie die Hydrokulturpflanzen, die Gänge und Plätze wohnlicher machen sollten. Die meisten vegetierten gerade so vor sich hin, Menschen wie Pflanzen. Hier waren sich Mahali und Jak schließlich nähergekommen. Es war nicht der Ort, an dem sie wohnten. Ihre Behausung lag unten in den Tunneln von Chinatown, die von ihren Bewohnern großspurig »Gassen« genannt wurden. Das verwinkelte Labyrinth aus alten Minenschächten, deren Wände mit Glasbeton versiegelt worden waren, wurde von den asiatischen Arbeitern bevölkert, die Indien, China und ihre Satellitenstaaten seit den Vierzigern auf den Mond gebracht hatten, um sie in den Minen der Großkonzerne wie Zhejin Leshan Mining oder Vedari Ryo einzusetzen. In Dutzenden der Schächte waren Wände eingezogen worden, die bald den bunten Anschein eines Schmelztiegels asiatischer Kulturen erhalten hatten. Hier, tief im Inneren des Monds, wo sich niemand mehr mit dem Anschein von Himmel und Natur belastete, im ewigen Dröhnen von Belüftungsanlagen und viel zu vielen Menschen, im allgegenwärtigen Geruch von Schmiermitteln, illegalen Garküchen, dem Schießpulvergeruch des Monds und billigen Imitationen von Räucherwerk, hatten sie anfangs zwei Zimmer bewohnt. Später dann, als sie zusammenzogen, war es eine winzige Wohnung in New Chandni Chowk gewesen, nicht größer als das Cockpit, in dem er jetzt saß. Es war trotz allem eine gute Zeit gewesen. Sie hatten von den Aufträgen für Mahalis Kontakt, einem invaliden Hongkong-Chinesen namens Shen Wong, ziemlich gut gelebt.

Das hieß, bis Mahali feststellte, dass sie schwanger war. Irgendetwas hatte mit seinem Verhütungsimplantat nicht funktioniert, und irgendwie hatte es ihr Kind geschafft, die kritischen ersten Tage zu überleben. Das kam auf dem Mond selten genug vor, um als Wunder durchzugehen, und davon sprach Mahali dann auch: von ihrem Wunder. Das war der Moment gewesen, als Jaks Welt die ersten Risse bekommen hatte. Vom ersten Augenblick an stand für Mahali fest, dass sie das Kind behalten würde. Es war jedoch ebenso klar, dass sie das Kind nicht auf dem Mond austragen konnte. Menschen brauchten Schwerkraft, um sich zu entwickeln, andernfalls war die Gefahr von Missbildungen zu groß. Es gab natürlich ein Schwangerschaftszentrum auf dem Mond, aber das war für Menschen reserviert, zu denen sie nicht gehörten. Sie nicht. Aber Jaks Familie. Also hatte er Kontakt zu ihnen aufgenommen, zum ersten Mal seit mehr als sechs Jahren, nur um zu erfahren, dass seine Schwester ebenfalls auf dem Mond war. Am Ende war es Sal gewesen, die ihre Eltern überredet hatte, ihren Status bei Benzos-Tams zu nutzen und ihrem Enkel einen Platz in der Klinik zu verschaffen. Also zog Mahali in den New-Angeles-Sektor. Für Jak galt das nicht. Seine Mutter hatte Bedingungen an ihre Bereitschaft geknüpft, sich um Mahali und das Kind zu kümmern. Eine davon war gewesen, dass sich Jak für acht Jahre als Pilot für Benzos-Tams verpflichtete. Was war ihm übrig geblieben? Jak hatte zugestimmt, und seine Mutter hatte dafür gesorgt, dass der Eintrag aus seiner Akte verschwand. Dann war ihm die *Pequod* zugewiesen worden, und das war das letzte Mal, dass er Mahali gesehen hatte. Als seine Tochter geboren wurde, war er im Marsorbit gewesen.

Tja. Und jetzt, sechs Jahre später, saß er hier, unter falschen Sternen, und seine Tochter wuchs unten auf der Erde auf. Er wusste nicht einmal genau, wo. Sie ...

»Jak, ich empfange einen Direktruf von Al-AraCo-Rig 3017.« Ninas Stimme riss ihn aus seinen düsteren Betrachtungen. Fahrig wischte er sich über das Gesicht und deaktivierte dann den falschen Himmel. Das Rig der Arabischen Union, auf dessen Tanks in großen, goldenen arabischen Lettern neben dem Al-AraCo-Logo auch der Name der legendären Herrscherin Palmyras prangte, *Zenobia*. Alizas Schiff. Er schloss seinen Anzug wieder. »Leg sie mir auf den Hauptschirm.«

Ein Fenster öffnete sich vor ihm, und der kantige Schädel der ukrainischen Mechanikerin sah in Überlebensgröße zu ihm herab. »Guten Morgen, Jakarta. Ich höre, Okoye hat dir den Arsch versohlt?« Sie grinste und verzog das bleiche Gesicht. Darias Augenringe waren legendär. Angeblich schlief sie nicht mehr als drei Stunden pro Tageszyklus. Jedenfalls sah sie so aus.

»Er hatte Hilfe. Was ist mit dir? Verschlafen?«

Die Ukrainerin zuckte mit den Schultern. »Käptn hat mir verboten, mit euch zu spielen, solange ich Wache habe.«

»Und du hörst natürlich auf sie.«

»Ich war verheiratet. Du weißt, wie das ist. Man lernt dazu.« Jak schnaubte. »Ich weiß, wie das ist, ja. Also, was kann ich für dich tun?«

»Nichts. Käptn sagte nur, ich soll dich rufen und ihr Bescheid sagen, wenn du dran bist.« Sie starrte für einen Moment irgendwohin außerhalb des Kamerabereichs. »Kann noch einen Moment dauern«, sagte sie dann trocken. »Die Marshal-Lady hat schon wieder Sonderwünsche. Will ständig Nachrichten an den Mond schicken. Sagt, sie braucht Verschlüsselung vom Hauptterminal. Der Kameradin ist die öffentliche Verbindung in den Kabinen nicht gut genug. Entweder sie hat Angst, dass wir sie abhören, oder sie will Pornos runterladen.«

»Ich tippe auf Pornos«, warf eine Stimme aus dem Off ein. Fazio, der Pilot der *Zenobia*. »Jemand Lust auf eine Wette? Ich find's raus.«

Jak grinste. »Vergiss es. Ich halte nicht dagegen. Ihr wisst garantiert mehr, als ihr rauslasst. Wahrscheinlich beschaffst du ihr das Zeug.«

»Ich glaube nicht, dass sie das Gleiche mag wie Fazio«, stellte Daria trocken fest.

Der kleine Halbkenianer kicherte. »Wetten? Jemand, der sich so krampfhaft hetero gibt wie die, mag ziemlich sicher das Gleiche wie ich.«

Jak grinste halbherzig. Er hatte soeben einen anderen Gedanken gehabt. »Sagt mal, gibt es einen Grund, warum die UA-Dame so aufgeregt ist? Ist irgendwas vorgefallen bei euch?«

Daria hob fragend die Brauen. »Warum fragst du? Bei uns ist alles okay.«

»Dann will sie also nichts melden, was bei euch auf dem Rig ... passiert ist?«

»Nein. Die kam schon so an Bord. Das war einer ihrer ersten Sätze: Beschafft mir eine sichere Verbindung zum Mond. Ich habe nicht verstanden, was sie will. Aber sie begleitet zwei Anzugträger von Devi-Narada ...«

»Die zwei Pinguine tragen sogar hier auf dem Transport Anzug. Ist das zu fassen?«, warf Fazio ein.

»... also vermute ich, dass es vielleicht etwas mit dem Konzern zu tun hat«, beendete Daria ungerührt ihre Vermutung. »Auch die beiden sind recht aufgeregt, aber wenn man sie anspricht, wiegeln sie ab. Es ist alles in bester Ordnung, sagen sie. Sehen dabei nicht glaubhaft aus. Und nicht glücklich.«

»Gut, das könnte auch am Geruch des Erbrochenen liegen. Zwei von den Marsianern haben sich irgendein Virus gefangen und blockieren zwei der Nasszellen. Ist nicht schön, nach allem, was man so hört«, erklärte Fazio im Hintergrund fröhlich.

»Hoffen wir, dass nicht mehr ist«, brummte Daria. »Am Ende haben wir Marspest an Bord und sind auf dem Weg, ganze Welt auszurotten.«

»Haltet die Klappe, Hirnis.«

Die neue Stimme ließ Jak aufhorchen. Das Bild wechselte, und jetzt sah nicht mehr die kantige Ukrainerin auf ihn herab, sondern die dunkelbraunen Augen von Kapitänin Mansoor.

»Hallo Jak.« Sie lächelte kaum merklich, aber es reichte, damit Jaks Kehle plötzlich enger zu werden schien. Es musste irgendwie in seinem Gesicht zu sehen sein, denn Alizas Lächeln wurde breiter, bevor es wieder verschwand und einer offiziell professionellen Miene wich. Vermutlich saß sie also mit den anderen im Cockpit der *Zenobia*. »Entschuldige die Störung. Diese zwei Idioten hier sollten dich nicht mit unseren Bordangelegenheiten belästigen.« Die beiden Piloten im Hintergrund murmelten ihren Protest, doch Jak war klar, dass das nur der Form halber geschah. Er flog lange genug mit ihnen in einem Konvoi, um zu wissen, dass die beiden ihrer Kapitänin das nicht übel nahmen.

»Kein Problem. Es ist immer noch besser, als mir von Marco erklären zu lassen, was für ein grandioser Pilot er doch ist.« Aliza verdrehte die Augen. »Kotzende Touristen sind dagegen eine Wohltat. Besonders, solange ich sie nicht auf meinem Schiff habe.«

»Ich kann sie gern zu dir transferieren. Soweit ich weiß, hast du noch ein paar leere Kojen«, gab Aliza zurück.

»Ich tu dir gern den einen oder anderen Gefallen, aber hier kann ich dir nicht weiterhelfen.«

Die Perserin lachte. »Das sieht dir ähnlich, Jak. Einen Rückzieher machen, sobald es ernst wird.«

»Ich …« *war's nicht, der hier auf* Harmonia *jemanden versetzt hat.* Jak verkniff sich diese Entgegnung im letzten Moment. »Was soll ich sagen? Ich bin nicht gegen Killerviren vom Mars geimpft. Ich bin sicher, dass es eine Klausel in meinem Vertrag verbietet, mit so etwas in Kontakt zu kommen. Irgendwas mit Gefahrguttransportauflagen sicherlich.«

»Ausreden. Nichts als kleinliche Ausreden, Mann.« Aliza

schnaubte. »In Ordnung, ich behalte die Kotzbrocken. Sie passen zu unserer UA-Lady. Vielleicht stecke ich sie sogar in ihre Kabine. Nur aus Sicherheitsgründen.« Dann wurde sie ernst. »Aber warum ich dich eigentlich kontaktiert habe: Hast du etwas von der *Olympia* gehört?«

Jak runzelte die Stirn. »Nicht seit wir von *Harmonia* aufgebrochen sind. Aber Kapitänin Darville und ich sind auch nicht ... wir stehen uns nicht gerade nahe.« An dieser Stelle hatte er eine schnippische Bemerkung von Aliza geradezu erwartet, doch dieses Mal enttäuschte sie ihn.

Sie warf einen Blick zur Seite, mit Sicherheit, ohne sich dessen selbst bewusst zu sein, und senkte die Stimme. »Dann bist du schon der dritte außer uns. Katalina und die Lius habe ich schon gefragt. Mit ihnen hat sie ebenfalls keinen Kontakt aufgenommen.«

»Aber sie weist keine Flugbahnabweichungen auf, oder?«

»Nein, das nicht. Sie fliegt nach wie vor noch auf dem Leitstrahl, sauber im Verbund.«

»Vielleicht braucht sie einfach ein paar Tage für sich«, warf Jak ein. Er hatte Flüge hinter sich, bei denen er sich gewünscht hatte, dass Reisen zum Mars noch dieselbe endlos erscheinende Zeit wie vor fünfzig Jahren brauchen würden. Das hätte ihm mehr Zeit gegeben, nicht mit anderen Menschen sprechen zu müssen. »Ich kann's nachvollziehen.«

»Na ja, grundsätzlich schon. Aber meinst du, sie würde sich einer offiziellen Anfrage eines Kapitäns verweigern?«

Jak runzelte die Stirn. So etwas konnte ernsthaft schwere Konsequenzen nach sich ziehen. »Eigentlich nicht. Sie ist ja gelegentlich eigen, aber die Nachrichten gleich ganz verweigern? Sieht ihr nicht ähnlich.«

»Sie hat sie nicht verweigert«, sagte Aliza leise. »Sie reagiert einfach nicht. Überhaupt nicht.«

Jak kratzte sich die Stoppeln auf dem Hinterkopf. »Meinst du, wir haben einen medizinischen Notfall dort drüben?«

So etwas kam vor. Die Cockpits verfügten zwar über eine vollautomatische Medizinar-Bank, die selbstständig alle Vitalfunktionen auslesen, Röntgenbilder, CT, EKG und wie das Zeug hieß, anfertigen und eine beeindruckende Auswahl an Medikamenten verabreichen konnte. Aber auch diese Geräte hatten ihre Grenzen. Zum Beispiel dann, wenn jemand zufällig nicht in ihnen lag, wenn er einen Herzinfarkt hatte. Das war einer der Gründe, warum früher immer mindestens zwei Piloten an Bord jedes Schiffs hatten sein müssen. Diese Auflage war erst vor einigen Jahren gekippt worden und hatte damit unweigerlich entsprechenden Sparmaßnahmen den Weg bereitet. Natürlich. »Wie lange habt ihr schon keinen Kontakt mehr zu Charlotte?«

Alizas Augen flackerten kurz nach oben. Sie trug xLense-Implantate, die ihr die Informationen direkt in die Augen projizierten. Jak fragte sich, welche Farbe ihre Augen wohl in Wirklichkeit hatten. »Laut meinem Kalender bereits seit vier Tagen. Da hatten die Lius versucht, sie zu erreichen.«

»Hm. Andererseits hätte ihr Schiff mit Sicherheit ein Signal abgesetzt, wenn es einen Notfall gegeben hätte, den es allein nicht bewältigen kann. Soweit ich weiß, gibt es dafür schließlich Protokolle.«

Aliza verzog das Gesicht. »Es gibt für alles Protokolle. Wir wären nicht an Bord, wenn sie fehlerfrei wären.«

Jak musste eingestehen, dass sie recht hatte. Nur einer der Frachter in ihrem Zug flog unbemannt, und das war, soweit er wusste, noch immer nur ein Experiment von Devi-Narada. Und wenn es sich ein Konzern leisten konnte, ein oder zwei Schiffe zu verlieren, dann der AVA-Technologieriese. Die meisten anderen Konzerne gingen auf Nummer sicher und behielten ihre menschlichen Piloten als letzte Sicherheitsinstanz an Bord. »Dann könnte es aber auch noch eine Reihe anderer Gründe geben. Ausfall ihrer Kommunikationsanlage zum Beispiel.«

Aliza sah skeptisch aus. »Alles redundante Systeme. Ich denke nicht ...«

»Bist du dir da sicher? ADO Eurospace hat schon lange nicht mehr das Budget von vor zwanzig Jahren. Ich weiß, dass die *Pequod* an mehr Stellen mit Aluschweißband geflickt ist, als mir lieb ist. Und die *Olympia* ist noch fünfzehn Jahre älter als meins.«

Die Perserin schniefte nachdenklich. Ihr eigenes Schiff gehörte zu den modernsten überhaupt. Die Scheichs sorgten dafür. Außerdem war es darauf ausgerichtet, Passagiere zu befördern, wies also in dieser Hinsicht auf jeden Fall mehrere Sicherheitsebenen auf. Charlottes Frachter dagegen war wie die *Pequod* nur eine Blechdose mit Triebwerken, die ihre geplante Betriebsdauer sicherlich schon um ein oder zwei Jahrzehnte überschritten hatte. Jak kam ein Gedanke. »Hast du es mit Funk versucht?«

»Funk?«

»Tolle Idee! Soll ich auch Morsezeichen versuchen?«, warf Fazio aus dem Off ein. »Ich kann morsen!«

»Du kannst was?« Daria schnaubte. »Junge, diese einsamen langen Highways nagen wirklich an deiner Seele, Cowboy.«

Jak verdrehte die Augen. »Ich meine das ernst.«

»Die Idee ist nicht schlecht«, warf Daria ein. »Charlottes Schiff ist noch in der alten russischen Werft von *Deep Space One* gebaut worden. Die hat mit Sicherheit noch eine klassische Funkanlage. Ich glaube nicht, dass sie sie ausgebaut haben. Nimmt nicht viel Platz weg und ist im Notfall nützlich.«

»Möglich. Aber hätte Charlotte ihr Funkgerät dann nicht selbst benutzt, wenn die Lösung so einfach wäre?«, fragte Aliza.

»Schwer zu sagen.« Jak hob die Schultern. »Ich müsste das Ding auf meinem Rig auch erst suchen. Wie alt ist Charlotte? Zwanzig? Zweiundzwanzig? Ich kann mir gut vorstellen, dass sie nicht einmal weiß, dass sie so etwas Vorsintflutliches an Bord hat.«

»Falls es noch funktioniert«, warf Aliza ein.

»Wenn es da ist, funktioniert es«, stellte Daria überzeugt fest. »Wenn die Russen damals etwas konnten, dann Ausrüstung bauen, die auch fünfzig Jahre im All hält.«

»Na, geht unser Nationalstolz mal wieder mit uns durch, Dari?«, frotzelte Fazio.

»Halt dein Maul. Ich bin Ukrainerin, du unwissender Hampelmann.«

Aliza sah Jak einen Moment lang leidend an, dann atmete sie tief durch. »Ihr haltet jetzt beide den Mund. In Ordnung – Daria, haben wir ein Funkgerät?«

»Normalerweise nicht. Die …«

»Verdammt.«

»… aber die neu installierte Rettungskapsel hat ein Notfunkgerät.«

Die Kapitänin nickte. »Gut. Dann versuch, die *Olympia* zu

erreichen. Vielleicht haben wir ja so Glück.« Sie sah erneut Jak an. »Und wenn nicht?«

»Darum machen wir uns Sorgen, wenn es so weit ist. Frag so lange die anderen. Bob und Katalina haben mit Sicherheit auch Funkgeräte. Vielleicht haben die etwas aufgeschnappt. Ich suche inzwischen meins und sehe, was ich machen kann.«

Aliza nickte. »Dann werde ich mich mal wieder um meine Touristen kümmern. Wenn du …«

»Wenn ich etwas mitbekomme, sage ich euch Bescheid. Natürlich.« Jak zögerte, doch ihm fiel kein cleveres Abschlusswort ein. Also lächelte er nur und hob die Hand, um die Verbindung zu unterbrechen. »Und Aliza – seht euch mal die Daten zu eurem Ladungsstatus an.«

Die Perserin starrte verwundert in die Kamera. »Warum das?«

Er zuckte mit den Schultern. »Ist vielleicht nichts. Nur so ein Gefühl. Ich … Schau dir einfach deine Daten an. Ich rufe dich später zurück. Seid vorsichtig.« Jak hatte keine Ahnung, warum er das gesagt hatte. Er hatte allerdings auch keine Lust, es zu erklären, also unterbrach er die Verbindung und lehnte sich zurück. »Nina?«

»Was kann ich für dich tun, Jak?«

»Finde heraus, wo unser Funkgerät ist.« Er wedelte vage in Richtung der Türme aus alten und zum größeren Teil überflüssig gewordenen Schaltschränken, Pulten und elektronischen Einbaugeräten. »Ich bin mir sicher, dass wir so was irgendwo haben.«

»Meine Daten sind unvollständig, aber ich versuche, die möglichen Orte einzuschränken, wo du suchen musst.«

»Ich sagte, du sollst es finden, nicht …«

»Siehst du Hände? Ich habe nämlich keine.«

Jak blickte auf, doch Nina hatte ihr Hologramm deaktiviert. »Das war ziemlich schnippisch für eine AVA«, stellte er fest. Nina schwieg. »Ich verstehe dich nicht«, sagte sie dann. Jak seufzte und kletterte erneut aus dem Pilotensitz. »Natürlich nicht. Weißt du was, ich mache uns erst mal Frühstück. Und dann suchen wir dieses Funkgerät. Irgendeine Nachricht von Sal?«

»Deine Schwester hat sich noch nicht zurückgemeldet.«

»Hm. Rührei oder doch lieber Sojabrot?«

»Es ist kein echtes Ei«, warf Nina hilfreich ein. »Es wird aus …«

Jak hob eilig die Hand. »Schhh. Du verdirbst mir den Appetit. Manchmal muss man sich an den kleinen Illusionen erfreuen, solange man es kann. Und Rührei gehört definitiv dazu. Egal, woraus es gemacht ist.«

5

NATHAN

Das Diner befand sich am südlichen Ende von Marginis, einem gesichtslosen Viertel, das hauptsächlich von Ingenieuren und Technikern bewohnt war. Historisch gesehen handelte es sich eigentlich sogar um die originale Mondstadt, weil hier vor etlichen Jahrzehnten die ersten Container gestanden hatten und die Gewächshäuser, in denen die Nahrungsmittel für die Eroberung des Erdtrabanten produziert worden waren. Doch obwohl sich an allen Ecken und Enden noch die Reliquien der allerersten Pioniere fanden, war das Viertel weitgehend vom Tourismus verschont geblieben. Die Reisebüros hatten sich zunächst auf Klein-Paris mit seinen stählernen Rundbögen konzentriert, deren Ähnlichkeit mit dem Eiffelturm der Stadt ihren Namen eingebracht hatte. Vor wenigen Jahren waren sie schließlich auf Maduraia umgeschwenkt, wo zahlungskräftige Besucher ihre Zeit nicht mehr mit drögen Geschichtslektionen verschwenden mussten, sondern in Rovern mit übergroßen Geländereifen über die Mondoberfläche brettern konnten.

Als Sal das Diner betrat, war es kurz nach drei, und die

meisten Tische waren leer. An der Theke saß ein massiger Mann mit einer altmodischen Basecap auf dem Kopf. Sie setzte sich neben ihn und bestellte einen Kaffee. Aus dem Augenwinkel beobachtete sie, wie er die Seiten eines roten Notizbuchs mit Reihen winziger Zahlen und Zeichen vollschrieb. Sie überlegte, wann sie selbst das letzte Mal ein Buch mit Seiten aus echtem Papier in Händen gehalten hatte, und konnte sich beim besten Willen nicht daran erinnern. Die Kellnerin brachte ihren Kaffee und die Speisekarte, und sie scrollte sich eine Weile durch das Angebot.

»Die Spiegeleier – sind die gut?«

»Die besten des gesamten Monds, Schätzchen.« Die Kellnerin, auf deren chromblitzendem Namensschild in schnörkeligen Buchstaben Betty-Sue stand, lächelte sie freundlich an. »Sind heute früh erst reingekommen.«

»Pisum sativum«, brummte der massige Mann, ohne von seinen Notizen aufzublicken. »Glycine max, Carotinoide, Glutaminsäure. Diese Dinger bestehen in erster Linie aus Erbsen, Bohnen und Farbstoffen. Mit echten Eiern haben sie so viel gemeinsam wie der Mars mit der Venus.« Die Kellnerin verzog das Gesicht, und der massige Mann zuckte mit den Schultern. »Ich sage nur, wie es ist.«

»Klingt gut«, sagte Sal und schob die Speisekarte zurück über den Tresen. »Ich nehme zwei davon. Auf einer Seite gebraten und mit Toast.« Vorsichtig nippte sie an ihrem dampfenden Becher. Auf dem Mond schmeckte leider vieles ein bisschen fad, aber der Kaffee enthielt zum Glück genügend Geschmacksverstärker, um ihn genießbar zu machen. Sie sah dem massigen Mann eine Weile beim Schreiben zu, ehe sie ihn ansprach. »Was tust du da? Ist das wichtig?«

»Ja«, sagte der massige Mann. »Es handelt sich um eine Sicherheitskopie.«

Sal schnaufte und schüttelte amüsiert den Kopf. »Du bist der einzige Mensch, der auf die Idee kommt, eine Sicherheitskopie in ein Buch zu schreiben, Nathan. Noch dazu eins aus Papier.«

»Bei guter Lagerung können Schriftstücke aus geeignetem Papier mehrere Hundert Jahre überdauern«, sagte der massige Mann. »Das Missale von Silos zum Beispiel ist nachweislich fast tausend Jahre alt. Bis heute existiert kaum ein anderes Medium, das zuverlässiger in der Lage wäre, Wissen dauerhaft zu speichern. Die ersten Disketten hatten eine Lebensdauer von fünf bis zehn Jahren, eine CD maximal zwanzig. Wir arbeiten zwar heute schon mit Speichermedien, die theoretisch ewig halten, aber niemand garantiert mir, dass sie in einem halben Jahrtausend noch ausgelesen werden können. Eine bessere Alternative zu Papier wäre nur, die Daten in Stein zu meißeln. Diesbezüglich muss man aber auch den Kosten-Nutzen-Faktor im Auge behalten.« Bedächtig beendete er seine Zahlenreihe, klappte das Notizbuch zu und steckte den Stift zurück in die Brusttasche seines Hemds. Er zog die Zuckerdose zu sich heran und schüttete vier gehäufte Löffel in seine Tasse. Ohne Hast rührte er um und nahm einen Schluck. »Was willst du, Sal?«

»Informationen.«

»Welche Informationen könnte ich besitzen, an die eine Space Marshal nicht sehr viel einfacher gelangt als ich?«

Sal zögerte, und als Betty-Sue mit den Spiegeleiern aus der Küche kam, griff sie zunächst nach dem Besteck und dem Salz. »Die Art von Informationen, von der niemand wissen soll, dass ich danach suche«, sagte sie schließlich.

»Du ziehst mich da aber nicht in etwas Illegales hinein?«

»Wo denkst du hin? Du redest schließlich mit einem Space Marshal.«

Nathan runzelte die Stirn. »Geht es um deinen Bruder? Hat er wieder was angestellt?«

»Woher …?«

»Das war nicht schwer zu erraten. Du bist der ehrbarste Mensch, den ich kenne, Sal. Deine einzige echte Verbindung zur Unterwelt besteht aus Jak. Und ehe du fragst: Natürlich kenne ich deine Personalakte. Du solltest inzwischen wissen, dass ich dich niemals akzeptiert hätte, wenn ich dir nicht hundertprozentig vertrauen könnte.«

»Also hilfst du mir?«

»Ich höre mir zumindest an, was du zu sagen hast.«

»Das ist ein Anfang.« Sal legte das Besteck zusammen und winkte die Kellnerin heran. Sie bezahlte ihre beiden Rechnungen, stand auf und folgte Nathan nach draußen.

Das erste Mal war sie Nathan Chan während eines Trainingsaufenthalts in der Mondorbitalstation begegnet. Neben den normalen Dingen wie Schießen, Personenschutz oder Gefangenentransport hatte seit 2047 auch das taktische Training in der Schwerelosigkeit auf dem Lehrplan des Service gestanden. Sal hatte sich eigentlich immer für recht fit gehalten und keine Gedanken an die Bedingungen im Weltraum verschwendet. Denn immerhin musste man dort oben ja noch nicht einmal das eigene Körpergewicht mit sich herumschleppen. Als sie nach der ersten Trainingseinheit jedoch in ihre Koje zurückgekrochen war und jeden Muskel in ihrem Körper spüren konnte, hatte sie stille Abbitte geleistet. Wie die meisten Erdbewohner hatte sie über die ausgemergelten »Orbiter« gegrinst, die mit ihren dünnen Armen und Beinen aussahen wie übergroße, ungelenke Spinnen. Doch nachdem sie ihre beinahe spielerischen Bewegungen im Weltraum mitverfolgen konnte, musste sie schließlich neidlos anerkennen, dass selbst ein Delfin im Wasser nicht eleganter schwamm. Sie hatte eine halbe Ewigkeit gebraucht, bis sie den Dreh heraushatte und das allererste Mal ohne Blessuren durch den Parcours kam. Ihr Ausbilder war ein Oberst namens Jegorow gewesen, ein ehemaliges Mitglied einer kaukasischen Spezialeinheit. Seine Stimme hatte immer einen etwas schwermütigen Tonfall, der ihn ein bisschen dumpf und behäbig erscheinen ließ. Doch der Eindruck täuschte gewaltig. Jegorow war Teil jenes legendären Einsatzkommandos gewesen, das die Geiselnahme auf Deep Space Two *beendet hatte. Zwei Wochen lang war damals nichts anderes mehr über die Bildschirme geflimmert, und der gemeinsame Kampf gegen die Terroristen hatte die Menschheit schließlich näher zusammengebracht, als es die United Earth Organisation mit all ihren Geldern und Projekten je zustandebekommen hatte. Jegorow war in diesen Tagen ein echter Held geworden. Er hätte mit Büchern und Fernsehauftritten ganz sicher ein Vermögen verdienen können. Stattdessen hatte er sich zweihundert Kilometer über dem Mond in eine Konservendose gezwängt, um einer Horde Bundesbeamter das selbstgefällige Grinsen aus den Gesichtern zu prügeln.*

Das mit dem Prügeln war durchaus wörtlich zu verstehen gewesen, denn das Nahkampftraining hatte in diesen Kursen ein paar völlig neue Dimensionen hinzugewonnen. War es bislang normal gewesen, dass man nur in eine Richtung stürzen konnte, so wurde in der Schwerelosigkeit plötzlich jede Wand zu einem schmerzhaften Hindernis. In einer modernen Abwandlung des traditionellen Systema hatte Jegorow seine wehrlosen Opfer gegen jede nur erdenkliche Oberfläche geschleudert, ohne auch nur ein einziges Mal seinen berüchtigten steinernen Gesichtsausdruck zu verlieren. Das höchste seiner Gefühle war im Fall einer besonders gelungenen Übung gerade mal ein geknurrtes »nicht schlecht« gewesen, das Sal immerhin ein einziges Mal zu hören bekam, obwohl sie nicht so genau wusste, weshalb. Vermutlich weil sie den damaligen Tag überlebt hatte, was angesichts der Umstände vermutlich schon als Erfolg zu werten war. Während der nächsten Wochen hatte sie intensiv alle nur möglichen Varianten des Nahkampfs durchspielen müssen und darüber hinaus auch taktische Einsätze in der Extravehicular Mobility Unit, dem Standardraumanzug mit der etwas albern klingenden Abkürzung EMU. Die militärische Variante der EMU verwandelte ihren Träger mit Flüssigpanzerung, Raketenantrieb, Exoskelett und einem MedSet, das einer voll ausgerüsteten Notaufnahme Konkurrenz machen konnte, beinahe in eine Art unbesiegbaren Supercyborg. Jegorow hatte dieser Art von Hightech-Ausrüstung gegenüber allerdings immer eine Spur Skepsis behalten. »Bei uns in Russland hält man nichts von zu viel technischem Firlefanz«, wurde er damals nicht müde zu erwähnen. Als ihn einer seiner Schüler, ein erfahrener Sergeant des UA Marine Corps, irgendwann damit aufzuziehen begann, hatte er ihn zu Demonstrationszwecken kurzerhand in einen dieser Anzüge gesteckt und dem staunenden Publikum bewiesen, dass man nur mit einem schweren Schraubenschlüssel bewaffnet selbst einem Supercyborg den Garaus machen konnte, solange man wusste, wo das Werkzeug anzusetzen war. Der geläuterte Sergeant hatte jedenfalls noch Tage später große Probleme mit dem Essen und dem selbstständigen Anziehen gehabt.

Die Aussicht, diesem Martyrium wenigstens für eine Handvoll Tage zu entkommen, hatte sie mit einer gewissen Erleichterung erfüllt. Der Marshals Service hatte zwei Beamte für die Überstellung eines Kronzeugen nach New Angeles benötigt, doch da der ursprünglich vorgesehene Beamte kurzfristig ausgefallen war, hatte man sie für diese Aufgabe abgestellt.

Sie hatte Nathan dann in einem Hotelzimmer in der Nähe des Weltraumhafens getroffen. Er war in Begleitung eines Marshals aus der Zentrale in Virginia gewesen, dem er die chemische Zusammensetzung der Cola zu erläutern versuchte, die er gerade trank. Sal hatte nicht den Eindruck, dass sein Gegenüber ein gesteigertes Interesse an Lebensmittelchemie besaß, aber Nathan hatte sich dadurch nicht beirren lassen. Auf der Erde hatte er bei einem der ganz großen nordamerikanischen Konzerne als Programmierer gearbeitet. Seine Personalakte bezeichnete ihn als hochintelligent, sozial gestört und völlig paranoid. Also genau die Art von Menschen, die man mit der Entwicklung von künstlichen Intelligenzen eigentlich nicht betrauen sollte ... Nathan wusste nicht nur, wie KIs dachten, er dachte selbst wie eine. Die genauen Details waren zwar nicht bekannt, aber seiner Mithilfe war die Aufklärung des berüchtigten New Yorker Bankenskandals zu verdanken gewesen, der sogar den Präsidenten beinahe die zweite Amtszeit gekostet hätte. Die Folge waren eine Handvoll Rücktritte gewesen, zwei Dutzend spektakuläre Verhaftungen und mehrere Hundert Todesdrohungen an die Adresse des Überbringers der schlechten Nachricht. Nathan Chan war natürlich nicht sein richtiger Name, sondern eine Tarnidentität, auf die er besonderen Wert gelegt hatte, als er in das Zeugenschutzprogramm aufgenommen worden war. Sal fand, dass er den perfekten Klang von Durchschnittlichkeit besaß, der für so eine Sache überlebensnotwendig war. Sie hatte den verschrobenen Kerl auf Anhieb ins Herz geschlossen, und Nathan schien ihre Gegenwart durchaus zu schätzen. Obwohl sie gerade nicht den Eindruck hatte, dass er überhaupt zu tiefer gehenden sozialen Bindungen fähig war.

Von außen unterschied sich der Wohnblock kaum von Hunderten ähnlichen Containersiedlungen, die Ende der Fünfzigerjahre in Marginis hochgezogen worden waren, um den rasant wachsenden Bedarf an Wohnraum zu decken. Doch nachdem sie erst einmal die doppelte Sicherheitsschleuse vor Nathans Apartment überwunden hatten, fanden sie sich in einer langen, seltsam geformten Röhre wieder. Überall Metall, unzählige Kabelstränge an den Wänden und eine ganze Batterie von Rechnern, deren Innenleben offen lag. Ein krudes Sammelsurium aus beinahe historischem Mobiliar und modernster Technik, in dem trotz allem eine penible Ordnung herrschte. Nathan hatte ihr irgendwann einmal erzählt, dass es sich um eine alte Sojuseinheit handelte, die 2027 auf dem Mond gelandet war, zu einem Wohncontainer umfunktioniert wurde und bis zur Toilette hin beinahe noch im Originalzustand erhalten war. Sie besaß sogar noch das gesamte Kommunikations- und Leitsystem und war theoretisch voll einsatzfähig – wenn man einmal von den Tausenden Tonnen Stahl und Beton absah, die sich inzwischen um sie herum aufgetürmt hatten. Nachdem sich das russische Weltraumprojekt gegen Mitte des Jahrhunderts weiter nach Norden verlagert hatte, war das Landemodul in den Besitz der Stadt übergegangen, und Nathan war durch Zufall darüber gestolpert, als er nach historischen Gebäuden recherchierte. Da niemand seinen echten Wert erkannt hatte, war er bei der Versteigerung der Immobilie vor einigen Jahren der einzige Bieter gewesen und hatte für einen Spottpreis den Zuschlag erhalten. Seinen Schätzungen zufolge hatte sich sein Wert für traditionsbewusste Oligarchen inzwischen bereits auf das Zehnfache erhöht.

Nachdem er sich ächzend in seinen massiven Drehstuhl fallen gelassen hatte und mit einer Geste eine ganze Batterie von Monitoren an den Wänden zum Leben erweckte, schob er Sals Datenstick in einen Slot und rief die Nachricht ihres Bruders auf. Danach öffnete er die beigefügten Bilder und Analyseprotokolle und verteilte sie über alle Monitore. Eine Weile lang betrachtete er ausgiebig jedes Bild, vergrößerte Details und machte sich Notizen. Als Sal ihn ansprach, hob er ohne aufzublicken die Hand und bedeutete ihr, still zu sein. Sal wusste, wann es am besten war, ihn in Ruhe zu lassen – und dies war so ein Moment. Also sah sie sich in dem engen Raum nach einer Sitzgelegenheit um. Als sie keine fand, hockte sie sich auf den Rand von Nathans Bett und beobachtete ihn still bei der Arbeit.

Der massige Programmierer hatte die altmodische Angewohnheit, seine Befehle beinahe vollständig über eine Tastatur einzugeben. Seine Finger huschten dabei in einer so unglaublichen Geschwindigkeit über das Eingabegerät, dass man beinahe gar nicht mehr hinterherkam. Nach und nach öffneten sich auf den Monitoren unzählige Fenster, verschmolzen mit neuen und füllten sich zusehends mit Reihen von Programmiercode und unverständlichen Symbolen.

Sal dachte an ihre eigenen ersten Schritte im Programmieren. Von der Schule hatte sie den Auftrag erhalten, Algorithmen für einen kleinen Haushaltsroboter zu entwickeln. Die Arbeit hatte in erster Linie darin bestanden, die verschiedenen Module in die richtige Reihenfolge zu bugsieren. Es war im Grunde eine ziemlich langweilige Angelegenheit gewesen. Jak hatte ihr im Laufe des Tages allerdings verraten, wie sich die Standardroutinen mit einem Trick umgehen ließen. Ihr Bruder hatte in dieser Hinsicht schon immer ein besonderes Händchen bewiesen. Bedauerlicherweise hatte er auch das Talent, sich damit öfter in mächtige Schwierigkeiten zu reiten. Nach einigen Fehlversuchen war der Roboter schließlich erfolgreich Amok gelaufen und hatte die halbe Wohnungseinrichtung demoliert, ehe es ihrem aufgebrachten Vater gelungen war, ihn außer Gefecht zu setzen. Bei der Erinnerung an seine entsetzten Blicke konnte sie sich ein Schmunzeln nicht verkneifen.

Sie musste wohl irgendwann eingenickt sein, denn als Nathan sie ansprach, schrak sie aus dem Halbschlaf auf. Sie stemmte sich in die Höhe und machte sich an Nathans Kaffeeautomaten einen Espresso. Mit der Tasse in der Hand beugte sie sich schließlich über seine Schulter.

»Der Container stammt unzweifelhaft aus Europa.« Nathan öffnete eines der zahlreichen Fenster auf seinen Monitoren und zog es mit Zeigefinger und Daumen größer. »Genauer gesagt aus Hamburg. Galactic Freight Containers, einer der weltgrößten Hersteller von Transporthilfsmitteln für den Weltraum. Diese sogenannten Dropbears sind mit einem einfachen ablativen Hitzeschild aus Graphit ausgestattet und dafür ausgelegt, den Eintritt in die Atmosphäre unseres Planeten zu überstehen. Sie können also theoretisch auch über der Erde abgeworfen werden.« Er zoomte eines von Jaks Bildern heran, bis der Ausschnitt groß genug war, um den Scancode zu erkennen, der in den oberen Rand des Behälters eingeprägt worden war. »Ich habe den Code spaßeshalber einmal ausgelesen, um die Charge zurückverfolgen zu können. Dieser Dropbear wurde vor knapp sechs Jahren produziert, und zwar im Rahmen eines Großauftrags von viertausendfünfhundert Stück. Besteller war eine Firma namens Sentinel Transportation Corporation. Kurz: sentiTrans. Laut Unternehmensregister arbeiten sie eng mit dem Marsprogramm der United Earth Organisation zusammen.«

»Wow. Und das hast du alles aus diesem simplen Code ausgelesen?«

»Natürlich nicht. Solche Informationen unterliegen der Geheimhaltung. Würden sie in so einem Code enthalten sein, könnte sie doch jeder Idiot auslesen.«

»Ah«, sagte Sal. »Das klingt logisch. Und wie bist du sonst an diese hoch geheimen Informationen gelangt? Hast du dich mal eben so in die Systeme der UEO eingehackt?«

»Nein, das hätte viel zu lange gedauert. Ich bin einen einfacheren Weg gegangen. Zunächst habe ich mich in die Systeme des Containerherstellers eingehackt. Das war kinderleicht, da sie furchtbar amateurhaft gesichert sind. Ich habe ihre Datenbanken durchforstet und den Transportweg unseres Dropbears verfolgt, bis ich über ein paar Zwischenstationen letztendlich zu sentiTrans gelangt bin. In deren System bin ich dann über einen Hintereingang eingestiegen, den ich irgendwann mal selbst programmiert hatte.«

»Ach so, na klar. Du hast ihn selbst programmiert ...«

»SentiTrans ist zwar aufgrund seiner Teilnahme an der Marsmission in die massiv gesicherten Systeme der UEO eingebunden, aber wie die meisten Konzerne auf der Erde verwenden sie aus Kostengründen das gleiche Standard-KI-System. Und an dessen vorletztem Update habe ich zufällig mitgearbeitet. Du solltest das wissen, es steht in meiner Akte.«

»Wie konnte ich das nur vergessen.« Sal schlug sich theatralisch gegen die Stirn. Während sie an ihrem Espresso nippte, warf sie Nathan einen amüsierten Seitenblick zu. »Es grenzt wirklich an ein Wunder, dass noch niemand versucht hat, dich umzulegen ...«

Nathan erwiderte vorwurfsvoll ihren Blick. »Das wurde bereits mehrfach versucht, Sal. Das steht ebenfalls in meiner Akte.«

»Ich weiß. Das war auch nur ... Ach, lassen wir das.« Sie tippte mit dem Zeigefinger gegen den Bildschirm. »Diese Kiste hier wurde aller Wahrscheinlichkeit nach für das Marsprogramm der UEO gebaut. So weit, so gut. Da mein Bruder sie allerdings in einem Raumschiff transportiert, das auf direktem Weg vom Mars kommt, scheint mir das bislang noch nichts Ungewöhnliches zu sein.«

Nathan drehte den Schreibtischstuhl ganz zu ihr herum. »Im Gegenteil. Sie war dafür gedacht, direkt über dem Mars abgeworfen zu werden.«

»Oh«, sagte Sal und stellte die Espressotasse auf der Schreibtischplatte ab.

Nathan sprang von seinem Sessel auf, nahm die Tasse an sich und trug sie schnell zurück zum Kaffeeautomaten, wo er den Spülvorgang startete. »Entschuldigung«, sagte Sal.

»Schon gut.«

Sie wandte sich wieder den Bildschirmen zu. »Unser Behälter hätte also direkt über dem Mars abgeworfen werden sollen. Eine Einbahnstraße sozusagen. Kann es sich da vielleicht auch nur um einen Fehler gehandelt haben? Eventuell wurde die Mission ja abgebrochen, oder der Abwurfmechanismus hat nicht funktioniert, und sie bringen den Behälter jetzt wieder zurück auf die Erde, um ihn zu reparieren.«

»Das hatte ich zunächst auch angenommen.« Nathan öffnete eine Handvoll weiterer Fenster, von denen einige am oberen Rand sehr offizielle Symbole aufwiesen. »Deshalb habe ich im Netz nach Übereinstimmungen mit allen aktuellen Marsmissionen gesucht.«

»Und?«

»Ich habe nichts gefunden. Erst als ich die Koordinaten vergrößert habe und bis zu dem Datum zurückgegangen bin, an dem der Dropbear produziert wurde, konnte ich etwas entdecken.«

»Ich bin gespannt.«

Nathan räusperte sich und klickte eines der Fenster an und vergrößerte es, bis es den gesamten Bildschirm ausfüllte. »Ich weiß nicht, wie gut deine Allgemeinbildung ist, aber du hast sicherlich schon von den Terraformingbemühungen der Marsmission gehört. Sie haben es damals ›Projekt Noah‹ getauft, nach dieser biblischen Gestalt. Du weißt schon. Der Kerl mit der Arche. Ich gehe davon aus, dass man den Bezug absichtlich gewählt hatte, um der Mission in den Augen der Weltöffentlichkeit eine größere Bedeutung beizumessen.«

»Frei nach dem Motto: ›meine Mission ist größer als deine‹, oder wie?«

Nathan ging nicht auf Sals Kommentar ein. Er zog eine Reihe weiterer Fenster auf, an deren oberem Rand jetzt übergroß das Top-Secret-Siegel der UEO prangte – was bedeutete, dass er in diesem Augenblick gerade Informationen aufrief, für deren Diebstahl man mehrere Jahrzehnte hinter Gitter wandern konnte. »In der aktuellen Phase des Projekts werfen sie in regelmäßigen Abständen Bomben über dem Mars ab, die große Mengen eines Gemischs aus Treibhauschemikalien, Düngemitteln und genetisch modifizierten Algen und Bakterien auf der Marsoberfläche verstreuen sollen. Und damit kommen wir zum interessanten Teil: Ich habe den Weg unseres Dropbears weiter verfolgt. Von der Lagerung in Hamburg über den Weitertransport durch die Visegrádstaaten bis ganz hinunter zum Satish Dhawan Space Centre an der Südostküste Indiens. Siehst du? Am vierten Mai wurde der Behälter in den Raumtransporter Progress MS-X verladen und vom Chawla-Sharma-Launchpad 6 aus nach *Deep Space Three* hochgeschossen. Dort stand er dann drei Wochen und fünf Tage lang in den Produktionshallen von HRC.«

»HRC?«

»Hughes Rocket Corporation Ltd. Das ist das Unternehmen, das im Auftrag der UEO genau diese Marsbomben herstellt. Die sogenannten Darwinsonden.«

Sals Augen wurden groß. »Du meinst …?«

»Unterbrich mich bitte nicht andauernd. Jedenfalls wurde auf *Deep Space Three* die Darwinsonde Nummer MD27009 in unseren Dropbear eingebaut. Kurz danach wurde er im Rahmen der Marsmission zusammen mit Hunderten weiterer Behälter in das Rig *Netherland* verladen, einem inzwischen außer Betrieb gesetzten Marstransporter der Europäer. Der Flug dauerte acht Tage und neun Stunden. Es sind keine besonderen Ereignisse verzeichnet. Nach etwas über einer Woche traf der Raumtransporter also planmäßig im Marsorbit ein. Vier Stunden später erfolgte der Abwurf der Behälter über den Valles Marineris. Sämtliche Darwinsonden sind ordnungsgemäß explodiert, und die Mission wurde als hundertprozentiger Erfolg gewertet. Hier siehst du die Signaturen des Piloten und dort die des Leitenden Ingenieurs und des Missionsleiters auf *Deep Space Three*.«

Sal schaute Nathan sprachlos an. Nathan lehnte sich in seinem Sessel zurück und verschränkte die Hände vor dem Bauch. »Heilige Scheiße«, sagte Sal.

»Allerdings.«

Sal blies die Backen auf. »Wenn das alles stimmt und diese ... diese Darwinsonde aus irgendeinem Grund nicht abgeworfen worden ist, dann reitet Jak dort oben gerade auf einer echten Terraformingbombe durch das All ...«

»Davon ist auszugehen. Die Auslesung der von ihm übermittelten Sensordaten lassen den Schluss zu, dass sie immer noch voll funktionsfähig und höchstwahrscheinlich auch scharf geschaltet ist.«

Sal nickte langsam. »Wenn es also eine Bombe gibt – oder vielleicht sogar mehrere, wovon wir wohl ausgehen müssen –, dann gibt es ganz sicher auch jemanden, der etwas mit ihnen vorhat. Und wenn es diesem Jemand schon gelungen ist, sie unbemerkt aus einem streng bewachten Regierungsprojekt zu stehlen und Jahre später in einen Konvoi Richtung Erde zu schmuggeln, dann ist er verdammt gerissen – und vermutlich auch ziemlich gefährlich.« Geistesabwesend trommelten ihre Fingerspitzen einen Takt auf die Schreibtischplatte. »Aber wer zum Teufel braucht denn eine Terraformingbombe?«

»Jeder, der etwas in die Luft sprengen will.«

»Das geht mit normalen Bomben doch sehr viel einfacher.«

»Davon ist ebenfalls auszugehen, ja.«

Sal schüttelte den Kopf. »Egal, darüber können wir uns noch das Gehirn zermartern. Zuerst einmal müssen wir unbedingt Jak warnen. Er muss diese Bombe unter allen Umständen loswerden – oder zumindest irgendwie entschärfen …«

Nathan verzog das Gesicht. »Das halte ich für zu riskant.«

»Die Bombe zu entschärfen?«

»Jak zu warnen. Die gesamte Kommunikation mit den Raumschiffen läuft über den Mond, und der wiederum verfügt mit NOAH über eine der hochentwickeltsten KIs der Welt. Du erinnerst dich? Was immer jemand nach dort oben schicken will, wird abgefangen und ausgewertet. Wenn Jak dir eine einzelne verschlüsselte Nachricht runterschickt, dann fällt das einer KI vielleicht noch nicht auf. Wenn du ihm aber in einer verschlüsselten Nachricht antwortest, die noch dazu Anhänge enthält, dann wird sie spätestens in diesem Augenblick hellhörig. Die Verschlüsselungsalgorithmen sind leider nicht so ausgefeilt, als dass so ein Rechensystem sie nicht in relativ kurzer Zeit knacken könnte. Wenn du also nur ein einziges Wort über eine Bombe verlierst, gehen sofort alle Alarmglocken los. Außerdem wissen wir bislang noch nicht mal, wer dahintersteckt. Es könnte sogar die UEO selbst sein …«

Sal musste wider Willen grinsen. »Wenn etwas stinkt, war es immer die Regierung, was?«

Nathan grinste nicht.

»Schon gut«, sagte Sal. »Es steht in deiner Akte, ich weiß. Wobei an der Sache damals ja auch nur ein Teil der Regierung beteiligt war. Aber ganz von der Hand zu weisen ist es sicherlich nicht. Korrupte Politiker wären eine Möglichkeit, ja.«

»Und Konzerne.«

»Ich kann mir nicht vorstellen, aus welchem Grund ein Konzern eine Terraformingbombe stehlen sollte.«

»Ich auch nicht.«

Sal stieß einen Seufzer aus. Sie rieb sich die Augen und atmete tief durch. »In Ordnung. Regel Nummer eins der Verschwörungstheorie: Finde denjenigen, der großes Interesse am Besitz einer Bombe haben könnte und die nötigen Mittel besitzt, sie zu stehlen. Dann erwischst du mit ziemlich hoher Wahrscheinlichkeit den Täter.« Sie beugte sich nach vorn und starrte auf die Monitore. Es musste doch möglich sein, aus den Puzzlestückchen irgendwie ein brauchbares Bild zusammenzusetzen. Der Marshals Service hatte zwar Zugriff auf einige der mächtigsten KIs der Welt, geniale Maschinen, die in Sekundenbruchteilen aus ein paar dahingeworfenen Indizien Muster herauslesen konnten, wofür ein ausgebildeter Marshal Jahre benötigte, aber sie konnte es nun mal nicht riskieren, ihre Hilfe in Anspruch zu nehmen. Außerdem existierten manchmal überhaupt keine Muster. In solchen Fällen half ohnehin nur das, was man im Volksmund auch »Spürnase« nannte. Dieses vage Bauchgefühl, das einen dazu befähigte, mit einem Stock scheinbar wahllos in einem trüben Tümpel herumzustochern und dabei auf eine Spur zu stoßen. Der Trick war eben nur, an der richtigen Stelle zu stochern. »Der Typ, mit dem mein Bruder normalerweise immer seine Schmuggelgeschäfte abzieht … So ein kleiner Hehler unten aus Chinatown. Dan, Sam oder so etwas in der Art. Wirkt nicht besonders helle auf mich, nach dem, was Jak so erzählt. Aber dafür scheint er ein paar brauchbare Kontakte zu besitzen, die uns vielleicht auf eine Spur bringen. Eventuell hat er ja sogar selbst etwas mit der Sache zu tun. Aber zuerst werde ich mir mal den Zollbeamten aus Alpha City vornehmen, über den die größeren Dinger laufen. Moses Moletsane, wenn ich mich richtig erinnere. Kannst du herausfinden, wo er wohnt?«

»Natürlich kann ich das.« Nathan nickte.

»Gut. Dann werde ich mir den Kerl so schnell wie möglich mal vorknöpfen. Und du versuchst in der Zwischenzeit, mehr über die beteiligten Unternehmen herauszufinden: über sentiTrans und die Marsmission und die Eigentümer dieser Containersektion, in der die Dropbears lagern. Diese Vedari Ryo Ress...« Sie hielt abrupt inne und drehte sich um. »Äh ... sag mal, hattest du mir nicht mal erklärt, dass es sich bei deiner Wohnung ursprünglich um ein russisches Raumschiff gehandelt hatte? So ein altes Mondlandemodul mit Kommunikations- und Leitsystem?«

»Ja.«

»Und das ist alles noch voll funktionsfähig?«

Nathan nickte. »Selbstverständlich. Ich habe es selbst auf ...«

»Du bist einfach großartig!« Sal schlang Nathan einen Arm um die Schulter und zog ihn zu sich heran, um ihm einen dicken Kuss auf die Wange zu drücken. Der massige Mann stieß ein verzweifeltes Keuchen aus und befreite sich eilig aus ihrem Griff. »Hey! Bist du verrückt geworden?«

»Im Gegenteil! Ich habe gerade die Lösung für unser Kommunikationsproblem gefunden.«

6

DOWNGRADING

»Sie haben Post«, stellte Nina mit einem melodischen Signalton fest.

»Was?« Irritiert sah Jak auf und schaltete das Trimrad ab. Mit einem Fingerreiben schloss er die Simulation der Bergstraße, die auf seiner AR-Brille lief und ihm beim vorgeschriebenen täglichen Training einen interessanteren Ausblick bot als den zerkratzten Lack seiner Kabinenwand.

Ninas Hologramm stand neben der Eingangsluke zum Cockpit. Sie trug ein gepunktetes Sommerkleid im Stil der Sechziger des vorigen Jahrhunderts und hielt einen altmodischen Sekretärinnenblock im Arm. »Du hast soeben eine Nachricht von Sal bekommen. Verschlüsselt.«

»Und warum sagst du das nicht gleich?« Sein schmerzender Rücken verriet ihm, dass er das mit dem Training schon seit einer Weile nicht mehr so genau nahm, wie er sollte.

»Ich wollte einen Klassiker ausprobieren«, sagte die AV. »Nicht erfolgreich, wie ich feststelle.«

Jak sah sie verwirrt an und schüttelte schließlich den Kopf. »Also, wie lautet die Nachricht?«

»Bitte gib deinen Passschlüssel ein.«

Jak zog die Brauen zusammen. »Den Schlüssel? Bist du sicher?«

»Wenn du die Nachricht sehen willst, ja.«

Er seufzte. »Autorisiert, meinen privaten Schlüssel zu verwenden.«

»Autorisierung abgeschlossen«, sagte Nina und klappte ihren Block auf. Eine Kopie der Datei erschien in seinem Brillendisplay, ein Standbild vom Gesicht seiner Schwester. Sie wirkte müde, und so klang auch ihre Stimme, als er die Wiedergabe startete.

»Sorry, Jak, ich habe gerade eine ganze Menge um die Ohren, deshalb fasse ich mich kurz. Die Arbeit und so. Du weißt schon.«

Sal versuchte ein kleines Lächeln, das er ihr nicht abnahm. Niemand, der Sal schon einmal hatte lächeln sehen, hätte das getan. Davon abgesehen war der Versuch ziemlich gut.

»Ich glaube, du machst dir wie immer viel zu viele Gedanken. Die Missionskontrolle hat doch alles im Griff. Ich bin sicher, dass es sich nur um eine Fehlfunktion deiner Sensoren handelt. Wahrscheinlich musst du einfach mal wieder ein bisschen herunterkommen, so ein langer Flug schlägt doch ganz schön auf die Nerven. Und du bist wirklich schon ein wenig zu lang in deiner Blechdose. Hey, weißt du was? Wenn du zurück bist, machen wir mal wieder so richtig einen drauf. Eine feuchtfröhliche Runde durch New Chandni Chowk.«

Jak runzelte die Stirn. Sal und einen draufmachen? Mit ihm? Wann war das das letzte Mal eine gute Idee gewesen?

»Na wie klingt das? Sag mal, erinnerst du dich noch an

Sojus, den wir damals in Marginis getroffen haben? Ich könnte ihm Bescheid geben, wenn du willst. War doch ziemlich lustig mit ihm, das letzte Mal.«

Jak blinzelte irritiert und hielt damit versehentlich die Aufnahme an. Wovon sprach sie? Er kannte niemanden namens Sojus. Hieß so überhaupt jemand? Soweit er wusste, war Sojus nur die Bezeichnung für eine alte russische Raumschiffserie, die in der präinterplanetaren Raumfahrt als eines der sichersten Transportsysteme galt. Einige von den Dingern lagen immer noch auf dem Mond herum, aber er hatte bislang nur eine … Meinte Sal das? Es gab eine Sojus-Kapsel in Marginis, und ein Freund von Sal wohnte darin, ein Typ namens Nathan. Programmierer, glaubte Jak, und reichlich seltsamer Vogel. Wer würde auch sonst freiwillig in einer Dose leben, die kleiner war als Jaks Cockpit? Er blinzelte erneut, um die Wiedergabe fortzusetzen.

»… Du könntest dich ohnehin mal wieder bei dem jungen Mann melden. Er würde sich bestimmt freuen.«

Ah. Also doch.

»So wie in der guten alten Zeit über das Funkgerät. Gleiche Frequenz wie immer.«

Moment. Jak hielt die Aufnahme erneut an. Schön und gut, wenn Sal ihren Kumpel Nathan meinte. Aber er war sich hundertprozentig sicher, dass er niemals mit Nathan über ein Funkgerät kommuniziert hatte. Er hatte seit seiner Kindheit nichts so Altmodisches mehr verwendet. Vermutlich war das letzte Mal damals gewesen, als ihr Vater die Installation der Sicherheitsmaßnahmen irgendeiner Mine für seltene Erden in Namibia überwacht hatte. Im Nirgendwo der Kalahari gab es tatsächlich noch Leute, die sich mit alten Funkgeräten statt teuren Satellitenkommunikatoren verständigten, und einer der Wildhüter hatte Sal und ihm gezeigt, wie man damit umging und auf welchen Kanälen man ungestört war. Es war unter dem namibischen Nachthimmel gewesen, als der zwölfjährige Jakarta beschlossen hatte, irgendwann einmal zu den Sternen zu fliegen. Er hatte Sal über das Funkgerät davon erzählt, während er sich vorstellte, er sei nicht in einer der ältesten Wüsten der Erde, sondern auf dem Mond, und sie wäre unten auf der Erde. Schon seltsam. Jetzt war es Sal, die auf dem Mond saß, und er flog tatsächlich zwischen den Sternen. Aber an ihre Frequenz erinnerte er sich noch immer. Er startete die Wiedergabe erneut. Sals Gesicht erwachte aus der Erstarrung, und dieses Mal schien ihr Lächeln echt zu sein. Vielleicht alarmierte ihn das am meisten.

»Ich muss Schluss machen, die Arbeit ruft. Wir sehen uns! Sal.« Die Aufnahme endete, und Sals Gesicht verschwand.

Jak starrte blicklos in seine Brille. Dann startete er die Wiedergabe ein zweites Mal, und die Falten auf seiner Stirn vertieften sich. »Ernsthaft …«, murmelte er schließlich. Er sah auf und die Projektion seiner AVA an. »Nina, lege die Nachricht auf dem lokalen Speicher ab. Oh, und trenn bitte deine Verbindung zur Flugzentrale. Alle Verbindungen. Ich würde gern gleich einen Funktionstest mit dir machen. Und ich möchte nicht, dass du schummelst.«

»Warum …« Nina Simones Hologramm sah ihn verwirrt an.

»Frag nicht. Das war eine Anordnung, Nina. Und ich gehe jetzt erst einmal duschen.« Mit einem Fingerschnippen ging das Licht in der Nasszelle an, und Jak spürte das vertraute Rumpeln im Boden, als die Wasserrohre begannen, sich zu erwärmen. Dann zog er sich aus und stieg in die winzige Kabine. Dampf schoss aus den Düsen, heiß genug, um unangenehm zu sein, und hüllte ihn vollständig ein. Einen Moment lang atmete er flach, um sich an die Hitze zu gewöhnen, dann rieb er Daumen und Ringfinger aneinander.

»Jak?«

»Nina, ist die Verbindung getrennt?«

»Ist erledigt. Ich warte auf den Test.« Die Dusche verfügte über keine Lautsprecher; die Stimme der AVA kam direkt über die Knochenimplantate in seinen Kopf.

»Nina, pass auf. Das Folgende ist kein Test. Nach Sals Nachricht fürchte ich, dass unser Schiff verwanzt ist. Ich hab noch nie erlebt, dass sie so um den heißen Brei herumredet. Und die Sache mit dem Funkgerät … ich bin gerade sicher, dass du nichts dafür kannst, dass du den Inhalt in 9-4 nicht richtig sehen konntest. Irgendjemand hat den kompletten Container mit genug Darwinsonden gefüllt, um den Frachthafen von *Deep Space Four* bis auf den Mond zu sprengen. Und ich habe gerade das Gefühl, dass das nur der Anfang ist. Sal lächelt mich nie an. Schon seit mehr als vier Jahren nicht.«

»Das ist unlogisch, Jak. Darwinsonden sind Umweltsonden. Sie sind nicht auf Sprengkraft ausgerichtet, sondern auf das Aussetzen von Biomaterial und Gasen.«

»Das weiß ich selbst, Nina.« Jak massierte sich den Nacken, der unter der Hitze der Dampfdusche glühte. »Trotzdem sieht es ganz danach aus.«

»Dieses Szenario ist unwahrscheinlich, Jak. Ihre Stückzahlen sind registriert und überwacht.«

»Tja. Weiß ich selbst. Mir fallen auf jeden Fall aus dem Stegreif ein halbes Dutzend besserer Möglichkeiten ein, *Deep*

Space Four aus dem Mondorbit zu blasen. Vermutlich würde es reichen, die *Pequod* oder eines der anderen Rigs samt Ladung ungebremst reinfliegen zu lassen. Oder … was weiß ich … sie könnten uns andocken lassen und dann unseren Fusionsreaktor überladen. Ich glaube nicht, dass von der Station viel übrig bliebe.« Er seufzte. »Aber das ändert alles nichts an unserer Ladung. Und daran, dass sich jemand eine Menge Mühe gegeben hat, dass wir es nicht merken. Ich bin mir sicher, dass die nicht nur an deinen Sensoren rumgepfuscht haben, sondern noch an viel mehr. Kameras, Mikros – das würde ich zumindest tun.«

»Wer sind ›sie‹, Jak?«

Er zuckte mit den Schultern, wurde sich dann jedoch bewusst, dass seine AVA die Bewegung nicht sehen konnte. »Ich habe keine Ahnung. *Sie* halt. Wer auch immer das getan hat. Oder noch tut. Was weiß denn ich? Ich bin Mechaniker, Nina, kein Ermittler. Kümmern wir uns erst mal um uns. Ich möchte, dass du sämtliche Räume auf Kameras und verborgene Mikrofone prüfst. Außerdem möchte ich eine vollständige Datenanalyse zu ausgehenden Sendungen. Ich will wissen, ob uns jemand abhört und ob wir Daten schicken, die wir nicht schicken sollten. Und welche Daten. Oh, und schalte sämtliche Kameras im Cockpit … nein.« Jak unterbrach sich. Das wäre zu auffällig. »Nina, schalte die Kameras und Mikrofone im Maschinenraum aus. Aber lass es wie eine Fehlfunktion aussehen. Irgendetwas Lästiges, aber Harmloses.«

»In Ordnung, Jak.«

»Gut. Hast du dieses Funkgerät schon gefunden?«

»Ich arbeite daran, Jak.«

»Arbeite schneller. Ich muss mit dem Mond sprechen. Mit

Sal.« Er griff zum Rasierer an der Kabinenwand. »Oh, und eins noch. Lege bitte Aufnahmeschleifen an. Von allen Kameras und Mikros, die du findest, vor allem aber im Zentralschacht und in Sektion neun. Und lass dich nicht dabei erwischen. Wir müssen dorthin zurück.«

»In Ordnung, Jak.«

Jak grunzte, stellte die Dampfdüsen schwächer und schaltete den Rasierer ein.

Jak saß barfuß, nur in einen frischen Overall gekleidet, im Maschinenraum und starrte auf das Durcheinander vor ihm. Seine Haut war immer noch gerötet, doch das Brennen ließ langsam nach. Neben ihm stand ein Rollkoffer voller Werkzeuge, und vor ihm auf dem Boden lag ein klobiger Kasten, der ein paar Stellräder, eine Digitalanzeige ohne Touchsensoren und eine Handvoll Tasten aufwies. In einer Buchse an der Vorderseite war ein Kabel eingesteckt, an dessen anderem Ende eine antike Kopfhörer-Mikrofon-Kombination hing. Nachdenklich schob er sich die Brille zurecht und kratzte sich den Nasenrücken. »Als ich Funkgerät sagte, hatte ich nicht an etwas derart Vorsintflutliches gedacht«, stellte er fest.

»Die Funkeinheit wurde bereits bei der Fertigung des Schiffs installiert«, erklärte Nina. Ihr Hologramm saß ihm gegenüber, wie er selbst im Schneidersitz. »Als dieses Schiff in Serie ging, traute man der Laserkommunikation über größere Strecken noch nicht.«

»Also haben sie gedacht: ›Schau mal, Ivan, hier haben wir noch ein paar alte Militärfunkkisten, die wir zur Jahrtausendwende ausgemustert haben – lass uns die doch einbauen‹. Wie alt ist das Ding hier? Zweihundert Jahre?«

»Genauso alt wie die *Pequod* selbst. Das Prinzip ist allerdings rund neunzig Jahre alt. Der Auftraggeber wollte unbedingt ein bewährtes, robustes System als letzte Rückversicherung. Etwas, das auch noch nach einem EMP funktioniert. Autark und so mechanisch wie möglich.«

Jak warf ihr einen Blick zu, während er versuchte, eine hartnäckige Schraube zu lösen, die ein Kabel mit einer schon seit gut zwei Jahrzehnten toten Batterie verband. »Einen elektromagnetischen Puls? Denen war aber schon klar, dass ihnen nach einem EMP der gesamte Fusionsreaktor um die Ohren geflogen wäre? Da hätte das Schmuckstück hier auch nicht mehr viel geholfen.«

»Ich gebe nur wieder, was mir die Aufzeichnungen dazu sagen.«

»Der Fluch des Informationszeitalters. Nichts wird je wieder vergessen. Hast du die Bedienungsanleitung gefunden?«

Nina nickte. »Der Segen des Informationszeitalters«, sagte sie und ahmte Jaks Tonfall so exakt nach, dass er misstrauisch aufsah. »Nichts wird je wieder vergessen.«

»Lass das, okay?« Endlich löste sich das Kabel, und er befestigte es notdürftig an einer neuen Energiezelle aus dem Ersatzteillager. »Also gut, wie funktioniert das Teil hier?«

Die Schemata der Betriebsanleitung tauchten auf seinem Brillendisplay auf. Er starrte darauf. »Ist das ernst gemeint?«, fragte er nach zwei langen Minuten. »Ich dachte, diese Dinger wären für den Notfall gedacht? Knopf drücken und sprechen, so was in der Art. Wie kann man das so kompliziert gestalten?«

»Es ist nicht kompliziert, Jak. Es braucht nur etwas Übung.«

Jak schüttelte den Kopf. »Knopf drücken und sprechen‹ ist nicht kompliziert. Das hier … das hat doch absichtlich jemand unübersichtlich entworfen, oder? Wahrscheinlich jemand, der Astronauten gehasst hat. ›Sollen die Bastarde doch oben bleiben und verrecken. Der Mensch ist nicht zum Fliegen gemacht.‹«

»Das stimmt, Jak. Dafür haben wir Raumschiffe gebaut.«

Jak atmete tief durch. »Wir?«

»Ein Großteil der Konstruktions- und Produktionsarbeiten im modernen Schiffbau wird von KIs und KI-gesteuerten Maschinen ausgeführt.«

»Ah.« Jak betrachtete erneut die Bedienungsanleitung und die verschiedenen Stellräder und Knöpfe an dem antiquierten Funkgerät. »Das erklärt die zu enge Toilette.« Er seufzte, legte den Schraubendreher hin und streckte die Beine aus. »In Ordnung. Nina, wie viel Zeit hast du als Kameraschleifen?«

»Eine Stunde, zwölf Minuten und …«

»Das reicht. Welcher VacSuit ist aufgeladen?«

»Nummer drei.«

»Tu mir einen Gefallen, Nina. Lade alle VacSuits so vollständig wie möglich.« Er stand auf und sah sich um. »Nummer drei ist backbord, oder?«

Nina deutete in die entsprechende Richtung, und er nickte.

»Dann lass uns Bilder von unseren Bomben machen gehen. Vielleicht fällt uns dann was ein, wie wir sie entschärfen können. Und Sal wartet auf eine Antwort. Und wir müssen den anderen doch was erzählen können, wenn wir unsere neuen Funkgeräte ausprobieren, richtig?«

Eine Stunde später saß Jak wieder im Pilotensitz der *Pequod*. Er trug noch immer seinen VacSuit und fühlte sich, als hätte er eine weitere Dusche dringend nötig.

Er starrte auf den Hauptmonitor über sich und die Sterne darauf. Vermutlich war er unbemerkt in Container 9-4 und zurückgekommen, aber sein Ausflug hatte seine Laune nicht verbessert. Im Gegenteil – beim ersten Mal hatte er nur ein gewisses Unbehagen verspürt. *Wie es einem eben so ging, wenn man feststellte, dass man eine Ladung Bomben an Bord hatte.* Dieses Mal war es anders. Dieses Mal wusste er, was er gesehen hatte. Es war eine dieser Sachen, die nicht schöner wurden, wenn man sie öfter betrachtete. Oder darüber nachdachte. Und das war nicht einmal der schwierige Teil. Der fing gerade erst an.

»In Ordnung. Nina, stell mir bitte eine Verbindung zur *Zenobia* her.«

Ein Standbild Alizas tauchte in einer Ecke des Monitors auf. »Grußfrequenzen geöffnet, Captain.«

»Scherzkeks. Wie sehe ich aus, Nina?«

»Kahl.«

»Oh.« Jak strich sich über die Glatze. »Ich frage die Falsche, oder?«

»Du hast eine subjektive Bewertung nach menschlichen Standards erwartet. Nach meiner Datenbank liegst du im Durchschnitt, nach dem ermittelbaren Vorzugswert Nord- und Mittelamerikas eher ein wenig darüber, für den asiatischen Raum eher darunter.«

»Danke, Nina, das reicht.« Jak rieb sich die Stirn. »Das war ausgesprochen hilfreich.«

»Hilfreich? Was?«, fragte Fazios Stimme aus den Bordlautsprechern.

Jak zuckte zusammen. »Nicht du. Was ist mit Aliza?«

»Ich nicht? Na schönen Dank auch. Die Kapitänin ist unterwegs«, stellte der kleine Halbafrikaner fest. »Du weißt ja –

Passagiere. Man kann nicht mit ihnen und … na ja. Man kann nicht mit ihnen.« Er kicherte, hörte dann aber nach einigen Augenblicken auf, als ihm klar war, dass ihn Jak ansah, ohne eine Regung zu zeigen. »Mann, das war ein Scherz. Lächle doch mal! Ich denke, alle Asiaten lächeln.«

»Ich bin nur Halbchinese. Ich lächle innerlich«, stellte Jak trocken fest. »Ich schwöre es.«

Fazio starrte ihn an. »Ehrlich, ich kann nie sagen, ob du vollkommen humorlos bist oder mich einfach nur verarschst.« Dann zuckte er mit den Schultern und setzte wieder sein gewohntes Grinsen auf. »In Ordnung. Da Humor nicht deine Sache ist …«

»Dein Humor.«

»… mein Humor nicht deine Sache ist – womit kann ich dich dann unterhalten, *Charro*?«

Jak verdrehte die Augen. Diesen *Charro*-Scheiß hatte Okoye angefangen, als er irgendwie herausgefunden hatte, dass Jaks Großvater eine der letzten großen Rinderzuchtfarmen New Mexicos betrieben hatte. Zumindest, bis sich InVi-Fleisch, das in Stammzellenbottichen gezogene Retortenfleisch von Konzernen wie FuMeat und EthiFoods, weltweit durchgesetzt hatte und die großen Fleischfarmen im Zuge der UEO-Resolution zur Landrenaturalisierung von '68 zwangsstillgelegt worden waren. Heute gab es in New Mexico noch genau drei Städte: Albuquerque, Santa Fe und den Ciudad-El-Paso-Komplex, der durch die Zwangsumsiedlungen von Texas und Mexico bis nach Las Cruces gewuchert war. Der ganze Rest war jetzt ein Nationalpark, in dem sich, abgesehen von den Transitstrecken, legal nur noch Navajo, Ranger und Leute mit offizieller Jagdgenehmigung aufhalten durften. Wo sich einst die

Peréz-Farm mit rund 10.000 Rindern befunden hatte, standen jetzt Büffel, Wildpferde und vereinzelte Trailer von renitenten Preppern herum. Jak war nicht ein einziges Mal dort gewesen. Marco Okoye fand es trotzdem lustig, ihn *Charro*, mexikanischen Rinderhirten, zu nennen. Und natürlich hatte sich Fazio umgehend angeschlossen.

»Du musst mich gar nicht unterhalten. Du kannst dich lieber nützlich machen und dafür sorgen, dass unser Gespräch gleich unter uns bleibt. Nur ihr drei, ohne Protokoll.«

»Ohne Protokoll?« Fazios Lächeln verblasste. »So ganz ohne?«

Jak hob nur die Brauen. »Es gibt Dinge, die nicht in offiziellen Protokollen auftauchen müssen. Das weißt du besser als ich.«

»Wie meinst du das?«

»Machen wir uns nichts vor. Keiner von uns ist ohne Grund hier draußen. Wenn es einen besseren Ort gäbe, an dem wir sein könnten, dann wären wir dort.«

Fazio starrte ihn an. Dann plötzlich kehrte sein Lächeln zurück. »Gutes Argument. Dann entschuldige mich mal kurz, ich gehe uns etwas Privatsphäre schaffen. Daria!« Das Letzte war an seine Co-Pilotin außerhalb des Blickfelds gerichtet. »Zieh die Vorhänge zu und setz *la Mama* die Kopfhörer auf. Der *Charro* will ein Gespräch für Erwachsene führen.«

»In Ordnung«, sagte Jak. »Also, wo ist Aliza? Es ist dringend.«

»Oh, ja. Sie sagte, du hattest recht. Ihr sind irgendwelche Unregelmäßigkeiten in den Messprotokollen aufgefallen. Sie meinte, sie wolle sich das mal ansehen, bevor sie sich bei dir meldet.«

Jak fühlte sich, als hätte ihn ein kalter Luftzug im Nacken getroffen. »Pass auf, Fazio.« Er bemerkte selbst, wie angespannt er klang, und räusperte sich. »Hol sie zurück. Auf der Stelle. Sie soll nicht nachsehen, bevor wir uns unterhalten haben! Unbedingt!«

»Woah, immer langsam, *Charro!* Sie will ja nur …«

»Quatsch nicht«, hörte Jak die Ukrainerin aus dem Off. »Jak meint das ernst. Merkst du nicht?« Er hörte sie im Hintergrund irgendetwas in ein Mikrofon sprechen. Einen Moment später hörte er das Signal für eine weitere eingehende Verbindung. Jak bestätigte, und Alizas Bild tauchte neben Fazio auf seinem Schirm auf. Der Perspektive nach verwendete sie die Kamera innerhalb ihres Helms. »Woher die plötzliche Sehnsucht, Jak? Ich wollte mir gerade einen Container ansehen. Woher wusstest du das mit den Messdaten?«

»Was ist damit?«

»Regelmäßig. Das meintest du doch, oder? Zu regelmäßig.«

Jak schluckte. »Das ist jetzt nicht wichtig. Komm bitte ins Cockpit zurück.«

»Auf einmal?« Aliza sah in argwöhnisch an. »Was ist los?«

»Es geht um Charlotte. Hast du sie inzwischen erreicht?«

»Nein. Aber die Zentrale sagt, ihre Messwerte sind alle im unauffälligen Bereich. Sie schläft ausreichend, ihre Blutwerte und Proben sind im Normbereich …«

»Komm einfach zurück. Lass den Container in Ruhe.«

»Aber ich bin so gut wie da. Lass mich einfach noch schnell einen Blick darauf werfen.«

»Ich glaube, das ist im Moment nicht wichtig. Ich hab hier etwas, das du dir ansehen solltest, Süße.« Das letzte Wort kam ihm erst nach einem kurzen Zögern über die Lippen. Alizas

Augen wurden größer, und auf einmal sah sie direkt in die Kamera.

Jak hielt den Blick für einen endlos erscheinenden Moment.

Schließlich lächelte sie. »Na gut … Süßer. Du machst es spannend.«

Jak unterdrückte ein erleichtertes Durchatmen. Er nickte und suchte nach Worten. »Ich weiß. Ich komme gleich dazu. Habt ihr euer Funkgerät gefunden?«

Aliza hob die Brauen. »Ja. Wir haben tatsächlich eins an Bord. Und ja, wir haben es ausprobiert. Und weißt du was? Wir haben den Texaner damit erreicht. Unglaublich, was?«

Jak starrte sie verblüfft an. Der »Texaner« hieß eigentlich Robert Horton, stammte aus Louisiana und flog das drittletzte der Schiffe im Konvoi. Er war selbst unter den eher eigenbrötlerischen Frachterpiloten zurückgezogen, verließ auch während der Stationsaufenthalte nur selten sein Schiff und trug einen für Raumfahrer ungewöhnlich dichten Vollbart. Es ging das Gerücht, dass Horton der Einzige unter ihnen war, der tatsächlich schon auf der Erde einen Truck gefahren hatte, und sein Stolz auf seine Arbeit als »Space Trucker« wurde vermutlich nur noch durch seine Abscheu auf alles Unamerikanische übertroffen. Jak war sich ziemlich sicher, dass keiner der anderen im Konvoi die Anwesenheit des Texaners vermisste.

Jak schüttelte den Kopf und konzentrierte sich wieder. »Eigentlich nicht«, stellte er fest. »Es hätte mich eher gewundert, wenn er kein Funkgerät in seinem Cockpit hätte, komplett mit von der Decke baumelndem Mikrofon am antiken Spiralkabel. Vermutlich hat er auch ein Funkkennzeichen. Delta-

Six-Echo-Niner-Bravo oder irgend so was. Und einen eigenen Funkernamen. Pig Pen, vermutlich.«

»Nah dran. Wirklich nah dran«, kicherte Fazio, um dann den schweren Südstaatenakzent Hortons nachzuahmen: *Purpose of the convoy is to keep movin'.*«

»Ich glaube, er geht nur ran, weil niemand anderes mit ihm Trucker spielt«, warf Daria ein. Ein drittes Fenster öffnete sich auf seinem Monitor, und die hagere Ukrainerin tauchte neben den anderen beiden auf. »Ehepaar Liu habe ich ebenfalls erreicht. Frau Liu sagt, sie werde ihrem Mann sagen, dass er danach suchen soll.«

»Und Mr. Liu?«

»Ich bin mir nicht sicher. Dem Strom der Verwünschungen nach zu schließen, sollten wir in mindestens zehn verschiedenen chinesischen Gerichten schmoren. Kann nur raten. Kann kein Pidgin.«

»Gut. Sonst noch jemand? Was ist mit Denisow, Hopper, Okoye und Sharma?«

»Katalina ist bereit für einen Test. Hopper hat gemeldet, dass sie kein Funkgerät an Bord hat. Sie kann zwar Funk empfangen, aber nur über die digitalen Bordsysteme. Ihr Rig ist erst im vergangenen Jahr komplett überholt worden, und Singapur hat es wohl für eine gute Idee gehalten, Systeme, die seit mehr als dreißig Jahren nicht mehr genutzt wurden, rauszuwerfen«, erklärte Fazio.

»Marco hat eines an Bord. Muss aber erst noch daran herumschrauben. Das Teil ist wohl nicht einsatzbereit«, ergänzte Daria. »Rajesh sucht noch. Er hat den Platz gefunden, an dem es sein sollte. Aber da hat irgendjemand eine Mikrowelle eingebaut, von der er bisher nichts wusste.«

»Mikrowelle?«

Daria zuckte mit den Schultern. »Diese Dinger wurden vor Nahrungsausgabeeinheiten dafür genutzt, Essen aufzuwärmen.«

»Mir ist schon klar, was eine Mikrowelle ist. Aber warum sollte jemand so etwas einbauen?«

»Wer weiß schon, was Europäer so denken.«

»Habt ihr Charlotte erreichen können?«

Die Mienen der drei Besatzungsmitglieder der *Zenobia* verdunkelten sich. »Nichts. Keine Reaktion«, antwortete Fazio für alle.

Jak nickte niedergeschlagen. »Probiert es weiter.« Er sah auf die Uhr. »Marco soll sich bei mir melden, sobald er fertig mit seiner Schrauberei ist. Dann will ich euch alle per Funk hören.«

»Ich mag es, wenn er so bestimmend ist«, stellte Daria fest. Jak sah sie verwirrt an, und nach einem kurzen Moment huschte ein Grinsen über das hagere Gesicht der Ukrainerin. Von den beiden anderen Monitorfenstern war unterdrücktes Kichern zu hören.

7

KÖNIG MOSHOESHOE

Moletsane wohnte in ruhiger Lage am Südrand des Zentralparks. Das Viertel war beliebt bei Managern der mittleren Führungsebene und Behördenmitarbeitern, denn die Infrastruktur sollte für Familien mit Ambitionen ganz ausgezeichnet sein. In unmittelbarer Nähe befanden sich mehr als ein halbes Dutzend renommierter Schulen und Universitäten, unter anderem die E. R. Musk Hochschule für Weltraumwissenschaften, an der die halbe *Mars-One*-Besatzung und ein Ex-Präsident der Westeuropäischen Union studiert hatten.

Das von außen eher schlicht gehaltene Apartmenthaus konnte es zwar bei Weitem nicht mit den großzügigen Anwesen ein Stück weiter den Boulevard hinunter aufnehmen, eine Wohnung darin war aber trotzdem ganz sicher eine gute Wertanlage. Sal ging davon aus, dass sich Moletsane vor dem Kauf schon recht genau ausgerechnet hatte, ob die Investition noch im unverdächtigen Rahmen seiner Gehaltsklasse liegen konnte – höchstens noch mit einer hübschen Erbsumme gegenfinanziert, die ihm irgendwann einmal ganz unerwartet zugeflogen war. An der Eingangstür wurde sie von einem Androidenbutler in Empfang genommen – der erste deutliche Hinweis, dass der findige Zollbeamte über deutlich mehr Coins verfügte, als man eigentlich annehmen durfte. Der Androide besaß irritierend androgyne Züge, schien aber in erster Linie dem klassischen Bild eines männlichen angelsächsischen Butlers entsprechen zu wollen. Nachdem er Sals ID überprüft hatte, führte er sie ohne weitere Fragen ins Foyer. Der Raum war in einem modernen afrikanischen Stil gehalten und dezent mit einigen Wandteppichen und Masken geschmückt. Sal blieb vor einer länglichen Holzmaske stehen, die sie spontan an das berühmte Gemälde des Malers Edvard Munch erinnerte. Das Gesicht war seltsam verformt, die Augen weit aufgerissen und der Mund ein großes Oval.

»Nördliches Lesotho«, sagte der Androide mit ausdrucksloser Stimme. »Erste Hälfte des neunzehnten Jahrhunderts. Es handelt sich um einen brüllenden Löwen, das Totemtier der Bataung. Einem Stamm, der später mit den Batlokoa im Bergvolk der Basotho aufgegangen ist. Der Löwe soll König Moshoeshoe die Kraft gegeben haben, sich gegen den Ansturm der Zulu-Krieger zur Wehr zu setzen.«

Sal warf ihm einen irritierten Seitenblick zu.

»Herr Moletsane war sehr an der Geschichte seiner Vorfahren interessiert. Er hatte in den letzten Jahren intensive Ahnenforschung betrieben. Dazu gehörte unter anderem auch die Sammlung, die Sie hier und in den anderen Räumen besichtigen können. Falls Sie Fragen zu den Masken haben, übermittle ich Ihnen gern die gewünschten Informationen.«

»Ich mag die Art, wie du Small Talk betreibst«, sagte Sal grinsend. »Sie erinnert mich an einen guten Freund von mir.«

»Vielen Dank«, sagte der Androide, ohne eine Miene zu verziehen.

»Apropos kommunizieren: Du sagtest, Herr Moletsane war an der Geschichte seiner Vorfahren interessiert. Ist er es denn nicht mehr?«

Der Androide legte den Kopf ein winziges Stück schräg, was vermutlich Aufmerksamkeit ausdrücken sollte, aber in erster Linie seltsam wirkte. »In Anbetracht seines Todes schien mir die Vergangenheitsform angebracht zu sein. Sind Sie denn nicht aufgrund seiner Aufbahrung gekommen?«

Sal schaute ihn überrascht an. »Oh«, sagte sie. »Die Aufbahrung. Äh ja, natürlich. Ich nehme an, dass sein …«

»Sein Leichnam ist im Salon aufgebahrt. Sie können dort auch Herrn Moletsanes Witwe und den Kindern kondolieren. Wenn Sie mich jetzt entschuldigen würden? Ich muss mich um weitere Trauergäste kümmern.« Der Androide deutete mit einem Kopfnicken eine Verbeugung an und entfernte sich mit staksenden Schritten.

Sal warf einen kurzen Blick zurück auf die Löwenmaske und ging dann in die angegebene Richtung weiter.

Die Familie hatte offenbar keine Kosten und Mühen gescheut, um den Verstorbenen zu ehren. Der Sarg war reichlich pompös ausgefallen und über und über mit afrikanischen Zeichnungen und Symbolen verziert. Der 3-D-Druck hatte sicherlich ein kleines Vermögen gekostet. Er war umringt von einer Traube Menschen, unter denen Sal einige prominente Gesichter wiedererkannte. Vermutlich ehemalige Partner im einträglichen Schmuggelbusiness, die an diesem Tag weit mehr um ihre Einnahmen trauerten als um den Toten selbst. Laut den Bildern aus seiner Akte war Moletsane zu Lebzeiten ein recht stattlicher Mann gewesen. Eingebettet in dieses riesige Ungetüm von einem Sarg wirkte der Tote allerdings bemitleidenswert verloren.

Sal stellte sich etwas abseits an den Rand des ausladenden Buffets und schnappte sich einen Teller kalten Wakamesalat. Der Mann zu ihrer Rechten, ein hagerer Ostasiate mit dem korrekten Seitenscheitel eines Staatsbeamten, warf ihr einen prüfenden Blick zu.

»Woher kannten Sie denn Herrn Moletsane?«

»Beruflich«, sagte Sal ausweichend. »Ich arbeite ebenfalls für die Behörden. Aber im Grunde hatte er mehr mit meinem Bruder zu tun. Ich bin nur an seiner Stelle gekommen, weil er sich gerade auf … Geschäftsreise befindet.«

Der Seitenscheitel nickte kurz, als wäre damit schon alles gesagt. Er bediente sich an den Seealgen und deutete dann mit der Gabel in Richtung Sarg. »Ein Jammer ist das, nicht wahr? So ein kluger und verantwortungsbewusster Mann, mit so einer reizenden Familie…«

Und so ein korrupter Drecksack noch dazu, dachte Sal und nickte. »Entschuldigen Sie die Frage, aber was ist denn überhaupt passiert?«

»Haben Sie es denn nicht mitbekommen?« Verschwörerisch beugte sich der Seitenscheitel zu ihr herunter. »Moletsane hat sich umgebracht. Überdosis Tabletten, wie man sich erzählt.«

»Und woher weiß man, dass es Selbstmord war?«

»Weil der Androide ihn in seinem Büro gefunden hat. Mit Tabletten, Wasserglas und einem Abschiedsbrief. Für die Polizei war die Sache jedenfalls klar. Nur die Witwe war völlig außer sich, weil sie es nicht hatte kommen sehen. Vor allem, weil er doch so ein religiöser Mensch gewesen ist und das alles. Seine Gemeinde wollte ihn zunächst überhaupt nicht beerdigen, aber die Familie hat ja zum Glück genügend Geld, um sie umzustimmen. Jedenfalls hat sein Tod in gewissen Kreisen Wellen geschlagen. Deshalb sind sie ja auch alle gekommen. Wollen in Erfahrung bringen, ob er nicht vielleicht am Ende doch noch die Nerven verloren hat und ... Na, Sie wissen schon.« Er kicherte und strich sich mit der Hand behutsam den Seitenscheitel gerade. »Ich muss dann mal wieder. Die Geschäfte rufen, Sie verstehen? Vielleicht gibt es ja noch den einen oder anderen Brotkrumen abzustauben, hehe.«

Sal nickte ihm zu, und als er fort war, stellte sie den Teller zurück aufs Buffet und stahl sich in einem unbeobachteten Augenblick zurück in den Flur. Die Wohnung erstreckte sich über zwei Etagen, aber da sie sich im Aufbau nicht grundsätzlich von anderen Apartments dieser Art unterschied, ging Sal davon aus, dass Moletsane sein Büro in einem der unteren Räume eingerichtet hatte. Während sie langsam den Flur hinunterwanderte und dabei unauffällig die Wände nach Überwachungskameras abscannte, tat sie so, als würde sie die Masken und Wandteppiche bewundern.

Zum Glück musste sie nicht lange suchen. Bereits die zweite Tür führte sie in das richtige Zimmer. Sie warf einen verstohlenen Blick über die Schulter, huschte hinein und schloss leise die Tür hinter sich.

Moletsane hatte wirklich Geschmack besessen, oder zumindest einen fähigen Inneneinrichter. Das Mobiliar wirkte hochwertig, aber von schlichter Eleganz. Vermutlich hätte er selbst sich niemals so einen protzigen Sarg ausgesucht wie das

Ungetüm da draußen. Sal ging an einer weiteren Löwenmaske vorbei, die prominent an einer der Wände hing, und beugte sich über den großflächigen Bildschirm auf dem Schreibtisch. Sie aktivierte ihn mit einer Geste und war erstaunt, dass er tatsächlich zum Leben erwachte. Es waren nur eine Handvoll Ordner zu sehen. Wahllos öffnete sie einige davon, fand allerdings keine interessanten Informationen. Trotzdem fertigte sie mit ihren Kontaktlinsen Aufnahmen von allem an, was sie sah. Eventuell konnte Nathan ja etwas damit anfangen. Sie machte sich allerdings keine allzu großen Hoffnungen. Moletsane wäre sicherlich nicht so wohlhabend geworden, wenn er geheime Informationen für jedermann zugänglich in der Gegend herumliegen gelassen hätte. Sie setzte sich in den schweren Ledersessel und ließ den Blick durch den Raum schweifen. Es gab nicht viele Möglichkeiten, etwas zu verbergen. Sie stand auf und ging zu der Löwenmaske und hob sie vorsichtig an und ließ sie enttäuscht wieder sinken. Sie setzte sich wieder an den Schreibtisch.

Der Schwätzer mit dem Seitenscheitel hatte etwas von einem Abschiedsbrief erzählt. Außer Nathan schrieb heutzutage kein Mensch mehr Briefe. Jedenfalls nicht auf Papier. Mit einer Handbewegung rief sie auf dem Bildschirm die Sprachnachrichten auf, und als sie darin nicht fündig wurde, öffnete sie die Notizfunktion. Sie fand ein paar belanglose Kritzeleien und durchblätterte sie grob. Dann rief sie die Historie auf und entdeckte eine ganze Reihe Entwürfe, die vor nicht allzu langer Zeit erstellt worden waren. Sie versuchte, sie auf den Bildschirm zu holen, doch das System meldete sie als gelöscht. Sie überprüfte das Datum und stellte fest, dass es sich tatsächlich um Entwürfe des Abschiedsbriefs gehandelt haben könnte.

Dann scrollte sie in der Historie noch ein Stück weiter zurück und stieß plötzlich auf eine Handvoll Notizen, die alle am selben Tag angefertigt worden waren. Auf den ersten Blick sahen sie aus wie wirres Gekritzel, doch nach einer Weile vermutete Sal, dass es sich um eine Reihe von Berechnungen und Organigrammen gehandelt haben konnte, die mit dicken Pinselstrichen ausgestrichen worden waren. Wenn Nathan Zugriff auf den Rechner gehabt hätte, wäre er sicherlich in der Lage gewesen, diese Ausstreichungen irgendwie wieder zu entfernen, aber Sal hatte keine Ahnung von solchen Dingen. Sie drehte den Kopf und versuchte, aus dem Gekritzel irgendetwas herauszulesen. Ein paar vereinzelte Buchstaben waren noch zu erkennen. Unter anderem die Kombinationen *D-N* und *RSHD*. Erstere war eingekringelt und Letztere mit einem Fragezeichen versehen. Ganz am unteren Rand der Notiz stieß Sal noch auf eine Handvoll Formeln und Rechnungen und auf eine mehrfach unterstrichene Zahl. Elf Milliarden. Nachdenklich kaute sie auf ihrer Unterlippe. Konnte es sich dabei um eine Geldsumme handeln? In dieser Höhe? Möglich wäre das schon. Und falls so eine gewaltige Summe irgendwie abhandengekommen oder unterschlagen worden war, dann konnte das eventuell auch ein Motiv für Selbstmord sein. Oder für einen Mord …

Sie hörte ein Geräusch vor der Tür und zuckte zusammen und schaltete den Bildschirm wieder aus. Schnell stand sie auf, strich sich die Kleidung glatt und stellte sich vor die Wand mit der Löwenmaske und blickte zu ihr hoch. Als die Tür sich hinter ihrem Rücken öffnete, wandte sie sich nicht um. Da sie nur Schritte hörte, wusste sie ohnehin sofort, dass es der Androide war.

»Was tun Sie hier, Frau Pérez Zhao?«

Scheinbar überrascht drehte sie den Kopf. »Oh, du bist es. Mein Gott, hast du mich erschreckt.«

»Entschuldigen Sie. Das war nicht meine Absicht.«

»Ich weiß. Ich muss mich entschuldigen. Du hattest mir vorhin von den Masken vorgeschwärmt, und ich bin neugierig geworden und habe mich ein bisschen umgesehen. Es sind wirklich faszinierende Kunstwerke. An dieser Maske hier zum Beispiel kann ich mich gar nicht sattsehen. Sie ist …«

»… Mitte neunzehnten Jahrhundert aus dem Zairebecken. Vermutlich eine Schnitzerei der Chokwe. *Kawa, Muta* oder *Tambwe,* der heilige Hund. Er kann in diesem Fall auch als Löwe interpretiert werden.« Während er sprach, blickte der Androide sie unentwegt an. Er legte den Kopf auf seine irritierende Art ein Stück schräg. »Ich muss Sie bitten, diesen Raum zu verlassen, Frau Pérez Zhao. Es handelt sich um das Büro des Verstorbenen, und die Polizei hat den Wunsch geäußert, es für einige Zeit sicherheitshalber noch im derzeitigen Zustand zu belassen. Ich zeige Ihnen aber gern noch die Masken in der restlichen Wohnung, falls Sie das wünschen.«

Sal lächelte ihn an und legte dann schnell Zeige- und Mittelfinger an ihre Schläfe. »Sehr gern, aber ich erhalte gerade eine dringende Nachricht aus meinem Büro. Sieht ganz so aus, als würde da noch ein bisschen Arbeit auf mich warten. Richte der Witwe doch noch mal mein aufrichtiges Beileid aus.« Schnell drängte sie sich an dem Androiden vorbei, der keinerlei Anstalten machte, ihr aus dem Weg zu gehen. Zum Glück versuchte er allerdings auch nicht, sie aufzuhalten. Als sie auf dem Weg nach draußen einen Blick über die Schulter warf, sah sie, dass er noch immer regungslos an derselben

Stelle im Raum verharrte. Im Gegensatz zu einem Menschen schien er es nicht für nötig befunden zu haben, ihr hinterherzuschauen.

Noch im Gehen rief sie die gemachten Aufnahmen auf ihre Kontaktlinsen. Aus reiner Gewohnheit wollte sie schon einen Abgleich im Netz des Marshals Service vornehmen lassen, als ihr einfiel, dass das nun wirklich keine besonders gute Idee war. Stattdessen rief sie Nathan an, und als sich der Programmierer meldete, teilte sie ihm hastig ihre Beobachtungen mit.

»Wirf einfach alles zusammen auf einen Haufen und lass es in allen erdenklichen Kombinationen analysieren. Ich weiß, es ist nicht viel, aber die Sache stinkt definitiv zum Himmel. Ich hab das im Gefühl.«

»Ich werde sehen, was möglich ist.«

»Bist du ansonsten schon weitergekommen?«

»Möglicherweise. Meine Analysen dauern allerdings noch an. Außerdem halte ich es nicht für ratsam, solche Dinge über das Netz zu besprechen. Selbst wenn es sich in diesem Fall um eine von mir gesicherte Leitung handelt.«

»Du bist wirklich der paranoideste Mensch, der mir je untergekommen ist, Nathan.«

»Aus gutem Grund.«

»Ich weiß. Kannst du mir wenigstens schon sagen, wo ich diesen Sam finde? Den kleinen Hehler aus Chinatown?«

»Positiv«, sagte Nathan. »Sein Name ist Bran. Bran Vukovic. Ich schicke dir gleich alles, was ich in der Polizeidatenbank über ihn finden konnte.«

8

POW WOW

»Hier Kapitän Jakarta Pérez Zhao von der *Pequod*.« Jak musterte unschlüssig das Mikrofon in seiner Hand. Dann drückte er die Taste für die Sprachfreigabe noch einmal. »Seid ihr da?« Er ließ erneut los.

Einen Moment knisterte es in seinen Kopfhörern, dann hörte er ein leises Kichern.

»Du musst ›Over‹ sagen, wenn du fertig bist«, stellte Marco spöttisch fest.

Jak verdrehte die Augen. »Das ist kein Spiel, Marco.«

»Roger that.«

»Hör auf«, mischte sich Aliza ein. »Jak, ich glaube, wir alle wüssten gern, was das Ganze soll. Was ist eigentlich los?«

Jak wischte sich über den Kopf und sah das altertümliche Mikro in seiner Hand an. Er saß im Schneidersitz auf dem Boden des Cockpits und hatte das Bordfunkgerät vor sich, das sich vermutlich seit mehr als dreißig Jahren zum ersten Mal wieder in Verwendung befand – falls es überhaupt je zuvor benutzt worden war. Das Gerät war in einer Wand verborgen gewesen, vor die irgendwann irgendjemand einen Statusmonitor geschraubt hatte, ohne sich die Mühe zu machen, die alten Installationen dahinter zu entfernen. In den Anfängen der Raumfahrt wäre das noch undenkbar gewesen. Jedes Gramm Last in einem Raumschiff kostete bares Geld an Treibstoff und wertvoller Ladekapazität. Dann war der große Durchbruch in der Fusionsforschung gelungen, neue, leistungsstärkere Triebwerke hatten sich schneller abgelöst, als die Raumwerften hatten Schiffe produzieren können, und der Mond hatte mehr Fusionstreibstoffe geliefert, als diese verbrauchen konnten. Plötzlich waren aus Reisezeiten von Monaten Wochen geworden, und Lastbegrenzungen gehörten der Vergangenheit an. Also schraubte man die neuen Ionentriebwerke samt ihren Fusionsreaktoren an die stabilsten der Kurzstreckenschiffe, die zwischen Erde, Mond und ihren Stationen pendelten, und verpasste ihnen die notwendige moderne Technologie wie eine neue Fassade, die man vor ein altes Haus schraubte. Aber das war ja schon immer so gewesen. Schon die Abmessungen der Wohn- und Arbeitsmodule der alten Schiffe waren letztendlich nichts anderes als neue Technologie, die auf alte aufgeschraubt war. Die Schienen, die die Raketen und Spaceshuttles des zwanzigsten Jahrhunderts zu ihren Startrampen gebracht hatten, stammten von gewöhnlichen Eisenbahnen – die ihre Spurbreite von Schienenkutschen des neunzehnten Jahrhunderts erhalten hatten. Diese wiederum waren letztendlich nur gewöhnliche Kutschen, auf die man Gehäuse und Bänke geschraubt hatte. Kutschen, die auf Straßen passten, die ihre Breite den Achsen längst verschwundener römischer Streitwagen verdankten. Und dieses Maß hing einfach nur davon ab, wie breit die Hintern zweier gewöhnlicher Wagenpferde vor zweitausend Jahren gewesen waren. Im Grunde waren also römische Pferdeärsche daran schuld, dass sie jetzt in einem Konvoi voller Bomben in Richtung Erde flogen. Zumindest, wenn man die Sache mit der Verkettung von Ursache und Wirkung etwas zu genau nahm.

»Jak? Bist du noch da?« Alizas Stimme riss ihn aus seinem Gedankengang, und er verdrehte die Augen. »Ja, entschuldigt. Zu wenig geschlafen und zu viele schlechte Filme gesehen in letzter Zeit. Wichtigste Frage zuerst: Habt ihr alle die Mikrofone, Kameras und Bewegungssensoren in eurer Umgebung abgeschaltet?«

»Haben wir, *Charro*«, gab Okoye ungeduldig zurück. Seine Kopfhörer knackten, als die anderen nacheinander ihre Zustimmung gaben.

»Und verrätst du uns auch, was der Mist soll, Pérez?« Der Texaner klang weniger ungeduldig als unwirsch. Etwas in seiner Stimme verriet Jak, dass der Mann nicht vollkommen nüchtern war. Das verstieß zwar absolut gegen die Regeln der bemannten Raumfahrt, aber Jak maßte sich hier kein Urteil an. Sie flogen schließlich vollautomatisch. Und der Texaner war alt genug. Außerdem war der Mann ein Arschloch, also konnte es ihm egal sein.

»Es ist …« Er hatte sich die Worte seit Stunden zurechtgelegt, doch jetzt war er ganz und gar nicht sicher, wie er Sals Nachricht schonend vermitteln konnte. Diplomatie war nie seine Stärke gewesen. Unter anderem. »Also, ich habe seltsame Messdaten aus meinem Schiff erhalten. Genauso wie Aliza auf der *Zenobia*. Und ich habe die Befürchtung, wenn ihr genau hinseht, findet ihr vielleicht das Gleiche.«

»Und was haben eure Scheiß-Messdaten damit zu tun, dass ich hier mit euch Hobbyfunkern spiele, statt mich um meinen eigenen Scheiß zu kümmern?«, knurrte der Texaner düster.

»Das hängt damit zusammen, dass wir Kapitänin Darville auf der *Olympia* nicht erreichen. Bereits seit Tagen nicht. Aber«, Aliza hob die Stimme, als der Texaner zum nächsten Einwand ansetzte, und sprach schnell weiter: »Sämtliche Nachfragen bei der Flugkontrolle werden nur damit beantwortet, dass alles in bester Ordnung sei.«

»Na und?« Der Texaner lachte heiser auf. »Dann will sie halt nicht mit euch quatschen. Geht mir genauso, Mansoor! Sind wir dann hier fertig?«

»Ernsthaft?«, mischte sich Katalina ein. Die russische Pilotin flog einen der größten Erzfrachter des gesamten Konvois, und das bereits drei Saisons länger als jeder andere von ihnen, den Texaner ausgenommen. »Darville, die mit niemandem redet? Und das länger als einen Tag? Das glaubt doch kein Mensch, der sie jemals getroffen hat. Was denkt ihr?«

»Das ist der Punkt«, sagte Jak. »Genauso, wie die Flugkontrolle bei der *Olympia* behauptet, alles sei in bester Ordnung, versucht mir mein Schiff zu erklären, dass die Messdaten in bester Ordnung seien und ich mich irre, wenn ich sage, dass einer meiner Container nicht mit Erz beladen ist, sondern mit Darwinsonden.«

Stille folgte.

Schließlich knackte es in Jaks Kopfhörern, als irgendjemand der anderen die Sprachtaste seines Funkgeräts betätigte. »Sag das noch mal.« Es war Marcos Stimme, aus der plötzlich jede Spur Humor verschwunden war. »Ich glaube, ich habe mich gerade verhört.«

»Ich fürchte nicht. Ich habe gestern Bilder an einen Fachmann geschickt und die Dinger heute noch einmal gezählt. Es sind etwas über sechshundert Darwinsonden, komplett mit

Hitzeschilden, Fallschirmen und vor allem in einem Container, dessen Wände mit Sprengsätzen bestückt sind. Sprengsätze, die untereinander verschaltet zu sein scheinen.«

Irgendjemand pfiff leise in sein Funkgerät.

»Mein Schiff behauptet allerdings steif und fest etwas anderes«, fuhr Jak fort. »Das ist der Hauptgrund, warum ich nicht über die Schiffssysteme mit euch reden wollte. Ich glaube nämlich, dass irgendjemand meine Sensoren manipuliert hat. Das ist nicht einfach nur ein Fehler. Waagen, Kameras, Chemikaliensensoren, Temperatursonden – es kann mir niemand erzählen, dass alle Systeme gemeinsam versagen.«

Für einen weiteren langen Moment herrschte Schweigen.

Dieses Mal war es der Texaner. Er klang überraschend zögerlich: »Hast du das schon der Zentrale gemeldet?«

»Ich hoffe nicht«, warf Katalina ein. »Was, wenn irgendjemand dort dafür verantwortlich ist?«

»Den Gedanken hatte ich auch«, sagte Jak. »Wenn mein Schiff mir vollkommen falsche Daten liefert und wir außerdem falsche Informationen über Charlotte und die *Olympia* bekommen, glaube ich nicht an einen schlichten Systemfehler. Und das heißt, dass derjenige auch Zugriff auf unsere Bordmikrofone, unsere Kameras und Kommunikationssysteme hat.«

»Bis auf die Funkgeräte«, stellte Katalina fest.

»Bis auf die Funkgeräte, ja. Der letzte Hinweis war eigentlich, dass Aliza bei sich die gleichen Abweichungen gefunden hat.«

»Was bedeuten würde, dass wir hier ebenfalls falsch deklarierte Fracht an Bord haben«, stellte Aliza fest.

»Bomben«, ergänzte Marco.

»Darwinsonden«, korrigierte Jak und seufzte. »Ja. Und wer auch immer versucht, diese Fracht zu verschleiern, könnte gut am anderen Ende der Übertragung sitzen. Und was glaubt ihr, würde dann mit uns passieren?«

»Ich glaube nicht, dass wir in Gefahr sind«, mischte sich Frau Liu ein. Ihr Englisch war so schwer zu verstehen, dass Jak sich erst einen Moment zusammenreimen musste, was die über sechzigjährige Chinesin gesagt hatte.

»Verzeihen Sie, ehrenwerte Frau«, mischte sich Jak ein. Liu Huo legte strengsten Wert auf eine Ansprache, die ihr als der Ältesten im Konvoi jenen Respekt zollte, der ihr ihrer Meinung nach zustand. Niemand verstand das besser als Jak. Auch seine Mutter stammte aus Zentralchina. Status und die Wahrung der Form waren zentrale Bestandteile ihrer Erziehung gewesen. Er ertappte sich dabei, den Kopf zu neigen, während er antwortete. »Aber ich muss Ihnen widersprechen. Keiner von uns ist für diesen Flug unverzichtbar. Das wissen Sie so gut wie ich. NOAH hat uns alle an der Leine. Sie fliegen die *Gattacca* bereits seit zwei Flügen komplett ohne Piloten, und seien wir ehrlich – wann haben sie uns wirklich das letzte Mal gebraucht?«

»Er hat recht«, sagte Aliza. »Wir sind nur eine weitere Sicherheitsmaßnahme. Eine, die langsam überflüssig wird.«

»Abgesehen von euch. Ihr seid nützliche Saftschubsen, Aliza«, sagte Marco.

»Das ist verdammt abwertend, Kapitän Okoye.«

»Ach komm, du weißt, dass es wahr ist, Aliza«, gab Marco ungerührt zurück. »Leute wie euch können sie zum Aufwischen brauchen, falls wieder irgendwelche Touristen kotzen, oder als Personal, wenn UA-Marshals Sonderwünsche haben. Das ist einfacher und günstiger als Androiden. Zumindest noch für ein paar Jahre. Der Rest von uns ...«

»Der Rest von euch fliegt so lange, wie die Reparaturen unserer alten Kisten günstig genug ist, alte Frau«, knurrte der Texaner düster. »Einfach nur, weil genug zu flicken ist, was ein verdammter Roboter nicht kann. Die nächste Generation? Vollautomatische Scheiß-Superschiffe. Seien wir ehrlich: Das, was sie dann an Lebenserhaltungssystemen und Platz sparen, lässt sich sicher auch noch vergolden. So billig fliegt selbst ihr Schlitzaugen nicht.«

Wie gewöhnlich reagierte die alte Chinesin nicht auf die Worte des Texaners. Allerdings war im Hintergrund ihr Mann zu hören, der einen Strom zornig klingenden Chinesischs von sich gab. Wider Willen musste Jak grinsen. Die Ausdrucksweise des alten Mannes war ausgesprochen bildgewaltig. Selbst er verstand nur die Hälfte der Verwünschungen, die Liu Wei gegen den Texaner im Besonderen und die Flugkontrolle und ihre zentrale Recheneinheit NOAH im Allgemeinen von sich gab. Und seine Mutter hatte immerhin Wert darauf gelegt, dass er und seine Schwester nicht einfach nur das weitverbreitete Pidgin Asiens, sondern zumindest auch das Notwendigste auf Yue beherrschten, um sich mit ihren Verwandten in China unterhalten zu können.

»Mister Horton, ich glaube, Sie sollten sich wirklich mäßigen, was Ihre Ausdrucksweise angeht. Inhaltlich hat unser hinterwäldlerischer Freund aber leider recht, Frau Liu. Wir können uns nicht in Sicherheit wiegen. Wer auch immer dahintersteckt – wenn er die KI der Flugkontrolle und die Sensoren unserer Schiffe manipulieren kann, dann weiß er auch, dass sich die Frachter über die letzte Strecke unbemannt manövrieren lassen.«

»Hinterwäldler? Pass auf, was du sagst, Bohnenfresser!«

Bevor Jak etwas erwidern konnte, seufzte Aliza hörbar. »Wir fressen alle Bohnen, Horton. Oder was glaubst du, was Soja ist? Also spar's dir. Außerdem bin ich mir ziemlich sicher, dass sie uns schnell ersetzt hätten«, fügte sie hinzu. »Wir sind ja jetzt nicht gerade hoch ausgebildete Astronauten.«

»Stimmt. Sie lassen ja auch Lastwagenfahrer hier hoch«, warf Marco ein. Katalina lachte leise, aber hörbar in ihr Mikro.

Eilig riss Jak das Wort wieder an sich. »In Ordnung, bevor das hier ausartet, zurück zum Thema. Was sollen wir tun? Was können wir tun?«

»Und wem können wir trauen?«

»Trauen?«, bellte der Texaner verächtlich. »Ich traue ja nicht einmal euch. Wer sagt mir, dass Pérez sich das Ganze nicht nur ausgedacht hat?«

Jak starrte das Funkgerät an. »Was? Warum sollte ich mir so was ausdenken?«

»Was weiß ich denn, was in deinem Scheißschädel so vor sich geht?«, blaffte Horton zurück. »Ich glaube, du tischst uns hier nur eine Geschichte auf. Wisst ihr, was ich denke? Pérez ist ein Schnüffler. Er will, dass wir nervös werden und versuchen, Schmuggelware zu verbergen. Wusstet ihr, dass seine Schwester Marshal auf dem Mond ist?«

»Wussten wir, Bob«, stellte Aliza mit einem entnervten Unterton fest. Marco und Katalina murmelten etwas, das nach Zustimmung klang.

Der Texaner ließ sich nicht beirren. »Seht ihr, und wusstet ihr, dass die auf dem Mond Spitzenpreise für Stoff zahlen, der vom Mars stammt? Irgendjemand muss das Zeug ja dorthin bringen. Also stellen die da oben uns unter Generalverdacht und setzen den schlitzäugigen Mexikaner auf uns an. Der uns mit einem Märchen über gehackte Rigs und Verschwörungen dazu bringen soll, loszurennen und nach unseren Schmuggelverstecken zu sehen. Nicht mit mir, Leute. Ich bin sauber!« Es knackte, als Horton die Verbindung unterbrach.

»Wow«, sagte Marco nach einer kleinen Pause. »Das war so ziemlich der längste Vortrag, den ich je von ihm gehört habe. Und was für eine Scheiße!«

»Leck mich, Nigger!«

»Kapitän Horton! Ich protestiere auf das ...«, sagte Aliza scharf, wurde jedoch sofort von Horton unterbrochen.

»Was willst du? Ihr seid doch alle so bekloppt, dass ihr macht, was Pérez sagt. Keiner von euch protokolliert doch gerade, oder? Also kannst du mir auch einen ...«

»So«, warf Jak laut ein, »ich glaube, damit wissen wir jetzt, wer hier Schmuggelware an Bord hat. Vielen Dank für deine kleine Vorführung in Idiotie, Horton. Weißt du eigentlich, wie egal es mir ist, wenn du Sprengsätze an Bord hast? Was den Rest angeht – bitte überprüft unauffällig eure Daten nach Messwertschleifen.«

»Ihr seid doch echt alle schwachköpfige Idioten«, keifte Horton, doch niemand beachtete ihn, und mit einem Knacken verschwand er aus der Leitung.

Aliza räusperte sich als Erste. »Ich schätze, das hätte besser laufen können.«

»Mit diesem Rindvieh?« Katalina schnaufte ins Mikro. »Daran hast du doch nicht im Ernst geglaubt, oder? Ich hoffe nur, dass er wenigstens die Klappe hält.«

»Ich mache mir da keine Sorgen. Horton ist paranoid genug, um auf Nummer sicher zu gehen.«

»Dein Wort in Gottes Ohr. Bleibt die Frage: Was, wenn wir ebenfalls Schleifen finden? Wenn wir auch Bomben an Bord haben?«, hakte Marco nach. »Was dann?«

»So weit war ich noch nicht«, gab Jak zu. »Aber ich denke …«

»Ich denke«, unterbrach Aliza, »wir haben noch etwa vier Tage, um das herauszufinden. Die erste Frage wäre: Sind sie einsatzbereit?«

»Einsatzbereit?«

»Scharf«, sagte Katalina. »Können die Dinger explodieren?«

Jak zuckte mit den Schultern, bevor ihm einfiel, dass die anderen ihn nicht sehen konnten. »Ich weiß es nicht. Die Sprengsätze an den Wänden auf jeden Fall. Sie scheinen miteinander verschaltet zu sein. Es sieht also ganz danach aus, ja.«

»Die zweite Frage wäre also«, übernahm Aliza wieder, »wer hätte Interesse an mehreren Hundert scharfen Darwinsonden?«

»Das ist einfach. Was meint ihr, wie viel Sprengkraft die Dinger haben?«

»Ich glaube nicht, dass es um Sprengkraft geht«, sagte Katalina. »Wenn es danach ginge, würde ich eher Minensprengstoff stehlen. Vor allem Syntex. Lange nicht so sperrig und wesentlich mehr Wumms. Und der Mars ist voll davon.«

»Aber jedes Kilogramm davon ist registriert«, widersprach Marco. »Die Sonden – ich glaube nicht, dass irgendjemand die Explosionen zählt, wenn sie mal abgeworfen sind. Sie detonieren in der Atmosphäre. Verlust ist da immer eingerechnet, und die Trümmer sind kaum zu orten.«

Jak nickte. »Zehn bis fünfzehn Prozent, hat Nomez mal erzählt«, sagte er, »bei schlechten Lieferungen auch mehr. Einmal über dem Mars ausgesetzt, sind sie aus jedem Verzeichnis verschwunden.«

»Zehn Prozent pro Jahr«, sagte Aliza nachdenklich. »Das wären seit Beginn der Abwürfe rund sechzig Tonnen Sprengstoff mit ungefähr ... dem Doppelten an Sprengkraft.«

»Beeindruckend«, stellte Marco fest. »Aber so ... sinnlos. Wenn sie auch nur eines der Rigs kontrollieren, könnten sie jederzeit den Fusionsreaktor hochgehen lassen. Und gegen diesen Knall sind sechzig Tonnen TNT ein lahmes Tischfeuerwerk. Das ergibt keinen Sinn.«

Meine Rede. Jak schniefte. Eine Weile schwiegen alle.

»Er hat recht«, sagte Aliza dann. »Wenn es stimmt und tatsächlich jemand die Systeme der Rigs kontrolliert, dann geht es nicht um bloße Sprengkraft.«

»Sag ich doch«, warf Katalina ein.

Jak schüttelte den Kopf, um ihn zu klären. »Aber was wollen sie dann damit?«

»Das bringt uns wieder zu Frage Nummer zwei: Wer sind ›sie‹? Solange wir das nicht wissen, kommen wir nicht weiter.«

Ein Alarmsignal ließ Jak aufhorchen. »Ich glaube, das müssen wir auf später verschieben. Nina will irgendwas von mir.«

»In Ordnung. Ich schlage vor, wir sprechen uns in sechs Stunden wieder hier.« Aliza zögerte einen Moment. »Passt auf euch auf«, fügte sie dann hinzu.

Jak verstaute das Funkgerät in einem Werkzeugschrank, bevor er seine Brille aufsetzte und Nina wieder aktivierte. »Was ist?« Der Alarm verstummte.

»NOAH versucht seit fünf Minuten, die *Pequod* zu kontaktieren. Er wird langsam ungeduldig.«

Jak runzelte die Stirn. »Warum sollte die Flugkontrolle versuchen, mich zu erreichen?« Er wischte sich die Hände ab und schloss den Schrank vor sich.

»Ich weiß es nicht«, antwortete Nina. Ihr Hologramm trug einen VacSuit und lehnte an der Röhre des Transportschachts. »Ich habe NOAH auf Anfrage über deinen Status und Aufenthaltsort informiert, aber er bestand trotzdem darauf, mit dir zu sprechen.«

»Seltsam. Sag ihm, ich melde mich sofort aus dem Cockpit.«

Das Hologramm nickte knapp. »Soll ich die Kameras wieder aktivieren?«

»Auf keinen Fall, Nina. Lass alles so, wie es ist.«

»NOAH möchte wissen, was der Grund dafür ist.«

Jak zögerte. »Mikrometeoriten«, sagte er dann. »Wenn er noch mal fragt, sage, dass wir vereinzelte Treffer von Mikrometeoriten hatten. Ich arbeite an der Schadensbehebung. Das kann aber noch eine Weile dauern.« Jak griff nach der Leiter in der Röhre, dann hielt er nochmals inne. »Und, Nina – kontaktiere die anderen Schiffe. Frage die Piloten, ob sie auch Sensorprobleme wegen Mikrometeoriten haben. Verwende auf jeden Fall diesen Ausdruck.«

»Natürlich, Jak.« Nach einer kurzen Pause fügte sie hinzu: »NOAH sagt, dass seine Sensordatenauswertungen keine Mikrometeoriten anzeigen.«

»Tatsächlich. Dann richte ihm doch bitte aus, Nina, dass wir alle ebenfalls Probleme mit den Sensordaten haben. Und dass ich hiermit einen Werfttermin zur Überholung und einem gründlichen Sensoren-Upgrade erwarte. Wenn wir uns hier draußen nicht auf unsere Daten verlassen können, dann sind schnell ein paar Millionen Tonnen wertvoller Fracht verloren, nur weil er mit den notwendigen Sicherheitsupdates geizt. So ein Schwarm Mikrometeoriten kann schnell katastrophal enden.«

Ninas Hologramm sah ihn reglos an. Dann lächelte sie und neigte höflich den Kopf. »Ich werde es ausrichten.«

Jak stieg in die Röhre zum Cockpit. Das Lächeln des Hologramms ging ihm nicht aus dem Kopf. War diese Reaktion normal?

9

MILLNER

Millner stand vor der Fensterfront seines Büros im achten Stock und blickte zur benachbarten Stadt Maduraia hinüber. Ihre gewaltige gläserne Kuppel ermöglichte ihm einen beinahe ungehinderten Ausblick auf die großzügige Golfanlage des Grand Hyatt Hotels, auf deren Rasen gerade eine Partie im Gange war. Er hatte die Hände hinter dem Rücken verschränkt und die Stirn in nachdenkliche Falten gelegt. Er hatte nicht viel für Golf übrig. Eine Sportart für alte Männer, die sich im Schritttempo über eine Wiese chauffieren ließen, weil ihnen die Ärzte viel Bewegung und frische Luft verschrieben hatten. Golf war das Symptom einer übersättigten Gesellschaft, deren Forschungsdrang und Risikobereitschaft mit Aufkommen der Computertechnologien Endes des vergangenen Jahrhunderts vollends zum Erliegen gekommen waren. Millners Spiel war Pelota. Eine uralte Ballsportart, bei der es auf Schnelligkeit und Härte ankam und die unter den Bedingungen der verringerten Schwerkraft auf dem Mond eine unerwartete Renaissance erfahren hatte. Millner liebte das Kräftemessen mit Gleichgesinnten, aber noch viel mehr liebte er den Sieg. Die zwei Männer und die Frau, die hinter seinem Rücken im Büro standen, konnten mit solchen Dingen dagegen nicht viel anfangen. Egal ob es sich nun um Golf oder Pelota handelte. Sie waren zugegebenermaßen brillante Wissenschaftler, denen körperliche Erfahrungen jedoch völlig fremd blieben. Millner machte sich nicht die Mühe, sich zu ihnen umzudrehen. »Eine Sicherheitsverletzung? Wie lange schon?«

»Zwei oder drei Stunden mindestens«, sagte einer der Wissenschaftler mit unsicherer Stimme.

»Und wann ist es aufgefallen?«

»Gegen vier Uhr.«

»Was habt ihr daraufhin unternommen?«

»Wir haben versucht, den Eindringling entsprechend der Protokolle zu identifizieren, zu isolieren und letztendlich auch zu eliminieren.«

»Seid ihr erfolgreich gewesen?«

»Nun, wir haben zumindest …«

Millner wandte sich um und sah dem Mann direkt in die Augen. Es dauerte keine zwei Sekunden, bis der es nicht mehr aushielt und den Blick betreten zu Boden richtete. »Seid ihr erfolgreich gewesen?«, wiederholte Millner seine Frage noch einmal langsam und eindringlich.

Seine Gegenüber hielten nun alle drei die Blicke gesenkt. Millner wusste bereits im Voraus, dass die Frau die Erste sein würde, die das betretene Schweigen brach. Sie war zwar nicht die Intelligenteste, aber sie hatten den größten Mut. Aus diesem Grund hatte er sie auch ausgewählt.

Sie rückte ihre Brille gerade, ein modisches Accessoire, das sie ein winziges Stück aus der grauen Masse der Befehlsempfänger hervorhob, und räusperte sich. »Nicht vollständig. Wir haben den Angriff festgestellt und sofort unterbunden, den Eindringling dabei allerdings nicht lokalisieren können. Der Angriff wurde von mehreren Hundert Servern gleichzeitig ausgeführt – jedenfalls will er uns das glauben lassen. Er ist sehr geschickt vorgegangen. Höchstwahrscheinlich handelt es sich um eine KI.«

»Eine Regierung?«

»Wir glauben nicht.«

»Ihr glaubt …«

»Wir schließen es mit sechsundneunzigprozentiger Wahrscheinlichkeit aus«, murmelte der zweite Mann.

»Bleiben also vier Prozent Unsicherheit?«

»Wir äh … haben das Leck vollständig geschlossen und versiegelt«, beeilte sich der erste Mann zu versichern. »Es wurden weder Daten gestohlen noch manipuliert. Sie können sich darauf verlassen.«

»Wir werden sehen.« Millner wandte sich wieder der Fensterfront zu. Die Golfpartie hatte sich in der Zwischenzeit um zwei weitere Löcher vorangearbeitet. Die Spieler watschelten in dem unbeholfenen Gang von Erdbewohnern, denen die Bewegung unter Bedingungen der verringerten Schwerkraft noch fremd war. Über der gewaltigen Kuppel zog ein schlankes Raumschiff vorüber. Ein Golfball schoss nach oben. Für einen winzigen Augenblick sah es so aus, als würde er das Raumschiff vom Himmel holen, ehe er sich gemächlich wieder in Richtung Rasen bewegte und in einem Sandbunker verschwand. Was würde wohl Alan Shepard zu diesem Anblick sagen, der 1971 den ersten Golfball auf dem Mond abgeschlagen hatte? Ein Mann, der sein Leben riskiert hatte, um einen Fuß auf die Mondoberfläche setzen zu dürfen, während diese degenerierten Asthmatiker dort unten im schlimmsten Fall einen Kreislaufkollaps riskierten, falls sie sich zu schnell von Loch drei nach Loch vier bewegten.

»Noch etwas«, sagte die Frau, und Millner erkannte gleich an ihrem Ton, dass es sich um keine gute Nachricht handelte. Deshalb hatten die anderen zwei ja auch ihr das Reden überlassen. »Der Space Marshal aus New Angeles, der bei der Aufbahrung des Zollbeamten aufgetaucht ist…«

»Sal Ilha Pérez Zhao.«

Die Frau nickte. »Wir haben herausgefunden, dass sie mit einem der Piloten verwandt ist. Sie ist … seine Schwester.«

Millner hob eine Augenbraue.

»Das muss aber nichts zu bedeuten haben«, beeilte sich der erste Mann schnell zu versichern. »Die beiden haben in letzter Zeit nicht viel Kontakt zueinander gehabt. Die Verhältnisse innerhalb der Familie sind ein bisschen zerrüttet, um es diplomatisch auszudrücken. Wir konnten bei dieser Frau auch weder privat noch im Büro irgendwelche verdächtigen Handlungen feststellen. Sie hat zu keiner Zeit auf Behördennetze zugegriffen oder irgendwelche Recherchen angestellt. Und dass sie in Moletsanes Wohnung war… nun ja, das ist mit hoher Wahrscheinlichkeit nur eine zufällige Überschneidung.«

»Abzüglich einer vierprozentigen Fehlerquote vermutlich«, sagte Millner.

»Äh … also wie gesagt, wir haben ansonsten keine verdächtigen Handlungen erkennen können. Also liegt doch der Schluss nahe, dass es Zufall war. Dass diese Sache nichts mit den Störungen …«

Millner hob die Hand. Er rief Sals Personalakte auf seine Kontaktlinsen und ließ sich die Hauptpunkte zusammenfassen. Ihr Profil entsprach den wichtigsten Kriterien des Komitees, und sie gehörte damit zum erweiterten Personenkreis, der aufgrund seiner besonderen Eigenschaften ausgewählt worden war. Sie galt als moralisch integer, gewissenhaft und zielstrebig. Manche würden dazu auch »verbissen« sagen.

Nein, er hatte nicht den Eindruck, dass so jemand rein zufällig an einem Ort auftauchte, der von ihnen überwacht wurde. Vor allem nicht, wenn sie mit einem der Piloten verwandt war, der sich bereits mehr als auffällig gezeigt hatte. Millner glaubte im Gegensatz zu seinen Mitarbeitern nicht an solche Zufälle. Dafür umso mehr an die Statistik, die ihm in diesem Fall ganz deutlich zu erkennen gab, dass vier Prozent ein viel zu hohes Risiko darstellten. Er machte eine Geste, und die Hologramme der drei Wissenschaftler flackerten auf und verschwanden. An ihrer Stelle tauchte ein langer Konferenztisch aus Mahagoni auf, an dessen gegenüberliegendem Ende ein groß gewachsener Mann mit grau meliertem Haar saß. Die Beine übereinandergeschlagen, die Ellbogen auf den Armlehnen seines Sessels gestützt und die Hände wie zum Gebet unter dem Kinn gefaltet. Er sprach kein Wort, sondern blickte Millner nur mit steingrauen Augen an und wartete ab, was er zu sagen hatte. Als Millner seine Bedenken mit ihm geteilt hatte, nickte der Mann.

»Es kann sich um Zufall handeln, aber wir dürfen uns in dieser Phase des Projekts keine einzige Störung mehr erlauben. Es ist zu weit vorangeschritten, um es jetzt noch zu stoppen.«

»Was sollen wir tun?«

»Alles, was notwendig ist.«

Millner hob eine Augenbraue. »Ist das die Entscheidung des Komitees?«

»Es ist meine Entscheidung. Ich bin für das Projekt verantwortlich. Wenn es scheitert, ist es mein Kopf, der rollt. Sie wissen, wie lange das Komitee für eine Entscheidung benötigt. Ehe sie alle Risiken gegeneinander abgewogen hätten, wäre es im Ernstfall schon zu spät.«

Millner nickte. »Sie haben recht. Ich werde mich persönlich darum kümmern.«

»Sind Sie sicher?« Die grauen Augen des Mannes musterten ihn aufmerksam.

»Meine Kapazitäten sind mehr als ausreichend. Außerdem ist es umso besser, je weniger sich jetzt noch einmischen.«

Der Mann erwiderte nichts, sah ihn nur eine Weile lang schweigend an und strich sich durch das grau melierte Haar. Offenbar wägte er im Stillen die diversen Risiken gegeneinander ab. Selbst ein brillanter Kopf wie er benötigte noch eine gewisse Zeitspanne, bis er zu einer Entscheidung kam. Schließlich nickte er.

Millner machte eine Handbewegung. Der Konferenztisch verschwand, und die drei Wissenschaftler tauchten erneut vor ihm auf. »Stellt mir umgehend einen Tagesablauf dieser Sal Ilha Pérez Zhao zusammen. Findet heraus, was sie in den letzten achtundvierzig Stunden getan hat: Überwachungskameras, Logprotokolle, Zahlungsströme. Ich will ein lückenloses Bewegungsprofil vom Zeitpunkt des Aufstehens über ihr Frühstück, wann sie aufs Klo gegangen ist, wo sie ihre Einkäufe gemacht und mit wem sie es getrieben hat.«

»Sollten wir uns nicht vorher …?«

»Was wir sollten, bestimme ich«, schnitt Millner dem ersten Wissenschaftler harsch das Wort ab. »Machen Sie sich an die Arbeit.« Mit einer erneuten Geste scheuchte er die Hologramme davon und wandte seine Aufmerksamkeit wieder dem Golfspiel in Maduraia zu. Es hatte sich im Sandbunker festgefressen und war bislang keinen einzigen Meter weitergekommen.

Das war das Problem mit dieser verdammten Gesellschaft. Sie bewegte sich schon seit Generationen nur noch in eingefahrenen Bahnen. Brot und Spiele, das war alles, was den Menschen noch wichtig war. Und wenn es einmal darauf ankam, über den Tellerrand hinauszublicken, scheiterten sie kläglich am ersten Sandloch, über das sie stolperten.

10

HAM UND SEM

Die *Charlevoix* war, abgesehen vom alten chinesischen Frachter der Lius, das älteste Schiff des Konvois. Sie war das letzte noch aktive Rig der Borman-Klasse, die in den Vierzigerahren von einem privaten US-amerikanischen Raumfahrtunternehmen für Transportflüge zwischen Erde und Mond entwickelt und gebaut worden war. Ursprünglich gab es fünf dieser Schiffe, von denen drei noch die Aufrüstung mit Fusionsantrieben in den Sechzigern erlebten, als Exrom United Schleppschiffe für den Bau der Mars-Orbitalstation aufkaufte. Exrom hatte seitdem zwei der drei Borman-Schleppschiffe durch Abstürze auf dem Mars verloren. Die Ironie, dass alle fünf Schiffe nach großen Einschlagkratern in Nordamerika benannt worden waren, blieb allerdings den meisten Menschen verborgen.

Da die *Charlevoix* als Kurzstreckenfrachter entworfen worden war, fiel der Platz in der Kabine noch weit beschränkter aus als bei den übrigen Lastzügen. Ihr Cockpit war nie dazu gedacht gewesen, die drei eingeplanten Astronauten für mehrere Tage oder Wochen zu beherbergen, und die notwendigen

Ergänzungen der Ausstattung, von Nahrungsprozessor bis zur Nasszelle, ließen tatsächlich so wenig Raum übrig, dass die Ähnlichkeit zur Fahrerkabine eines Trucks auf der Erde mehr als nur flüchtig war.

In den Achtzigern hatte Exrom seine Transportflotte weitgehend privatisiert und die Schiffe an Freelancer und kleine Transportunternehmen verkauft, die von da an die Risiken der Transporte selbst zu tragen hatten. Was nach mehreren Besitzerwechseln schließlich dazu geführt hatte, dass die *Charlevoix* in den Händen von Robert Horton Senior gelandet war, einem Fuhrunternehmer aus Baton Rouge, Louisiana, dem der französisch klingende Name des Schiffs mindestens so gut gefallen hatte wie der Gedanke, eine Transportlinie zwischen Mond und Mars zu betreiben. Das war drei Jahre vor dem Tag gewesen, an dem Horton&Sons ihre Super-Highway-Lizenz verloren hatten, weil schließlich auch in Nordamerika die Verwendung von Dieseltreibstoffen endgültig verboten worden war. Übrig geblieben war eine zerstörte Familie, deren Oberhaupt sich auf dem Dach eines Sozialwohnblocks das Leben genommen hatte. Als Robert Horton Junior sein Erbe antrat, war nicht mehr viel übrig, was es zu erben gab. Seine Mutter hatte den Rest ihres Besitzes an ihre Kirchengemeinde gespendet und sich mit ihrer Schwester und ihren Töchtern auf das Anwesen des Predigers der Second-Eden-Baptisten bei Lafayette zurückgezogen, wo sie mit einem halben Hundert anderer Gläubiger für das baldige Ende der Welt betete. Robert Junior war der Hut seines Vaters zugefallen und ein in die Jahre gekommenes Frachtraumschiff, dessen Cockpit jetzt mit Devotionalien und Andenken an glorreiche Tage auf den Highways des amerikanischen Nordens vollgestopft war.

Er hatte die zwei überflüssigen Flugsitze aus der Kabine gerissen, um ein wenig mehr Platz zu schaffen. Einer der beiden »Särge« der hermetisch verschließbaren Kojen des Schiffs, war einem Nahrungsspender und einer Recyclingeinheit gewichen, und einer der Spinde für die Raumanzüge enthielt jetzt Hortons Musikanlage und einen altmodischen, mechanischen Safe.

Im Grunde aber war selbst die verbliebene Schlafnische überflüssig, weil sich der massige Trucker nur selten aus seinem Pilotensitz bewegte, der ihm deutlich mehr Platz bot als die enge Koje. Der Hauptschirm der *Charlevoix* zeigte fast ununterbrochen alte Highways, die irgendwann von irgendeinem Roadtrain-Dashboard aufgenommen worden waren. Es vermittelte im Moment verblüffend gut das Gefühl, irgendwo in der Wüste Utahs unterwegs zu sein – besonders, da auch der Fahrer eines modernen Roadtrains nicht wesentlich mehr zu tun hatte, als sich um das Be- und Entladen zu kümmern und darauf zu warten, dass irgendwo ein Warnlicht blinkte.

Im Moment dröhnte eine Psycho-Roots-Coverversion eines Mojo-Nixon-Oldies durch das Cockpit, während Horton vor Wut kochend seine Ruderbank traktierte. Normalerweise hasste er das Training, doch es gab in der *Charlevoix* nicht viele andere Möglichkeiten, sich abzureagieren, wenn man von einigen AR-Shootern absah. Und virtuelles Blut reichte eben nicht immer. Etwas knackte, und einen Moment später hatte er links nur noch den Griff der Maschine in der Hand, während sich das abgerissene Zugkabel laut rasselnd zusammenrollte. Hortons Fluch übertönte den Sänger, dann flog der Handgriff quer durch die Kabine und hinterließ eine Delle in einer der Spindtüren auf der gegenüberliegenden Seite. Er schnallte sich von der Ruderbank, griff nach einem Handtuch und ließ sich in den abgenutzten Pilotensitz fallen, während er sich den Schweiß von Armen und Nacken wischte.

»LouAnn, zeig mir noch mal die Daten.«

»Gern, Bobby.« Ein Teil der virtuellen Windschutzscheibe verblasste und zeigte ihm einen Strom Daten, in dem einige Zahlen hervorgehoben waren. Es war bereits das vierte Mal, dass Horton die Sensorauswertungen anstarrte, und noch immer ließ das, was er sah, keinen anderen Schluss zu. »Der Paco hat recht.«

»Ich verstehe nicht, Bobby.«

»Jakarta. Der Chinesen-Mexikaner. Er hat gesagt, dass da Sensordatenschleifen sind. Genau wie die hier.« Er deutete auf den Monitor. »Du weißt, was das bedeutet.«

»Ich weiß leider nicht, wovon du sprichst, Bobby.«

Horton verzog das Gesicht. Er öffnete einen altertümlichen Kühlschrank, den er in Reichweite seines Sitzes eingebaut hatte, und nahm eine Dose Bier heraus. Auf der Erde waren Getränkedosen seit Jahrzehnten verpönt. Umweltschutz und so weiter. Die UEO glaubte immer noch, dass die Welt zu retten war, seit ihr weltweiter Landdiebstahl von '68 angeblich zu einer spürbaren Verbesserung des Klimawandels geführt hatte.

Für den Mond galt das nicht. Wenn es neben Dreck, Sojafraß und Helium 3 etwas auf dem Mond gab, dann Zeug, aus dem man Flaschen und Aludosen machen konnte. Wenigstens etwas, das das All bot, was die Erde nicht mehr hatte. Er riss die Dose auf und nahm einen tiefen Zug. »Das bedeutet, Süße, dass er vermutlich auch mit dem Rest recht hat. Und das heißt, dass wir einen Haufen Bomben an Bord haben. Und weißt du, was das wieder heißt?«

»Ich weiß es nicht. Ich kann nichts entdecken, das auf Sprengsätze hindeutet.«

Horton seufzte. Er aktivierte seine AR-Lenses und drehte sich um. Das Hologramm seiner AVA erschien auf seiner Koje. Sie entsprach seinem Ideal einer Südstaatenschönheit, komplett mit bauchfreier geknoteter Bluse, Daisy-Dukes und schier endlosen Beinen. »Das wundert mich gar nicht, Süße. Das ändert aber nichts daran. Es heißt, dass man uns beschissen hat.« Er nahm noch einen Schluck. »Gib mir eine Verbindung zu NOAH. Ich will das jetzt wissen.«

LouAnn schüttelte die Haare aus dem Gesicht und nickte. »Verbindung zu NOAH wird aufgebaut.« Sie kaute auf einem virtuellen Kaugummi. »Verbindung akzeptiert.«

Das animierte Logo der Flugkontrolle tauchte auf dem Hauptmonitor auf. »Hallo Robert«, sagte NOAH mit seiner irritierend beruhigenden Stimme, an der sicherlich ein Heer hochbezahlter Sounddesigner gesessen hatte. »Was kann ich für dich tun?«

»Die Wahrheit sagen«, knurrte Horton.

»Ich verstehe deine Anfrage nicht.«

»Du verstehst ganz genau. Ich habe hier einen Container, der Datenschleifen produziert. Genau wie die auf den anderen Schiffen.«

»Datenschleifen, Robert? Das klingt nach einem Softwareproblem. Ich werde umgehend Analysen laufen lassen, um das Problem zu finden und zu beheben.«

Horton ballte die Faust. »Hör auf damit, NOAH. Versucht nicht, mich zu verarschen. Der Schlitzaugen-Mexikaner, Pérez

Zhao, hat dieselben Schleifen entdeckt. So hat er die Darwinsonden gefunden.«

Dieses Mal war die Verzögerung lang genug, um sie zu bemerken. »Pérez Zhao hat die Darwinsonden entdeckt?«

»Das hab ich gesagt, oder? Aber wir wussten doch, dass das drin war. Ihr lenkt ab – warum hab ich die gleichen Schleifen? Soll ich nachsehen gehen? Werd' ich auch nen Haufen Bomben finden?«

»Ich kann darüber keine Auskunft geben, Robert. Wer weiß noch von den Sonden?«

Horton verzog abfällig das Gesicht. »Darüber kann ich keine Auskunft geben, NOAH«, äffte er die Maschinenstimme nach. »So läuft das nicht. Wir hatten eine Abmachung. Aber wenn ich das Gefühl habe, dass ihr mich verarschen wollt, könnt ihr euch meine Mitarbeit abschminken.«

NOAH schwieg.

Dann kam eine andere Stimme aus den Lautsprechern, auch wenn sich das Logo auf dem Display nicht änderte. »Mister Horton, ich denke, wir sollten uns unterhalten.«

»Auf einmal, ja?« Er verzog das Gesicht, nahm einen weiteren Schluck und warf LouAnn einen Blick zu. »Was sagen wir dazu, Süße. Und Sie sind?«

»Jemand, der Ihnen Auskunft geben kann, Robert.«

Auch diese Stimme war stark elektronisch editiert, sodass es unmöglich war, sie einer bestimmten Person zuzuordnen. Er hätte noch nicht einmal sagen können, ob sie' männlich oder weiblich war. Worin er sich allerdings sicher war: Dieses Mal war es ein echter Mensch. Er konnte nicht einmal genau sagen, woher. Irgendetwas an der Art, wie sie sprach vielleicht. Atmete. Aber das war es nicht, was ihn dazu brachte, sich aufrecht zu setzen und die Bierdose sehr vorsichtig abzustellen. Die Antwort war schnell gekommen. Instinktiv sah er auf die Datumsanzeige des Schirms. An diesem Punkt ihrer Reise müsste ein Wortwechsel knapp dreieinhalb Minuten dauern. Etwas mehr als eineinhalb Minuten via Laser von ihrem Konvoi zur Erde und das Gleiche zurück. Keine Verzögerung konnte nur eines bedeuten.

»Sie sind auch im Konvoi, richtig?«

Die neutrale Stimme zögerte kurz. »Die fehlende Verzögerung verrät mich, richtig?«

»Yeah. Gut, dann sitzen wir ja in einem Boot. Wer von den Säcken bist du?«

»Ich glaube nicht, dass das eine Rolle spielt.«

»Oh, aber natürlich. Wenn du eine Bombe in meinem Frachtraum platziert hast, spielt das auf jeden Fall eine Rolle! Also wer? Okoye?«

»Ich glaube, wir haben grundlegendere Dinge zu klären, oder?«

»Näh. Dem Schwarzen trau ich zwar zu, dass er mich umlegen will, aber der könnte sich nie so geschraubt ausdrücken. Die Arabertussi fällt auch weg. Die hat das gleiche Problem ...«

»Mister Horton, wenn Sie weiter meine Zeit vergeuden wollen, dann ist unsere Unterhaltung hier beendet.«

»Oh, aber ganz bestimmt nicht! Ein Fingerschnippen, und LouAnn hier wird allen Schiffen erzählen, dass es einer von ihnen ist, der sie alle in die Luft jagen will. Stimmt's, Süße?«

Die AVA setzte zum Nicken an, als ihr Hologramm plötzlich mitten in der Bewegung einfror, den Mund weit genug offen, um den Kaugummi zwischen den zu weißen Zähnen zu sehen.

»Ein Fingerschnippen, und LouAnn wird Ihnen nicht mehr zur Verfügung stehen, Robert. Ich fürchte, Sie verkennen Ihre Reichweite.« Die Stimme war noch immer neutral, doch jetzt glaubte Horton, einen leicht gereizten Unterton wahrzunehmen. »Ihnen ist nicht entgangen, dass Kapitänin Darville Funkstille hält?«

»Willst du mir etwa drohen?«, knurrte Horton und lehnte sich vor, als könne er das animierte Logo auf dem Display durch bloße Nähe einschüchtern.

»Ich will Ihnen nicht drohen. Ich tue es.« Die Stimme seufzte leise. »Wenn Sie mich dazu zwingen. Hören Sie, Horton, wir haben eine Abmachung mit Ihnen, und wir sind selbstverständlich gewillt, sie einzuhalten. Es gibt nur geringfügige Änderungen im Plan, solange Sie Ihren Teil unserer Abmachung erfüllen. Aber um Sie zu beruhigen – jedes der Schiffe im Konvoi transportiert unsere Sonden.«

»Was zum Teufel sollte mich daran beruhigen?«

»Wie Sie schon sagten – wir sitzen in einem Boot. Wir brauchen alle Schiffe für diese Aufgabe, aber seien Sie versichert – es sind Vorkehrungen getroffen, um unser Überleben zu sichern.«

»Warum sollte ich das glauben?«

»Wir sind keine Idioten, Mister Horton. Und wir sind keine Monster. Wir werden die Verluste so gering wie möglich halten – und vor allem brauchen wir Leute wie Sie. Genau wegen Situationen wie dieser hier. Befehlsempfänger bekommen wir im Dutzend billiger. Millionen. Die Erde ist voll davon. Leute, die an das glauben, was sie tun, dagegen sind rar. Sie glauben doch noch immer an unsere Sache, Mister Horton?«

Horton lachte spöttisch auf. »Du ... wer immer du bist ...«

»Nennen Sie mich einfach … Sem. Das macht es einfacher, miteinander zu sprechen.«

»Sem … der zweite Sohn Noahs? Du lehnst dich ganz schön aus dem Fenster.«

Die Gegenseite schien kurz aufzulachen, auch wenn der Sprachverzerrer das weitgehend herausfilterte. »Wenn Sie das sagen, Horton. Sie sind in der Schrift Ihrer Religion mit Sicherheit bewanderter als ich. Ich wollte lediglich andeuten, dass ich eine der Personen auf dem Schiff Noahs bin, die maßgeblich am Aufbau unserer Zukunft beteiligt sein wird. Und ich wollte mich nicht ›Ham‹ nennen. Aber wenn Sie wollen, dürfen Sie Ham sein.«

Die Stimmfarbe des Fremden war derart neutral, dass Horton, der schon beleidigt sein wollte, unsicher innehielt. Noch bevor er sich zu einer Reaktion durchringen konnte, sprach *Sem* weiter: »Aber da Sie am besten mit Vergleichen aus der abrahamitischen Tradition zurechtzukommen scheinen: Stellen Sie sich einfach vor, dass wir ebenfalls nach Jüngern suchen. Und zwar nach Jüngern wie Thomas, die nicht einfach glauben, was man ihnen erzählt. Leute, die kritisch hinterfragen. Wir brauchen handfeste Leute, die sich nicht scheuen, sich die Hände schmutzig zu machen, wie Petrus.«

»Oder Judas?«, warf Horton abfällig ein.

Sem schien sich nicht daran zu stören. »Auch für Leute wie Judas ist Platz.«

Horton warf einen irritierten Blick zu seiner AVA, die noch immer eingefroren war. »Judas war ein Verräter an der Sache!«

»Sind Sie sich da sicher? So wie ich das sehe, hätte der ganze Plan des messianischen Opfers nicht funktioniert, wenn er nicht genau die Aufgabe erfüllt hat, die ihm zugedacht war.

Man könnte sagen, dass sein Opfer nicht geringer war. Er wusste, dass ihm in den Augen der Welt die Rolle des Bösewichts zugedacht war, dass man ihn verdammen würde. Aber er hat seine Rolle trotzdem erfüllt, um die Menschheit zu retten. Und er ist gut dafür bezahlt worden.« Sem ließ eine Pause, um die Worte wirken zu lassen. »So wie Sie. Also erledigen Sie die Ihnen zugedachte Rolle und halten Sie uns auf dem Laufenden, wenn jemand zum Schluss kommen sollte, aus der Reihe tanzen zu müssen. Niemand wird die Flut aufhalten, Mister Horton. Aber es liegt ganz in Ihrer Entscheidung, ob Sie an Bord der Arche sind und den versprochenen Himmel sehen – oder untergehen.«

»Ich …«, Horton rang um Worte, »ich verstehe, dass Opfer notwendig sind. Aber warum mein Schiff? Das war nicht Teil der Abmachung!«

Sem seufzte dieses Mal hörbar. »Wie ich bereits sagte: Es gibt geringfügige Anpassungen im Ablauf, wie sie bei einem solchen Projekt letztendlich unvermeidlich sind. Aber das bedeutet nicht, dass wir Sie zum Märtyrer machen wollen. Ihre Rolle ist eine andere. Wenn wir das also geklärt haben, würden Sie sich bitte wieder an Ihre Arbeit machen? Wir müssen wissen, wer alles Bescheid weiß und welche Gegenmaßnahmen eingeleitet werden sollen.«

Horton hob den Kopf. Diese Frage deutete darauf hin, dass Sem niemand von denen war, die der Mexikaner in seine Funkgerät-Charade einbezogen hatte. Wer also fehlte noch? Er grunzte. »In Ordnung. Aber wenn das vorbei ist, will ich ein neues verdammtes Schiff. Und wenn ich neu sage, meine ich neu. Groß genug für eine Crew. Und ich suche mir meine Leute aus.«

»Ich denke, das einzurichten dürfte gar kein Problem sein. Wir werden auf Jahre hinaus gute Schiffe und loyale Piloten brauchen. Betrachten Sie Ihren Wunsch als genehmigt. Und jetzt erwarte ich Ergebnisse, Mr. Horton. Sonst könnten wir vielleicht noch zum Schluss kommen, dass es einfacher für uns ist, wenn NOAH Ihr Schiff fliegt. Ohne Sie.«

Das wird euch nicht gelingen. Das lag Horton zumindest auf der Zunge. Er sah seine noch immer erstarrte AVA an und sprach es nicht aus. Vermutlich konnten sie es doch. »Ich habe euch verstanden. Könnt ihr jetzt LouAnn wieder aufwecken?«

»Selbstverständlich. Wir bleiben in Kontakt, Mr. Horton.« Sem beendete das Gespräch, und im selben Moment nahm das Hologramm die Kaubewegung wieder auf und lächelte Horton an. Der massige Mann seufzte. »Die Werke im Auftrag des Herrn sind wahrlich unergründlich für einen einfachen Mann wie mich, Süße.«

»Du bist nicht einfach, Bobby«, stellte LouAnn fest und zwinkerte kokett. »Und ich glaube nicht, dass diese Person für den Herrn arbeitet. Sie ist nicht nett.«

Horton lächelte. »Der Herr hat sich mit Huren und Zöllnern umgeben. Sie waren schon immer Teil des Plans. Wie gesagt – unergründlich. Aber mit einem hat dieses Arschloch da gerade recht gehabt: Weißt du, wen der Herr besonders mochte?«

LouAnn starrte ihn mit großen Augen an und kaute. Sie schwieg. Das war genau das, was er an ihr mochte. Und wie er sie eingestellt hatte. »Er mochte den Kerl, der sich nicht alles hat erzählen lassen, der nicht jeden Scheiß geglaubt hat, nur weil ihm jemand etwas verkaufen wollte. Auch nicht von den übrigen Jüngern des Herrn. Dieser Thomas. Der ist hingegangen und hat selbst nachgesehen. Und was meinst du, was wir jetzt tun werden?«

LouAnn runzelte für einen winzigen Moment die Stirn, dann lächelte sie. »Wir erfüllen den Auftrag«, sagte sie.

»Verdammt richtig, Süße. Wir erfüllen den Auftrag des Herrn.«

11

DÌYÙ YÚDÙ

Mit gerade einmal siebzehn Jahren hatte Sal die Aufnahmeprüfung für das renommierte John Jay College of International Criminal Justice in New York bestanden. Ihr Vater war als Sicherheitschef von Benzos-Tams natürlich furchtbar stolz auf sie gewesen. Nachdem ihr Bruder sich redliche Mühe gegeben hatte, in seinem Leben so ziemlich alles falsch zu machen, was nur möglich war, hatte Pérez Zhao Senior schließlich all seine Hoffnungen in die jüngere Tochter gesetzt.

Nach dem Master würde ihr erster Posten bei der Polizei von Indianapolis selbstverständlich nur eine vorübergehende Station gewesen sein. Eine Art Sternchen im Lebenslauf, das sich gut bei der Bewerbung auf einen Managerposten im Sicherheitsdienst machte. Die großen Konzerne sahen es gern, wenn auch ihre Führungskräfte ein bisschen Straßenluft geschnuppert hatten, bevor sie sich hinter ihren Schreibtischen verschanzten. Das verlieh ihnen so eine Aura der Seriosität, wie sie es ausdrückten. Zwei Jahre im IMPD, davon maximal ein halbes auf der Straße. Natürlich immer in sicherer Entfernung zu den wirklich gefährlichen Ereignissen. Im beschaulichen Spring Hill oder irgendwo *im Südwesten der Stadt. Danach Führungskräfteakademie und nach weiteren drei bis vier Jahren schließlich Washington oder Mexico City. Danach würden ihr alle Türen offen stehen, egal ob sie in die Fußstapfen ihres Vaters in Konzerndiensten treten oder eine politische Laufbahn anstreben wollte. Ziemlich sichere Sache eigentlich.*

Jedenfalls bis zu dem Tag, als sie auf einer Patrouille mitten in eine Bandenschießerei geraten war und trotz zerschossener Hand einem Kollegen das Leben rettete. Es folgten drei Monate Rekonvaleszenz, ein Verwundetenabzeichen, Ehrenmedaille und zwei Beförderungen. Sie war nach Washington gezogen, doch anstatt dem Wunsch ihres Vaters entsprechend die Karriere voranzutreiben, war sie dem United Americas Marshals Service beigetreten. Noch Jahre später konnte sie sich lebhaft an die vorwurfsvollen Anrufe ihrer Eltern erinnern, denen so langsam gedämmert hatte, dass auch ihr zweites Kind irgendwie aus der Art geschlagen war. Nur dass es dabei auf der anderen Seite des Gesetzes stand.

In Washington hatte sie eine längere Beziehung zu einem Offizier der Luftwaffe. Das lief ein paar Monate lang recht gut, und sie dachte zwischenzeitlich sogar mal ans Heiraten, bis sie das Arschloch mit einer Kellnerin im Bett erwischte und ihm zwei Finger und die Nase brach. Ihr Vater hatte dafür gesorgt, dass das Disziplinarverfahren im Sand verlief. Das war die einzige Zeit gewesen, in der sie ein paar freundliche Worte miteinander gewechselt hatten, ehe Sal dann ins Trainingscenter auf Deep Space Three geflogen war, um sich zum Space Marshal ausbilden und kurz darauf auf den Mond versetzen zu lassen.

Der Marshals Service hatte gerade seine erste Zweigstelle auf dem Erdtrabanten aufgebaut, und die Sache versprach, span-

nend zu werden. Die Situation auf dem Mond war entgegen an-
derslautender Beteuerungen alles andere als einfach. China
schickte unentwegt Arbeiter nach oben und scherte sich offenbar
einen Dreck um die internationalen Vereinbarungen – ge-
schweige denn darum, was mit den eigenen Leuten geschah,
wenn sie nicht mehr benötigt wurden. Russland fühlte sich pau-
senlos von Amerika benachteiligt, und Amerika fühlte sich im
Gegenzug von Russland bedroht. Die Araber wollten ihre über-
zähligen Sandmillionen unterbringen (Sand war das Erdöl des
einundzwanzigsten Jahrhunderts geworden), Indien seine über-
zähligen Informatiker, und Westeuropa schaute dem bunten
Treiben hilflos zu, während es wie immer heillos zerstritten war.
Alles in allem ein hübscher Mikrokosmos, der die verfahrenen
Verhältnisse auf der Erde recht gut widerspiegelte – mit dem
kleinen Unterschied allerdings, dass die Menschen auf dem
Mond nur wenige Meter Mondstaub und Sicherheitsglas vom
sicheren Tod trennten.

Für Sal sollte der Aufenthalt dort oben die beste Zeit ihres Le-
bens werden, auch wenn ihr Privatleben dadurch von Jahr zu
Jahr weiter gegen null tendierte. Auf der anderen Seite hatte sie
bei all der Arbeit ohnehin nur wenig Zeit, über solche Dinge
nachzudenken. Man konnte darüber lamentieren, dass man im
Leben nicht alles bekam, was man sich wünschte – oder man
machte das Beste daraus und trat in ein paar Ärsche, die es ver-
dient hatten. Und hier oben gab es eine ganze Menge davon.

Kurz vor Feierabend war beinahe die halbe Stadt auf den Beinen, und Sal benötigte fast zwei Stunden bis hinunter nach
Chinatown oder Dìyù yúdù, was in der Sprache der Einheimischen so etwas wie Höllenschlund bedeutete.

In den gewaltigen Tunneln unter New Angeles herrschte eine Atmosphäre, die an das ausgehende neunzehnte Jahrhundert erinnerte. Eine Zeit, in der Zehntausende Männer und Frauen ihre Heimat verlassen hatten, um in der unwirtlichen Wildnis Alaskas nach Gold zu schürfen. Das Gold der Neuzeit hieß allerdings Platin, Iridium und Helium 3, das für den Antrieb der mächtigen Raumtransporter benötigt wurde, die in zunehmender Zahl zwischen Erde und Mars pendelten. Die »Fetten Zwei«, wie China und die Vereinigten Amerikas manchmal auch genannt wurden, hatten den Großteil der Reichtümer unter sich aufgeteilt. Während die UA die Oberfläche des Monds für sich in Beschlag nehmen durften, hatten sich die staatlichen Konzerne aus dem Reich der Mitte auf den Abbau unterirdischer Bodenschätze spezialisiert. Für die kleineren Mitspieler, die Europäer, Afrikaner und Inder, blieben da nur die Forschungsstationen übrig und eine Handvoll minderwertiger Lagerstätten im Süden. Nur Russland spielte wie immer sein eigenes Spiel mit einer hoch geheimen Sternenstadt, die etliche Hundert Kilometer entfernt im Mare Imbrium lag.

Während in den bewirtschafteten Gruben Chinatowns der Großteil der sicherheitsrelevanten Aspekte von konzerneigenen Diensten abgedeckt wurde, herrschte in den ausgebeuteten Lagerstätten beinahe so etwas wie Anarchie. Mit Einführung des Satellite Mining Act im Jahr 2081 war es schließlich auch kleineren Unternehmen gestattet worden, sich in den aufgegebenen Lagerstätten einen Claim abzustecken, um darin nach Resten von seltenen Erden zu schürfen. Die Folge war so etwas wie ein lokaler Goldrausch gewesen, der Glücksritter aus allen Teilen der Welt angelockt hatte. Die Arbeit in den Minen war schwer und gefährlich und der Boden durchlöchert wie ein Schweizer Käse. Immer wieder kam es vor, dass ganze Tunnelsegmente in sich zusammensackten und die Arbeiter unter tonnenschweren Erdmassen begruben. Wenn sie Glück hatten und die Katastrophe irgendwie überlebten, war aber immer noch nicht sicher, dass man sie auch rechtzeitig wieder herausholte, bevor ihnen die Luft ausging. Rettungsmaßnahmen auf dem Mond waren aufwendig und teuer, und die zuständigen Regierungen taten ihr Möglichstes, um sich die Verantwortung so lange gegenseitig in die Schuhe zu schieben, bis nicht mehr viel zum Retten übrig war. Die lizenzierten Goldgräber waren dabei aber immer noch besser dran als die armen Schweine, die im Auftrag der chinesischen Regierung schuften mussten. Wenn in deren Einflussbereich irgendwo ein größeres Unglück geschah, dann verhängte Peking gerüchteweise auch schon mal eine völlige Nachrichtensperre und ebnete das Gelände mit Bulldozern ein. Dieser Umstand hielt allerdings niemanden davon ab, sich mit Feuereifer in die Arbeit zu stürzen, denn mit viel Fleiß und noch viel mehr Glück konnte man in Chinatown tatsächlich ein kleines Vermögen erwirtschaften. Und das wiederum lockte schließlich auch die unvermeidlichen Ratten und Aasfresser an, die sich ganz unten im Bodensatz der Gesellschaft suhlten. Drogen- und Simdealer, Zuhälter und Diebe, Erpresser und Betrüger. Die ganze Bandbreite menschlichen Abschaums, dem auf der totalüberwachten Erde das Leben zunehmend schwer gemacht wurde. Im Zwielicht der wuchernden Tunnelnetze blühten sie regelrecht auf und konnten dank der mehr als unklaren Gesetzeslage und üblichen Kompetenzrangeleien hier endlich ihr gesamtes verbrecherisches Potenzial ausschöpfen.

Ein ehemaliger US-Präsident hatte Chinatown nicht ohne Grund einmal als das übelste Drecksloch bezeichnet, das ihm jemals untergekommen war.

Sal verließ die U-Bahn an der Haltestation New Chandni Chowk und trat auf den Bürgersteig. Begleitet von dem allgegenwärtigen Brummen des Belüftungssystems, das ab und an in ein nervenzehrendes Sirren überging, lief sie die Hauptstraße hinunter bis auf den riesigen Marktplatz, der das offizielle Zentrum von Chinatown markierte.

Überall auf dem Weg standen ausgemusterte Maschinen herum. Hergekarrt und mühevoll repariert, um den Stadtteil am Leben zu halten. Chinatown war ein Schmelztiegel aus unzähligen Nationen. Russen und Asiaten. Afrikaner und Eurasier. Echte Mooner und solche, die es behaupteten. Menschen aus aller Herren Länder, die der Zufall an das Ende der Welt gespült hatte – beziehungsweise darüber hinaus. Wer einmal an diesem gottverlassenen Ort gestrandet war, der kam so schnell nicht wieder fort. Zu streng waren die Migrationsbestimmungen inzwischen geworden. Die meisten Einwohner hielten sich mit Schmuggel am Leben, mit kleinen Verbrechen und dem Verkauf von Dingen, die in New Angeles und drüben in der Raumstation von Alpha One verboten waren. Drogen, Glücksspiel, Sex. Sal war noch gut das Gespräch mit einem alten Europäer in Erinnerung geblieben, dessen Land sich während eines Arbeitsaufenthalts auf dem Mond in nichts aufgelöst hatte. Als sein Vertrag ausgelaufen war und er wieder zurück zu seiner Familie wollte, verwehrte man ihm ohne gültige ID den Zutritt zur Orbitalstation. Der Europäer lebte seit beinahe einem halben Jahrzehnt in Chinatown, vom Recyceln gestohlener Geräte und dem sehnlichen Wunsch, eines Tages seine Frau und seine Kinder wiedersehen zu dürfen.

Auf dem zentralen Markt war die Luft schwer vom Geruch der angebotenen Nahrungsmittel und der zahlreichen Garküchen. New Chandni Chowk war bekannt für seinen Fleischmarkt, auf dem man so ziemlich alles Tierische kaufen konnte, was vorstellbar war. Vor allem jede Art von Meeresfrüchten, die in gigantischen Algenfarmen gezüchtet wurden. Farmen, die eigentlich nur den Großteil des Sauerstoffs für die Mondsiedlung produzieren sollten. Die Chinesen wussten ganz genau, wie man Dinge zweitverwertete. Sie waren nicht nur die gerissensten Händler auf dem Mond, sondern auch die ersten, die in großem Maßstab fluoreszierendes Fleisch hergestellt hatten. Eine Mode, die Mitte der Achtziger unten auf der Erde in San Francisco aufgekommen war, einem hippen Stadtteil der Megacity San Angeles. Nachdem irgendeiner dieser unerträglichen Popstars sich dort einen leuchtenden Schoßhund angeschafft hatte und eine Zeit lang jeder Idiot mit so einer bemitleidenswerten Kreatur herumlaufen wollte, hatte ein chinesischer Konzern die Gunst der Stunde genutzt, um auch Schweine und Rinder genetisch zu modifizieren. Der einsetzende Guāng-Ròu-Hype hatte beinahe sämtliche Bemühungen der Vegetariervereinigung um Jahrzehnte zurückgeworfen.

Sal lief zwischen den ausladenden Marktständen hindurch, bis sie die Sichoustraße erreichte. Je weiter sie in die Tiefen des Tunnelsystems vordrang, desto stickiger wurde es, und nach einiger Zeit lief ihr der Schweiß schon in Strömen über die Stirn. Am Ende der Straße bog sie gegenüber eines verrammelten Kiosks in eine Seitengasse ein, wo die Luft wieder ein Stück besser wurde. Nathans Informationen zufolge aß

Bran dort des Öfteren in einer Garküche und hinterließ dabei meistens nur ein lausiges Trinkgeld. Die Einheimischen würden so einen dürren Eurasier hoffentlich recht gut im Gedächtnis behalten. Die Frage war nur, ob sie sich auch an ihn erinnern wollten.

Es war beinahe schon Abend, und die Bürgersteige leerten sich langsam wieder. Sal überquerte die Straße und warf einen Blick durch das Fenster in die Garküche hinein. Der Laden wirkte schmutzig und eng und erfüllte sicherlich nur die wenigsten Hygienevorschriften der Mondverwaltung. Sie trat durch die Tür und stellte sich an die Theke.

Der Koch trug einen traditionellen Hanfu und redete sie in einem schwer verständlichen kantonesischen Dialekt an. Er sprach schnell, weil er sie wohl für eine Einheimische hielt. Da der Übersetzer in ihrem Ohr nur mühsam mit dem Redeschwall mitkam, forderte sie ihn auf, etwas langsamer zu sprechen. Beinahe augenblicklich trat dieser ablehnende Ausdruck in seine Augen, den die Chinesen schon immer gern für Fremde übrig hatten. Dennoch wechselte er auf Mandarin und fragte nach ihrer Bestellung. Sal schob ihm das Bild von Bran Vukovic über die Theke, das Nathan in der Polizeidatenbank gefunden hatte. Er musterte es eine Weile aufmerksam und deutete dann hinter sich auf das Schild mit der Speisekarte. »Das hier ist eine Garküche. Du musst zuerst Essen bestellen.«

»In Ordnung.«

Der Koch drehte sich um und musterte nun aufmerksam die Karte. »Das große Menü«, entschied er nach einer Weile. »Fünf Personen.«

»Drei«, sagte Sal.

»Vier, und du bekommst eine Suppe gratis dazu.«

Sal nickte, und der Koch machte sich an die Arbeit. Die Nudeln sahen bemerkenswert echt aus, so wie auch die meisten anderen Zutaten. Sal fand es immer wieder erstaunlich, wie die Menschen hier unten es schafften, sämtliche Vorschriften und Verbote der Mondverwaltung einfach zu ignorieren, wenn es ums Essen ging. »Bran Vukovic«, sagte der Koch, während er auf seinem Schneidbrett kunstvoll Gemüse kleinhäckselte. »Ja, ich erinnere mich gut an sein hässliches Gesicht. So ein verschissener weißer Gweilo, der einmal die Woche seine Miàntiáo hier abholt. Ist sehr respektlos – genau wie du. Zu viel Einfluss durch die westliche Zivilisation, wenn du mich fragst. Das ist nicht gut für dein Karma. Es macht dich auf Dauer krank.«

»Wem sagst du das.«

»Dir sage ich das, oder siehst du hier noch jemand anderen? Wir sollten uns wirklich nicht mit diesen Langnasen einlassen. Das gibt immer nur Ärger.«

»Weißt du, wo dieser Bran wohnt?«

Der Koch nickte. Er wies mit dem Hackmesser die Straße hinunter. »Sicher weiß ich das. Er wohnt dort, wo der ganze weiße Abfall wohnt.«

»Klär mich auf.«

»Unten in der Wüchuistraße, zwischen Epoxidfabrik und Kläranlage.«

Sal rief eine Straßenkarte auf ihre Kontaktlinsen und gab den Namen ein. Wie befürchtet, warf die Suche allerdings kein Ergebnis aus, denn die unteren Tunnel Chinatowns waren nur unzureichend kartografiert. Und dort, wo sie es ausnahmsweise doch einmal waren, warnten seriöse Kartendienste meistens vor dem Betreten. Sie klappte die Karte zu. »Kannst du mir sagen, wie ich hinkomme?«

»Möchtest du Guāng Ròu zu deinem Menü? Es ist etwas ganz Besonderes. Zwar etwas teurer, aber dafür leuchtet es im Dunkeln …«

»Ich esse selten im Dunkeln«, sagte Sal. »Ich habe keine Lust, mir versehentlich die Stäbchen in die Nasenlöcher zu rammen.« Der Koch sah sie vorwurfsvoll an, und sie seufzte und nickte. »Aber trotzdem eine großartige Idee …«

Lächelnd legte der Koch sein Hackmesser zur Seite und verschwand durch die Hintertür. Nach einer Weile kehrte er mit einem großen Stück Fleisch zurück, klatschte es auf das Schneidbrett und zerteilte es kunstvoll in mundgerechte Stücke. »Die Straße hinunter und hinter der stillgelegten Formstation nach links. Am Ende des Viertels gelangst du über den Verbindungstunnel in die Taiyangstraße und von dort aus in das Rotlichtviertel. Allerdings ist es für eine Frau nicht sehr schicklich und auch nicht besonders sicher.« Er hob das Schneidbrett in die Höhe und hielt es über den Wok und schob die Fleischstücke mit dem Hackmesser hinein. »Die Wúchui ist für Frauen allerdings noch viel weniger sicher. Du solltest dich wirklich nicht in so einer Gegend herumtreiben. Ist Bran dein Ehemann?«

»Um Gottes willen.«

»Frag dich dort unten einfach durch. Irgendwer wird deinen Ehemann schon kennen.« Der Koch löffelte die Nudeln in zwei große Boxen und packte sie in zwei Tüten und streckte ihr das Ganze über die Theke entgegen.

Sal schüttelte den Kopf. »Danke, aber du kannst sie behalten.«

»Ich bestehe darauf«, sagte der Koch und stopfte noch eine Handvoll Stäbchen und Servietten in die Tüten. »Alles andere wäre mehr als unhöflich und nicht gut für dein Karma. Und vergiss deine Gratissuppe nicht, und vor allem den Coupon. Er berechtigt dich zur Rückgabe der leeren Verpackung in dieser Garküche. Laut Lebensmittelgesetz bin ich außerdem verpflichtet, dich darauf hinzuweisen, dass die Speisen heiß sein können und Fleisch von lebenden Tieren enthalten.«

»Lebend?«

»Ja.« Der Koch schaute stirnrunzelnd auf die Tüten hinunter. »Sagt man das nicht so?«

Als Sal das Rotlichtviertel erreichte und damit anfing, die Passanten anzusprechen, erntete sie etliche böse Blicke der dortigen Prostituierten. Nicht dass man sie als ausgesprochen attraktiv bezeichnen konnte, aber im horizontalen Gewerbe fürchtete man potenzielle Konkurrentinnen wie der Teufel das Weihwasser. Die Geschäfte liefen schon lange nicht mehr so gut wie damals in der Hochzeit der Prostitution, bevor das Internet und die HoloSims den Markt ruiniert hatten. Sal bekam ein paar anzügliche Sprüche zu hören und musste sich schließlich auch noch der Annäherungsversuche eines betrunkenen Grubenarbeiters erwehren. Sie hatte noch nie besonders gut mit Menschen gekonnt. Vor allem nicht mit solchen, die einen Wink mit dem Zaunpfahl erst dann verstanden, wenn man ihnen den Zaunpfahl direkt über den Schädel zog. Doch nachdem der Grubenarbeiter ihr mit Schlägen gedroht und sie ihn mit einem gezielten Tritt außer Gefecht gesetzt hatte, war sie immerhin in der Gunst der Prostituierten ein Stück gestiegen. Eine schwarze Schönheit, deren Geschlecht nicht ganz eindeutig zu bestimmen war, gab ihr den Tipp, in einem Apartmenthaus ein Stück weiter die Straße hinunter nachzufragen. Dankbar überließ sie den Damen ihre Essensboxen und den Rückgabecoupon und machte sich auf den Weg.

Sie folgte den Anweisungen der schwarzen Schönheit und durchquerte am Ende der Straße den Verbindungstunnel und bog an der Zufahrt zum Epoxidwerk nach Norden ab. Die Behausungen rechts und links des Wegs bestanden aus billigem Blech und den ausgeschlachteten Gerippen von Grubenmaschinen, deren Umbau zu Arbeiterwohnungen billiger gewesen war, als sie umständlich auseinanderzunehmen und wiederzuverwerten. Wo in den oberen Stadtregionen der Anblick von Stahl und Glas das Straßenbild bestimmte, war hier das vorherrschende Element hässlicher grauer Spritzbeton. Die Luft war so unerträglich heiß, dass sich Sal schon nach wenigen Hundert Metern am liebsten die Jacke vom Leib gerissen hätte. In der Wüchui ließ man sie zum Glück in Ruhe, aber sie spürte die Blicke aufmerksamer Anwohner, die sie hinter heruntergelassenen Jalousien hervor beobachteten. Sie lief an einem mit Graffiti überzogenen Bauzaun entlang und kam an einer alten Reklametafel vorbei, der letzte überlebende Zeuge einer Zeit, in der hier einmal hochfliegende Träume gestorben waren.

Anfang der Achtzigerjahre hatten zahlreiche Investoren vom einsetzenden Bauboom auf dem Mond profitieren wollen, doch als die Immobilienblase vor knapp zehn Jahren geplatzt war, standen sie von einem Tag auf den anderen vor dem Aus. Ein Firmenkonsortium aus Indien und der Arabischen Halbinsel hatte damals den Zuschlag für eine neue Siedlung direkt auf der Mondoberfläche erhalten, einem gigantischen Bauareal südöstlich von Alpha City, das unter dem klangvollen Namen Maduraia vermarktet wurde. Von einem Tag auf den anderen wollte keiner mehr in stickigen Höhlen hausen, wenn doch ein paar Kilometer entfernt modernste Hochleistungsdrucker beinahe im Stundentakt Luxusapartments ausspuckten. Zurück blieben nur diejenigen, die sich einen Umzug nach oben nicht leisten konnten und in den heruntergekommenen Apartmentkomplexen hängenblieben, die sich eingequetscht zwischen Lagerhäusern und leeren Fabrikhallen die Straße hinunter zogen. Sal blickte die graue Fassade eines Gebäudes hinauf, dessen Eingang eine traurig blinkende Leuchtreklame zierte. Die meisten LEDs waren ausgefallen, und niemand hatte es für notwendig erachtet, sie auszutauschen. Sie öffnete die Tür und ging hinein.

Kein Empfangsbereich und keine Postboxen an den Wänden. Nur ein Regal mit Nummern und offenen Fächern, in die kein vernünftiger Mensch etwas einwerfen würde. Die Klimaanlage gab ein ungesundes Röcheln von sich, und der Gestank von Schimmel und menschlichen Ausdünstungen lag in der Luft. Die Frau hinter der Theke hatte den glasigen Blick eines Junkies. Ihre Augen wichen keine Sekunde von dem uralten 3-D-Bildschirm ab, auf dem ein penetranter Verkäufer Dermalchips anpries, deren Anblick allein schon Hautausschlag verursachte. »Suchen Sie ein Zimmer?«

Sal runzelte irritiert die Stirn, ehe ihr in den Sinn kam, dass die Frau vermutlich keine Linsen trug und auch keine Identitätschecks laufen ließ, wenn ein Fremder das Haus betrat. Vielleicht war es aber auch gar nicht so schlecht, wenn sie nicht wusste, dass Sal ein Marshal war. »Ich suche einen Mann«, sagte sie.

»Wir sind nicht diese Art von Apartmenthaus.«

»Bran Vukovic.« Sie schob das Bild über die Theke. »Dünn, pickelig, eurasisches Aussehen. Vielleicht wohnt er hier auch unter einem anderen Namen.«

Während die Frau versuchte, den Blick auf das Bild zu fokussieren, kaute sie angestrengt auf ihrer eingefallenen Unterlippe herum. Sal überwies eine Handvoll Coins, um ihrem Gedächtnis auf die Sprünge zu helfen. Nach einer Weile nickte die Frau und wies ihr den Weg.

Sie stieg die Treppe in den dritten Stock hinauf und lief den Gang hinab, bis sie die richtige Zimmernummer fand. Sie lief weiter und blieb erst stehen, als sie die nächste Biegung erreicht hatte. Dort zog sie ihre Waffe und entsicherte sie und ging zurück, um an die Tür zu klopfen. Kurz darauf hörte sie schlurfende Schritte und das Geräusch eines altmodischen Riegels, der zurückgeschoben wurde. Die Tür öffnete sich einen Spalt, und sie blickte in das Gesicht eines Mannes, der seine Zeit mit zu vielen Drogen und zu wenig Schlaf verbrachte. »Bran Vukovic?« Sie streckte ihm ihren Stern entgegen.

Dafür, dass er ziemlich elend aussah, reagierte Bran erstaunlich schnell. Mit einem lauten Fluch sprang er zurück und schlug die Tür ins Schloss. Jedenfalls versuchte er das, denn Sal hatte diese Reaktion bereits erwartet und blitzschnell ihren Fuß in den Türspalt gestellt. Gleichzeitig schoss ihr bionischer Arm nach vorn, und die geballte Faust schlug kräftig gegen die Stelle, an der die Sicherheitskette mit der Tür verschraubt war. Einmal, zweimal, bis ihre Nerven vibrierten und sie ein schmerzhaftes Ziehen im Unterarm verspürte. Dann riss endlich die Kette aus ihrer Verankerung, und die Tür schwang auf und knallte gegen die Wand. Bran steckte schon halb in der Öffnung eines Lüftungsschachts, ehe sie ihn erreichte und mit einem kräftigen Ruck zurück ins Zimmer zog. Panisch fuhr der dünne Mann herum und schlug nach ihr, doch sie fing den Arm ab und drehte ihn mit einer raschen Bewegung auf seinen Rücken. Gleichzeitig trat sie ihm die Beine unter dem Körper weg, sodass er kopfüber auf die schmutzige Platte seines Wohnzimmertischs krachte. Mit ihrer freien Hand angelte sie nach ihren Handschellen und fixierte Brans Arme hinter dem Rücken.

Dann schaute sie sich um. Die einzige Tür führte in das Badezimmer. Sie zog ihre Pistole und trat sie auf. Mit einem schnellen Blick vergewisserte sie sich, dass der Raum leer war, und lief zurück in den Flur und warf einen Blick den Gang hinunter. Als sie sicher war, dass es hinter den anderen Türen ruhig blieb, ging sie zurück in das Apartment und zog die Tür hinter sich ins Schloss.

Sie durchstreifte den Raum und öffnete die Schränke und zog wahllos einige Schubladen auf. Im Bad fand sie ein halbes Dutzend aufgebrochene Medikamentenpackungen und hinter einer zerbrochenen Fliese einen Beutel mit synthetischen Drogen. Außerdem ein Carbonstahlmesser und ein altes G.Phone. Nichts deutete darauf hin, dass der Bewohner des Apartments ein erfolgreicher Hehler war. Schon gleich gar keiner, dem es gelingen konnte, eine ganze Ladung Terraformingbomben an der Orbitalstation vorbeizuschmuggeln. Sie nahm das G.Phone zur Hand und prüfte Brans Kontakte, stieß aber auf keinen Namen, der ihr bekannt vorkam.

Der dünne Mann hatte sich in der Zwischenzeit auf das Sofa hochgezogen und stierte sie mit finsterem Blick an. Sie setzte sich ihm gegenüber auf den Sessel und musterte ihn. Er sah tatsächlich noch verhärmter aus als auf dem Foto, und die Haare hingen ihm in fettigen Strähnen ins Gesicht. Aus seiner geschwollenen Nase tropfte Blut auf das Shirt.

»Ich will meinen Anwalt sprechen«, nuschelte er nach einer Weile.

»Du kannst dir einen Anwalt leisten?«

»Geht dich einen Scheißdreck an.«

»Wenn ich ihn kontaktieren soll, schon.« Sal legte das G.Phone vor ihm auf die Tischplatte und tippte auf das Display. »Wie ist sein Name?«

Bran starrte einen Augenblick auf das Gerät. Immerhin schien er klar genug im Kopf zu sein, um sich zu fragen, wo hier die Falle war. »Kumari«, murmelte er schließlich.

Sal nickte und machte sich eine gedankliche Notiz. Es war immer gut zu wissen, welche Anwälte sich um die Fälle solcher Kleinkriminellen kümmerten. Häufig genug fand man auf diese Art auch eine Verbindung zu den wirklich wichtigen Leuten heraus.

»Und?«

»Was und?«

»Lässt du mich jetzt mit ihm sprechen?«

»Ich sehe keinen Anlass dazu.«

Brans Augen wurden groß. »Hey! Ich kenne meine Rechte, du Schlampe.«

»Wenn du sie kennen würdest, wüsstest du, dass es nicht klug ist, einen Space Marshal als Schlampe zu bezeichnen. Mal davon abgesehen, dass das auch nicht gerade höflich ist.« Sal ließ den Blick durch das Zimmer schweifen. »Ich werde aber ausnahmsweise noch mal darüber hinwegsehen, weil ich davon ausgehe, dass Damenbesuch bei dir recht selten vorkommt. Das heißt aber nicht, dass ich auch sonst besonders großzügig mit dir umgehe. Vor allem nicht, wenn du versuchen solltest, mich zu verarschen.« Sie hob das G.Phone wieder auf und steckte es ein.

Brans Augen folgten ihrer Bewegung.

»Worum geht es hier eigentlich? Hast du einen Durchsuchungsbefehl? Hat es mit den Drogen zu tun, oder ist es etwas anderes? Willst du Geld? Ist es das? Darüber lässt sich reden …«

»Bestechung«, sagte Sal. Sie hob die Hand und zählte die einzelnen Punkte an ihren Fingern ab: »Drogenbesitz, unerlaubte Waffen, Widerstand gegen einen Bundesbeamten und zu allem Überfluss auch noch Beleidigung. Da kommt einiges zusammen. Das reicht für fünf bis zehn Jahre. Mindestens. Falls man im Zuge der Ermittlungen nicht noch mehr über dich herausfindet. Zusammen mit deinen sonstigen Vorstrafen dürfte das recht ungemütlich werden. Hast du schon mal etwas von Tasmanien gehört? Ein verseuchtes kleines Ödland kurz vor der Küste von Australien. Wenn dich die Schwerkraft auf der Erde nicht umbringt, dann erledigt das die Insel. Oder deine Mitinsassen. Ich habe gehört, dass die sich einen Spaß daraus machen, so einen schwächlichen Mooner wie dich zurechtzustutzen. Wenn du glaubst, schon auf dem Mond auf der untersten Sprosse der Leiter zu stehen, dann wirst du dich wundern, wie weit es noch bergab gehen kann.« Sie lehnte sich im Sessel zurück und musterte den dünnen Mann, der zusehends in sich zusammensackte. Er konnte einem beinahe schon leidtun. Aber nur beinahe.

»Hey, das habe ich nicht verdient.«

205

»Ich weiß. Du hattest vermutlich eine schwere Kindheit.«

»Was willst … wollen Sie?«

»Jakarta Rafael Pérez Zhao. Kurz Jak. Klingelt da etwas bei dem Namen?«

»Ach verdammt.« Das Flackern in Brans Blick verriet ihr, dass sie richtiggelegen hatte. Nervös rutschte er auf dem Sofa herum. »Ich wusste gleich, dass ich mich darauf nicht hätte einlassen sollen …«

»Wer ist dein Auftraggeber?«

»Ich kann das nicht sagen.«

»Denk an Tasmanien.«

Bran leckte sich über die blutige Lippe. »Zeichnen Sie das gerade auf?«

»Zufällig nicht. Und wenn es nach mir geht, kann das auch ruhig so bleiben. Es kommt ganz darauf an, wie kooperativ du dich zeigst.«

Er musterte sie eine Weile. »Okay«, sagte er und zog geräuschvoll die Nase hoch. »Kalil. Sein Name ist Kalil.«

Sal hob die Augenbrauen. »Der Kalil?«

Bran nickte.

12

BETTY-SUE

»Wie ist eigentlich dein Name, Schätzchen?«

Millner blickte zu der verhärmten Bedienung auf, die sich über die Theke hinweg zu ihm beugte. Auf dem Namensschild an ihrem Revers stand in Blockbuchstaben »BETTY-SUE«. Vor seinen Augen rasselte eine Handvoll unnützer Informationen über die Frau herunter. In erster Linie der übliche Social-Media-Kram. Dass sie die Geschäftsführerin des Diner war, vierundfünfzig Jahre alt, und dass sie ihren Job über alles liebte und man sich nicht scheuen sollte, ihr Fragen zu stellen. Er legte die Speisekarte zur Seite und sah ihr direkt in die Augen. »Sprechen Sie jeden mit ›Schätzchen‹ an?«

Betty-Sue lächelte. »So begrüße ich alle meine Gäste, ja. Ich möchte eben, dass du dich hier ganz wie zu Hause fühlst.«

»Verstehe. Mein Name ist Millner. Aber das können Sie ja ohnehin meinem Profil entnehmen.«

Sie schüttelte immer noch lächelnd den Kopf. »So handhaben wir das hier nicht. Keine Profilerkennung. Ich bevorzuge das direkte Gespräch von Mensch zu Mensch. Das ist doch gleich viel persönlicher, nicht wahr?«

»Persönlicher.«

»Meine Gäste sind mehr als nur Kunden. Ich freue mich über jedes bekannte Gesicht. Also, was kann ich dir Gutes tun? Was möchtest du essen?«

Millner zog die Speisekarte wieder zu sich heran und scrollte durch das Menü. »Die Spiegeleier. Sind die gut?«

»Die besten des gesamten Monds, Schätzchen.«

»Dann nehme ich die Spiegeleier ... Betty-Sue. Auf einer Seite gebraten und mit Pfannkuchen und Speck.«

»Kommt sofort.« Mit einem Augenzwinkern goss sie ihm den Kaffee nach und verschwand in der Küche, um die Bestellung aufzugeben.

Millner nippte an seinem Becher und scannte den Raum. Keine Überwachungskameras, nirgendwo Sensoren. Die einzigen elektronischen Geräte waren die Speisekarte und ein halbes Dutzend Tageszeitungen für die Gäste. Stilecht mit Knitteroptik und virtuellem Kaffeering auf der Titelseite. Er las die Schlagzeile: Waffenstillstand in Flandern geplatzt. Microsoft bietet Schlichtung an.

Nach einer Weile kam Betty-Sue mit den Eiern zurück und stellte sie vor ihm ab. »Kann ich sonst noch was für dich tun?«

»Konzernpolitik«, sagte Millner.

»Wie bitte?«

»Der Name. Betty-Sue. Das ist nicht Ihr wirklicher Vorname. Es handelt sich lediglich um eine beliebte Kombination aus den Fünfzigerjahren des vergangenen Jahrhunderts. Gemeinhin verbindet man mit ihm Rock'n'Roll, Cadillac und American Diner. Er ist nicht echt. Genauso wie die zerschlissenen Kunstledersitze und der Kaffee. Eine grauenhafte Mixtur aus synthetischem Koffein und Geschmacksverstärkern für den Massenmarkt. Dass er in Ihrem Diner aus chromfarbenen Thermoskannen in Retro-Optik eingeschenkt wird, unterscheidet ihn nicht im Geringsten von all den anderen Kaffees, die in sechzig Prozent aller Länder auf der Erde ebenfalls konsumiert werden. Genauso, wie sich die Spiegeleier nicht im Geringsten von den Spiegeleiern in jedem beliebigen Schnellrestaurant auf dem Mond unterscheiden – von den chinesischen Garküchen mal abgesehen.«

»Ich habe nicht behauptet …«

»Sie wollten mir weismachen, dass es sich bei diesen Spiegeleiern um die besten des gesamten Monds handelt. Ein großes Wort, wenn man bedenkt, dass dieses Diner exklusiv von Chinquai Exports beliefert wird. Chinquai gehört zu 43 Prozent dem proTec-Konzern, einem der weltgrößten Hersteller von Nahrungsmittelderivaten. Wie hoch, glauben Sie, ist die Wahrscheinlichkeit, dass in diesem Restaurant andere Eier verwendet werden als die im Konzern produzierten?«

»Das … ich habe keine Ahnung.«

»Natürlich haben Sie das nicht. Woher sollten Sie denn auch?«

Betty-Sue zuckte hilflos mit den Schultern. »Entschuldige, ich arbeite hier ja nur.«

»Dabei verleitet Ihr Name zu der berechtigten Annahme, Sie seien nicht nur eine einfache Angestellte, sondern die Inhaberin dieses Etablissements. In Wirklichkeit sind Sie lediglich ein winziges Rädchen im Getriebe einer ganzen Kette von Betty-Sue-Dinern. Eine von vielen. Austauschbar.«

»Auf was willst du eigentlich hinaus?«

»Auf der Erde gibt es dreitausendvierhundertfünfundsiebzig Filialen von Betty-Sue's. Zuzüglich zweier weiterer Niederlassungen auf dem Mond existieren also mindestens dreitausendvierhundertsiebenundsiebzig Kopien Ihrer Art. Traurig, nicht wahr?« Millner pickte ein knuspriges Stück Speck von seinem Teller und betrachtete es nachdenklich. »Was halten Sie davon, einen kleinen Beitrag dazu zu leisten, aus der grauen Masse hervorzustechen, Betty-Sue? Eine gewisse Einzigartigkeit zu erringen?«

»Ich verstehe wirklich nicht ...«

Millner legte den Speck zurück auf den Teller und wischte sich die Finger sorgfältig an der Serviette ab. Er transferierte eine sehr großzügige Summe auf das Trinkgeldkonto der Kellnerin. Sie musste die Annahme nur noch bestätigen. »Vor einigen Stunden hat in diesem Diner eine Frau namens Sal ihr Essen bezahlt. Ich weiß das, weil die Transaktion von ihrer privaten ID aus erfolgte. Sal Ilha Pérez Zhao. Sie hat die Rechnung für zwei Personen beglichen. Wer war die andere Person?«

Betty-Sue starrte auf das Trinkgeld, das Millner ihr in Aussicht stellte. Gedankenverloren fummelte sie an den Schnüren ihrer Schürze herum. »Ein Mann«, sagte sie schließlich. »Ich weiß nicht viel über ihn. Nur, dass er Nathan heißt. Ein ziemlich komischer Kauz, der nicht viel redet. Trinkt meistens nur seinen Kaffee und liest in der Zeitung oder schreibt in sein Buch. So ein uraltes Ding aus echtem Papier. Verrückt, nicht wahr?« Sie zögerte. »Bist du von der Administration? Das ist hier doch nichts Illegales, oder?«

»Ich habe Ihnen lediglich eine Frage gestellt.« Millners Zeigefinger tippte auf das Namensschild an ihrer Bluse. »Und Sie haben mir diese Frage beantwortet, so wie es in Ihrem Profil steht. Das hier allerdings ...« Er zog einen Datenstick

210

aus der Tasche und schob ihn über die Theke. Reflexhaft griff sie danach, und er legte blitzschnell seine Hand auf ihre. Ihrem Gesichtsausdruck nach zu schließen, war sie überrascht von seiner Stärke. »Ich benötige die Adressdaten aus dem Abrechnungssystem, und Sie müssen dafür nichts weiter tun, als diesen kleinen Stick in den Rechner zu schieben.«

»Das … das kann ich nicht tun.«

»Doch«, sagte Millner, und seine Hand drückte zu. »Natürlich können Sie das … Betty-Sue.«

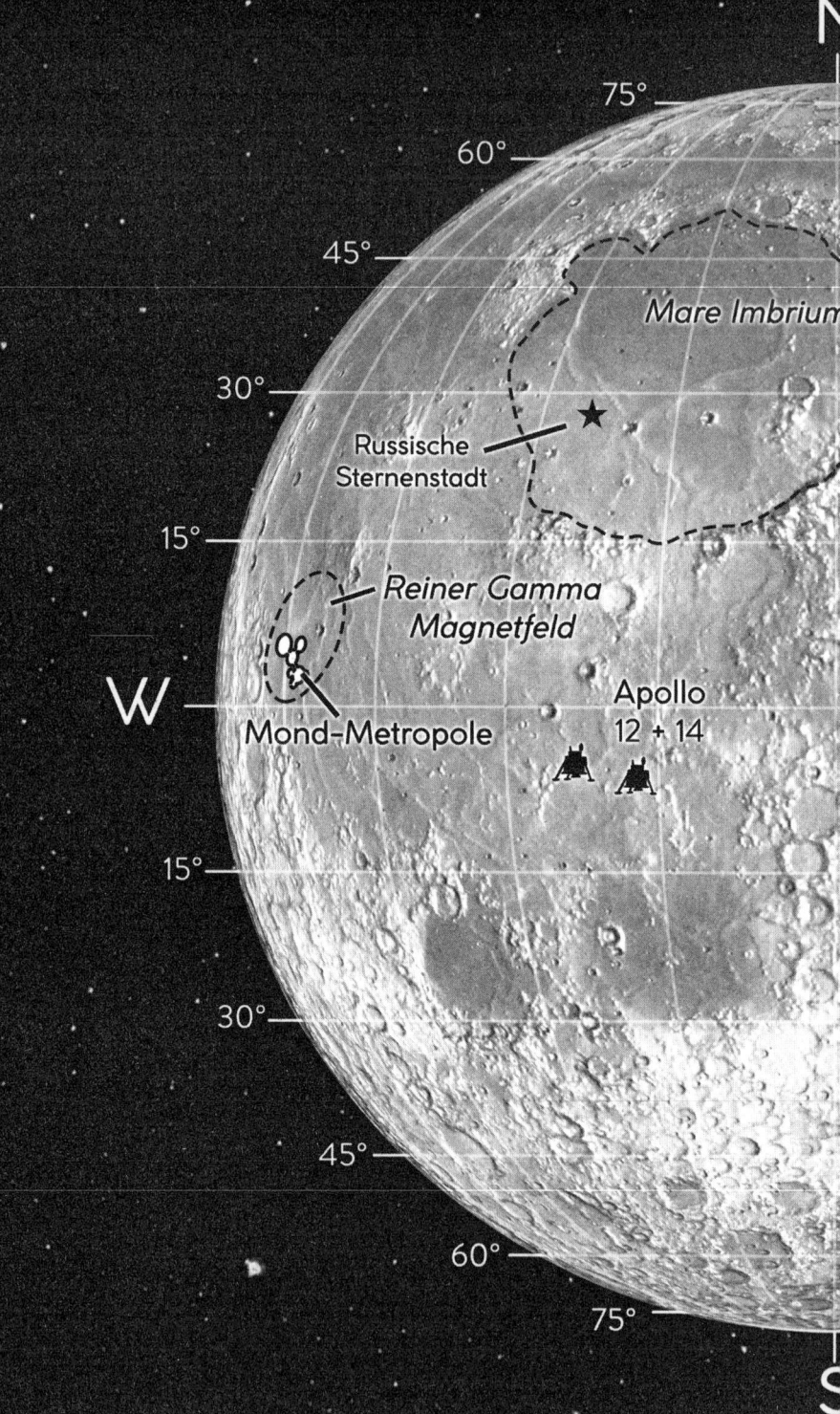

N

75°

60°

45°

Mare Imbrium

30°

Russische
Sternenstadt ★

15°

*Reiner Gamma
Magnetfeld*

W

Apollo
12 + 14

Mond-Metropole

15°

30°

45°

60°

75°

S

DER MOND
im April 2095

75°
60°
45°
30°
15°

Apollo 11

15°
30°
45°
60°
75°

13

FERNGESPRÄCHE

»Hallo Papa!«

Jak lächelte. »Hallo, mein Schatz« Das Mädchen, das mit großen dunklen Augen in die Kamera hinaufsah, war seiner Mutter erstaunlich ähnlich. Der gleiche Teint, das gleiche dunkle Haar, selbst die Farbe ihrer Stimme erinnerte ihn an Mahali. Mira war sechs Jahre alt, und schon jetzt war zu sehen, dass sie eine zweite Version ihrer Mutter werden würde. Vermutlich eine deutlich optimierte Version, jetzt, da sie in der Obhut seiner Eltern war. Ihr Lächeln hatte seine Mutter allerdings noch nicht beseitigen können. Was das anging, erinnerte sie ihn in diesem Moment an Sal.

»Oma hat gesagt, ich kann dir noch eine Nachricht schicken. Wir haben nämlich nicht mehr viel Zeit. Wir gehen heute in's ... Oma, wie heißt das?«

»Das Art&Science Museum. Das neue. Wir sind in Singapur.« Die zierliche Frauenfigur hinter dem Mädchen war nicht im Fokus der Kamera und daher unscharf, doch Jak hatte keine Schwierigkeiten, die strenge Frisur seiner Mutter zu erkennen. Von ihrer Stimme ganz abgesehen. »Hallo Mutter«, sagte er leise in die Aufnahme hinein. Zhao Misaki war eine kleine Frau, die sich so aufrecht hielt wie ein Schwert, wie sein Vater immer gesagt hatte. Daran änderten auch ihre beinahe sechzig Jahre nichts.

»Singapur, Papa! Hier hast du doch auch schon gewohnt!«

»Wir sind sogar wieder im selben Apartmentkomplex in Bukit Timah«, warf seine Mutter aus dem Hintergrund ein.

»Nur falls du deiner Tochter mal eine Postkarte schicken willst, Jakarta.«

»Opa sagt, wir fliegen nächste Woche in die Stadt, in der du geboren bist, Papa. Dann sind Ferien, und wenn er fertig gearbeitet hat, fahren wir ins Reservat, Nashörner und Tiger angucken!«

Wenn er fertig gearbeitet hat. Soweit sich Jak erinnern konnte, hatte sein Vater nie fertig gearbeitet. Zugegeben, er hatte mit seinen Kindern Ausflüge gemacht, wie Mira sie jetzt zu genießen schien. Aber Jak war irgendwann aufgefallen, dass sein Vater auch dann immer ein Telefon im Ohr und ein Notepad in der Hand hatte und mit irgendwelchen Leuten zwei Kontinente entfernt telefonierte. Und es kam oft genug vor, dass er sich mitten im Zoo mit irgendwelchen Leuten traf und Gespräche über Dinge führte, die die Sicherheit von Benzos-Tams betrafen, statt mit seinen Kindern die neu gezüchteten Tasmanischen Tiger zu bestaunen. Immerhin – Sal und Jak hatten sich nie langweilen müssen, während ihre Eltern von Stadt zu Stadt, von Kontinent zu Kontinent zogen und Dinge für den Konzern regelten, von denen Jak bis heute nur eine vage Ahnung hatte. Sie wohnten immer in den stets gleichen Apartments der Firma, in denen alles auf demselben Platz gestanden hatte wie in der vorherigen Wohnung, egal ob sie in Kapstadt oder Sydney wohnten oder nach New York zogen. Sogar die Bilder an den Wänden von Jaks Zimmer waren gleich gewesen, und als Kind hatte sich Jak immer vorgestellt, dass fleißige Mitarbeiter von Umzugsfirmen ihnen voraus reisten, um all ihre Dinge wieder an den richtigen Ort zu stellen. Erst viel später hatte er verstanden, dass die wenigen wirklich persönlichen Dinge, die sie besaßen, in ihrem Handgepäck mitreisten. Der Rest, selbst die Bilder an seinen Zimmerwänden und die Lieblingsautos in seinem Spielzeugschrank, stammten aus dem ewig gleichen Fundus der Ahlert-Apartments. Wenn ihm heute danach wäre, irgendwo auf der Erde in seinem alten Kinderzimmer zu schlafen, dann ließe sich in der Datenbank von Double-A sicherlich noch immer die Konfiguration aufrufen, und die Dekorateure des Wohnkonzerns hätten den Raum fertiggestellt, bevor er die neue Stadt überhaupt erreicht hatte. Sal hatte ihm mal erklärt, dass die Idee zu den weltweit genormten Wohneinheiten ironischerweise aus einem deutschen Science-Fiction vom Anfang des einundzwanzigsten Jahrhunderts stammte, der als Gesellschaftssatire gedacht gewesen war. Seine Kindheit war genormt gewesen, so wie die von Millionen anderen. Und sie waren die Glücklichen, die in konzerneigenen Double-As aufwachsen durften und nicht in Sozialwohnungen wie der weitaus größere Teil der Weltbevölkerung. Auch diese waren genormt. Nur weitaus billiger und ohne den Luxus, sich seine Einrichtung in einer Datenbank zusammenstellen zu dürfen.

Jak blinzelte. Mira hatte weitergeplappert, und er hatte nicht zugehört. Er setzte die Aufnahme ein Stück zurück. »Hast du gewusst, dass man jetzt in Europa auch Auerochsen und Riesenhirsche anschauen kann? Opa sagt, dass sie in

Moskau daran arbeiten, nächstes Jahr die ersten Mammuts auszuwildern. Er sagt, dass sie jetzt fast alle Lebewesen in einem Speicher haben. Keins kann mehr verloren gehen.« Sie runzelte die Stirn, wie es ihre Mutter getan hatte, wenn ihr irgendetwas nicht richtig vorkam. »Drei Speicher«, sagte sie. »Den am Nordpol, den am Südpol und einen auf dem Mond. Stimmt das, Oma?« Sie sah von der Kamera weg aus dem Bild. Dann strahlte sie erneut. »Oma sagt, mit dem Mond ist sie sich nicht sicher. Aber du kannst ja mal nachsehen auf dem Mond. Vielleicht haben die da ja auch Mammuts!«

Jak schnaubte belustigt. Großartig. Gerade mal halb auf dem Weg, den Klimakollaps aufzuhalten, und schon müssen sie wieder herumpfuschen. Was kam als Nächstes? Ein Drachenzoo in China? Wobei – Gerüchten zufolge hatte das schon mal irgendjemand versucht.

Mira hatte jetzt voller Begeisterung ein Holopad hervorgeholt und hielt es vor die Kamera, um ihm einen zotteligen, ganz offensichtlich selbst erstellten Elefanten zu zeigen. »Vielleicht können wir zusammen nach Sibirien, Mammuts ansehen. Opa sagt, er kann das möglich machen, wenn du in einem Jahr zu Besuch kommst. Das sind jetzt noch zehn Monate und siebzehn Tage. Ich hab einen Kalender gemacht.« Sie hielt das Pad hoch. Das Mammut verschwand, und ein ebenso selbst gestalteter Kalender erschien, auf dem Mammuts, Katzen und Miras liebste Superheldin zu erkennen waren. Zumindest glaubte er Letzteres. Sie mochte Superheldinnen, aber ihre Favoriten schienen derzeit schneller zu wechseln, als er sich ihre Namen oder Gesichter merken konnte.

Seine Mutter sagte etwas im Hintergrund, und Mira nickte. Dann sah sie wieder in die Kamera. »Wir müssen jetzt los,

Papa. Ich mach einen Film und schick ihn dir, wenn wir zurück sind. Hab dich lieb! Mira out!«

Das Bild fror ein und machte dann dem Logo der Transferstation von *Deep Space Four* Platz. Ende der Nachricht. Er sah auf die Zeitmarkierung. Die Nachricht war vor einer Viertelstunde abgeschickt worden. Wahrscheinlich war Mira also bereits auf dem Weg in ihr Museum und für die nächsten Stunden unerreichbar.

Er seufzte. Das gehörte zu den unausgesprochenen Auflagen seiner Eltern. Er hatte jederzeit Kontakt zu seiner Tochter – solange sie kontrollierten, wann »jederzeit« war. Ihre Nachrichten entstanden ganz zufällig nie, wenn Mira allein war, und er war sich absolut sicher, dass sie seine Clips nie unbeobachtet bekam. Der Weg seiner Eltern, dafür zu sorgen, dass Mira nicht die gleichen Fehler machte wie er.

Sein Finger schwebte über dem Aufnahmeknopf, doch Jak zögerte. Was konnte er sagen? *Mira, hier läuft irgendein echt beschissener Mist, und ich glaube, irgendjemand nutzt uns, um Bomben nach* Deep Space Four *zu schmuggeln, und vielleicht ist schon jemand von uns tot. Aber genieß deinen Tag im Museum. Papa ist ein verdammter Held, und er wird schon dafür sorgen, dass die Bösen damit nicht* ...

Er schnaubte. Er war zu alt, um sich in irgendeiner Heldenrolle zu sehen. Außerdem hatte er ehrlich gesagt nicht die geringste Ahnung, was eigentlich los war. Er senkte den Finger, und die Kamerastation piepte einmal.

»Hallo Mira. Wir sind gerade auf dem Rückflug zur Erde. Aber das weißt du ja sicher. Drei Tage noch, dann werden wir an *Deep Space Four* anlegen. Ich melde mich dann, sobald ich kann. Es kann sein, dass wir uns bis dahin nicht melden können. Aliza, das ist die nette Frau, von der ich dir ein Bild geschickt habe, sagt, dass wir irgendwelche Störungen haben. Und sie kennt sich da aus. Also mach dir keine Sorgen und schick mir fleißig weiter Nachrichten. Spätestens wenn wir auf der Raumstation sind, werde ich mir alle ansehen. Ich hoffe, du hast Bilder im Museum gemacht. Ich hab nämlich auch noch was für dich. Vom Mars!« Er lächelte in die Kamera und hoffte, dass es nicht völlig verkrampft wirkte. »Ich wünsch dir erst mal viel Spaß. Schlaf nachher gut, und …« Sein Finger schwebte über der Taste, doch er sprach weiter. »Hör auf deine Großeltern. Sie meinen es gut. Und sie passen so gut auf dich auf, wie sie können.« Er lächelte. »Ich weiß, dass sie genauso stolz auf dich sind, wie ich es bin. Und ich bin wirklich ganz arg stolz auf dich. Ich hab dich lieb, Mira.« Er senkte den Finger, und mit einem neuerlichen Piepen endete die Aufnahme. Für einige Augenblicke starrte er in die Kamera, während das Lächeln langsam von seinem Gesicht verschwand. Wie zum Teufel redete man mit einer Sechsjährigen, die man noch nie von Angesicht zu Angesicht gesehen hatte, darüber, dass man bis zum Hals in … was auch immer steckte? Dann atmete er tief durch.

»Absenden, Nina.«

»Ist erledigt, Kapitän.« Die AVA trug jetzt eines der kurzen Galakleider der Offizierinnen aus einer der am längsten laufenden Science-Fiction-Serien der Geschichte. Aus einer der Staffeln aus den Fünfzigern, wenn er sich recht erinnerte. Er hatte die alten 3-D-Sachen als Kind verschlungen. Natürlich wusste Nina das. Anscheinend versuchte sie, seine Stimmung zu heben.

»Also gut, Nina. Vermerke im Protokoll, dass wir uns jetzt

noch mal das Problem im Maschinenraum ansehen. Ich möchte nicht, dass irgendwelche Pannen auftreten, nur weil ich irgendwo ein Mikroloch übersehen habe. Verstanden?«

»Ist protokolliert, Jak.«

»Danke, Nina. Dann gib bitte Aliza, Katalina und Marco Bescheid, dass ich in … sagen wir dreißig Minuten einen Funktionstest machen werde. Nur, damit sie Bescheid wissen.«

»Welche Funktionen willst du testen?«

Jak legte seine Brille auf die Steuerkonsole, schloss die Versiegelung seines VacSuits und dehnte die verspannten Schultern. »Alle, Nina. Alle.«

Ohne weitere Worte kletterte er hinauf in den Maschinenraum und sah sich um. Die reglosen Augen des Schiffs, ein knappes Dutzend Kameralinsen, blickten zurück. Jak runzelte die Stirn. Die AVA hatte zwar auf sein Geheiß hin alle Aufnahmegeräte abgeschaltet, aber vielleicht ging er besser auf Nummer sicher. Eins von den vielen Dingen, die er während seiner Arbeit für Shen Wong auf dem Mond gelernt hatte, war: Verlass dich nie auf elektronische Sicherheit. Man kann alles hacken. Außer Panzerband.

Es war schon erstaunlich. Mehr als hundertfünfzig Jahre bemannter Raumfahrt, und noch immer hatte die Menschheit nichts erfunden, was der Vielseitigkeit von schlichtem Panzerband gleichkam. Er suchte sich eine Rolle aus einem der Staufächer und klebte die Linsen sorgfältig ab. Dann holte er einen Datenstick aus einer der Taschen des VacSuits und steckte ihn in die Soundanlage, die serienmäßig im Maschinenraum installiert war. Noch ein redundantes, veraltetes System. Er hatte keine Ahnung, ob das Ding überhaupt noch funktionierte. Ursprünglich war es dafür vorgesehen, im äußersten Notfall Audio-Bedienungsanleitungen abzuspielen, wenn die Schiffssysteme ausgefallen waren und der Mechaniker irgendetwas von Hand flicken sollte. Niemand hatte alle Schritte zur Reparatur eines Fusionsreaktors im Kopf. Heute benutzte dieses Gerät niemand mehr. Wenn alle anderen Schiffssysteme tot waren, war es zu spät für irgendwen, noch nach Anleitung am Reaktor herumzuschrauben. Aber zum Abspielen von Musik taugte es nach wie vor.

»Nina, spiel bitte das '77er Klassik-Album von Hermanos Napalm, *Bobo Jacobo* – auf Wiederholung. Bis ich etwas anderes sage.«

Mexican Border Crossover begann aus unsichtbaren Lautsprechern zu hämmern, und Jak regelte die Lautstärke bis zu einem bloßen Hintergrundmurmeln hinab. Dann startete er die Datei auf dem Stick. Ein leises, elektronisches Zirpen erfüllte den Raum.

»Jak«, meldete sich seine AVA, »die Lautstärke liegt weit über dem für menschliche Ohren gesundheitlich Vertretbaren. Soll ich sie zurückregeln?« Ihre Stimme kam direkt über die implantierten Lautsprecher in seinen Kieferknochen. Er grinste und stoppte die Stickdatei. »Keine Sorge, Nina. Ich kann mich so besser konzentrieren. Ich brauche dich für die nächsten Minuten nicht. Bitte überwache das Schiff. Ich melde mich gleich wieder zurück.« Er aktivierte die Datei erneut. Der Stick war ein weiteres Vermächtnis aus der Zeit bei Wong. Der Triadenboss hatte die Datei darauf »chinesische Tarnkappe« genannt. Sie hatte nur einen einzigen Zweck – abhörsichere Räume zu schaffen. Das schwache Zirpen war nur die Spitze eines elektronischen Eisbergs, der digitale Mikrofone dazu zwang, nur das zu hören, was man sie hören lassen wollte. Alles andere filterte ein komplizierter Algorithmus in den Störgeräuschen aus. Jak war sich sicher, dass NOAH dieses Mal versuchen würde, zu lauschen. Es blieb zu hoffen, dass er die Hermanos Napalm mochte.

Als Nächstes holte Jak das Funkgerät wieder aus seinem Versteck, machte es sich auf dem Boden bequem und schaltete es ein. »*Pequod* an Sojus. Bist du da?« Statisches Rauschen. Was nichts zu bedeuten hatte. Seine Nachricht würde fast zwei Minuten bis zum Mond brauchen und jede Antwort mindestens zwei Minuten wieder zurück. »*Pequod* an Sojus. Bist du da?« Es versprach, eine lange Nacht zu werden.

Jak war tatsächlich überrascht, nach noch nicht einmal fünf Minuten ein Knacken in der Verbindung zu hören und dann Nathans Stimme, verrauscht und beinahe bis zur Unkenntlichkeit verzerrt. »Hallo *Pequod*, hier ist Sojus. Schön, dich zu hören, Jak. Gib mir bitte ein durchgehendes Signal, damit ich die Antenne vernünftig ausrichten kann. Ich muss nur noch schnell etwas hier zusammenstecken, danach unterhalten wir uns. Und ums gleich vorwegzunehmen – nein, deine Schwester ist nicht hier. Sie ist irgendwo draußen unterwegs und versucht, die Welt zu retten. Oder den Mond. Oder sonst irgendwas, das Marshals eben so tun, um nicht mit mir in einem Raum sitzen zu müssen.« Er seufzte. »Es ist aber auch wirklich ein wenig eng hier, das gebe ich zu. Vielleicht sollte ich mir tatsächlich mal eine neue Schilddrüse zulegen, aber … so. Jetzt. Gib mir etwa zehn Minuten Signal, damit ich was zum Kalibrieren habe. Ich melde mich, wenn es reicht. Nate over.«

»Geht klar. Auch gut, dich zu hören, Nate.« Jak aktivierte einen Ping an seinem Anzug und hängte das Mikrofon des Funkgerätes daneben.

Jak hatte Nathan über Sal kennengelernt. Er hatte keine Ahnung, warum seine Schwester ab und an mit dem übergewichtigen Programmierer abzuhängen schien. Sie kannten sich wohl von der Arbeit – aber was Nathan beim Marshals Service zu tun hatte, daran erinnerte sich Jak nicht mehr so genau. Schließlich war der Rest der Bande furchtbar durchtrainiert. Konsultant. Genau. Irgendwas mit »freier Konsultant« hatte Sal erzählt. Es war etwa vier Jahre her, als er Nate und Sal zufällig getroffen hatte, als er gerade von einem Long Haul zum Mars zurückgekehrt war. Grundsätzlich waren die Freunde seiner Schwester nicht gerade seine Freunde, aber der verschrobene Programmierer war immerhin weder so steif wie die üblichen Bürokraten aus Sals Umfeld, noch einer der vor Überlegenheitsgefühl triefenden Marshals. Gut, er war auch vollkommen humorlos, aber immerhin versuchte er auch nicht, witzig zu sein. Stattdessen war er ernst, konzentriert, und er schien der ehrlichste Mensch zu sein, der Jak je begegnet war.

Jak mochte ihn. Er war eine erfrischende Abwechslung zu den Leuten in den Docks und den Schatten von Chinatown und New Angeles, mit denen er sonst zu tun hatte, selbst wenn er offensichtlich ein wenig *loco* war. Also hatte er Sal und ihren Konsultant kurzerhand eingeladen, und das Ergebnis war ein denkwürdiger Abend in Marginis und später New Chandni Chowk gewesen, an dessen Ende ihm Sal bei Strafe verboten hatte, jemals wieder auch nur in Nathans Richtung zu sehen. Es mochte etwas mit der Prügelei und der Beinaheverhaftung zu tun gehabt haben, aber Jak fand bis heute, dass sie es ein klein wenig übertrieben hatte. Außer …

»Du kannst aufhören, Jak. Ich glaube, ich habe euch. Kannst du das bestätigen?« Nathans Stimme zog Jak wieder in die Gegenwart zurück. Die Verbindung war jetzt wesentlich klarer als vorher, auch wenn das Funkgerät noch immer blechern klang. »Wenn ja, dann stell den Piepser ab und rede mit mir. Zuerst die schlechte Nachricht: Ja, du hast ganz eindeutig Darwinsonden an Bord, und ja, sie sind alle abwurfbereit. Und die kompletten Sprengsätze an den Wänden sind mit Fernsteuerungen verdrahtet. Was übrigens überhaupt keinen Sinn ergibt. Ich meine, man wirft die Sonden ab, und der Höhenmesser zündet die Sprengkapsel. Das ist alles. Kein Hexenwerk. So was kannst sogar du bauen. Dafür muss niemand den Container sprengen. Kommen wir zur guten Nachricht: Du kannst sie nicht entschärfen. Keine Chance. Aber – du kannst die Fernsteuerung abschalten. Wer immer das gebaut hat, er war faul, hatte es eilig oder musste improvisieren. Jeder Sprengsatz hat nur einen kleinen Empfänger. Das ist was aus dem Spielzeugladen. Drohnenersatzteile, schätze ich, Reichweite ungefähr fünfzig Meter, nicht mehr. Wenn ich das richtig sehe, sind sie alle nur mit einem Hauptempfänger gekoppelt, der so aussieht, als hätte er eine Verbindung zum Leitstrahl-ComSystem. Schaltest du den aus, dann … okay, dann sitzt du immer noch auf einem gewaltigen Haufen Giftgasbomben. Hab ich gesagt, dass das ne gute Nachricht wird? Sorry. Nathan over.«

Jak starrte das Funkgerät an und kratzte sich den kahlen Hinterkopf, bevor er zögerlich die Sprachtaste benutzte. »Ich bestätige, Nathan. Ich empfange dich klar und deutlich. Schön, von dir zu hören. Auch wenn du schönere Sachen hättest sagen können. Wirklich. Irgendwie so was wie: ›Gib diesen Code hier ein, und der ganze Scheiß ist deaktiviert, und die Stationssicherheit von *DSG Four* kümmert sich um den Rest.‹ Aber hey, ich gebe mich auch mit Kleinigkeiten zufrieden. Wie: nicht explodieren. Insofern – erklär mir, wie ich diesen Hauptempfänger abschalte, dann schlafe ich sicherlich besser. Falls ich jemals wieder schlafe. Ich muss euch übrigens danken. Gute Idee, das mit den Funkgeräten! Kurze Zusammenfassung: Die *Pequod* ist nicht das einzige Schiff mit Zuladung. Einige von den anderen haben die gleichen technischen Anomalien wie ich, insofern … Ich bin mir ziemlich sicher, dass NOAH etwas damit zu tun hat. Ich denke, es sind nicht die Schiffssysteme, die falsche Werte liefern. Wer immer die Sonden verladen hat, er muss Leute in der Sicherheitskontrolle auf dem Mars haben. Er muss vermutlich Leute in der Flugkontrolle von *DSG Four* haben und mit Sicherheit auch jemanden in den Verladeteams beider Stationen. Es dürfte schon scheißschwer sein, eine von diesen Sonden verschwinden zu lassen. Aber sechshundert? Oder wer weiß, wie viele – wenn sie auch nur auf der Hälfte der Schiffe das Gleiche deponiert haben, sind es vielleicht drei-, viertausend. Im schlimmsten Fall weit mehr. Das ist kein Ein-Mann-Ding. Das ist wesentlich größer als das, was Bran und ich machen. Ein paar Kisten für Wong oder Brans Leute zu schmuggeln ist eine Sache. Mehrere Schiffe mit ganzen Containern von Bomben auszustatten … das ist nicht nur eine Liga darüber. Und wenn sie dafür NOAH kontrollieren können – Nathan, ich habe keine Ahnung, was hier läuft, aber ihr müsst wirklich, wirklich vorsichtig sein. Und noch was: Wir glauben nicht, dass sie einfach nur so was Blödes vorhaben, wie *Deep Space Four* vom Himmel zu holen. Dafür würde es reichen, einen der Fusionsreaktoren zu sprengen. Nicht einfach, ich weiß – aber einfacher, als Hunderte von Darwinsonden zu klauen. Also was wollen sie damit? Ich kann's drehen und wenden, wie ich will, ich hab ein ganz mieses Gefühl dabei. Jak over.« Er ließ das Mikro sinken und sah sich um.

Der Maschinenraum war sauber wie immer. Er runzelte die Stirn. Zu sauber. NOAH und die Leute hinter ihm mochten im Moment blind und taub sein. Aber es gab andere Wege zu sehen, ob er tat, was er zu tun vorgab. Sonden. Messgeräte. Daten. Zum Beispiel der Luftrecycler. Wenn geschweißt wurde, konnte man die Gasveränderung auslesen. Das Gleiche galt für Temperaturmessfühler. Oder die Vibrationsmelder. Dazu da, geringste Veränderungen in der Triebwerksvibration wahrzunehmen, um so auf mögliche Fehler zu schließen. Sie bemerkten durchaus, ob er mit dem Hammer auf irgendetwas schlug oder mit einem Akkuschrauber arbeitete. Vor allem aber auch, wenn er es nicht tat. Mit einem Grunzen stemmte Jak sich hoch und warf ein Handschweißgerät an. Verbissen durchtrennte er einige verzichtbare Stücke der Bodengitter und zog eine neue Schweißnaht quer über eine Wandsektion. Dann drehte er einige Schrauben los und zog sie wieder fest, um schließlich den eingeschalteten Akkuschrauber in eine Werkzeugkiste aus Blech zu werfen. Das Werkzeug rumpelte darin herum und sorgte hoffentlich für genügend Ablenkung. Erst nach mehr als zehn Minuten meldete sich das Funkgerät erneut. »Ein ganz mieses Gefühl, Jak? Ehrlich? Weißt du eigentlich, wie alt dieser Witz ist? Aber ja: Der Gedanke, dass NOAH mit drinsteckt, ist uns auch schon gekommen. Und ich habe gerade etwas überprüft. Der fragliche Container auf deinem Schiff gehört Vedari Ryo Ressources, richtig?« Nathan schwieg. Jak wollte schon antworten, als sich der Programmierer räusperte. »Dramatische Pausen sind irgendwie nicht so wirkungsvoll, wenn der andere nicht antworten kann. Egal. Jedenfalls: VRR gehört zu den zahlreichen Konzernen, die an der RSHD hier auf dem Mond beteiligt sind. Um genau zu sein: eine fast hundertprozentige Tochter des Ladens. Jetzt fragt man sich – wenn man ich ist –, wozu eigentlich die Arche einen eigenen Minenkonzern braucht. Abgesehen von der offensichtlichen Tatsache, dass sie jede Menge Tunnel brauchen, um ihr ganzes Zeug unterzubringen, natürlich. Da ist ein Bergbaubetrieb schon eine nützliche Investition. Aber das meine ich nicht. Weißt du eigentlich, woher Vedari Ryo stammt? Vermutlich nicht. Sie sind ein Zusammenschluss von zwei der größten Minenkonzerne Indiens und Australiens. Demselben Australien, das seit '63 unter Quarantäne steht. Was unmittelbar zur Land-Renaturierungsresolution von '68 geführt hat. Viel interessanter aber ist, dass acht Jahre *vor* dem Buschfieber die ersten Darwinsonden getestet wurden. Man hat sie einfach über dem Outback abgeworfen, genauer gesagt, über verlassenen Tagebauanlagen. Und jetzt rate mal, wem die gehört haben?« Nathan ließ eine erneute Pause, die dieses Mal jedoch kürzer ausfiel. »Ich vermute, du ahnst es: VRR, beziehungsweise ihrem direkten australischen Vorläufer. Verstehst du? Sie haben die Sonden, die du im Laderaum hast, in Australien getestet. Kurz darauf sterben fast achtzehn Millionen Menschen, und die Bergbaufirma schließt sich mit einer indischen zusammen, die die direkte Nachfolge antritt. Und jetzt kommt's: Die indische ist eine hundertprozentige Tochter des Ladens, der im folgenden Jahr damit anfing, den Mond-Archenkomplex zu bauen. Kommt …«

Jak atmete tief durch. »Nate. Nate! Stopp! Komm zum Punkt. Ich bräuchte eine Lösung, wie ich die Bomben loswerde! Jetzt!«, fiel er dem Programmierer ins Wort, auch wenn ihm klar war, dass noch zwei Minuten vergehen würden, bis die Bitte beim anderen ankam.

»… dir das nicht auch komisch vor? Und da kommen wir zu NOAH. Entwickelt als zentrale KI für die neue Arche von einer anderen indischen Firma, Devi-Narada Inc., Entwicklungsbeginn dreiundzwanzigster August 2072, Inbetriebnahme achter März 2084. NOAH ist heute die größte KI auf dem Mond, mit mehr als genug Kapazitäten, um nebenher auch die Flugkontrolle des Erdorbital-Raumverkehrs, des Marsverkehrs und einen größeren Teil der Lebenserhaltung von Alpha City zu verwalten. Das bedeutet, sie hat einhundertprozentigen Einfluss darauf, was Vedari Ryo Ressources treibt. Und eines der Dinge, die sie treiben, ist, auf diesem Flug ganze Containerabschnitte anzumieten. So wie den, den du gefunden hast. Aber nicht nur bei dir! Auf jedem Schiff in eurem Konvoi. Jedem einzelnen, verstehst du? Das bedeutet, dass nicht nur du sechshundert scharfe Sonden an Bord hast, sondern ziemlich sicher jedes andere Schiff im Konvoi auch. Bei zehn Schiffen sind das vermutlich … das kannst du selbst ausrechnen. Aber bedenke: Der automatische Frachter, die *Gattacca*, gehört im Grunde komplett VRR. Das Teil ist ein Testflug für die neueste Generation von Schiffs-KIs von … du errätst es sicher: Devi-Narada. Und NOAH weiß das alles. Vollkommen logisch. Das heißt, NOAH hat mit ziemlicher Sicherheit den Zünder für eure Ladung. Nate over.«

»Wow. Das klingt beruhigend. Und ich bin noch kein winziges bisschen weiter, was das Entschärfen angeht. Du bist wirklich nicht hilfreich, Nate.« Jak schnaufte. Dann betätigte er die Ruftaste. »Das ist alles schön und gut, Nate. Du hast deine Hausaufgaben gemacht. Aber wie genau werden wir die Bomben jetzt los? Wenn NOAH den roten Knopf hat, dann wird er uns die Dinger sicher nicht so einfach abschalten lassen. Also was ist der Plan? Jak over.«

Dieses Mal hatte er nicht so lange zu warten. Vermutlich vor allem deshalb, weil Nate auf seinen Zwischenruf antwortete. »Wir arbeiten daran. Deine Schwester trifft sich mit deinem Kumpan, diesem Vukovic. Wir denken, sobald wir wissen, wer – A – hinter NOAH steckt und – B – was ihr Ziel ist, sobald wir das wissen, können wir einen Weg finden, wie wir NOAH den Fernzünder wegnehmen. Bis dahin müsst ihr durchhalten. Und Jak – ihr solltet vorsichtig sein. NOAH ist vermutlich die intelligenteste KI, die derzeit existiert. Ich kann mich natürlich täuschen. Möglicherweise hat irgendjemand noch eine bessere gebaut. Die Leute unten im Florida-Komplex vielleicht. Aber ich glaube, davon wüsste ich. Immerhin bin ich … egal. Jedenfalls: Wenn er Verdacht schöpft, könnte euch mehr Ärger bevorstehen, als ihr euch vorstellen könnt. Ich kann es. Ich kann mir mehr vorstellen als du. Viel mehr. Aber ich möchte es nicht. Und ich wäre nicht gut darin, das deiner Schwester zu erklären. Also tut nichts Dummes. Wir melden uns bei euch. Nate over. And out.«

Für eine Weile saß Jak reglos vor dem Funkgerät auf dem Boden des Maschinenraums. Das gleichmäßige Brummen des Fusionsreaktors und die gedämpften Songfetzen des Hermanos-Napalm-Albums waren die einzigen Geräusche. Die Hermanos lärmten sich gerade durch ein weiteres Oldie-Cover und trafen mit *chinga tu madre* ziemlich gut seine Stimmung. Schließlich grunzte er und stemmte sich hoch. Mit einem Fingerreiben regelte er den Song lauter und zog den Stick mit dem Störsignal ab.

»Nina? Gibt es irgendwelche Neuigkeiten?«

Sein Bone-Phone vibrierte, als die AVA direkt in seinem Kopf sprach. »Ja, Jak. NOAH erkundigt sich, wie die Reparaturen voranschreiten. Er bietet an, die Kontrolle über zwei der Reparaturdrohnen zu übernehmen, falls du allein nicht zurechtkommen solltest.«

Jak runzelte die Stirn. »Das kann er?«

»In Notfällen oder auf deinen ausdrücklichen Wunsch hin, natürlich.«

»Das … ist gut zu wissen. Und nein, ich möchte keine Assistenz von ihm. Ich bekomme das allein in den Griff. Erlaubnis verweigert. Dieses Schiff gehört immer noch Benzos-Tams, und die würden uns die Hölle heißmachen, wenn ich für so etwas der Konkurrenz die Kontrolle überlassen würde.«

»Ich verstehe, Jak.«

»Ich weiß, Nina. So, was haben wir noch zu essen da?«

»Ich könnte Gong Bao Ji Ding auf das Programm setzen.«

Jak stutzte. »Wir haben Huhn an Bord?«

»Wir haben InVi-Huhn«, antwortete Nina, als Jak in den Durchstieg zum Cockpit kletterte. »Noch rund dreihundert Gramm. Du hast mir gesagt, du willst es für einen besonderen Anlass aufheben. Ich gehe recht in der Annahme, dass der heutige Tag als besonderer Anlass qualifiziert?«

»Was? Wie kommst du darauf?« InVi-Huhn. Das war nicht dasselbe wie Huhn, aber irgendwo auf *DSG Four* oder im Orbit echtes Huhn zu bekommen war nur möglich, wenn man ein wesentlich höheres Monatsgehalt bezog, als Jaks Jahresgehalt betrug. Mars hatte inzwischen eine nennenswerte Population an Nutzgeflügel, aber auch deren Orbitalstation kam nur selten in den Genuss von echtem Fleisch. Normalerweise lief alles auf Tofu- oder Kichererbsenersatz hinaus, von dem die Hersteller seit Jahrzehnten steif und fest behaupteten, dass niemand den Unterschied merken würde. Sie konnten unmöglich jemals echtes Huhn gegessen haben. InVi-Huhn war zumindest biologisch wirkliches Hühnerfleisch, gezogen in In-Vitro-Kulturen der Lebensmittellabore auf dem Mond. Es war eine halbwegs brauchbare Alternative – solange man nicht versuchte, irgendetwas Erkennbares daraus zuzubereiten. Gong Bao Ji Ding war durchaus machbar.

»Andererseits – doch, Nina, ich glaube, wir haben heute einen dieser besonderen Anlässe. Man soll ja keine Gelegenheit auslassen, sich bewusst zu werden, dass man noch lebt. Solange man es noch tut.«

»Und das lässt sich mit scharfen chinesischen Gerichten bewerkstelligen?«

Jak hangelte sich ins Cockpit und setzte die Brille auf. »Du hast keine Vorstellung, Nina. Es räumt den Kopf auf wie nichts anderes. Und das kann ich jetzt gut brauchen. Mach's extra scharf. Bitte.«

Ninas Hologramm setzte sich auf den Co-Pilotensitz und sah ihn vorwurfsvoll an. »Ich bin nicht dafür gedacht, in der Küche zu stehen.«

Jak blinzelte. »Selbstverständlich nicht. Wenn wir eine richtige Küche hätten, würde ich das selbst machen. Meine Güte, ich würde liebend gern in der Küche stehen und Gong Bao Ji Ding für uns kochen. Aber wir haben keine verdammte

Küche an Bord, und ich befürchte, wenn ich versuche, die Nahrungsausgabe entsprechend zu programmieren, kommt nur irgendwas heraus, das sie in New York als chinesisch bezeichnen. Und glaub mir, das eine hat nichts mit dem anderen zu tun.«

14

KALIL

Sal war auf Streife gewesen. In Indianapolis, irgendwo zwischen Michigan Road und North Meridian Street. Die Universität *hatte sich in der Nähe befunden, doch ein paar Straßen weiter auch das üble Viertel mit den zugemüllten Vorgärten und den vernagelten Fenstern, hinter denen sich die Junkies in die Sonne schossen. Tagsüber war das eine anständige Gegend.* Die Leute *mähten ihren Rasen, stellten Blumenkästen auf die Veranda und luden sich gegenseitig zum Barbecue ein.* Und wenn sich versehentlich mal einer aus dem üblen Viertel hierher verirrte, dann riefen sie die Polizei oder die Nachbarschaftspatrouille. Die Gegend war wie geschaffen für den Lebenslauf einer aufstrebenden jungen Polizistin, die ein bisschen Straßenluft schnuppern wollte, bevor sie in den Innendienst ging. Nicht zu friedlich, aber auch nicht heruntergekommen genug, um sie einer echten Gefahr auszusetzen.*

Es war einer dieser ereignislosen Tage kurz vor Schichtende, als Sal den Notruf eines Kollegen empfing. Code 99, Officer in Gefahr. Als sie die Stelle erreicht hatte, herrschte heilloses Durcheinander. Schüsse von allen Seiten, panische Schreie und

Menschen, die geduckt über die Straße rannten. Vor einem mit Graffiti verunstalteten Haus stand das Fahrzeug ihres Kollegen. Durchlöchert wie ein Nudelsieb, obwohl es gepanzert war und eine ganze Menge aushalten konnte. Officer García war zufällig zwischen die Fronten rivalisierender Banden geraten. Crips gegen MS-13 oder Surenos oder irgendeine andere dieser austauschbaren Straßenbanden. Weiß der Teufel, was die Schießerei ausgelöst hatte, aber sie musste so plötzlich losgegangen sein, dass García keine Chance mehr hatte, sich zurückzuziehen. Sals Überwachungsdrohne war hektisch durch die Luft geschwirrt und mit dem Zählen bewaffneter Gegner gar nicht mehr mitgekommen. Die sinnvollste Entscheidung wäre gewesen, sich ebenfalls zurückzuziehen und auf Verstärkung zu warten. Doch sie hatte sich anders entschieden.

Sie hatte ihr Fahrzeug so dicht wie möglich an das Haus herangesteuert, und als sich die Schießerei ein Stück die Straße hinunter verlagert hatte, war sie mit dem Gewehr in der Hand aus dem Wagen gesprungen. Im selben Augenblick war ein halbnackter Mann aus dem Haus gestürmt, mit irrem Blick und Schaum vor dem Mund und einer Maschinenpistole in jeder Hand. Er hatte brüllend in der Gegend herumgeballert und die Drohne vom Himmel geholt und Sal hinter einer niedrigen Betonmauer in Deckung gezwungen. Sie hatte das Feuer erwidert und ihr halbes Magazin auf ihn abgefeuert, ehe ein Querschläger ihre Hand zerfetzte. Der Irre war nicht einmal langsamer geworden. Entweder weil er eine Kevlarpanzerung unter dem T-Shirt getragen hatte oder so zugedröhnt gewesen war, dass ihn nur noch ein gezielter Kopfschuss aufgehalten hätte. Sal hatte das Gewehr fallen gelassen und ihre Pistole gezogen, und als sie erneut auf den Irren anlegen wollte, war ein zerbeulter Tesla die

Straße hinuntergeschossen, über den Bürgersteig geholpert und mit quietschenden Reifen seitlich gegen den Gartenzaun gekracht. Drei Männer waren herausgesprungen und hatten das Chaos komplett gemacht. Projektile waren wie Hagelkörner auf die Fassade niedergeprasselt und hatten Beton und Holzsplitter aufspritzen lassen. Brüllend hatte sich der Irre seinen neuen Gegnern zugewandt, und das Feuergefecht hatte sich durch die Hecke hindurch auf das Nachbargrundstück verlagert.

Sal hatte keine Ahnung, wie sie es trotz zerschossener Hand hatte fertigbringen können, ihren schwer verletzten Kollegen in Sicherheit zu schleppen. Doch die Ärzte hatten später bestätigt, dass García ohne ihre Hilfe mit Sicherheit verblutet wäre. Sie hatten ihr ein Verwundetenabzeichen verliehen und sie mit sämtlichen nur erdenklichen Ehrungen überhäuft. Die Presse war voll des Lobs über ihre Heldentat gewesen: eine junge Frau, attraktiv, selbstbewusst, unter Einsatz ihres Lebens gegen eine Übermacht gefährlicher Drogendealer. Ein gefundenes Fressen für den Boulevard, der sie einige Wochen lang als den härtesten Cop Amerikas bezeichnete.

Kalil besaß eine Handvoll Bars in Chinatown. Dazu noch einen Nachtclub und ein libanesisches Restaurant. Allesamt ziemlich schmuddelig und abweisend und sicherlich keine Empfehlung in den einschlägigen Locationguides wert. Ihr eigentlicher Zweck war die Geldwäsche – und im Fall des Restaurants vielleicht auch ein Stück Klischee. Verbrecher wie Kalil liebten Klischees. Es gab ihnen wohl das Gefühl, in einem Film mitzuspielen, in dem sie die Rolle des Helden innehatten. »Der Pate«, hatte Bran vermutet. Bran wusste eine ganze Menge über alte Filme. Das brachte es offenbar mit sich, wenn man keiner regulären Beschäftigung nachging, aber zu wenig Coins besaß, um sich in HoloSims zu amüsieren. Kalil hätte in seiner alten Heimat wohl kaum eine Fahne ins Fenster gehängt oder auf speckigen Plastiktafeln das Essen seiner Großmutter angepriesen. Hier auf dem Mond sah das dagegen anders aus, den ganzen Globalisierungstendenzen zum Trotz. Hier zog sich einer wie er in das Levante zurück, das so libanesisch aussah, als hätte er es auf dem Anhänger mit auf den Mond gebracht.

Keine Gäste. Keine elektronischen Speisekarten, nicht einmal eine Anzeigentafel. Nur eine Theke und eine Handvoll leerer Tische mit bestickten Tischdecken und billigem Plastikblumenschmuck. Kalil saß an einem der hinteren Tische beim Essen. Gepflegter Vollbart, grau melierte, lockige Haare. Ein Mann mit freundlichen dunklen Augen und einer angenehm tiefen Stimme.

»Das«, sagte er zu den zwei breitschultrigen Kleiderschränken, die mit ihm am Tisch saßen, »ist die Seele des Libanon.« Er stach seine Gabel in eine der köstlichsten Falafel, die Sal je gesehen hatte. Andächtig hob er sie vor sich in die Höhe. »Die einzige Erfindung, die je aus unserem Land gekommen ist, aber sie wiegt sämtliche Erfindungen der Menschheitsgeschichte mehr als auf. Kein Volk auf der ganzen verdammten Erde bäckt bessere Falafel als unseres. Und der weltbeste aller Falafelbäcker sitzt auf dem Mond. Hier bei mir, in meinem Restaurant.«

»Ist Abdal überhaupt Libanese?«, fragte einer der Kleiderschränke.

»Was soll er denn sonst sein?«

»Keine Ahnung.«

»Abdal ist Libanese.« Kalil machte eine umfassende Geste mit der Gabel und der Falafel. »Weil wir alle Libanesen sind.«

»Blel kommt aus Syrien«, warf der zweite Kleiderschrank ein. »Und Ahmed wurde in Amerika geboren.«

»Aber sie sprechen Arabisch. Und sie tragen stolze Namen. Und sie essen Falafel. Im Herzen sind sie Libanesen.«

»Abdal spricht ein ziemlich beschissenes Arabisch«, warf der erste Kleiderschrank ein.

»Darum geht es nicht, verdammt. Es geht darum, wie er Falafel bäckt. Und er bäckt Falafel, wie nur ein Libanese Falafel backen kann.« Kalil wandte sich um und brüllte in Richtung Küche: »Hey Abdal, wo kommst du noch mal her?«

In der Türöffnung erschien ein langer, pockennarbiger Kerl mit einer fleckigen Küchenschürze und einer Bratpfanne in der Hand. »Ich bin aus Derbent. Wieso?«

Kalil runzelte die Stirn. »Nie gehört.«

»Liegt irgendwo im Süden bei Tyros«, sagte der erste Kleiderschrank.

Der zweite Kleiderschrank schüttelte den Kopf. »Die Familie meiner Frau stammt aus Tyros. Wir fliegen mindestens vier Mal im Jahr zu ihren Eltern, um im Garten zu helfen. Wenn es dort unten irgendwo ein Derbent gäbe, dann wüsste ich das.«

»Abdal!«, rief Kalil. »Wo genau liegt dieses Derbent?«

»Russland.«

»Erzähl kein Scheiß. Du sprichst doch Arabisch.«

»Ein ziemlich beschissenes Arabisch«, fügte der erste Kleiderschrank hinzu.

»Abdal!«, rief Kalil jetzt in deutlich vorwurfsvollem Ton. »Warum willst du uns weismachen, dass du aus Russland kommst? Du sprichst Arabisch, und du bäckst Falafel. Hast du schon einmal irgendeinen verschissenen Russen gesehen, der Arabisch spricht und Falafel bäckt?«

»Vielleicht backen die Russen ja auch Falafel«, gab der zweite Kleiderschrank zu bedenken.

»Erzähl keinen Mist! Die Russen backen Blini oder Pieroschki, aber keine gottverdammten Falafel. Ein Russe, der Falafel bäckt, das wäre genauso, als würde ich Baguette backen. Oder diese … wie heißen diese Dinger, die sie in Amerika machen?«

»Hamburger?«

»Hamburger, genau! Sehe ich so aus, als würde ich irgendjemandem erlauben, dass er in meinem Restaurant gottverdammte amerikanische Hamburger macht? Also erzähl du mir nicht, dass du Russe bist, Abdal. Du bist ein gottverdammter Libanese, so wie wir alle!« Entnervt warf Kalil die Gabel auf den Teller. Er lehnte sich in seinem Stuhl zurück und schloss die Augen. Nach einer Weile öffnete er sie wieder und atmete tief durch. Er wandte sich zu Bran um. »Entschuldige bitte, aber das hat mich jetzt wirklich aufgebracht. Ich hoffe, du hast bessere Nachrichten für mich.«

»Ich …«, sagte Bran und verzog das Gesicht. »Das … das hier ist die Schwester von Jak. Dem Piloten, der für mich …«

»Für mich«, verbesserte Kalil mit erhobenem Zeigefinger. »Jak arbeitet für mich. Ich kenne jeden meiner Schmuggler in dieser Stadt: Jakarta Rafael Pérez Zhao, Pilot des Raumtransporters *Pequod*. Mehrfach aufgrund kleinerer Delikte vorbestraft, in erster Linie wegen Schmuggel.«

Das war wirklich beeindruckend. Die meisten Menschen konnten sich ohne Netzunterstützung kaum noch an ihre eigenen Namen erinnern, aber Kalil hatte nicht den leeren Blick eines Mannes, der gerade von seinen Linsen ablas. Die Gefahr, von einem Regierungssystem abgehört zu werden, wäre für jemanden wie ihn auch viel zu groß. Er musterte Sal einen Augenblick lang von Kopf bis Fuß. »Ich wusste allerdings nicht, dass ihr Schlitzaugen seid. Japaner?«

»Chinesen«, sagte Sal. »Zu einem Viertel, großmütterlicherseits. Außerdem mexikanisch und ein kleines bisschen irisch.«

»Was für eine verrückte Mischung.« Kalil schüttelte den Kopf. »Das wird von Jahr zu Jahr immer schlimmer mit euch elenden Konzernnomaden. Kein Wunder, dass es in der Gesellschaft keinen Zusammenhalt mehr gibt, wenn keiner mehr eine echte Heimat hat. Die Menschen verlieren ihre Wurzeln. Jeder kämpft nur noch für sich allein. Selbst ich muss mich jetzt schon mit Russen herumschlagen, wie du siehst. Wie soll man da noch irgendjemandem vertrauen können?« Er warf Bran einen schiefen Seitenblick zu. »Ihr seid aber vermutlich nicht zu mir gekommen, um über den Zerfall der Zivilisation zu philosophieren. Ich nehme an, es geht um Geschäftliches.«

Sal nickte.

»Nicht hier.« Kalil nahm seine Serviette von den Knien, tupfte sich den Mund sauber, zerknüllte sie und warf sie auf den Teller. »Wir reden oben in meinem Büro weiter.«

Kalils Büro befand sich in einer großen alten Lagerhalle, ein paar Stockwerke aufwärts mit einem alten Lastenaufzug, der sie beinahe bis direkt unter die Mondoberfläche brachte. Es handelte sich vermutlich noch um ein Relikt aus den Anfangszeiten des Grubenbaus, als man noch im großen Maßstab nahe der Mondoberfläche abgebaut hatte. Die Halle war so groß, dass mindestens ein gutes Dutzend Mondrover in ihr Platz fanden. Jetzt stand allerdings nur noch einer darin. Ein Oldtimer, soweit Sal das auf die Entfernung bewerten konnte, aber vermutlich trotzdem teuer, denn die Lizenzen für solche Fahrzeuge waren rar gesät. Kalil musste ein halbes Vermögen dafür hingeblättert haben.

Wände und Boden der Halle waren grob behauen und mit dem früher üblichen Spritzbeton versiegelt. Überall lagen Berge von Schrott und Gerümpel herum und im hinteren Bereich einige Dutzend große Transportkisten. Ansonsten sah man nur noch ein rustikales Schleusentor nach draußen und in etwa vier Metern Höhe eine Bürozelle mit breiter Fensterfront, durch die man einen guten Überblick über die Halle haben musste. Kalil stieg die schmale Stahltreppe hinauf und öffnete die Tür.

Das Büro war groß wie ein Pelotafeld und mit einer Reihe hübscher Teppiche ausgelegt. Es gab eine Handvoll Schreibtische mit Computern, einige Sessel und einen Konferenztisch aus Mahagoni. Kalil entschied sich für die bequeme Liegelandschaft, die beinahe ein Viertel des Raums einnahm. Er zog eine Pistole unter seinem Hosenbund hervor und legte sie vor sich auf ein niedriges Tischchen, auf dem bereits eine Wasserpfeife und ein Tablett mit einem schmucken Teeservice standen. Er bot Sal und Bran keinen Platz an, also blieben sie mitten im Raum zwischen den beiden Kleiderschranktypen stehen.

»Jak ist ein anständiger Kerl«, sagte Kalil, während er das Tablett zu sich heranzog und sich einen Tee eingoss. Er ließ ein Stück Kandiszucker in die Tasse gleiten und rührte bedächtig um. Dann legte er den Löffel auf das Tablett, nahm einen kleinen Schluck aus der Tasse und ließ sich zurück in die Liegelandschaft sinken. »Er hat mich noch nie hintergangen, soweit ich weiß. Das weiß ich zu schätzen. In dieser Hinsicht bin ich nämlich ein kleines bisschen altmodisch. Andere Männer in meinem Gewerbe sind da deutlich nachlässiger und lassen ihren Angestellten hin und wieder etwas durchgehen. Hier ein Geschäft nebenbei, dort ein wenig die Ware gestreckt. Solange der Geldfluss nicht versiegt, drücken sie öfter mal ein Auge zu. Aber das ist nicht gut, so etwas schleift sich ein.« Mahnend hob er den Zeigefinger. »Sal, du darfst nicht zulassen, dass dich jemand hintergeht. Du musst dich immer hundertprozentig auf deine Leute verlassen können. Vertrauen ist die Basis jeder guten Geschäftsbeziehung – wie lange, sagtest du, arbeitest du jetzt schon für die Behörden auf dem Mond? Sechs, sieben Jahre?«

Sal nickte. »Das kommt in etwa hin.«

»Sieben Jahre, und ich wette, du wohnst immer noch in einem dieser Ahlert-Wohnklos, die kaum größer sind als ein Sarg. Es ist wirklich ein Jammer.«

»Es ist immerhin mehr, als Bran hat.«

»Bran ist ein Idiot. Ich bezahle ihn verdammt gut, aber er vergeudet seine Zeit mit Glücksspiel und dem Konsum seiner eigenen Drogen. Hätte er auch nur halb so viel auf dem Kasten wie du, dann wäre er jetzt schon reich. Du dagegen bist anders. Du hast Potenzial, so wie dein Bruder. Wenn du für mich arbeitest, dann wirst du eine ganze Menge erreichen …«

Sal verzog keine Miene. Allerdings musste sie ihre anfängliche Meinung über Kalil kräftig revidieren. Er hatte seine Informationen offenbar doch nur vom Hörensagen oder von dem, was er sich als Drehbuch für seinen eigenen, ganz persönlichen Mafiafilm zusammengesponnen hatte. Jedenfalls hatte er keinen blassen Schimmer, wer sie war. »Ich bin ganz zufrieden mit meinem Wohnklo«, sagte sie. »Immerhin hat das Konzept 2069 mal einen Designpreis gewonnen. Direkt hinter einem Hühnerkäfig, vermute ich, aber es reicht zum Leben. Ob du es glaubst oder nicht, bin ich sogar mit der Arbeit auf meiner Behörde zufrieden. Ich suche keinen Job und bin auch nicht an deinen schmutzigen Geschäften interessiert. Ich wollte dich aus einem ganz anderen Grund treffen: um meinem Bruder den Hals zu retten. Weil der nämlich weder Potenzial noch Hirn besitzt, sondern als einziges nennenswertes Talent die Gabe, sich immer wieder mächtig in die Scheiße zu reiten. In dieser Hinsicht bin ich vielleicht ein kleines bisschen altmodisch, aber er ist eben Familie und noch dazu der Vater meiner sechsjährigen Nichte, der es das Herz brechen würde, falls diesem Nichtsnutz etwas zustößt.«

Kalils Lächeln gefror. Eine Weile blieb er regungslos sitzen, ehe er sich schließlich nach vorne beugte. »Jak ist sein eigener Herr«, sagte er leise. »Alles, was er für mich tut, macht er aus freien Stücken. Er ist sich des Risikos bewusst, das er eingeht …«

»Das hatte ich bislang auch geglaubt.«

»Und was hat deine Einschätzung geändert?«

»Die Bomben.«

Kalil blinzelte. Langsam stellte er die Teetasse zurück auf das Tablett.

»Die Bomben?«, platzte es aus Bran heraus. Er starrte Sal voller Entsetzen an. »Hey, von was redest du? Du hast mir nichts von irgendwelchen Bomben erzählt, verdammte Scheiße.« Er fuhr zu Kalil herum und hob abwehrend die Hände. »Sie hat mir nichts von einer Bombe erzählt, Kalil. Ehrlich! Wenn ich gewusst hätte, um was es hier geht, hätte ich sie niemals hergebracht. Ich dachte, wir reden hier von irgend so einer unbedeutenden Drogengeschichte. So einer Lappalie, bei der man sich schon irgendwie einig werden könnte. Ich meine – ich hatte echt keinen blassen Schimmer…«

»Halt's Maul«, zischte Kalil, und einer der Kleiderschränke unterstrich seine Worte mit einem Fausthieb in Brans Magengrube. Lautlos klappte der dünne Mann zusammen und würgte Speichel auf den Teppichboden. Kalil presste die Lippen zusammen und wandte sich wieder Sal zu. »Du«, sagte er mit bedrohlich leiser Stimme. »Du bewegst dich auf verdammt dünnem Eis, Marshal. Diese Sache hier ist ein ganzes Stück zu groß für dich …«

Bingo, dachte Sal und kniff die Augen zusammen. Sie hatte mit ihrem Stock nur einmal kräftig im Tümpel herumstochern müssen, um fündig zu werden. Das sollte ihr echt mal eine dieser dämlichen KIs nachmachen. Auf der anderen Seite konnte sich dieser Tümpel leider auch ganz schnell als ein gefährliches Wespennest entpuppen. Während Kalil sie finster anstarrte, überlegte sie fieberhaft, wie sie diese Kuh nun glimpflich wieder vom Eis bekam. Sie leckte sich über die plötzlich trockenen Lippen. »Wie ich schon sagte, sind mir deine schmutzigen Geschäfte egal. Für solche Dinge sind andere zuständig als der Marshals Service. Die Sache mit meinem Bruder geht allerdings weit über das hinaus, was bislang in deinen Geschäftsbereich gefallen ist. Das ist ein ganz anderes Kaliber als ein bisschen Amphetamine und unverzollte Orientteppiche. Findest du nicht?«

Kalil musterte sie eine Weile schweigend. »Ich bin nur ein Zwischenhändler«, sagte er schließlich langsam. »Ich gebe zu, dass ich über den einen oder anderen Kontakt verfüge, der es mir ermöglicht, Waren ohne umständliche Formalitäten von A nach B zu verschiffen. Ich weiß nicht, um was es sich dabei handelt. Es interessiert mich auch nicht. Ich verdiene lediglich am Transport. Was danach mit den Waren geschieht, ist Sache meiner Kunden. So sind die Regeln. Und die Regeln sollte man in meinem Gewerbe besser einhalten.«

Sal nickte. »Regeln sind wichtig. Ohne Regeln würde die ganze Gesellschaft vor die Hunde gehen.«

Kalil griff erneut nach seiner Teetasse, nahm einen Schluck und stellte sie wieder ab. Er räusperte sich. »Ich will dir etwas zeigen, Sal.« Er beugte sich nach vorn, streifte den linken Schuh von seinem Fuß und stellte ihn auf den Tisch. Von seinen Zehen waren nur noch die zwei größten übrig. Wo die anderen hätten sein müssen, befanden sich drei weißliche Stummel. »Wusstest du, dass ich in Makari im Wasserkrieg gekämpft habe? FNA gegen ECONA und gegen den Diktator und dann noch gegen irgendwelche Arschlöcher, die sich freie Front von Irgendwas nannten. Im Prinzip jeder gegen jeden, so wie es sich eben gerade anbot. Ich habe für die eine Seite gekämpft und einen Monat später dann für die andere, weil unsere Offiziere übergelaufen sind. Niemand konnte sich auf niemanden verlassen. Überall nur Betrug und Verrat. Nur unsere Einheit, die hat zusammengehalten wie Vacu-Siegelmasse. Da konnte sich jeder blind auf seinen Nebenmann verlassen. Nur so haben wir diese Scheiße überhaupt überstehen können. Wir waren wie eine Familie, verstehst du? Brüder im Geiste und so. Als der Krieg dann endlich vorbei war, standen wir nur dummerweise auf der falschen Seite. Da konnte niemand was dafür. Es hätte genauso gut auch die anderen treffen können. Die haben kräftig aufgeräumt und dabei keinen Stein auf dem anderen gelassen. Mich haben sie in einem Puff in Abuja erwischt. Splitterfasernackt, so wie Gott mich schuf. Sie haben mich in irgendein gottverlassenes Kellerloch gesperrt und gefoltert. Sie wollten aus mir herausholen, wo sich meine Kameraden versteckt hielten. Ich habe ihnen natürlich nichts verraten. Sie hatten keine Wahrheitsdrogen eingepackt, also hatten sie es mit den guten alten Elektroschocks versucht. Hat dir schon mal einer Elektroden an die Eier geklemmt? Ich sage dir, nach dem zweiten oder dritten Stromschlag verrätst du deine eigene Großmutter. Ich allerdings nicht. Ich bin aus einem anderen Holz geschnitzt. Kein Wort habe ich diesen Drecksäcken gesagt. Ich habe sie ausgelacht und angespuckt und zugegebenermaßen ein bisschen verärgert.« Kalil stieß ein raues Lachen aus. »Sie haben eine Geflügelschere ausgepackt und angefangen, mir die Zehen abzuschneiden. Eine nach der anderen. Du glaubst gar nicht, wie viele Schmerzen so ein kleines bisschen Haut und Knochen verursachen können. Ich habe eine ganze Menge Blut verloren und mindestens zweimal das Bewusstsein, aber ich habe ihnen nichts gesagt. Kein einziges verdammtes Wort. Siehst du diesen Fuß? Ich besitze genügend Geld, um mir die Zehen nachzüchten zu lassen, aber ich lasse den Fuß, wie er ist. Denn jeden Tag erinnert er mich daran, dass ich niemanden verrate. Niemals!« Er zog den Fuß vom Tisch herunter und schlüpfte zurück in seinen Schuh. Dann hob er die Pistole auf und entsicherte sie. »Kannst du jetzt verstehen, wie ich mich gefühlt habe, als du einfach so durch meine Tür hereinspaziert bist? Mich beim Essen gestört und mir den Respekt verweigert und mich dann auch noch aufgefordert hast, meine Auftraggeber zu verraten? Hast du eine Ahnung, was für eine Beleidigung das ist?« Er hob die Waffe und richtete sie auf Sal. Unwillkürlich trat sie einen Schritt zurück, doch der Lauf folgte unerbittlich ihrer Bewegung. »Weißt du was? Ich sollte dich für diese Beleidigung wirklich abknallen ...«

»Kalil!« Bran richtete sich stöhnend auf. »Warte.«

»Worauf?«

»Weil ... weil sie es nicht so gemeint hat.«

»Glaubst du, das ändert was? Das hier ist mein Haus, und ich dulde es nicht, wenn sich jemand respektlos verhält.«

»Natürlich nicht. Auf keinen Fall. Aber ...« Er warf einen Seitenblick auf Sal. »Ich habe sie hergebracht, Kalil. Es ist mein Fehler.«

»Da hast du verdammt noch mal recht!« Der Lauf fuhr herum und richtete sich nun auf Bran. »Eigentlich sollte ich zuerst dich erschießen. Dafür, dass du sie überhaupt in mein Haus gelassen hast.«

Bran kniff die Augen zusammen und drehte den Kopf zur Seite. »Mach keinen Scheiß, Kalil ...«

»Ich mache keinen Scheiß!« Wütend sprang Kalil auf, packte Bran am Kragen und richtete die Waffe direkt auf seine Stirn. »Ich verrate niemanden, verstehst du das?«

»Warte«, rief einer der Kleiderschränke.

Kalil fuhr herum. »Was ist denn jetzt schon wieder?«

»Der Teppich.« Der Kleiderschrank deutete auf Brans Füße. »Der ist echte farsische Handarbeit aus dem siebzehnten Jahrhundert. Hat ein halbes Vermögen gekostet. Du bekommst auf dem Mond so schnell keinen neuen mehr.«

Er zögerte kurz. »Wirf den Wichser doch einfach in die Schleuse.«

Kalil starrte ihn einen Augenblick lang sprachlos an, dann nickt er. »Die Schleuse, wie? Ja, ich glaube, das ist sogar mal eine gute Idee.«

»Sal!«, rief Bran voller Panik. »Sag ihm, dass er einen schweren Fehler macht. Sag ihm, dass er sich mit den Falschen an…« Ohne ihn anzusehen, schlug Kalil ihm den Griff seiner Pistole gegen die Schläfe, und Bran fiel wie ein nasser Sack zurück auf den Teppich.

Sal konnte ihm seine Reaktion nicht einmal verübeln. Sie hatte sich ziemlich weit aus dem Fenster gelehnt, als sie einfach so in sein Restaurant hineinspaziert war und ihn aufgefordert hatte, seine Auftraggeber zu verraten. Ein Mann wie Kalil lebte und starb mit seinem Ruf. War der erst einmal ruiniert, dann wandten sich seine Gefolgsleute schneller von ihm ab, als gesund war. Kalil musste hart sein, um zu überleben. Und clever.

»Gib mir einen Grund, euch nicht umzubringen«, sagte er an Sal gewandt. »Nur einen.«

Obwohl ihre Knie zitterten, erwiderte sie seinen Blick und sah ihm fest in die Augen. »Ein Name. Sino Almeida.«

Sino Almeida war der Name eines UA-Marshals gewesen, der aufgrund einer Verwechslung in den Wirren der Junirevolte in die Fänge von EYV-Rebellen geraten war. Der bedauerliche Zwischenfall kostete ihn zunächst einmal Ohren und Nase und nach einem mehrwöchigen Martyrium schließlich auch das Leben. Die amerikanischen Behörden, denen die Revolte bis dahin herzlich egal gewesen war, da es weder um relevante politische Veränderungen noch um Gold oder seltene Erden ging, ließen diese Beleidigung nicht auf sich sitzen. Es war eine Frage der Ehre. Darin unterschied sich der Marshals Service gar nicht einmal so sehr von Kalil und seiner Bande. Das Leben eines UA-Marshals war tabu. Wer seine Finger an ihn legte, musste mit den schlimmsten Konsequenzen rechnen. Und falls der tatsächliche Mörder einmal nicht so genau zu ermitteln war, mussten eben alle büßen.

Wie man so eine Racheaktion generalstabsmäßig aufzog, hatten die Kollegen von der DEA schon vor knapp hundertfünfzig Jahren eindrucksvoll im Fall Enrique »Kiki« Camarena demonstriert, einem verdeckten Ermittler, der von mexikanischen Drogenbaronen entführt und ermordet worden war. Das nachfolgende Gemetzel hatte ein für alle Mal klargemacht, dass mit der DEA nicht zu spaßen war. Und wer war der UA Marshals Service, dass er hinter den Kollegen von der DEA zurückstand? Als Almeidas Leiche am 23. Juni 2064 in einem Straßengraben nahe Barinas entdeckt worden war, führte das zur größten Strafexpedition seit Gründung der Behörde im Jahr 1789. Die EYV-Rebellen, die immerhin von sich behaupteten, direkte Erben des berüchtigten Che Guevara zu sein, verschwanden in dem folgenden Drohnenkrieg so vollständig von der Bildfläche des Weltgeschehens, als hätte es sie nie gegeben. Alles, was von ihren großen Plänen übrig blieb, waren am Ende eine mäßig erfolgreiche Fernsehserie und die zweifelhafte Ehre, die erste Armee der Welt gewesen zu sein, die ausschließlich von vollautonomen Waffensystemen besiegt worden war. Falls es so etwas wie ein Lehrbuch für Verbrecher gab, dann würde diese Lektion ganz sicher im ersten Kapitel stehen: Leg dich niemals mit den Marshals an.

Falls Kalil nur halb so clever war, wie er vorgab, dann hatte er dieses Kapitel gründlich gelesen.

»Bran wurde von uns angeworben«, sagte Sal ruhig. »Er ist Teil unserer Behörde. Unser Eigentum.«

Kalil runzelte die Stirn. »Dieser Versager?«

»Er spielt seine Rolle ziemlich gut.«

»Beinahe zu gut.« Kalil warf einen verunsicherten Blick nach unten. »Verarschst du mich nicht?«

»Sehe ich so aus?«

»Du siehst aus wie Private Jenette Vasquez auf Crack.«

»Ich nehme das als Kompliment.«

»Nimm es, als was du willst.« Seine dunklen Augen musterten sie eindringlich. Nachdenklich strich er sich über den Bart. »Ein UA-Spitzel, wie? Ich hätte große Lust, es darauf anzulegen, Marshal. Auszuprobieren, wie weit der Arm des Gesetzes auf dem Mond wirklich reicht ...«

Sal hielt seinem Blick ungerührt stand. »Weit genug.«

Kalil schnaufte geringschätzig. »Ich bin mir ziemlich sicher, dass du dieses Treffen nicht einmal aufzeichnest. Wenn du online wärst, hätten das meine Detektoren nämlich längst registriert. Sie haben aber nichts bemerkt. Aus dem einfachen Grund, weil du inoffiziell hier bist. Weil du nur versuchst, deinem nichtsnutzigen Bruder die Haut zu retten.« Es entstand eine Pause. Kalil schaute auf Bran herunter. Nach einer Weile schüttelte er den Kopf. »Für eine Frau hast du ganz schön Eier, das muss ich dir lassen. Außerdem weißt du den Wert von Familie zu schätzen. Das wiegt in meinen Augen vielleicht sogar noch schwerer. Du verteidigst deinen Clan. Und das ist auch der Grund, warum ich dich heute am Leben lasse. Dich und ausnahmsweise sogar diesen erbärmlichen Junkie.« Er warf die Pistole zurück auf das Tischchen und stieß ein unwirsches Schnaufen aus. »Und jetzt geht mir aus den Augen, ehe ich es mir anders überlege.«

Sal nickte. Sie packte Bran am Kragen und zog ihn zurück auf die Füße. Kalils Männer begleiteten sie aus dem Büro und quer durch die Halle hindurch bis zum Aufzug. Die Zeit, bis sich die Türen geöffnet und hinter ihnen endlich wieder geschlossen hatten, kam ihr wie eine halbe Ewigkeit vor. Sie schaute nicht zurück, aber sie konnte Kalils Blicke beinahe körperlich im Rücken spüren. Schweigend fuhren sie nach unten, liefen durch den Gastraum, vorbei an dem Russen an der Theke und schließlich durch die Eingangstür nach draußen. Auf dem Bürgersteig blieb Sal stehen und sah über die Straße hinweg auf eine Werbetafel mit der Aufschrift »Gott liebt dich«. Sie zog einen Kaugummi aus der Tasche, packte ihn aus und steckte ihn in den Mund. Dabei stellte sie fest, dass ihre Hände zitterten. »Wer ist eigentlich Jenette Vasquez?«, fragte sie nach einer Weile.

Bran warf ihr einen irritierten Seitenblick zu.

15

THUNDERBOLT

Der Soundverstärker gab ein sattes Grollen von sich, als Millner seinen weinroten 64er Thunderbolt bis knapp über die zulässige Höchstgeschwindigkeit hinaus beschleunigte und hoch auf die dritte Ebene wechselte. Ein Mann wie er saß bevorzugt selbst am Steuer. Es hatte in erster Linie mit Kontrolle zu tun, denn es war wichtig, immer die Kontrolle zu behalten.

Die meisten Menschen hatten das Bedürfnis, sich einer höheren Befehlsgewalt unterzuordnen, sei es ein Anführer, ein Algorithmus oder ein Gott. Sie ließen andere darüber entscheiden, wie sie sich zu kleiden, zu verhalten und zu denken hatten. Im schlimmsten Fall bestimmten externe Faktoren sogar die Wahl ihres Arbeitsplatzes und ihrer Partner. Kontrolle beherrschte ihr gesamtes Leben von der Geburt bis zum Tod, und sie ließen sich nur zu gern darauf ein. Millner hätte sich dennoch niemals als Modernitätsverweigerer bezeichnet. Eher im Gegenteil. Dafür schätzte er die Vorteile der modernen Technik viel zu sehr. Aber er hatte sich geschworen, niemals ihr Sklave zu werden. Niemals. Solange er lebte.

Das Navigationssystem gab einen sanften Warnton von sich, und vor Millners Augen erschien ein Richtungspfeil. Er drosselte die Geschwindigkeit, wechselte auf die Abbiegespur hinunter und tauchte in das grelle Neonlichtermeer von New Angeles ein. Es war kurz nach 22:00 Uhr, und der künstliche Nachthimmel war von unzähligen blinkenden Sternen übersät. Trotz der späten Stunde summten Hunderte Taxis und Transportdrohnen über die Straßen und Bürgersteige, und Restaurants quollen über von späten Heimkehrern und verfrühten Nachtschwärmern. Die Stadt, die niemals schlief, machte ihrem Spitznamen alle Ehre. Eine Weile ließ Millner sich in dem steten Strom mittreiben und nahm das bunte Gewimmel in sich auf. Den Lärm, die Lichter und die Gerüche. All die kleinen und großen Anzeichen einer lebendigen Stadt. Ein Schmelztiegel aus Kreativität und Tatendrang. Ein Organismus, der atmete, sich bewegte und unablässig wuchs.

Natürlich war ihm bewusst, dass sich in so einem Organismus auch Widerstand regen konnte. Es war ein Risiko gewesen. Doch nur an solchen Dingen wuchs der Mensch. Eine Handlung musste zwangsläufig eine Reaktion auslösen und diese wiederum eine Gegenreaktion. Ein stetiges Kräftemessen, an dessen Ende nur derjenige übrig blieb, der sich am schnellsten anzupassen vermochte. Dass Darwin vom Überleben der Stärksten geredet haben sollte, war ein landläufiger Irrtum gewesen. Wäre das tatsächlich der Fall gewesen, dann würden heute die Dinosaurier über die Erde herrschen. Stattdessen war es eine winzige Spitzmaus gewesen, die unter Wurzeln und in Erdlöchern versteckt ausgeharrt hatte, bis ihr Gehirn weit genug entwickelt war, um sich eines Tages die Welt untertan zu machen.

Das Überleben der am besten angepassten Individuen – oder noch besser: das Überleben der Kreativsten. Millner parkte den Thunderbolt am Straßenrand, öffnete das Handschuhfach und nahm seine Pistole heraus. Er überprüfte die Funktion und steckte die Waffe unter sein Jackett. Dann stieg er aus, öffnete den Kofferraum und holte seinen Aktenkoffer heraus. Er überquerte die Straße und betrat das Foyer eines gesichtslosen Apartmenthauses. Die Überwachungskameras über dem Eingang erloschen für einen winzigen Augenblick und gaben dann ein Standbild wieder, auf dem er nicht mehr zu sehen war. Er blieb vor den Postboxen stehen, und vor seinen Augen rasselten die Namen und Wohnungsnummern der Hausbewohner herunter. Als er den gesuchten Namen fand, ging er den Flur hinunter zu den Aufzügen. Es handelte sich um eine alte Anlage aus den späten Sechzigerjahren. Ein schnörkelloser Aluminiumkäfig ohne Hologramme oder Fahrstuhlmusik. In Maduraia würden sie »Retrodesign« dazu sagen, hier in New Angeles vermutlich »Schrott«. Er wählte die Etage aus, und die Elektromotoren nahmen surrend ihre Arbeit auf. Er stellte den Aktenkoffer ab, verschränkte die Hände vor dem Bauch und verfolgte den Weg der Etagenanzeige nach oben. Mit einem leisen Pling kam der Fahrstuhl im vierten Stock zum Stehen.

Die Wände waren kahl und unverputzt und von dicken Kabelsträngen durchzogen. Es war empfindlich kalt, aber die Luft roch angenehm frisch. Langsam ging Millner den Flur hinunter, bis er die richtige Tür fand. Ein kurzer Scan bestätigte ihm, dass sie ungewöhnlich stabil war und über ein ausgeklügeltes Sicherungssystem verfügte. Er warf einen Blick über die Schulter und vergewisserte sich, dass er allein war.

Dann öffnete er den Aktenkoffer und nahm einen PE-4-Detonator heraus. Er heftete ihn an das Türschloss, trat einen Schritt zur Seite und betätigte den Zünder. Ein dumpfer Knall ertönte, dann war die Tür offen. Er zog die Pistole unter dem Jackett hervor und betrat das Apartment.

Nathan Chan saß regungslos vor seinen Monitoren, den Blick starr geradeaus auf unzählige Reihen von Programmiercode gerichtet. Ein Mensch mit dem Gehirn einer Maschine und mit großer Wahrscheinlichkeit auch ein bisschen verrückt – ganz sicher aber ein Genie. Immerhin hatte dieser Mann die KI entwickelt, mit deren Hilfe einer der größten Finanzbetrugsfälle der Geschichte aufgeklärt worden war. Dabei war gerade einmal die Spitze des Eisbergs an die Öffentlichkeit geraten, denn andernfalls wären damals nicht nur eine Handvoll Köpfe gerollt, sondern mit Sicherheit ganze Staaten. Dass für Nathan das Konzept von Gerechtigkeit keine Bedeutung besaß und es ihm egal gewesen war, ob auch nur ein einziger Mensch aufgrund seines Handelns vor Gericht gezerrt oder verurteilt wurde, hatte ihm letztendlich das Leben gerettet. Denn als ein beträchtliches Kopfgeld auf ihn ausgesetzt worden war, hatte Millner zu denjenigen gehört, die für seine Aufnahme in den Kreis der Auserwählten gestimmt hatten. Bedauerlicherweise hatten sich nun sämtliche Befürchtungen der Kritiker bestätigt, die schon damals ein unkalkulierbares Sicherheitsrisiko in ihm sahen. Doch wo Menschen Entscheidungen trafen, da geschahen nun einmal Fehler. Von Bedeutung war nur, was man daraus lernte und wer am Ende des Kräftemessens übrig blieb. Millner richtete die Pistole auf Nathans Rücken und zielte und drückte ohne zu zögern ab.

Der massige Programmierer wurde nach vorn gegen die Monitore geschleudert und schlug mit dem Gesicht auf die Tastatur. Sein Stuhl drehte sich unter ihm zur Seite, kippte um und riss ihn mit sich zu Boden. Millner musste nicht erst die Trefferanalyse abwarten, um zu erkennen, dass die Schüsse tödlich waren. Es war nur noch eine Frage der Zeit, bis Nathan seinen Verletzungen erlag. Er steckte die Waffe zurück unter sein Jackett und zog die Apartmenttür heran. Dann ging er zum Küchentisch und legte den Aktenkoffer darauf ab. Er zog einen Datenstick aus der Tasche und schloss ihn an einen der Rechner an. Im nächsten Augenblick färbten sich etliche Monitore schwarz, und die zahlreichen geöffneten Fenster verschwanden eines nach dem anderen, um den Weg für ein Reinigungsvirus frei zu machen. Binnen weniger Sekunden begann das Virus damit, sämtliche Festplatten und sonstigen Speichermedien zu ermitteln, zu löschen und sicherheitshalber auch noch mit irgendwelchem Unsinn zu überschreiben.

Millner wandte sich zu Nathan um, der zwar in einer stetig wachsenden Blutlache lag, aber noch immer nicht tot war. Er bewegte sich wie in Zeitlupe. Seine Finger versuchten nach dem Stuhl zu greifen und sich daran festzuhalten. Millner beobachtete ihn eine Weile dabei. »Es tut mir leid, dass es so enden muss«, sagte er schließlich. »Wirklich. Wir hätten dich dringend gebraucht.«

Nathans Augen wanderten nach oben, und ihre Blicke begegneten sich. Millner beugte sich über ihn, drehte ihn auf den Rücken und tastete seine Hemdtaschen ab. Er fand einen Datenstick und einen altertümlichen Schreibstift und steckte den Datenstick ein. Dann durchwühlte er Nathans Hosentaschen und drehte ihn wieder zurück auf den Bauch und tastete ihn noch einmal gründlich von oben bis unten ab. Als er fertig war, richtete er sich auf und ließ den Blick durch das Apartment wandern. Er stieg über Nathan hinweg und durchwühlte die Unterlagen auf dem Schreibtisch. Dann fuhr er mit den Fingern die Unterseite der Schreibtischplatte entlang und durchsuchte nacheinander alle Schränke und Schubladen. Danach überprüfte er auch das Bad und die Küchenzeile. Auf der Ablage stand ein zusammengeklappter Rechner, dessen Festplatte er ebenfalls mit einem Virus infizierte. Er gab sich keine Mühe, seine Spuren zu verwischen. Wenn die Leiche gefunden wurde, war es ohnehin nicht mehr von Bedeutung. Wichtig war nur, dass sämtliche elektronischen Geräte vernichtet wurden.

Er ging zurück zum Küchentisch und klappte den Aktenkoffer auf. Dann entdeckte er den Kaffeeautomaten. Er wählte einen Espresso aus und drückte auf Start. Anschließend hob er einen kleinen schwarzen Kasten aus dem Koffer und stellte ihn auf den Küchentisch, klappte die Abdeckung auf und tippte einen Code in das darunterliegende Zahlenfeld ein. Er machte noch einige Feinjustierungen, klappte die Abdeckung wieder zu, ging zum Kaffeeautomaten und zog die Tasse heraus. Nach einem Schluck nickte er Nathan anerkennend zu. Der Espresso war ausgezeichnet. Die Kaffeebohnen, die der Programmierer verwendete, mussten ein Vermögen gekostet haben. Vermutlich eine der neueren Marszüchtungen. Er trank die Tasse leer, stellte sie zurück in den Automaten und wählte das Spülprogramm. Dann hob er den Aktenkoffer auf, sah sich noch mal um und verließ das Apartment.

Als er bereits auf dem Weg nach draußen war, hielt er noch einmal an. Er kehrte um und ging vor Nathan in die Hocke.

Der Programmierer starrte ihn an und bewegte lautlos die Lippen. Aus seinem Mundwinkel tropfte Blut auf den Boden. Millner beugte sich nach vorn und flüsterte ihm ins Ohr: »Du fragst dich nach dem Warum, nicht wahr? Aus welchem Grund das alles hier geschieht. Um ehrlich zu sein, es ist ...«, er suchte nach den richtigen Worten, »... kompliziert, wie man so schön sagt. Es hat mit Hoffnung zu tun. Mit der Hoffnung auf eine bessere Zukunft. Nicht für dich natürlich, aber du wirst nicht umsonst gestorben sein. Das verspreche ich dir. Dein Opfer ist genauso viel wert wie das der anderen. Vielleicht sogar noch ein ganzes Stück mehr, denn du warst einer von uns. Wir werden dich in den nächsten Monaten und Jahren schmerzlich vermissen. Ich hoffe wirklich, dass du ...« Er brach ab und sah Nathan in die Augen, die jetzt blicklos ins Leere gerichtet waren. Seufzend legte er ihm die Hand auf die Schulter. Nach einer Weile stand er auf und verließ das Apartment.

Als er bei seinem Fahrzeug angekommen war, betätigte er den Zünder, und der kleine schwarze Kasten auf dem Küchentisch explodierte und zerstörte sämtliche elektronischen Geräte im Umkreis von fünfzig Metern. Ein Werbedisplay mit dem Hologramm des Klein-Pariser Eiffelturms flackerte kurz auf und erlosch. Sonst war von der Wirkung der Explosion nichts zu bemerken.

16

SIEBEN SCHALEN DES ZORNS

Robert Horton saß vor der geöffneten Luke des Containers und fluchte lautstark. »Ihr wollt mich nicht zum Märtyrer machen. Alles klar. Leck mich doch am Arsch! Und was zum Teufel soll dann das hier sein?«

»Ich verstehe die Frage nicht, Bob.«

»Das da!« Horton deutete wütend in den Container. »Verschissene Darwinsonden, Süße! Sie haben uns den Scheiß genauso an den Arsch gehängt wie allen anderen! Das heißt ja wohl, dass sie uns verarscht haben. Die lassen uns draufgehen, wie alle anderen!«

»Deine Angaben sind verwirrend, Bob. Ich registriere keine Darwinsonden«, entgegnete LouAnn ehrlich verwundert. Ihr Hologramm erzeugte die Illusion, dass die AVA in den offenen Container sah und ihm dabei das in ihre üblichen Daisy Dukes gekleidete Hinterteil demonstrativ entgegenstreckte.

Horton verzog das Gesicht. »Verflucht, bist du blöde, oder was? Sie sind direkt vor dir!« Er zog sich durch den Schleusenring in den Container, halb versucht, gegen die nächststehende Sonde zu treten. Der Selbsterhaltungstrieb hielt ihn jedoch davon ab. Nicht einmal er war dämlich genug, gegen eine Bombe zu treten. Nicht in einem Raum voller Bomben. »Verdammte Scheiße«, knurrte er stattdessen und ballte in hilfloser Wut die Fäuste. »So nicht. Das könnt ihr nicht machen. Nicht mit mir.« Er zwinkerte dreimal in schneller Folge, um die Kamera in seinem Auge zu aktivieren. »Dieses Spiel kann ich auch spielen. Wollen wir doch mal sehen, wie es euch schmeckt, wenn wir eure Apokalypse ausfallen lassen. LouAnn, gib mir eine ... gib mir eine Verbindung zu Kapitän Mansoor. Die hat einen Space Marshal an Bord, soweit ich weiß.«

Das Hologramm nickte und begann intensiv auf ihrem Kaugummi zu kauen, wie immer, wenn sie Wartezeit zu überbrücken hatte. »Ich bekomme keine Antwort, Bob«, sagte sie dann. »Im Moment nimmt die *Zenobia* keine Anrufe entgegen.«

Horton fluchte erneut. »Gut, Süße, dann nimm eine Nachricht auf. Priorität Alpha. Stell sie ihr so schnell wie möglich zu. Direkt an sie, keine Umwege. Aufnahme.«

LouAnn hörte auf zu kauen. »Aufnahme läuft.«

Horton räusperte sich. Er starrte auf die Reihen über Reihen von Sondencontainern, die mit Abwurfverschlüssen vertäut waren. In der rechten oberen Ecke seines Blickfelds glomm sanft ein rotes Licht, das anzeigte, dass die Aufnahme lief. Sein bärtiges Gesicht starrte als schwache Spiegelung von der Innenseite seines Helmdisplays zurück. Es sah müde aus. »Käptn Mansoor«, begann er schließlich. »Horton hier. Käptn Horton. Von der *Charlevoix*. Ich gebe es wirklich ungern zu, aber der Bohnen... Peréz hatte recht. Mit so ziemlich allem. Es gibt wirklich jemanden, der Bomben im gesamten Konvoi platziert hat. Darwinsonden. In jedem Schiff. Auch in meinem. Und so war das nicht abgemacht. Ich meine, die haben mir versprochen, dass ich zu den einhundertvierundvierzigtausend Auserwählten der neuen Welt gehören werde. Aber daraus wird nichts, wenn ich tot bin.« Er stockte, als ihm klar wurde, dass seine Stimme belegt klang. Für einen Moment stieg ein heißes Gefühl in ihm auf, das seine Wangen kribbeln ließ und in seinen Ohren rauschte. Er blinzelte und stellte fest, dass sein Mund trocken geworden war. War das … Panik? Er schluckte. Dann aktivierte er das MedSet seines Anzugs. Eine Nadel glitt in seinen Hals und verabreichte ihm eine Ladung AMP. Augenblicklich breitete sich kühle Ruhe in ihm aus. Horton atmete tief durch, und als er erneut sprach, war der Unterton weitgehend aus seiner Stimme verschwunden.

»Kennen Sie sich mit der Heiligen Schrift aus, Mansoor? Wohl nicht, oder? Sind ja vermutlich Moslem oder Hindu oder irgend so was Arabisches. Passen Sie gut auf, Lady. Ich erzähl Ihnen jetzt eine Geschichte. Eine der wichtigsten Geschichten überhaupt. Als die Erde – irgendwann, vor ein paar Tausend Jahren, was weiß ich – jedenfalls, als sie irgendwann mal überbevölkert war mit gottlosen Menschen, mit Mischlingen und Missgeburten, als niemand mehr an den Herrn glaubte, da platzte dem Herrn der Kragen. Er suchte nach gottesfürchtigen, gerechten, aufrechten Leuten. Und wissen Sie, wie viele er unter den ganzen Arschlöchern, die die Erde verstopften, fand? Eine gottverdammte gerechte Familie. Eine! Die von einem Kerl namens Noah. Noah und sein Clan waren die einzigen Gerechten auf der ganzen verdammten Welt. Also sagte der Herr: Scheiß auf den Laden. Wir spülen den ganzen Mist weg und fangen noch mal neu an. Noah, bau eine

Scheiß-Arche. So einen riesigen Kasten, in dem du Exemplare von allen Tieren und allen Pflanzen und Scheiß sammelst, und dann schließ dich mit deinen Leuten ein, und, was weiß ich, sucht euch noch ein paar Mädels aus für deine Jungs. Denn ich werde die ganzen Bastarde jetzt ersäufen. Und das machten sie. Der Herr setzte die ganze Welt unter Wasser und ersäufte alles, um Platz für die Würdigen, die Gottgefälligen zu machen, die dann die Erde wieder mit den Beständen aus der Arche bevölkerten.« Horton grinste. Sein Spiegelbild grinste zurück – etwas zu breit, und Horton fiel auf, dass seine Pupillen reichlich groß wirkten. Außerdem waren seine Worte vielleicht ein wenig verwaschen. Dafür war die Panik weg. Er zuckte mit den Schultern. »Fällt Ihnen da was auf? Irgendjemand hat in den letzten Jahren eine verdammte KI auf den Mond gesetzt, die sie NOAH nennen. Und NOAH ist auch noch die Flugkontrolle. Er bestimmt, wer wann wohin fliegt. Verstehen Sie? Er bestimmt, wer zur Arche gehört und wer nicht.«

Ein Lachen stieg in ihm auf, und er wusste, dass er mit Sicherheit ein wenig irrsinnig klingen würde. Also unterdrückte er es. Jetzt war nicht die Zeit dafür.

»Wissen Sie, der Herr versprach damals auch, dass er nie wieder eine Flut schickt, um die Erde zu reinigen. Das heißt aber nicht, dass er den verschissenen Planeten nicht anders säubern wird. Das ist keine Frage – wir wissen, dass es kommt. Dazu müssen wir nur ganz nach hinten in die Offenbarung blättern. Dort steht, dass die Engel Schalen über der Erde ausgießen. Eine ganze Handvoll Engel, mit einem Haufen Schalen. Schalen des Zorns. Das Meer wird sich in Blut verwandeln, die Luft wird sich in Hitze und Feuer und Dunkelheit verwandeln, und die Erde verwandelt sich. Die ganzen armen Schweine, die dann noch dort unten sind, werden elendig verrecken. Alles in allem wird es eine große Sauerei und ein großes Sterben, aber nach einer Weile wird die Erde besser als je zuvor. Und das wird der Moment, in dem die Einhundertvierundvierzigtausend, in dem *wir* auf die Erde zurückkehren, um sie rechtmäßig in Besitz zu nehmen.«

Er schnaubte, versetzte der nächststehenden Sonde einen frustrierten Hieb und zuckte dann zusammen, als ihm bewusst wurde, dass er soeben auf einen scharfen Sprengsatz eingeschlagen hatte. Nach einigen langen Sekunden holte er tief Luft. »Zumindest ist es das, was sie mir versprochen haben. Plätze für meine Familie und mich unter den Einhundertvierundvierzigtausend. Dass ich einer der verdammten Engel sein würde, war nicht Teil der Abmachung.« Er verzog das Gesicht. »Was habe ich davon, wenn die Erde aufersteht, wenn ich nicht dabei bin? Ich bin kein Märtyrermaterial. Ich bin kein verdammter Bibelfanatiker. Ich kenne das Ding nicht mal auswendig. Ich will einfach nur nicht sterben, verstehen Sie? Aber sie, also die Leute hinter NOAH, die hinter allem, die haben nicht nur euch beschissen. Sie bescheißen uns alle. NOAH bescheißt uns.«

Horton lachte jetzt doch auf. »Sehen Sie, ich dachte, ich wäre NOAHs Kontaktmann hier. Aber wie sich herausstellt, ist der dumme Truckdriver aus Louisiana doch nur ein Handlanger. NOAH hat einen anderen Kontaktmann hier. Im Konvoi. Kann nahezu jeder sein. Okay, Sie nicht und Peréz nicht, da bin ich mir sicher. Sie haben das Ganze erst aufgebracht. Aber alle anderen … Jedenfalls: Sie haben den UA-Marshal an Bord. Reden Sie mit ihr. Wahrscheinlich ist sie die Einzige, die genug Befugnisse hat, um die verschissene Flugkontrolle zu überschreiben und uns hier rauszuholen. Ich für meinen Teil habe mich aus dem Verband ausgeklinkt und die *Charlevoix* auf manuelle Steuerung umgestellt. Sie ist mein Schiff, und ich habe den einen oder anderen Trick eingebaut, den *die* nicht kennen. Ich werde jedenfalls keine Scheiß-Schalen irgendwohin fliegen. Ich wünsch Ihnen Glück. Sie werden es brauchen.« Horton dachte noch einen Moment nach, aber letztendlich fiel ihm nichts mehr ein, was noch zu sagen wäre, also beendete er die Aufnahme. »Absenden.«

LouAnn drehte sich um und sah ihn direkt an. »Senden nicht möglich.«

»Was?« Horton starrte in ihr Gesicht und stellte fest, dass es ausdrucksloser war als sonst. Kälte kroch seinen Nacken hinauf, als hätte er soeben eine zweite Injektion bekommen. Allerdings war kein Stich erfolgt.

»Senden nicht möglich«, wiederholte LouAnn monoton. »Das Absenden dieser Nachricht verstößt aufgrund ihres Inhalts gegen die Sicherheitsbestimmungen dieses Flugs. Eine Kopie wird abgelegt und für eine spätere disziplinarische Begutachtung der Flugsicherung überstellt.«

Horton schnappte nach Luft. »Was soll … Moment. Habt ihr Wichser meinen Helm abgehört? Ihr habt LouAnn gehackt?«

Das Hologramm ließ keine Regung erkennen. »Kapitän Horton, Sie haben gemäß den Regularien des Konvois Ihre Kompetenzen überschritten und stehen im Verdacht, konspirative Nachrichten versenden zu wollen, mit dem Ziel, den ordnungsgemäßen Flugverkehr zu stören. Dies wird gegebenenfalls als Eingriff in den interplanetarischen Raumverkehr gewertet. Sie befinden sich darüber hinaus in einem Bereich, für den Sie keine Autorisierung besitzen. Bitte verlassen Sie das Areal umgehend. Ein entsprechender Vermerk wird in Ihrer Akte angelegt.«

»Was zum Teufel?« Horton ballte die Fäuste. »Das ist mein verdammtes Schiff! Und ihr habt kein Recht …«

LouAnn starrte ihn ausdruckslos an. »Bitte verlassen Sie das Areal umgehend«, wiederholte sie im exakt selben Tonfall. »Oder wir werden entsprechende Maßnahmen zur Sicherheit des Schiffs ergreifen.«

Horton sah sich wuterfüllt um, dann zog er sich durch die Schleuse zurück in den zentralen Schacht. Direkt hinter seinen Füßen schloss sich das schwere Stahlschott des Containers, knapp genug, um ihn erneut fluchen zu lassen. »Was soll das werden, hm? Ihr wisst, dass ihr mein Schiff nicht übernehmen könnt. Ich habe euch vorhin ausgesperrt. Die *Charly* fliegt momentan manuell, und das wird sich auch nicht ändern. Nicht, solange wir zu keiner Einigung kommen!« Instinktiv starrte er in eine der Sicherheitskameras im Korridor. Es kam ihm vor, als würde die schwarze Linse zurückstarren, kalt und fremd wie ein Insektenauge.

Das Hologramm seiner AVA flackerte im Schacht direkt über ihm wieder in sein Sichtfeld zurück. Es sah auf ihn herab. »Sie haben sich als unzuverlässiger Partner erwiesen, Mister Horton.« Es war nicht die Stimme LouAnns, sondern die sanfte, sachliche Männerstimme NOAHs, die aus dem Mund des Hologramms zu kommen schien, was dem Ganzen eine surreale Note verlieh. »Wir hatten eine Abmachung, Mister Horton. Sie sind gewarnt worden. Wenn Sie sich weiterhin weigern, sich an unsere Anweisungen zu halten …«

»Du kannst mich mal am Arsch lecken!«, bellte Horton, laut genug, um seinen Helm dröhnen zu lassen.

»… sind wir gezwungen, Sie zur Sicherheit des Konvois aus dem Verkehr zu ziehen«, fuhr NOAH ungerührt fort.

»Fick dich«, stellte Horton fest. Er trat in den Transportschacht und ließ sich nach unten in Richtung des nächsten Schotts fallen, ohne sich erst anzuleinen. Er bremste seinen Fall nur notdürftig an den Leitern und landete schwer auf dem geschlossenen Schott zum nächsten Abschnitt. »Schott öffnen.« Das Kommando kam automatisch, doch weder seine AVA noch das Schiff selbst reagierten. Horton grunzte. Er öffnete die Abdeckung neben dem Schott, hinter der ihn eine Anzeige aufforderte, seinen Autorisierungscode einzugeben. »Na klar. Und du meinst, auf dieses Spiel lasse ich mich ein?« Horton zog einen Chip aus einer Tasche und schob ihn in einen Slot. Die Aufforderung verschwand, und das Schott glitt zur Seite. »Ich habe doch gesagt, es ist mein Schiff. Da müsst ihr schon früher aufstehen.« Er sprang in den Schacht und ließ sich an den Leitern hinab in die Tiefe gleiten.

»Es wurde ein weiterer Verstoß registriert, Kapitän Horton. Ein Überschreiben der Flugsicherheitsprotokolle durch nicht lizenzierte Software ist nicht gestattet.«

Ein scharfer Einstich im Hals ließ Horton zusammenzucken. »Was …?« Das MedSet seines Anzugs erwachte zum Leben und pumpte irgendetwas in seine Blutbahn. Instinktiv griff er sich an den Hals, bekam jedoch nur den Versiegelungsring seines VacSuits zu fassen. »Was habt ihr …« Seine Finger fühlten sich plötzlich taub an, und seine Sicht begann zu verschwimmen, während ihm gleichzeitig bewusst wurde, dass er noch immer den Schacht hinabfiel. »Ihr dreckigen …!« Seine

Zunge wurde schwer, und die Finger der zweiten Hand verloren den Leiterholm aus dem Griff, als sich die Taubheit weiter in seinem Körper ausbreitete. Er kam ins Trudeln, schlug gegen die Schachtwand, prallte ab, überschlug sich und trudelte die zwanzig Meter hinab, dem fernen Schott des nächsten Abschnitts zu. Sein rechter Arm verfing sich in einer der Leitern; der Ruck brachte ihn für einen kurzen Moment zum Halten, bevor er abrutschte und mit seltsam verdrehtem Ellbogen erneut fiel. Dumpf registrierte Horten, dass er eigentlich Schmerzen spüren sollte, doch da war nichts. Nichts als das nächste Schott, das von unten auf ihn zuraste. Ja, er fiel nur in einem Drittel der Erdanziehungskraft. Dennoch würde der Aufschlag nach mehr als zehn Metern Fall wehtun. Kurz bevor er auftraf, glitt das Schott beiseite. Der massige Pilot krachte hart auf die Kante des Schottrings und spürte irgendwas in seinem Brustkorb brechen, jedoch ohne dass die Schmerzen bei ihm ankamen. Dann rutschte er ab und fiel erneut weitere dreißig Meter in die Dämmerung. Noch während er mit der Schachtwand kollidierte, spürte er erneut die Nadel des MedSets in seinem Hals, und irgendetwas flutete sein Blut und sein Bewusstsein. Den nächsten Aufschlag spürte er bereits nicht mehr.

Im selben Augenblick glitt im Cockpit der *Charlevoix* ein Panel zur Seite. Die Rotoren einer Wartungsdrohne erwachten zum Leben, und das etwa handballgroße Flugobjekt schwebte zum Navigationspult des Schiffs. Ein Arm klappte aus und begann, eine Zeichenfolge in eine der manuellen Tastaturen einzugeben. Dann stieg die Drohne auf. Über dem Pilotensitz Hortons war eine altmodische Schlüsselkette befestigt, an der neben einem abgewetzten, antiken Plastikpelikan ein unscheinbarer Datenstick im Luftzug der Rotoren baumelte. Die Drohne löste den Stick geschickt von der Kette und schob ihn in einen Slot der Tastatur. Mit einem Blinken erwachte der Hauptmonitor aus seinem Stand-by-Schlaf. »Manueller Flugmodus deaktiviert«, erklärte NOAH an niemanden gerichtet, während die Drohne wieder in ihr Wartungskabinett zurückkehrte. »Steuerung des Raumtransporters *Charlevoix* an Flugkontrolle übertragen.«

17

HALLO SAL

Seit einer ganzen Weile steckten Sal und Bran in der Schnellbahn zwischen Chinatown und New Angeles fest. Es hieß, dass sich oben auf der Straße irgendwo ein Schnelllaster quer gelegt und dabei eine Schaltanlage zerstört hatte. Irgendein Notbremssystem sollte versagt haben oder ein Ampelsystem oder etwas in der Art. So genau wusste das bislang keiner. Unglücke passierten nur selten aufgrund eines einzigen Fehlers. Meist war eine Verkettung unglücklicher Umstände schuld. Ein ausgefallener Sensor, eine schlecht gewartete Steuerung oder menschliches Versagen. Kleine Ursachen mit großer Wirkung eben.

Viele Passagiere hatten ihre Sitzplätze verlassen und spazierten ziellos durch die Gänge. Einige andere diskutierten angeregt mit ihren Leidensgenossen oder versuchten, eine Verbindung mit dem Netz herzustellen. Größere Störungen waren selten geworden, seit die Mond-KI die Verkehrssteuerung übernommen hatte. Sie weckten Kindheitserinnerungen an Urlaubsreisen auf der Erde. *Erinnerst du dich noch an 2047, als auf dem Schnellweg zwischen Barcelona und Madrid das komplette Stromnetz zusammengebrochen war und wir acht Stunden lang im Stau standen? Sie haben sogar Rettungswagen geschickt, mit Wasser und Eis.* Sal schnaufte. Als wäre das eine verdammte Kriegsgeschichte ... Sie hatte ganz und gar kein gutes Gefühl bei der Sache. Sie standen nun schon viel zu lange sinnlos hier herum. Zum wiederholten Mal hatte sie versucht, Nathan zu erreichen, aber wie alle anderen bekam auch sie einfach keine Verbindung zum Netz zustande. Sie lehnte sich im Sitz zurück und schloss die Augen.

Kalil hatte ganz genau gewusst, dass sie nicht im Dienst gewesen war, und der Gangsterboss wusste auch, dass sie keine Aufzeichnungen machte. Das war kein Bluff von ihm gewesen. Er war höchstwahrscheinlich sogar über Brans Festnahme informiert und auf ihr Kommen vorbereitet. Er hätte von vorneherein nicht mit ihr reden müssen, und selbst dann hätte er sie immer noch jederzeit spurlos verschwinden lassen können, wenn ihm nicht gefiel, was sie zu sagen hatte. Sie hatte es im ersten Augenblick zwar nicht verstanden, aber in Wahrheit wollte er unbedingt, dass sie mit ihm redete. Dass sie mit dem Stock kräftig im Tümpel herumstocherte. Er hatte sie sogar regelrecht dazu aufgefordert. Kalil wusste über die Bomben Bescheid, oder zumindest ahnte er etwas. Egal was es war und was sonst noch dahintersteckte, es hatte ihn so sehr beunruhigt, dass er sogar gewillt war, seine ärgsten Feinde darüber in Kenntnis zu setzen. Der einzige Grund, ihr nicht seine Auftraggeber zu verraten, war entweder tatsächlich sein seltsames Verständnis von Ganovenehre gewesen oder schlicht und ergreifend: Angst. Darum diese alberne Scharade in seinem Büro. Er wollte oder konnte ihr zwar nichts verraten, doch auf der anderen Seite wollte er auf keinen Fall, dass sie lockerließ. Sie strich sich mit beiden Händen über die Haare und schüttelte verzweifelt den Kopf. Was zum Teufel ging hier nur vor?

»Das ist der Fels«, sagte Bran. »Der blockiert die Signale. Man möchte ja meinen, dass sie zu Beginn des zweiundzwanzigsten Jahrhunderts endlich mal ein stabiles Netz zustande bringen, aber hier unten ist einfach alles scheiße. Die Datenübertragung ist so mies, dass du an manchen Tagen nicht einmal eine ordentliche HoloSim zustande bekommst. Manchmal habe ich den Eindruck, dass sie uns absichtlich ausbremsen.« Er zuckte mit den Schultern. »Na ja, mir soll es ja recht sein. Ich schaue mir ohnehin viel lieber alte Fernsehserien an. Man lernt dabei eine ganze Menge über das Leben im zwanzigsten Jahrhundert. Wusstest du zum Beispiel, dass damals ein Klingone in der Sternenflotte gedient hat?«

Sal nickte. »Ich hatte Nahkampfausbildung bei einem. Auf der Mondorbitalstation.« Sie stand auf und ging zum Fenster und verdrehte den Kopf, um besser nach vorn schauen zu können. Die Ampelanlage ein paar Meter weiter vorn stand noch immer auf Rot. Eine leidenschaftslose Stimme verkündete eine weitere Verzögerung um zehn Minuten. Sal stieß einen Fluch aus. Im Kopf überschlug sie, wie lange sie hatten, bis der Konvoi den Mondorbit erreichte. Knapp über zwei Tage vermutlich. Und sie hatte noch immer keinen blassen Schimmer, was das am Ende bedeuten würde.

Als sie mit mehreren Stunden Verspätung endlich Marginis erreichten, wusste Sal sofort, dass etwas nicht in Ordnung war. Es war mitten in der Nacht, und vor dem Wohnblock stand die halbe Nachbarschaft auf der Straße versammelt.

Vor der Zufahrt parkten mehrere Einsatzdrohnen der Feuerwehr, und an einem Verteilerkasten schraubte ein Elektriker herum. Zwei Polizisten standen daneben und verspeisten Donuts.

»Was ist los?«, fragte Sal, während sie ihre ID präsentierte.

»Totaler Stromausfall«, sagte der Elektriker. Er stand auf und wischte sich die Hände an den Hosenbeinen ab. »Hier ist wirklich alles durchgebrannt, was nur durchbrennen konnte. Ich habe so etwas bislang noch nicht gesehen. Als hätte jemand einen Abraumbagger an die Haussteckdose angeschlossen …«

»Dann müssen wir wohl nur noch nach dem Verlängerungskabel suchen«, sagte einer der Polizisten kauend, »und schon haben wir den Übeltäter.«

Sal und Bran betraten das Gebäude, und Sal knipste eine Taschenlampe an und schwenkte sie über den Flur. Der Großteil der Deckenleuchten war zersprungen, und aus der Belüftungsanlage stank es nach verbranntem Plastik. Sie hasteten die Treppe hinauf in den vierten Stock. Hin und wieder kamen ihnen Hausbewohner entgegen. Sal musterte jeden ganz genau.

»Es könnte Zufall sein«, sagte Bran.

»Erinnerst du dich an den letzten Stromausfall dieser Art in New Angeles?«

»Nein.«

»Genau«, sagte Sal.

Sie liefen den dunklen Flur hinunter bis zu Nathans Wohnung. Schon von Weitem sah Sal, dass die Tür nur angelehnt war. Sie hatte sie noch niemals zuvor offen vorgefunden. Dafür war der Programmierer viel zu paranoid. Selbst der Stromausfall konnte die Verriegelung nicht gelöst haben, denn Nathan besaß ein Notstromaggregat, das gleich mehrere Tage überbrücken konnte. Als sie das aufgesprengte Schloss sah, zog sie Bran zur Seite und zückte ihre Waffe. Sie lauschte einen Augenblick lang an der Tür und stieß sie dann mit der Waffe im Anschlag auf.

Nathan lag auf dem Bauch neben seinem umgestürzten Schreibtischstuhl. Er hatte zwei Schusswunden im Rücken und war von einer großen Blutlache umgeben. Sein Kopf war zur Seite gedreht, und die Augen starrten blicklos ins Leere. Sals Hände begannen zu zittern. Sie musste sich zusammenreißen, um die ganze Polizeiroutine abzuspulen, die ihr für so eine Situation antrainiert worden war. Sie prüfte alle Ecken, in denen sich jemand verstecken konnte, schaute im Badezimmer und in den Kleiderschränken nach und warf sogar einen Blick unter den Küchentisch, ehe sie die Waffe zurück ins Holster steckte und zu Nathan stolperte. Sie legte die Fingerspitzen an seinen Hals und fühlte den Puls, obwohl sie bereits wusste, dass es zwecklos war. Niemand überlebte den Verlust einer so großen Menge Bluts. Sie ließ die Hand sinken, richtete sich auf und schaute mit Tränen in den Augen auf ihn herunter. Unter dem Hemd trug Nathan sein zerschlissenes Shirt mit dem Spruch »I want to believe«, der aus einer alten Fernsehserie stammte, die keiner außer ihm mehr kannte. Sie fragte sich, ob Nathan vielleicht an Gott glauben wollte und ob er sich jetzt an genau dem Ort befand, den er sich immer vorgestellt hatte.

»Ist er das?«, fragte Bran. »Ist das dein Computermagier?«

»Sein Name ist Nathan.«

»Nathan.« Bran nickte. »Tut mir leid.«

In hilfloser Wut ballte sie die Fäuste. »Dafür wird Kalil büßen ...«

Bran schüttelte den Kopf. »Kalil ist ein Arschloch, aber das hier ist nicht sein Stil. Da stecken andere dahinter. Leute, vor denen selbst er Angst hat. Ich habe dich gleich gewarnt ...«

Ihr Schlag schleuderte ihn regelrecht gegen die Wand. Er war ein Leichtgewicht, und sie war zornig, und die geringe Schwerkraft tat ihr Übriges. Sie packte ihn am Kragen und zerrte ihn zurück auf die Beine. Er versuchte, sich aus ihrem Griff zu befreien, aber gegen ihren bionischen Arm hätte er auch unter anderen Umständen keine Chance gehabt. »Wer war das?«, zischte sie ihm ins Ohr. »Wer hat ihn umgebracht?«

Bran stieß ein Röcheln aus. Seine Hände klammerten sich verzweifelt um ihr Handgelenk. »Ich ... ich weiß es nicht.«

»Sag es mir!«

»Ich weiß es nicht, verdammt noch mal. Nicht mal Kalil weiß das so genau. Vielleicht irgendein Verbrechersyndikat oder ein verrückter Diktator oder irgendeine verfickte Regierung. Ich habe keine Ahnung. Ich verdiene meine Coins mit dem Verkauf von Tabletten.« Bran zog die Nase hoch. »Ehrlich, ich hätte mich von Anfang an nicht darauf einlassen sollen. Wahrscheinlich bin ich auch schon auf ihrer Liste, genauso wie du. Wahrscheinlich sind wir die Nächsten, die in so einer Blutlache auf dem Boden liegen.«

Sal starrte ihn einen langen Augenblick wütend an. Es fiel ihr verdammt schwer, sich zu beruhigen, aber schließlich schloss sie die Augen und atmete tief durch. Sie musste die Finger ihrer bionischen Hand gewaltsam mit der Linken von seinem Kragen lösen, trat einen vorsichtigen Schritt zurück und räusperte sich. »Ich … es tut mir leid. Ich habe die Kontrolle verloren.«

Bran nickte, während er sich das Shirt gerade zog. »Schon gut. Ich bin es gewohnt, dass mich andere für die Dinge verantwortlich machen, die in ihrem Leben schiefgelaufen sind. Meine Kunden sind da nicht viel anders.«

»Du bist echt ein Arschloch«, murmelte Sal. Sie wischte sich mit dem Handrücken den Rotz von der Oberlippe und sah sich in dem völlig zerstörten Raum um. »Mach dich mal nützlich und schau nach, ob du noch etwas Brauchbares finden kannst.«

»So wie es aussieht, haben das bereits die anderen getan.«

Hilflos zuckte Sal mit den Schultern. »Vielleicht haben sie ja etwas übersehen …« Sie ging vor den Rechnern in die Hocke und probierte sie nacheinander aus. Danach prüfte sie sämtliche anderen elektronischen Geräte im Raum, aber eines war so tot wie das nächste. Sie lief zur Küchenzeile, öffnete den zusammengeklappten Rechner und betätigte den Schalter. Dann öffnete sie sämtliche Schubladen und Schranktüren und suchte nach Geheimfächern oder Freiräumen, hinter denen sich etwas verbergen konnte. Sie ging sogar ins Badezimmer und schaute im Medizinschrank und in der Duschkabine nach. Dann kam sie zurück ins Apartment, prüfte noch einmal jede Ecke und durchwühlte sicherheitshalber auch den Stapel schmutziger Kleidung und das Bett. Sie kniete sich hin, sah unter dem Bett nach und hob die Matratze an. Sie ließ sie zurückfallen, richtete sich auf und atmete tief durch. Schließlich hockte sie sich wieder zu Nathan auf den Boden.

Zu dem unförmigen Sack Fleisch, der bis vor wenigen Stunden noch ein lebendiger Mensch gewesen war. Ein Mensch, der ihretwegen sterben musste. Sie spürte, wie ihr erneut die Tränen in die Augen stiegen. Wann hatte sie eigentlich das letzte Mal geweint? Als ihre Großmutter gestorben war? Sie war einhundertundvier Jahre alt geworden, und sie hatten in den letzten Jahren nicht mehr wirklich viel Kontakt gehabt. Als ihre Beerdigung stattfand, hatte sich Sal gerade dreizehntausend Kilometer entfernt in Kapstadt herumgetrieben. Ihre Eltern hatten extra eine HoloSim gemietet, damit die ganze Verwandtschaft an der Zeremonie teilnehmen konnte, ohne erst umständlich anreisen zu müssen. Sie hatte also irgendwo in China als Hologramm auf einem verregneten Friedhof in der Kälte gestanden, während es in ihrer Wirklichkeit in Kapstadt an diesem Tag gerade neunundzwanzig Grad im Schatten hatte und sie eine halbe Stunde zuvor vom Strand gekommen war. Die ganze Situation war ihr damals einfach zu absurd erschienen, als dass sie so etwas wie echte Trauer empfinden konnte.

Sie hatte Nathan wirklich gemocht. Wahrscheinlich, weil er genauso ein emotionaler Krüppel gewesen war wie sie. Er hatte es verdammt noch mal nicht verdient, so auf dem Boden zu liegen, mit zwei blutigen Löchern im Rücken und starrem Blick. Wenn sie nur wüsste, wen diese Augen noch gesehen hatten, kurz bevor das Licht in ihnen verloschen war. Wer hatte Nathan umgebracht? Sie streckte die Hand aus und versuchte die Lider zu schließen. Es klappte nicht. Die Leichenstarre hatte schon eingesetzt.

Bran beugte sich neben ihr nach unten. Er hob einen länglichen Gegenstand auf und hielt ihn vor sich in die Höhe. »Was ist das?«

»Ein Schreibstift.«

»Wer benutzt so etwas?«

»Nathan.« Sal zuckte mit den Schultern. Was spielte das jetzt noch für eine Rolle? Nathan war tot. Er würde nie wieder schreiben können.

Sie runzelte die Stirn. Dann erhob sie sich und sah sich noch einmal ganz genau um. Sie brauchte eine Weile, doch schließlich fand sie, was sie suchte: Nathans kleines rotes Notizbuch. Es lag halb unter dem Drehstuhl verborgen auf dem Boden. Vermutlich hatte es der Mörder deshalb übersehen. Oder er hatte es nicht für wichtig genug befunden, um es sich anzuschauen. Kein Mensch schrieb heutzutage mehr in Notizbücher – kein Mensch außer Nathan natürlich.

Auf dem Einband hatte das Buch ein paar Blutspritzer abbekommen, aber zum Glück war es noch gut lesbar. Sie blätterte eine Weile durch die Seiten, die dicht mit Reihen unverständlichen Programmcodes vollgeschrieben waren. Als sie am Ende angekommen war, blätterte sie noch einmal ganz nach vorn und suchte nach irgendetwas, das ihr weiterhelfen konnte. Sie hatte allerdings nicht das Gefühl, dass sie damit weiterkam. Zögerlich zog sie Brans G.Phone aus der Tasche. »Sag mal, hat dieses Ding eigentlich eine Scanfunktion?«

»Äh.« Bran deutete auf das Display. »Hier.«

Sal setzte sich auf den Rand des Betts und legte das Buch auf ihre Knie. Sie hielt das G.Phone über die erste Seite und scannte den Programmcode ein. Dann blätterte sie um und wiederholte die Prozedur auf der nächsten Seite. Das G.Phone brauchte einige Zeit, bis es den Code erkannt hatte. Doch dann begann es, ihn umzuwandeln und zu interpretieren. Als es schließlich mit der Arbeit fertig war, wurde das Display schwarz, und eine einzelne Frage erschien: Verbindung zulassen? Sal bestätigte.

Ein Pfeil erschien und zeigte an, dass Daten aus dem Netz heruntergeladen wurden. Eine ganze Flut sogar, die den mageren Speicher innerhalb von Sekunden bis zum Maximum füllten. Nach einer Weile wurde das Display erneut schwarz, und eine Stimme erklang.

»Hallo Sal.«

Sals Augen wurden groß, und sie stieß einen erschrockenen Laut aus. »Was zum … Nathan?«

»Sein virtuelles Abbild, Sal. Da du gerade mit mir redest, nehme ich an, dass mir etwas zugestoßen ist – es sei denn, du hättest mein Notizbuch gestohlen. Was ich allerdings nicht glaube, da du zu ehrlich für so was bist. Der logische Schluss muss also lauten, dass etwas Unvorhergesehenes passiert ist. Habe ich recht?«

»Ich …« Sie wusste nicht, was sie darauf antworten sollte. Sie warf einen Blick auf den toten Körper zu ihren Füßen. »Ersteres … fürchte ich. Bist … bist du das wirklich, Nathan? Ich meine, wie …?«

»Wie ich bereits sagte, bin ich Nathans virtuelles Abbild. Ein Klon meiner Gehirnstruktur. Ein kleines Hobby, an dem ich in den letzten Jahren gearbeitet habe.«

»Was? Warum?«

Kurze Pause. »Weil ich es kann … konnte. Bist du sicher, dass mir etwas zugestoßen ist?«

Sal seufzte. »Du liegst direkt vor mir. Mit zwei Einschusslöchern im Rücken.«

»Würdest du das G.Phone bitte ein kleines Stück nach

unten richten? Ja, genau so … vielen Dank.« Erneut entstand eine kurze Pause, in der Sal den Eindruck hatte, dass der … der virtuelle Nathan sein totes Vorbild ausgiebig musterte. Als er weitersprach, schien seine Stimme einen bedauernden Unterton angenommen zu haben. »Ich wurde ganz offensichtlich erschossen. Zwei Schüsse. Einer hat meinen Pulmo dexter durchschlagen, der andere meine Columna vertebralis. Bei rechtzeitiger medizinischer Hilfe hätte ich aber möglicherweise sogar überlebt.«

Sal nickte, obwohl sie sich nicht ganz sicher war, ob Nathan das auch mitbekam. »Wer hat das getan?«, fragte sie leise.

»Ich weiß es nicht. Wir hatten uns zuletzt vor etwa vier Stunden synchronisiert. Alles, was danach geschehen ist, entzieht sich meiner Kenntnis.«

»Das ist verdammt unheimlich«, sagte Bran, der fasziniert auf ihn herunterstarrte. »Steckst du wirklich in meinem G.Phone drin?«

»Ich nehme an, dass du Bran Vukovic bist«, sagte die Stimme, die nun Nathans leicht genervten Tonfall annahm, den er immer für besonders ignorante Gesprächspartner übrighatte – also im Grunde für neunzig Prozent der Menschheit. »Natürlich stecke ich nicht wirklich in diesem Gerät. Oder jedenfalls nur zu einem äußerst geringen Teil. Es handelt sich um ein uraltes Modell der Reihe N-8110. Es besitzt nicht einmal ausreichende Kapazitäten, um eine einfache HoloSim am Laufen zu halten. Ich benutze es in erster Linie als Ein- und Ausgabemedium.«

»Hä?«

»Ohren, Augen und Mund. Mein Bewusstsein bewegt sich im Netz. Es nutzt weltweit die Kapazitäten geeigneter Rechnersysteme. Stell es dir einfach wie ein Virus vor. Die dahinterliegende Technik ist im Prinzip schon seit Jahrzehnten bekannt. Aufgrund der Hawkingdirektive zur Entwicklung künstlicher Intelligenzen wurde allerdings die Weiterentwicklung verboten. Es existieren spezielle Sicherheits-KIs, die nur damit beschäftigt sind, so ein Bewusstsein wie meines aufzuspüren und zu zerstören.«

»Heißt das, du bist in Gefahr?«, fragte Sal, der die Frage angesichts des Toten zu ihren Füßen im gleichen Augenblick ziemlich lächerlich vorkam.

»Hörst du mir eigentlich jemals zu, wenn ich dir etwas erzähle, Sal? Ich habe an den Sicherheits-KIs mitprogrammiert.«

»Oh«, sagte Sal. »Dann musst du wohl wirklich Nathan sein.« Sie schnaufte halb amüsiert, zog die Nase hoch und warf einen Blick in die Runde. »Deine Mörder haben jedenfalls verdammt gründlich gearbeitet. Nachdem sie dich erschossen haben, haben sie sämtliche Rechner in deinem Apartment zerstört. Und um ja ganz sicherzugehen, haben sie die gesamte Elektronik rund um den Häuserblock gleich noch mit dazu außer Gefecht gesetzt. Was immer das für ein Wespennest ist, in dem wir da gerade herumstochern, wir machen damit jemanden verdammt wütend.«

»Offensichtlich«, sagte Nathan. »Bist du in der Zwischenzeit bei Kalil weitergekommen?«

»Außer dass er uns am liebsten in den Weltraum hinausgeworfen hätte, nicht viel. Ich bin mir aber ziemlich sicher, dass er wirklich nur der Zwischenhändler ist, so wie er behauptet. Er besitzt die Kontakte zu den Zollbeamten, die die Ladungen überwachen, und höchstwahrscheinlich hat er auch meinen

Bruder für den Transport ausgewählt, weil er sicher sein konnte, dass er die Klappe hält. Jak würde ja niemals die Behörden informieren, wenn ihm etwas ungewöhnlich vorkommt. Ich glaube aber nicht, dass er weiß, für wen die Bomben bestimmt sind. Es interessiert ihn offenbar auch nicht. Er scheint mir keiner zu sein, der viele Fragen stellt. Und dummerweise hindern ihn auch noch seine Zehen daran, uns seine Auftraggeber zu verraten ...«

»Seine Zehen?«

»Lange Geschichte. Hatte Nathan ... hast du noch irgendwas herausgefunden, bevor du ...«

»... erschossen wurdest?«

Sal nickte.

»Eine ganze Menge sogar. Ich habe in Erfahrung bringen können, wie die Darwinsonden funktionieren und wie man die Fernsteuerung abschaltet, mit der sie gezündet werden. Deinen Bruder habe ich ebenfalls erfolgreich kontaktiert und ihm die notwendigen Informationen zukommen lassen. Außerdem habe ich weitere Recherchen zu sentiTrans und der Marsmission betrieben und mir die Eigentümer der Containersektion etwas genauer angeschaut, in der die Dropbears mit den Darwinsonden lagern. Bei Vedari Ryo Ressources handelt es sich interessanterweise um einen Zusammenschluss zweier Minenkonzerne, deren Vorgänger die Katastrophe in Australien ausgelöst hatten, und von einem dieser Vorgänger gibt es eine direkte Verbindung zu der indischen Firma Devi-Narada Inc., die 2072 die zentrale Mond-KI entwickelt hat ...«

»Nathan!«, rief Sal verzweifelt aus. »Nathan, stopp! Ich kann dir beim besten Willen nicht folgen.«

»Das hat dein Bruder auch gesagt. Ganz offenbar liegt das bei euch in der Familie.«

Sie seufzte. »Nicht jeder hat so ein strukturiertes Gehirn wie du. Kannst du die Sache für mich ein Stück vereinfachen?«

»In Ordnung«, sagte Nathan nach einer kurzen, ein kleines bisschen beleidigt klingenden Pause. »Um es kurz zu machen: Sämtliche beteiligten Unternehmen stehen auf die eine oder andere Art in Verbindung mit einem Zusammenschluss internationaler Forschungseinrichtungen, der unter dem Namen ›Research Society for Human Development‹ firmiert.« Er machte erneut eine Pause, diesmal allerdings eine erkennbar dramatische.

»Und?«, fragte Sal.

Nathan seufzte. »Research Society for Human Development«, wiederholte er langsam und betont. »Kurz: RSHD.«

Sal riss die Augen auf. »Die Notiz, die ich auf Moletsanes Rechner gefunden habe!«

»Ganz genau. Übrigens direkt neben der Buchstabenkombination ›D-N‹, die ganz offensichtlich für ›Devi-Narada‹ steht, dem Entwickler der Mond-KI. Und jetzt rate mal, wo deren Server stehen ...«

»Du wirst es mir sicherlich gleich sagen.«

»In einem internationalen, von der UEO finanzierten Forschungskomplex drüben bei Maduraia, der zufällig auf den Namen RSHD hört. Dieselbe Einrichtung übrigens, die auch für die Steuerung der Marsmission zuständig ist.«

»Wahnsinn«, sagte Bran voller Ehrfurcht. »Haben wir es hier etwa mit einer verrückt gewordenen künstlichen Intelligenz zu tun? Das wäre beinahe so irre wie in ...«

»Red keinen Unsinn«, sagte Sal. »NOAH wurde von Menschen programmiert. Er führt nur die Befehle aus, die man ihm gibt.«

»Mehr oder weniger«, sagte Nathan. »Im Rahmen der Hawkingdirektive besitzt er eine ganze Menge Freiheiten. Je nachdem, wie er programmiert wurde, kann er verhältnismäßig selbstständig agieren.«

»Wie dem auch sei. Wenn wir davon ausgehen, dass Devi-Narada, die RSHD und von mir aus auch dieser NOAH etwas mit den Bomben zu tun haben – und daran habe ich eigentlich keinen Zweifel mehr –, dann müssen wir dort drüben so schnell wie möglich nach dem Rechten sehen. Du hast nicht zufällig eine Möglichkeit gefunden, bei ihnen durch eine Hintertür einzusteigen?«

»Natürlich nicht. Das System ist nur durch einige wenige Knoten mit dem Netz verbunden, und die sind im militärischen Maßstab gesichert. Es gibt keine Hintertür. Und selbst wenn jemals eine existiert hätte, dann wäre sie bei den regelmäßigen Sicherheitskontrollen schnell entdeckt und zerstört worden. Ein Eindringen von außen übersteigt selbst meine beträchtlichen Fähigkeiten um ein Vielfaches.«

»So etwas hatte ich fast befürchtet.« Angestrengt rieb Sal sich über die Stirn. Erst zu spät bemerkte sie, dass ihre Hand voller Blut war. Seufzend ließ sie sie wieder sinken. »Und … und was ist, wenn du von innen in das System eindringst?«

»Über einen internen Rechner?«

Sie nickte.

»Das könnte eventuell funktionieren, ja. Ich gehe davon aus, dass die Arbeitsrechner der RSHD nicht ganz so gut gesichert sind. Aber wie willst du an so einen Rechner gelangen?«

»Durch den Eingang?«

»Etwas Dümmeres fällt dir wohl nicht ein?«

Sal zuckte mit den Schultern. »Doch, sicher. Wenn ich länger darüber nachdenke, vielleicht schon … Das Problem daran ist allerdings, dass wir einfach keine Zeit mehr haben.«

18

PASSAGIERE

»Kapitän Mansoor! Sie haben bereits den gesamten Tag keine Zeit für uns gehabt!«

Aliza schloss kurz die Augen und atmete tief durch, wobei sie ein Seufzen unterdrückte. Sie hatte es bis jetzt erfolgreich vermieden, der Space Marshal aus dem Weg zu gehen, aber leider hatte sie die anhaltende Raumkrankheit der Marstouristen gezwungen, den Crewbereich der *Zenobia* zu verlassen und in den Passagierabschnitt zu gehen. Wie es aussah, hatte die Marshal nur darauf gewartet. Zugegeben, das war nicht wirklich unerwartet gewesen. Die Passagiercontainer waren miteinander verbunden und standen die meiste Zeit offen, um in der Beengtheit des Raumflugs ein wenig mehr Bewegungsfreiheit zu erlauben. Im Moment hatte die *Zenobia* lediglich sechzehn Passagiere, für die eigentlich nur zwei der Passagiercontainer genügt hätten, doch Devi-Narada zahlte extra, um seine beiden leitenden Angestellten und die Marshal gesondert unterzubringen. Außerdem hatte sie die Marsianerfamilie und die drei gesunden Erdtouristen getrennt von den eher raubeinigen Arbeitern untergebracht und einen weiteren Container zur Quarantänestation für die Erkrankten erklärt. Der Rest der Passagierquartiere dagegen war versiegelt. Es war also schlicht nicht möglich, der UA-Angestellten zu entgehen, wenn sie es darauf anlegte. Und das tat sie im Grunde seit Beginn des Flugs immer.

Aliza öffnete die Augen und wandte sich um. »Wir sind im Moment ein wenig eingespannt damit, ein Raumschiff zu fliegen. Aber ich bin mir sicher, Ihr Anliegen ist ebenso wichtig. Also was kann ich für Sie tun, Marshal Landon?«

Die UA-Beamte war beinahe einen Kopf kleiner als Aliza, zierlich, mit kurz geschorenen dunklen Haaren und einem herzlichen, breiten Lächeln, das Aliza Gänsehaut bescherte. Sie trug wie immer den militärischen Overall der Weltraumdivision des Marshals Service, an dessen Gürtel lediglich die Dienstwaffe fehlte. An diesem Punkt war Aliza unerbittlich gewesen. Niemand trug an Bord ihres Transports eine Feuerwaffe.

Jetzt hob Landon die Brauen. »Beschäftigt, das Schiff zu fliegen? Wenn ich richtig informiert bin, fliegt der Konvoi vollautomatisch auf einem Leitstrahl. Haben wir ernsthafte Probleme? Irgendetwas, das ich wissen müsste?«

Aliza erwiderte ihr Lächeln schmal. »Absolut nichts, was Sie oder die Sicherheit der übrigen Passagiere betrifft.«

»Sicher? Sie wissen natürlich, dass ich als einziger anwesender UA-Marshal unbedingt über potenzielle Gefahren für die Menschen zu informieren bin.«

»Natürlich. Ich werde Sie mit Freude auf Gefahren hinweisen, denen Sie sich stellen können, Marshal Landon. Aber im Moment gibt es nichts, was Sie tun könnten. Wir kämpfen mit einigen kleineren Sensorproblemen. Sofern Sie also nicht zufällig eine Ausbildung als Sensortechnikerin haben, gibt es wenig, bei dem Sie uns behilflich sein könnten.«

Landon sah sie an. Dann wurde ihr Lächeln eine Spur breiter, und sie nickte. »In Ordnung, dabei kann ich Ihnen nicht helfen. Vielleicht sollten Sie Kontakt aufnehmen mit NOAH. Soweit ich weiß, kann die Flugkontrolle Sensordaten auch gesondert auswerten und im Gefahrenfall die Kontrolle übernehmen.«

»Danke für den Hinweis, aber so weit sind wir noch nicht. Kleinere Probleme, wie gesagt. Kann ich sonst noch etwas für Sie tun?« Sie wollte sich bereits an Landon vorbeischieben, doch die Marshal hielt sie am Arm zurück.

»Kapitän Mansoor, ich glaube, wir müssen uns unterhalten.«

»Entschuldigen Sie, Marshal, aber ich kann Ihnen immer noch keinen besseren Kaffee bieten als gestern. Oder vorgestern. So leid es mir tut, aber ich habe keine Verbindung zur Marsplantage. Und was die kleinen Marsianer angeht, ich …«

Landon sah sie irritiert an. »Was? Nein. Nein, vergessen Sie die. Und den Kaffee. Ich habe eine Meldung vom Hauptbüro auf dem Mond erhalten, die, gelinde gesagt, Grund zur Beunruhigung bietet.« Vorsichtig sah sie zum offenen Schott des Nachbarcontainers und senkte die Stimme. »Aber ich würde das ungern hier besprechen. Zu viele Augen und Ohren.«

Aliza musterte die zierliche Frau und hoffte, dass es nicht zu sehen war, dass ihr das Herz bis zum Hals schlug. »Wir könnten in Ihre …«

Mit einem angedeuteten Kopfschütteln unterbrach Landon sie. »Das kann ich nicht riskieren. Jeder hat Zutritt zu unserem Quartier gehabt.« Sie senkte ihre Stimme noch etwas weiter. »Ich bin mir nicht sicher, ob wir dort nicht abgehört würden. Bitte, Kapitän. Es ist dringend.« Der Gesichtsausdruck der Marshal war in diesem Augenblick so ernst, dass Aliza unwillkürlich nickte. »Na gut. Folgen Sie mir.«

»Nicht sofort.« Landon legte einen Finger an die Lippen, dann schob sie sich ein wenig zurück und sprach lauter. »Ich werde Sie jetzt nicht weiter von Ihrer Runde abhalten, Kapitän. Wir kommen auf Sie zu.« Mit einem Nicken zog sie sich in den von ihr bewohnten Bereich zurück. Aliza sah ihr verwirrt hinterher, dann blickte sie zur Kamera in der Gangdecke hinauf. »Habt ihr das mitgekriegt?«

»Schon.« Fazios Stimme kitzelte in ihrem Wangenknochen, als er sich über den Lautsprecher in ihrem Kopf meldete. »Aber wenn du jetzt von mir wissen willst, was das war, muss ich dich leider enttäuschen.«

»Hm.« Aliza warf noch einen Blick durch das offene Schott, bevor sie sich umdrehte und durch das gegenüberliegende in den Wohnbereich der Marsianer stieg. Lautes Kindergeschrei schlug ihr entgegen. Wie es aussah, hatten die beiden Marskinder ihre anfängliche Raumkrankheit endgültig überwunden, denn sie hingen in improvisierten AR-Geschirren und schienen in ihren Brillen ein Spiel laufen zu haben, das jede Menge Gehampel, virtuelles Waffenschwenken und eine erstaunliche Menge an ohrenbetäubendem Gekreische erforderte. Was, wie Aliza fand, einen deutlichen Fortschritt zum Vortag darstellte. Immerhin rannten sie nicht herum und versuchten, Wartungspaneele aufzuschrauben.

»Nur so nebenbei und fürs Protokoll, Käptn: Ich mag die Landon nicht«, fügte Fazio hinzu.

»Du hast noch nie einen Marshal gemocht. Irgendwann musst du mir mal erzählen, warum.«

»Ja. Irgendwann. Nicht jetzt. Jetzt hab ich noch was zu tun. Dringend.« Fazio verschwand aus dem Gespräch, und Aliza schüttelte amüsiert den Kopf. Einen Moment lang beobachtete sie die Kinder. Sie waren seltsame, kleine Kreaturen, die Marsgeborenen. Erst seit knapp vierzig Jahren lebten Menschen auf dem Mars, und doch hatte der Planet bereits Spuren hinterlassen, die vermutlich verhinderten, dass sie jemals die Erde betreten würden. Zumindest nicht ohne Schutzanzüge und Exoskelette, die ihre langen, dünnen Gliedmaßen schützten, ihren schwachen Herzen halfen, ihre zerbrechlichen Knochen unterstützten. Die schwache Schwerkraft des roten Planeten hatte ihren jungen, wachsenden Körpern seinen Stempel aufgedrückt, der sie für immer von den Erdbewohnern unterscheiden würde. Die Bewohner der Erde träumten noch immer davon, dass sie zu den Planeten aufbrechen würden, um sie nach ihrem Willen zu formen. Sie hier draußen, die bereits zwischen den Planeten flogen, wussten es besser. Es würde nie Erdlinge auf mehreren Welten geben. Jeder Planet schuf sich seine eigenen Menschen. Das All veränderte sie. Jeden von ihnen, und das schon zu ihren Lebzeiten. Was daraus erwachsen würde – wer konnte das jetzt schon wissen. Sie musterte die kreischenden kleinen Kerlchen mit ihren zu großen Köpfen und lächelte. Immerhin würden sie sich in der schwachen Mondschwerkraft sicherlich wohlfühlen. Und die Erde sah von oben sowieso besser aus als aus der Nähe.

Aus dem Durchstieg zum linken Schlafbereich tauchte jetzt die Mutter der beiden auf, und Aliza nickte ihr freundlich zu. Die Frau lächelte müde zurück. »Haben sich die Nachbarn wieder beschwert?« Sie deutete in Richtung ihrer beiden Jungen.

Aliza schüttelte den Kopf. »Bisher nicht. Machen Sie sich keine Sorgen. Den Rest der Flugzeit werden wir auch noch hinter uns bringen, und auf *Deep Space Four* werden die beiden mehr als genug Auslauf haben.«

»Ich möchte einfach nur keinen Ärger haben, Kapitän.«

»Keine Sorge«, wiederholte Aliza. *Wir haben nur einen Haufen Bomben an Bord und noch keine Ahnung, ob und wann wir in die Luft fliegen oder wie wir das verhindern. Da sind laute Kinder mein kleinstes Problem. Solange sie laut sind, sind wir noch nicht tot.* Auf der Stirn der Frau entstand eine kleine Falte, und Aliza wurde bewusst, dass sie vermutlich einen Moment zu lange reglos dagestanden hatte, mit einem eingefrorenen Lächeln im Gesicht. Sie neigte sich ein wenig vor. »Ich weiß, wie es ist, müde zu sein. Das dürfen Sie mir glauben. Diese Reisen sind sogar für uns anstrengend. Ich finde es bemerkenswert, wie gut Ihre Jungs das wegstecken. Wollen Sie auf *DSG 4* bleiben, oder geht es von dort aus noch weiter?«

Die Frau wischte sich die Hände an ihrem Overall ab, auf dessen Brust die obligatorische Anzeige mit ihrem Namen leuchtete. Vandermerwe. »New Angeles. Wir wollen auf den Mond. Wir treffen meine Schwester. Sie lebt heute in Kapstadt, und ich habe sie seit mehr als fünfzehn Jahren nicht gesehen. Und …« Sie zuckte ein wenig hilflos mit den Schultern. »Wer weiß, wann es noch mal klappt. Die Jungen sollen ihre Familie sehen, wissen Sie?«

Aliza nickte verständnisvoll. Flüge zwischen Erde und Mars mochten günstiger geworden sein, doch sie waren immer noch teuer genug, dass die meisten Leute sich nicht mehr als einen im Leben leisten konnten. Vom Flug von der Erde aus in die Umlaufbahn ganz zu schweigen. Und die Kinder hätten ohnehin nicht viel früher reisen können. Die Belastungen eines Starts waren ein zu hohes Risiko. »New Angeles ist in den letzten fünfzehn Jahren genauso rasant gewachsen wie der Mars. Sie werden es lieben. Kann ich heute irgendetwas für Sie tun?«

Die Mutter lächelte schmal und schnaubte. »Sie tun genug. Bringen Sie uns einfach heil zum Mond.«

»Das ist der Plan, Frau Vandermerwe.«

Das ist der Plan ...

Aliza beendete ihre Runde durch die Quartiere mit einem Besuch am Quarantänecontainer. Einer der Patienten war inzwischen auf dem Weg der Besserung, allerdings hatten zwei weitere ihr Lager hier aufschlagen müssen. Auf jedem anderen Flug hätte sie sich Sorgen gemacht. Was, wenn ihre Crew erkrankte? Was, wenn sie eine Epidemie auf die Raumstation schleppte? Dieses Mal jedoch ließ sie der Gedanke seltsam kalt.

Was, wenn wir eine Bombe auf die Raumstation schleppen?

Schon seltsam, wie ein Container voller Sprengsätze an Bord die Dinge relativieren konnte.

Sie klinkte sich in die Liftschienen ein und ließ sich durch die Schleusen hinunter in den Maschinenraum bringen.

19

DAS TOR ZUM PARADIES

Maduraia. Das Tor zum Paradies.

Jedenfalls für Immobilienmakler und Menschen mit sehr viel Geld. Nicht die gewöhnlichen Millionäre, die sich ein Haus in Dschidda oder im südchinesischen Guangzhou leisten konnten oder einmal im Jahr einen Urlaub auf dem Mond. Die gab es hier natürlich auch. Hochzeitsreisen zum Erdtrabanten standen auf der Beliebtheitsskala wohlhabender Menschen immer noch ungeschlagen auf Platz eins, direkt vor einem Aufenthalt im Unterwasserhotel des versunkenen Teils von Kailua. Wer allerdings Wert auf mehr als nur ein düsteres Hotelzimmer in der Größe einer Sardinendose legte und für sein Wohlbefinden mindestens ein geräumiges Apartment oder gleich eine ganze Etage im Ritz-Carlton benötigte, der musste hier schon Netzmilliardär sein oder zumindest Diktator eines mittelgroßen Entwicklungslands.

Maduraia besaß sämtliche Annehmlichkeiten eines Luxusreservats für die oberen Zehntausend. Unter gewaltigen Kuppeln aus durchsichtigem Glas, durch die man einen ungehinderten Blick auf den Sternenhimmel hatte, standen unzählige

Prachtbauten aus Regolith, Titan und noch viel mehr Glas. Zwischen den Häuserschluchten tummelten sich überbordende Einkaufspassagen und großzügige Wellnesszentren mit Thermen, Whirlpools und allem Drum und Dran. Sogar ein Golfplatz war vorhanden, der bei einem Sechstel der Schwerkraft auf der Erde selbst dem schwächsten Spieler noch ungeahnte Möglichkeiten eröffnete. Sämtliche Großkonzerne, die etwas auf sich hielten, hatten im Businessdistrikt der Stadt ihre Claims abgesteckt. Maduraia war beliebt als Repräsentationsobjekt, als neutraler Verhandlungsort und natürlich auch zur Vermeidung überflüssiger Steuern. Sal fuhr den breiten Boulevard hinunter, vorbei am Vergnügungsviertel mit seinen unzähligen Hotels und überteuerten Bars und an den Reisebüros, in denen man für viel Geld private Roverfahrten über die Mondoberfläche buchen konnte. Ein kurzes Stück vor der Abzweigung zum Diplomatenviertel ließ sie den schillernden Stadtkern hinter sich und bog auf den Zubringer zum internationalen Forschungszentrum, das ein ganzes Stück außerhalb des Zentrums unter einer eigenen Kuppel errichtet worden war. Die schwer bewaffneten Wächter an der Schleuse vor dem Haupttor ließen sich weder durch ihr Dienstfahrzeug noch durch den Marshalstern beeindrucken. Mit steinernen Mienen durchleuchteten sie den Gleiter von oben bis unten.

»Grund Ihres Aufenthalts?«

»Ermittlungen.«

»Ihnen ist bekannt, dass das IFZ gemäß multinationaler Vereinbarungen nicht in den Einflussbereich des UA Marshals Service fällt?«

»Ich kenne mich mit den Gesetzen aus.«

»Warten Sie einen Augenblick.« Die Augen des Wächters bekamen diesen typischen leeren Ausdruck, der erkennen ließ, dass er ihre ID durch den Scannerabgleich laufen ließ. Dann beugte er sich langsam nach unten. »Was ist mit Ihrem Gesicht passiert?«

»Arbeitsunfall.«

»Und der da?« Er warf einen kritischen Blick auf Bran, der neben Sal in seinem Sitz versank.

»Der sah schon immer so scheiße aus.«

»Machen Sie sich über mich lustig?«

»Nein, Sir. Sein Name ist Bran Vukovic. Ich benötige seine Anwesenheit für eine Gegenüberstellung.«

»Besitzt er keine internationale ID?«

»Ich weiß nicht.«

»Sie wissen es nicht?«

»Es gab für mich bislang keinen Anlass, das zu überprüfen.«

»Ohne internationale ID kann ich ihn nicht durch die Schleuse lassen, Marshal.«

»Müssen Sie auch nicht. Er wird keinen Fuß in das Forschungszentrum setzen.«

»Wie bitte?«

»Er befindet sich in diesem Fahrzeug auf amerikanischem Boden. Sie können das nachprüfen lassen, wenn Sie möchten. Solange er auf seinem Sitz bleibt, wird er das IFZ nicht betreten.«

Der Wächter runzelte die Stirn, während auf seinen Linsen vermutlich gerade die Zahlenreihen heiß liefen. Sal lächelte ihn an.

»Warten Sie hier!«, knurrte der Wächter schließlich und verschwand in seinem Häuschen. Hinter den verdunkelten

Scheiben blieb es ruhig, doch Sal konnte sich lebhaft ausmalen, wie im Inneren gerade einige Leute hektisch mit ihren Vorgesetzten kommunizierten. Nach einer ganzen Weile kam der Wächter zurück und streckte ihr ein Tablet entgegen. »Unterzeichnen Sie das. Sie haben maximal achtundvierzig Stunden.«

»Okay«, sagte sie und setzte ihre Unterschrift auf das Formular. »Aber ich fürchte, es sind sehr viel weniger.«

Die Straßen des Forschungskomplexes waren um diese Uhrzeit dicht bevölkert von Menschen in Anzug, Qamis und vor allem den traditionellen Changshan, wie sie bei den gebildeten Schichten Chinas in den letzten Jahren wieder in Mode gekommen waren. Wohin man auch blickte, sah man Wissenschaftler und Ingenieure mit gesenkten Köpfen über die Bürgersteige eilen. Obwohl Sal zu einem Viertel selbst Chinesin war, hatte sie dieser hektischen Betriebsamkeit noch nie so wirklich etwas abgewinnen können. Wahrscheinlich waren bei ihr mehr die angelsächsischen Gene durchgeschlagen, die es sich nach Feierabend lieber mit einer Dose Bier auf der Veranda bequem machen wollten, als auf den nächsten Herzinfarkt hinzuarbeiten. Sie klinkte sich aus dem Leitsystem aus und bog in eine der sternförmig abgehenden Nebenstraßen ab, in der es schließlich etwas gemächlicher zuging. Ihr Ziel gehörte zu einem der größten, aber gleichzeitig auch unauffälligsten Gebäude im gesamten Komplex. Ein weitläufiger, gedrungener Bau mit dunklen Fensterfronten und einem schlichten Schriftzug auf dem künstlichen Rasen vor dem Eingang. Langsam fuhr sie an dem Gebäude vorbei und hielt zwei Ecken weiter auf dem Parkplatz einer kleinen Coffiship-Filiale. Dort stellte sie das Auto ab und zog ihre Dienstwaffe und den Stern aus dem Handschuhfach. Sie heftete den Stern an ihren Gürtel, stieg aus und beugte sich nach unten zu Bran. »Verhalte dich ruhig, solange ich weg bin, ja? Und bleib unter allen Umständen im Auto.«

»Kann ich mir nicht wenigstens einen Kaffee holen?«

»Du hast gehört, was ich dem Wachmann gesagt habe: Solange du hier drin sitzen bleibst, befindest du dich auf amerikanischem Boden. Solltest du allerdings nur einen Fuß auf die Straße setzen, können sie dich jederzeit verhaften. Falls ich in zwei Stunden nicht wieder draußen bin, dann … dann bist du wohl auf dich allein gestellt. Dann musst du zusehen, wie du hier allein wieder herauskommst.«

Bran nickte. »Viel Glück«, rief er ihr hinterher.

»Gleichfalls«, murmelte Sal, ohne sich noch einmal umzublicken.

Als sich die dunklen Glastüren lautlos vor ihr öffneten, blieb Sal überrascht stehen. Im Innern wirkte das Gebäude völlig anders, als es von außen zunächst den Anschein gehabt hatte. Die Zentrale der RSHD war ein lichtdurchfluteter Komplex aus Chrom und Glas, mit beinahe schon grazilen Strukturen und unglaublich hohen Decken. Sie durchquerte den großzügigen Eingangsbereich und steuerte auf die Sicherheitsscanner zu. Der Wachmann forderte sie auf, den Marshalstern, das G.Phone und die Pistole in eine bereitliegende Schale zu legen und in den Scanner zu treten. Als das grüne Licht aufblinkte, winkte er sie auf der anderen Seite heraus und ließ sie zur Seite treten. Kurze Zeit später kam auch die Schale mit ihren Habseligkeiten wieder zum Vorschein.

»Die müssen wir einbehalten«, sagte der Wächter und

nahm die Pistole an sich. »Sie können sie beim Verlassen des Gebäudes dort drüben wieder abholen.«

Sal nahm das G.Phone und den Stern aus der Schale und heftete den Stern wieder an ihren Gürtel. Aus dem Eingangsbereich führten Rolltreppen nach oben und nach unten in weitere Etagen, hinter deren gläsernen Wänden sie unzählige Menschen bei der Arbeit beobachten konnte. Die nächstgelegene Rolltreppe führte sie ein Stockwerk tiefer in einen Empfangsbereich, in dem ein aufwendiges Hologramm die perfekte Illusion eines englischen Landschaftsgartens erzeugte. Schatten spendende Bäume, grüne Wiesen und ein leise plätschernder Bach, an dessen Ufer ein Rudel Rehe äste. Es herrschte eine angenehme Temperatur, und von irgendwoher wehte sogar eine laue Brise herbei. Die unwirkliche Szenerie wurde noch dadurch verstärkt, dass mitten in dieser Idylle ein gläserner Tresen stand, hinter dem eine Reihe attraktiver Empfangsdamen warteten. Eine mandeläugige Schönheit begleitete sie zu einer Sesselgruppe und brachte ihr ein Glas Wasser und einen Tee.

In Sals Kindheitserinnerungen war die Natur in England nicht halb so idyllisch gewesen wie hier. Die Luft hatte immer eine Spur zu modrig gerochen, und die Umweltbehörden hatten vor dem Baden in den Seen gewarnt, weil die Bakterien, die man irgendwann einmal züchten wollte, um der Plastikflut in den Weltmeeren Herr zu werden, im Laufe der Zeit ein paar unschöne Nebenwirkungen entwickelt hatten. Echte Rehe hatte sie in ihrem ganzen Leben erst zweimal gesehen. Einmal in einem Zoo in Jakarta und das zweite Mal tot am Rand einer Bundesstraße in Oregon. Während sie wartete, wagte sich eines der Tiere vorsichtig näher. Langsam streckte sie die Hand aus und ließ es an ihren Fingerspitzen schnuppern. Das Hologramm war so lebensecht, dass sie die einzelnen Härchen auf dem Fell erkennen konnte und sogar die leichte Bewegung der Nüstern bei jedem Atemzug. Sie beugte sich vor, um dem Tier über die Nase zu streicheln, als es plötzlich zusammenzuckte und einen erschrockenen Satz zur Seite machte. Als sie aufblickte, fand sie sich einem hochgewachsenen Mann gegenüber, der sie aufmerksam musterte. Er hatte einen festen Händedruck und perfekt manikürte Fingernägel.

»Mein Name ist Millner. Ich bin der Leiter der PR-Abteilung von RSHD. Sie können mich Noe nennen, wenn Sie möchten.«

»Sal«, sagte Sal automatisch.

»Wie Sally?«

»Wie eine der Kapverdischen Inseln. Meine Eltern hatten eine etwas eigentümliche Vorstellung von der Namensgebung ihrer Kinder.«

»Ich würde das eher als individuell bezeichnen«, sagte Millner lächelnd. »Meine Eltern waren da deutlich konservativer. Sehr gottesfürchtige Menschen. Ich bin unten in Tennessee aufgewachsen.« Er blickte dem Reh hinterher, das sich in die Sicherheit seines Rudels zurück geflüchtet hatte. »Wie ich sehe, haben Sie bereits Bekanntschaft mit einem unserer Forschungsobjekte geschlossen?«

»Das Reh?«

»Die Simulation komplexer Systeme. Das ist einer unserer wichtigsten Forschungsbereiche. Wir versuchen uns an der Vorhersage schwer vorhersagbarer Ereignisse, oder um es für den Laien auszudrücken: Wetterbericht für Fortgeschrittene. Was Sie hier in diesem Park sehen, ist das Ergebnis jahrelanger Forschungsbemühungen. Die perfekte Simulation eines mitteleuropäischen Urwalds. Ausgeklügelt bis ins kleinste Detail, bis hin zu den verschiedenen Jahreszeiten. Sie müssen uns unbedingt einmal im Januar besuchen, wenn diese Wiesen schneebedeckt sind. Ein echter Traum von einer Winterlandschaft. Wenn es nach mir ginge, fehlt dort drüben nur noch eine Blockhütte mit einem prasselnden Kaminfeuer ...«

»Echte Natur wäre mir lieber.«

Millner zuckte mit den Achseln. »Wo finden Sie die denn heutzutage noch? Der letzte echte europäische Urwald an der Ostgrenze der Visegrádstaaten musste Mitte der Sechzigerjahre einem Flughafen weichen. Sie können dort jetzt recht günstig an Wohneigentum gelangen, falls Sie interessiert sind. Aber so ist nun einmal der Lauf der Welt. Ich will Sie damit nicht langweilen. Wie kann ich Ihnen denn behilflich sein, Sal?«

»Nathan Chan«, sagte Sal und beobachtete Millners Reaktion. Doch der Name schien ihn nicht zu beeindrucken. »Er hat für RSHD gearbeitet.«

»Verstehe. Wenn Sie entschuldigen, rufe ich gerade mal seine Akte auf.« Millners Blick wanderte einen kurzen Moment ins Leere. »Ein Programmierer mit herausragenden Fähigkeiten, wie ich sehe. War bis vor knapp zwei Jahren für uns tätig, und wir haben ihm ein außerordentlich gutes Zeugnis ausgestellt.« Er lächelte. »Was hat er denn angestellt?«

»Er ist tot.«

»Oh, das ist bedauerlich. Sie gestatten, dass ich eben noch einen Vermerk in seiner Akte mache? Wie ist er denn ums Leben gekommen?«

»Er wurde ermordet.«

»Dann handelt es sich hier also um eine Mordermittlung? Sind für solche Dinge denn nicht andere Behörden zuständig?«

»Der Marshals Service hat ein besonderes Interesse an diesem Fall. Es handelt sich allerdings nicht um eine offizielle Ermittlung, sondern lediglich um eine Routinebefragung. Wir möchten uns zunächst einmal ein ausführliches Bild von seinen Lebensumständen machen und anschauen, wo er überall gearbeitet hat.«

Millner lächelte erneut. »Selbstverständlich, Sal. Ich muss Sie allerdings darauf aufmerksam machen, dass elektronische Aufzeichnungen nur in extra dafür freigegebenen Bereichen gestattet sind. Deshalb gibt es in diesem Gebäude auch keine Netzverbindung. Das ist Ihnen aber sicherlich schon aufgefallen.« Er machte eine einladende Geste. »Wie wäre es, wenn ich Sie zunächst einmal zu einer kleinen Führung einlade, wie wir sie auch für unsere Geschäftspartner und Sponsoren geben. Ich verspreche Ihnen, dass Sie sich nicht langweilen werden. Im Anschluss beantworte ich gern Ihre Fragen zum Arbeitsbereich von Herrn Chan. Jedenfalls, soweit sie nicht unter irgendwelche Geheimhaltungsklauseln fallen. In diesem Fall müssten Sie bedauerlicherweise zunächst einen Durchsuchungsbefehl erwirken.«

Die Research Society for Human Development (RSHD) war ein Zusammenschluss internationaler Forschungseinrichtungen, der im Jahr 2018 vereinbart wurde, um globale Veränderungsprozesse und deren Folgen für Mensch und Umwelt zu untersuchen. Forscher aus den Bereichen der Natur- und Sozialwissenschaften sollten frei von wirtschaftlichen Interessen gemeinsame Grundlagen für zukünftige gesellschaftspolitische Entscheidungen schaffen. Zu den wichtigsten methodischen Ansätzen gehörten die Modellentwicklung, Modellanalyse sowie Simulation komplexer Szenarien. Die RSHD wurde von vierunddreißig Ländern finanziert und unterhielt Forschungszentren auf allen acht Kontinenten, und seit 2074 auch auf dem Mond. Rechtzeitig zum Start der Marsmission wurde die renommierte International Hawking Community (IHC) in den Forschungsverbund aufgenommen, um zusätzliche Fachkompetenz zur Erforschung und potenziellen Erschließung erdähnlicher Planeten hinzuzugewinnen. Gleichzeitig wurde südöstlich von Maduraia eine neue Zentrale errichtet und mit dem neuronalen Netzwerk der Mondverwaltung verbunden. Das dadurch zur Verfügung stehende Rechnerpotenzial ermöglichte die Erschaffung agentenbasierter Simulationen in bislang nie gekanntem Ausmaß.

»Die Simulation biologischer, sozialer oder wirtschaftlicher Systeme ist dank unserer Netzwerke heute zu einem Kinderspiel geworden«, sagte Millner, während sie in einem kleinen Elektrowagen von einem Gebäudekomplex zum nächsten rollten. »Von der einzelnen menschlichen Zelle bis zum komplexen Staatengebilde ist beinahe alles möglich, was Sie sich vorstellen können. Der ThinkTank der IHC nutzt eine von uns entwickelte Technologie zur Vorhersage der zukünftigen Marsbesiedlung, und eine der derzeit beliebtesten HoloSims basiert ebenfalls auf unseren Grundlagenforschungen. Spielen Sie in HoloSims, Sal?«

»Nein, danke. Mir ist die echte Welt schon kompliziert genug.«

Millner lachte. »Der schwedische Philosoph Nick Bostrom hatte 2003 eine These populär gemacht, nach der die gesamte

Menschheit bereits in einer hochkomplexen Simulation leben sollte. Verrückt, nicht wahr? Aber selbst Elon Musk glaubte daran. Und so abwegig ist diese Überlegung auch gar nicht, denn die zugrunde liegenden Technologien und Methoden sind zum Großteil bekannt.«

»Das wäre allerdings eine ziemlich langweilige Simulation«, sagte Sal, »wenn wir so verzweifelt versuchen, ihr durch Holo-Sims zu entkommen.«

»Ein guter Einwand. Wenn man sich die derzeitige Stagnation auf der Erde so anschaut, dann muss man ganz unweigerlich zu demselben Schluss kommen. Wäre an Bostroms These wirklich etwas dran gewesen, müsste den Programmierern entweder irgendwann das Geld ausgegangen sein, oder sie hatten einfach nicht genügend Fantasie. Glauben Sie an Gott, Sal?«

»Nicht mehr als die meisten anderen Menschen auch. Aber ich verlasse mich lieber auf mich selbst.«

»Das ist eine sehr vernünftige Einstellung.«

Sie betraten eine gewaltige Halle, die einem Hörsaal glich, dessen Sitzplätze ringförmig um einen großen freien Platz in der Mitte des Raums angeordnet waren. Millner lief zwischen den Sitzbänken hindurch nach unten und erzeugte unter dem Kuppeldach in der Mitte das Hologramm einer riesigen Weltkugel. Mittels einer Geste fing die Kugel an, sich langsam zu drehen. Wolken zogen über Kontinente hinweg, Lichter flackerten auf und erloschen wieder, Seen bildeten sich und verschmolzen mit weiteren Seen zu Meeren. Berge türmten sich auf und wurden höher und steiler und fielen nach einiger Zeit wieder in sich zusammen. Langsam wanderte Millner um die Weltkugel herum. »Vor einigen Millionen Jahren war der Mensch nichts weiter als ein eichhörnchenartiges Wesen, das auf Bäumen und unter Wurzeln lebte. Eine Ratte, kaum mehr. Gerade klug genug, um von einer Mahlzeit bis zur nächsten zu denken. Jedenfalls bis eines Tages eine Abnormität unter den Ratten, eine Mutation, einen gewaltigen evolutionären Sprung auslöste. Über die Details streiten sich die Wissenschaftler bis heute, aber im Laufe der Zeit machte diese Ratte eine bemerkenswerte Entwicklung durch. Die Schädel unserer ältesten bekannten Vorfahren sind mehr als sieben Millionen Jahre alt. Drei Millionen Jahre später konnten sie bereits aufrecht gehen und hatten die Hände frei, um Werkzeuge zu bedienen. Die Intelligentesten unter ihnen waren nun in der Lage, mehr Nahrung zu erjagen, als sie für den Augenblick benötigten. Sie gewannen Zeit, um Kleidung zu schneidern und das Feuer zu beherrschen. Komplexere Werkzeuge wurden entwickelt, und die Menschen begannen Häuser zu errichten, Felder zu bewirtschaften und sich zu Stämmen zusammenzuschließen. Städte wurden erschaffen und Kriege geführt. Wissen wurde aufgeschrieben, bewahrt und weitergegeben. Die Chinesen erfanden den Buchdruck und Gutenberg das Drucken mit beweglichen Lettern. Das Wissen der Welt explodierte in dieser Zeit förmlich. Geniale Geister bauten darauf auf: Edison, Tesla, Bell, Albert Einstein, Stephen Hawking. Die Erfindungen und Entwicklungen wurden immer atemberaubender. Dem menschlichen Geist schienen keine Grenzen mehr gesetzt zu sein. Wir waren auf dem besten Weg, die Geheimnisse des gesamten Universums zu entschlüsseln ...«

»... stattdessen spielen wir heute HoloFootball und trinken hautverjüngende Vitamincola«, sagte Sal. »Ist es das, auf was Sie hinauswollen?«

»So kann man es ausdrücken, ja.« Lächelnd drehte Millner die Weltkugel ein Stück weiter. Über ihrer Oberfläche begannen nun die Umrisse der internationalen Orbitalstationen zu kreisen. »Wissen Sie, wann wir das erste Mal den Mars erreicht haben? 1971 – vor weit über hundert Jahren! Mein Urgroßvater hatte damals seine Leidenschaft für die Weltraumforschung entdeckt. Er war so fasziniert von diesem Thema, dass er die Menschheit bereits am anderen Ende des Universums gesehen hatte.« Er lachte trocken. »Dabei hat er nicht einmal mehr den ersten Menschen auf dem Mars miterleben dürfen. Es ist ein Jammer.« Er streckte die Hand aus und zog das Hologramm der Erde näher zu sich heran. Der Blick zoomte hinein auf einen Kontinent. Die Umrisse einer Insel wurden erkennbar, dann Berge und Flüsse und einzelne Wälder. Schließlich ein Meer blinkender Lichter, das sich als gewaltige Stadt entpuppte. Ein Spinnennetz aus Straßen, Hochhausschluchten und den Umrissen blinkender Werbetafeln. Transportgleiter, die in drei, vier Stockwerken übereinander durch die Straßen rauschten. Einzelne Menschen, die über die Bürgersteige hasteten. Ein unablässiger Strom winziger Ameisen, die geschäftig umeinander wuselten. »Achtzig Prozent der Menschheit lebt heute in Städten mit mehr als einer Million Einwohnern. Internationale Verträge haben die Kriegswahrscheinlichkeit auf Bruchteile von Prozenten verringert. Der Hunger ist so gut wie besiegt, die Gefahr tödlicher Krankheiten auf ein absolutes Minimum reduziert. Die durchschnittliche Lebenserwartung beträgt gut siebenundneunzig Jahre, und die Verbrechensrate ist weltweit auf dem niedrigsten jemals zuvor gemessenen Stand. Selbst die wenigen noch ausgefochtenen territorialen Konflikte sind nicht mehr als

Scharmützel, um das gelangweilte Publikum zu unterhalten. Wir leben in einem verdammten Paradies.« Er zoomte das Hologramm bis zu einem einzelnen umherirrenden Ameisenmenschen heran, legte mit einer Handbewegung dessen Kopfhaut frei, dann den Schädelknochen, und zoomte durch die entstandene Öffnung so tief in das Gehirn hinein, bis die einzelnen Nervenzellen sichtbar wurden. Winzige Lichtblitze deuteten das Feuern der Synapsen an, die unablässig Informationen zwischen den Nervenzellen austauschten.»Das Gehirn ist ein Wunderwerk der Evolution. Es hat dem Menschen einen Wettbewerbsvorteil verschafft, der die Fähigkeiten sämtlicher anderer Arten weit in den Schatten stellt. Seine enorme Adaptionsfähigkeit ermöglicht es ihm, sich an jede nur denkbare Krisensituation anzupassen. Im Notfall Lösungen zu finden, sich weiterzuentwickeln, zu improvisieren. Alles nur Erdenkliche zu tun, um das Überleben der eigenen Art zu sichern …« Millner schnippte mit den Fingern, und das Feuer der Synapsen erlosch. Er wandte sich zu Sal um.»Im Jahr 2013 hatte eine Gruppe um den schottischen Forscher Michael A. Woodley eine interessante Studie veröffentlicht, nach der der durchschnittliche Intelligenzquotient der Menschheit langsam wieder zurückgehen soll. Möglicherweise sogar um sieben bis erschreckende zehn Prozentpunkte pro Jahrzehnt. Was soll ich sagen? Woodley hatte recht. Und zwar aus einem ganz einfachen Grund: weil für unsere Gehirne nicht mehr die Notwendigkeit besteht, sich anzupassen. Weder müssen wir um unser Überleben kämpfen, noch irgendwie anderweitig kreativ werden. Das Denken übernehmen Computer für uns. Künstliche Intelligenzen, denen wir beigebracht haben, uns zu dienen und unser Leben so sicher und bequem wie möglich zu gestalten. Die Wahrheit ist, dass wir uns in eine evolutionäre Sackgasse hineinmanövriert haben: Acht Jahrzehnte nach der Erfindung des Internets sind wir plötzlich Gefangene unserer eigenen Genialität geworden. Wir haben es uns auf unseren fetten Hintern bequem gemacht, glotzen VFL und warten darauf, dass ein gnädiger Gott unserer kümmerlichen Existenz ein gnädiges Ende bereitet. Für uns Menschen besteht kein Bedarf mehr, das zu sein, als was uns die Evolution erschaffen hat: denkende Wesen. Der Mensch als solcher hat sich letzten Endes selbst überflüssig gemacht. Und wir sind gerade erst einmal bis zum Mars gekommen ...«

Millner lief durch das Hologramm des Gehirns, und Sal folgte ihm an das andere Ende der Halle. Dort wandte er sich nach rechts und öffnete eine Tür. Wände und Boden bestanden aus grauem Beton, und das altertümliche Inventar glich einem historischen Museum.»Hier sehen Sie das allererste Forschungslabor der RSHD. Wir haben es aus nostalgischen Gründen im Originalzustand belassen, um unseren Besuchern die bescheidenen Anfänge dieser Forschungseinrichtung zu demonstrieren.« Er deutete auf eine Reihe von Rechnern mit Flachbildschirmen und mechanischen Eingabegeräten.»Man kann die Sechzigerjahre mit Fug und Recht als das Jahrzehnt der Statistiken begreifen. Die Menschheit hatte Gefallen daran gefunden, alles nur Erdenkliche in Zahlen zu erfassen, abzuspeichern und von der zweiten und dritten Generation künstlicher Intelligenzen auswerten zu lassen. Sie waren eine Zeit lang wie besessen davon, ihr Leben in jeder nur erdenklichen Hinsicht zu durchleuchten. Jedenfalls entdeckte eines unserer Rechnersysteme, Taihu-7, damals eine Anomalie. Auf dem Mond betrug der durchschnittliche

IQ zu diesem Zeitpunkt beinahe zwanzig Punkte mehr als auf der Erde. Ein bemerkenswerter Unterschied. Aber nicht weiter verwunderlich, wenn man bedenkt, dass einige der klügsten Köpfe der Menschheit ihren Wohnsitz auf den Mond verlegt hatten. Interessant war allerdings der untere Median. Er war ebenfalls überdurchschnittlich hoch angesiedelt. Angesichts der sonstigen Mondbevölkerung hätte er deutlich niedriger ausfallen müssen – jedenfalls, wenn man von Vergleichsgruppen in ähnlichen Lebensverhältnissen auf der Erde ausging. Taihu-7 rechnete deshalb die Wissenschaftler und Ingenieure aus seinem Modell heraus. Das Ergebnis war verblüffend: Noch immer lag der durchschnittliche IQ deutlich über dem der Erdbevölkerung und sogar zwei bis drei Prozentpunkte über dem Durchschnitts-IQ von Japan und dem südostasiatischen Block, immerhin den klügsten Menschen auf der gesamten Welt. Wie konnte das möglich sein, wenn doch der Großteil der Mondbevölkerung aus einfachen Minenarbeitern, Truckern und Goldschürfern bestand? Zum Teil sogar aus Illegalen, die sich mit gefälschten IDs eingeschmuggelt hatten, um Drogen zu verkaufen und von den Abfällen der Gesellschaft zu leben.«

»Weil man schon verdammt clever sein muss, um in unserer totalüberwachten Welt seine Coins mit illegalen Aktivitäten zu verdienen«, sagte Sal. »Um zu diesem Schluss zu kommen, hättet ihr aber keinen Rechner gebraucht, sondern nur einen Polizisten.«

»Einen Polizisten mit einem Intelligenzquotienten von sage und schreibe einhundertzweiundvierzig«, sagte Millner. »Weißt du eigentlich, warum du hier bist, Sal? Ich meine, auf dem Mond?«

»Weil ich mich beworben habe …«

Millner schmunzelte. Er lief weiter in die nächste Halle, deren Wände mit Tausenden etwa handtellergroßen Quadraten übersät waren. Er ging zu einem dieser Quadrate und drückte mit den Fingerspitzen sanft gegen die Oberfläche. Zischend fuhr es aus der Wand heraus und gab den Blick auf ein dahinterliegendes Fach frei, in dessen Mitte ein schmales Glasröhrchen in dampfendes Trockeneis eingelegt war. Millner nahm das Röhrchen heraus und hielt es zwischen Daumen und Zeigefinger in die Höhe. »Rattus norvegicus. Die gemeine Wanderratte. Ich hatte dich vorhin gefragt, ob du an Gott glaubst. Ich nehme an, dass du zumindest mit den bekannteren Teilen der Bibel vertraut bist. Vor allem mit denen, die meinen Namensvetter Noah betreffen: ›Und Gott sprach zu Noah: Von allem, was lebt, von allen Wesen aus Fleisch, führe je zwei in die Arche, damit sie mit dir am Leben bleiben‹. Eine reichlich riskante Methode, die Arten vor der Vernichtung zu bewahren, nicht wahr? Nur zwei von jeder Art stellen ein unkalkulierbar hohes Risiko dar. Vor allem wenn man bedenkt, dass bei manchen Arten die Geschlechtsbestimmung ohne medizinischen Eingriff so gut wie unmöglich ist. Wir sind in dieser Hinsicht zum Glück schon einen ganzen Schritt weiter als Noah. In diesen Hallen lagern die Gene von etlichen Milliarden Arten. Fein säuberlich katalogisiert und konserviert, um im Bedarfsfall jedes bekannte Lebewesen auf der Erde klonen zu können. Ursprünglich wurde dieser Bestand angelegt, um die Besiedelung potenzieller neuer Planeten zu ermöglichen, aber daneben gilt unser Augenmerk natürlich auch dem Katastrophenschutz. Stell dir vor, die Erde wird von einem großen Unglück heimgesucht. Einer Epidemie, einem

Meteoriteneinschlag, dem Ausbruch eines Supervulkans. Denk nur mal an die phlegräischen Felder oder Yellowstone. Tickende Zeitbomben, die jederzeit explodieren können. Sie wären ohne Weiteres in der Lage, auf einen Schlag einen Großteil allen Lebens auf der Erde auszulöschen. Einfach so …« Mit einem leisen Knacken zerbrach das Glasröhrchen zwischen Millners Fingern. Achtlos ließ er die Reste zu Boden fallen. »Elf Milliarden degenerierte Befehlsempfänger, deren Intelligenzquotient von Tag zu Tag sinkt. Auf einen Schlag ausgelöscht. Glaubst du, dass es schade um sie wäre?« Er wischte die Hände aneinander ab und wandte sich zu Sal um. »1816. Das Jahr ohne Sommer. Auf der indonesischen Insel Sumbawa bricht der Vulkan Tambora aus. Über sechzigtausend Menschen finden den Tod, und die Asche verdunkelt den Himmel so stark, dass selbst in Europa noch der Sommer zum Winter wird. Die schlimmste Hungersnot des neunzehnten Jahrhunderts bricht aus und rafft Zehntausende weitere Menschen dahin. Gleichzeitig aber entfacht die Katastrophe ein Feuerwerk an Innovationen. Die Menschen sind gezwungen, aus der Not eine Tugend zu machen. Hilfsorganisationen werden gegründet. Die Landwirtschaft wird revolutioniert. Große Literatur wird geschrieben. Die Katastrophe ist wie ein großer Funke, der die Synapsen wieder zum Feuern bringt … Also warum bist du wohl hier, Sal?«

Sal starrte auf die Glassplitter herunter, zwischen denen die Reste des Rattus norvegicus lagen. Langsam dämmerte ihr, wie alles miteinander zusammenhing. Ganz langsam wurde ihr klar, was hier gerade gespielt wurde. Und die Vorstellung war so ungeheuerlich, dass ihr schwindelig wurde.

Elf Milliarden … Die letzte Notiz auf Moletsanes Rechner.

Die Zahl, die der Zollbeamte mehrfach unterstrichen hatte, kurz bevor er gestorben war.

Vielleicht war er ermordet worden, weil er ihnen auf die Schliche gekommen war. Vielleicht hatte er sich aber auch wirklich nur selbst umgebracht, als er endlich begriffen hatte, worin er mit seinen schmutzigen Geschäften verwickelt war. Wie auch immer. Es spielte keine Rolle mehr. Wahrscheinlich spielte schon bald gar nichts mehr irgendeine Rolle.

»Ihr verdammten Arschlöcher«, sagte Sal. »Ihr habt tatsächlich vor, die Erde in die Luft zu jagen …«

Millner lächelte. Er stand jetzt so dicht vor ihr, dass sie seinen Geruch wahrnehmen konnte. Der Geruch eines Raubtiers. Ein Geruch, der sie wütend machte. Unglaublich wütend auf diesen Verrückten und seine wahnsinnigen Pläne. Sie spürte seine Bewegung mehr, als dass sie sie sah. Seine Hand fuhr unter sein Jackett und zog eine schlanke Pistole darunter hervor. Ein Schuss löste sich. Instinktiv riss sie ihren bionischen Arm nach oben, und die Kugel schrammte kreischend am Metall entlang. Blitzschnell blockierte sie Millners Arm, griff mit der anderen Hand zu und entwand ihm mit einer präzisen, oft geübten Bewegung die Waffe. Im selben Augenblick verspürte sie einen heftigen Stoß gegen ihren Brustkorb. Die geringere Schwerkraft bewirkte, dass sie Hals über Kopf durch den Raum gewirbelt wurde und hart gegen die nächste Wand schlug.

Stöhnend wälzte sie sich herum und blinzelte die Sterne vor ihren Augen fort. Der Raum drehte sich, und sie schüttelte verzweifelt den Kopf. Sie sah einen Schatten und hob die Pistole und feuerte drauf los. Der Schatten verschwand, und gleich darauf hörte sie das charakteristische Zischen einer

Tür. Fluchend stemmte sie sich in die Höhe, als ein heftiger Schmerz durch ihre Seite fuhr. Sie schrie auf und stürzte erneut zu Boden.

Einen Augenblick lang blieb sie benommen liegen, dann schnappte sie verzweifelt nach Luft. Ihre Hand tastete suchend über ihre Seite, und als sie sie vor die Augen hob, waren die Fingerspitzen voller Blut. Sie stieß einen erneuten Fluch aus – offenbar hatte sie den Schuss nicht weit genug abgelenkt. Sie hoffte bei Gott, dass es nur ein Streifschuss war. Sie presste eine Hand auf die Wunde, stemmte sich in die Höhe und humpelte zur Tür. Dort wartete sie darauf, dass sie sich öffnete, aber nichts geschah. Am Kontrollpanel neben der Tür drückte sie die Taste für den manuellen Türmechanismus. Es klickte leise, aber die Tür blieb verschlossen. Die Abdeckung war nur aufgeclipst. Sie nahm ihren Stern vom Gürtel und benutzte ihn als Hebel, um sie aufzustemmen. Darunter verbargen sich ein Tastaturfeld und ein winziges Schlüsselloch. Wahllos drückte sie auf den Tasten herum. Der Eingabecode war vierstellig. Das bedeutete zehntausend mögliche Kombinationen. Keine sehr rosigen Aussichten.

Sie hastete zurück in die erste Halle und durch das Hologramm des menschlichen Gehirns hindurch zur Tür am gegenüberliegenden Ende. Dort wiederholte sich das Spiel. Doch auch diese Tür ließ sich nicht mehr öffnen. Sie hob die Pistole und feuerte mehrere Schüsse auf die Tür und dann auf das Kontrollpanel ab. Als auch das keine Wirkung zeigte, versetzte sie der Tür einen Tritt, der eine weitere Welle von Schmerzen durch ihre Seite jagte. »So eine verdammte Scheiße!« Verzweifelt schaute sie sich um. Keine Fenster, keine Galerie, keine weiteren Ausgänge. Nichts, das irgendwie aus der kahlen

Schlichtheit hervorstechen würde. Der ganze Raum wirkte plötzlich wie eine überdimensionierte Gefängniszelle. Sie zog Brans G.Phone aus der Tasche und startete es.

»Keine Verbindung«, sagte Nathan mit mechanischer Stimme. »Ich benötige eine Verbindung zum Netzwerk.«

Sie sah sich noch einmal um, und dabei fiel ihr das winzige Museum mit den alten Rechnern ein. Sie rannte zurück. Bei den Computern handelte es sich um uralte Modelle aus NASA-Zeiten, mit Tastaturen aus Plastik und LCD-Monitoren. Sie stieß mit den Fingerspitzen gegen eines der Eingabegeräte, und der Monitor erwachte summend zum Leben. Auf der Oberfläche erschienen eine Handvoll Symbole. Jedes stand für eine App, die dem interessierten Besucher eine der zahllosen Funktionen des damaligen Weltraumprogramms demonstrieren sollte. In der schmalen Zeile am unteren Bildschirmrand fand sie das Hauptmenü und navigierte von dort aus durch die Einstellungen bis zu einem Untermenü, über das die Netzverbindungen ausgewählt werden konnten. Sie klickte auf »Netzwerk verbinden« und hielt den Atem an. Ein neues Fenster öffnete sich und forderte sie zur Eingabe eines Passworts auf. Leise stöhnend zog sie Nathan aus der Tasche. »Kannst du dich mit einem Taihu verbinden?«

»Negativ.«

»Aber dieses Ding kann sich ins Netz einwählen. Ich brauche nur das verdammte Passwort.«

»Lass mich nachdenken.«

»Du bist ein Programm. Programme müssen nicht nachdenken.«

»Es ist eine Umschreibung für die von mir benötigte Rechenzeit.«

312

Sal rieb sich mit den Fingerspitzen die Nasenwurzel. »Okay. Aber bitte beeil dich.«

Eine Weile geschah nichts, doch dann meldete sich Nathan zurück. »Also gut. Du musst die Eingabeaufforderung öffnen.«

»Die was?«

»Dieses Rechnersystem verfügt über eine äußerst simple Anwendung, mit der du Befehle über die Tastatur eingeben kannst statt über herkömmliche Eingabemedien.«

Sal klickte in das Suchfeld und tippte den gesuchten Begriff ein. Ein schwarzes Fenster öffnete sich, an dessen oberem linken Rand ein hässlicher grüner Cursor blinkte. Sie hatte so ein Ding tatsächlich schon einmal in den Grundlagen der Informatik gesehen, aber der Dozent war so schnell über das Thema hinweggegangen, dass nichts davon bei ihr hängen geblieben war.

»Gib jetzt folgenden Code ein«, sagte Nathan und ratterte eine ganze Reihe unverständlicher Zahlenreihen herunter. Mit jeder Zeile, die hinzukam, wurden Sals Augen ein Stück größer.

»Das ist nicht dein Ernst.«

»Du solltest inzwischen wissen, dass mir das Konzept von Scherzen fremd ist. Meine Fähigkeit dazu ist in etwa so gering ausgeprägt wie dein Verständnis für Neurotechnologie. Damit die Eingabe deine visuellen und intellektuellen Fähigkeiten nicht übersteigt, habe ich den Code extra in kleine Pakete gepackt.«

»Haha.«

»Das habe ich ernst gemeint. Was du auf dem Display siehst, ist erst der Anfang. Also fang jetzt endlich an.«

Hektisch schlug Sal in die Tastatur. Sie brauchte eine halbe Ewigkeit, bis sie den Zeilensalat in das Fenster eingegeben hatte. Als sie endlich fertig war, brannten ihre Augen, als hätte sie eine Woche in einem Simulationsraum verbracht. Mit zitternden Fingern drückte sie auf die Eingabetaste.

Nichts geschah.

»Verdammt. Habe ich einen Fehler gemacht?«

»Es besteht eine hohe prozentuale Wahrscheinlichkeit.«

»Ich hatte vergessen, dass deine Fähigkeit für soziale Interaktion ebenfalls nicht sehr ausgeprägt ist. Du … Scheiße!«

Aus der Halle erklangen Stimmen. Irgendwer rief etwas, und eine zweite Stimme antwortete. Sie hörte Schritte und warf einen schnellen Blick durch die Tür nach draußen. Im gleichen Augenblick prasselte eine ganze Salve Schüsse auf sie ein. Die Kugeln trafen den Boden und die Wände um sie herum und verfehlten sie nur durch pures Glück. Sie zog den Kopf ein und warf sich zur Seite. Sie drückte den Rücken gegen die Wand und streckte den Arm wieder zur Türöffnung hinaus und feuerte wahllos zurück. Ein paar Mal ging es so hin und her, und eine Menge Kugeln flogen durch die Luft. Es war eigentlich nur noch eine Frage der Zeit, bis eine traf. Sie feuerte erneut nach draußen, als ihre Waffe laut und deutlich klick machte. Sie stieß einen Fluch aus und schleuderte sie quer durch den Raum davon. In diesem Augenblick erloschen die Lichter, und schlagartig wurde es dunkel. Wenige Augenblicke später ertönte irgendwo im Gebäude ein quäkender Alarm, und über der Tür flackerte ein grünes Notlicht auf. Das Display des G.Phone wurde hell, und unzählige Codezeilen rasten in schneller Folge herunter. So schnell, dass Sal schwindelig wurde.

»Verbindung hergestellt«, verkündete Nathans mechanische Stimme.

»Ehrlich?«

»Meine Fähigkeit zu lügen ...«

»Jaha, schon gut. Was ist passiert?«

»Ich habe das Stromnetz überlastet. Damit die Systeme keinen Schaden nehmen, werden sie jetzt sicherheitshalber heruntergefahren und neu gebootet. Das gesamte Gebäude läuft nur noch auf Notstrom, und die Sicherheits-KI ist abgelenkt. Du hast jetzt circa fünf Minuten, um das Gebäude zu verlassen.«

»Nichts leichter als das.« Geduckt hastete Sal zum gegenüberliegenden Ausgang. Nathan gab ihr den Entriegelungscode, und sie tippte die Ziffern in das Tastaturfeld ein. Ein Klicken ließ erkennen, dass die Tür entsperrt war, und sie stemmte sich dagegen und schob sie auf. Mit einem schnellen Blick vergewisserte sie sich, dass der dahinterliegende Flur verlassen war, und rannte hinunter zu den Fahrstühlen. Aus einem der Labore streckte ein Angestellter den Kopf nach draußen. Sie stieß ihn grob mit der Schulter aus dem Weg und wurde dabei nicht mal langsamer. Neben den Fahrstühlen fand sie die Tür zum Treppenhaus. Ein dunkler Schacht, der sich weit nach unten und oben erstreckte und nur von wenigen Notlichtern erhellt war. Irgendwo weiter unten klappte eine Tür, und Stimmen wurden laut. Sie sprang die Treppe nach oben, immer zwei Stufen auf einmal. Das Licht einer Taschenlampe streifte über sie hinweg. Sie hörte einen Ruf. Augenblicke später schlugen Kugeln in die Wände ein oder prallten klirrend vom Geländer ab. »Dritter Stock«, sagte Nathan. Sie warf sich gegen die Tür, doch sie war verschlossen. »Sie gewinnen langsam die Kontrolle zurück.« Nathans Stimme klang beinahe ein bisschen entschuldigend. »Weiter hoch.«

Sal rannte los.

Im vierten Stock war die Tür noch unverschlossen. Sie betrat einen Flur voller Büros, in dem zahlreiche Angestellte herumstanden und über den Stromausfall diskutierten. Zum Glück wusste keiner so genau, was eigentlich los war. Sal senkte den Kopf und schloss sich im Dämmerlicht einer Gruppe Anzugträger an, die aufgeregt diskutierend den Gang hinunterströmten. An einer Abzweigung verließ sie die Gruppe wieder, und Nathan navigierte sie zu einer Treppe, die hinunter in einen Ruhebereich führte.

Ein winziger Innenhof mit Bäumen, schmiedeeisernen Parkbänken im Retrolook und dem Hologramm eines plätschernden Springbrunnens. Am gegenüberliegenden Ende stand ein Wachmann, Zeige- und Mittelfinger der einen Hand an den Schläfenknochen gelegt und die andere locker auf dem Griff seiner Waffe. Er stand ziemlich nahe an dem plätschernden Brunnen, und Sal hoffte, dass er nicht mitbekam, wie sie sich ihm näherte. Als sie dicht genug heran war, sprang sie auf ihn zu und versetzte ihm mit ihrer bionischen Hand einen gezielten Schlag gegen die Schläfe. Ohne einen Ton von sich zu geben, sackte der Wachmann in sich zusammen. Sal fing ihn auf und legte ihn sanft auf dem Boden ab. Sie nahm ihm die Handschellen ab, fesselte ihn an eine der Parkbänke und zog seine Pistole aus dem Holster. »Nathan?«

»Den Gang hinunter und nach links, dann immer geradeaus.«

Als sie endlich die Lobby erreichte, war die Hälfte der Deckenbeleuchtung bereits wieder an. Die Waffe hinter ihrem

Rücken verborgen, humpelte sie auf eine der Treppen zu. Am oberen Absatz stand ein weiterer Wachmann, allerdings den Blick nach unten zum Haupteingang gerichtet. Sie hielt an und warf einen Blick über die Schulter. Im Dämmerlicht der Notbeleuchtung sah sie ein Stockwerk höher Millner aus dem Treppenhaus treten. Sie starrten sich einen Moment lang an, und dann wandte sie sich um und stürmte auf den Treppenabsatz zu. Sie hörte einen Ruf, und der Wachmann drehte sich um und riss die Augen auf. Ohne nachzudenken, hob sie die Waffe und drückte ab. Der Wachmann wurde rückwärts die Treppe hinuntergeschleudert, und sie stürmte in waghalsigem Tempo an ihm vorüber und erreichte den Empfangsbereich. Sie rannte geradewegs durch das virtuelle Wäldchen hindurch und sprang über den Bach. Als sie den Empfangstresen erreichte, zerschnitt ein Projektil das Hologramm eines Rehs, das daraufhin aufflackerte und erschrocken den Kopf hob. Der nächste Schuss durchschlug das Glas des Tresens, und die Empfangsdamen brachten sich kreischend hinter ihren Stühlen in Sicherheit. Sal gab wahllos ein paar Schüsse in die Richtung des Schützen ab und rannte auf die Rolltreppen zu. Ein Wachmann überquerte die Wiese und versuchte, ihr von der Seite den Weg abzuschneiden. Sie feuerte zwei ungezielte Schüsse auf ihn ab, und als er sich zu Boden warf, wandte sie sich um und stürmte mit langen Sprüngen die Rolltreppe hinauf.

Als sie die gläsernen Eingangstüren erreichte, erzitterte das Glas unter einer Salve von Einschüssen aus einer automatischen Waffe. Sie warf einen weiteren Blick über die Schulter und sah, wie Millner elegant über die Brüstung setzte und aus dem dritten Stock in die Tiefe sprang. Unten angekommen, rollte er sich ab und nahm mit langen, ausgreifenden Sprüngen die Verfolgung auf. Sie sprang die Treppe hinunter auf den Bürgersteig, hinter ihrem Rücken das trockene Krachen der Automatik und auf dem Gehweg die Einschläge der Projektile. Die Menschen um sie herum erstarrten zu Salzsäulen, da sie die Geräusche von Schießereien offenbar nicht gewöhnt waren, und als sie endlich begriffen, was vor sich ging, brachen die ersten schon im Kugelhagel zusammen. Mit eingezogenem Kopf sprintete Sal die Straße hinunter und suchte Deckung in der panischen Menge. Als sie gerade die nächste Straßenecke erreichte, ließ ein Schuss nur wenige Zentimeter über ihrem Kopf eine Schaufensterscheibe zersplittern. Sie spürte einen heftigen Schlag gegen den Rücken, wurde herumgeschleudert und prallte gegen ein parkendes Auto. Sie stürzte auf die Knie und rappelte sich hastig wieder auf. Ihre Seite fühlte sich taub an, und sie presste die Hand darauf und spürte frisches Blut zwischen den Fingern hindurchsickern. Verdammte Scheiße! Sie erreichte eine kleine Einkaufspassage und sah von links zwei RSHD-Wachmänner angerannt kommen. Sie feuerte zwei Schüsse ab und flüchtete in eine schmale Seitengasse. Es gab nicht viel, hinter dem sie Deckung finden konnte, also rannte sie im Zickzack weiter, bis sie die nächste Straßenecke erreichte und für einen kurzen Augenblick aus dem Schussfeld war. Keuchend lief sie zwischen zwei Lagerhallen hindurch und erreichte die Zufahrtsstraße. Jeder Schritt bohrte sich wie glühende Nadeln in ihre Seite. Sie glaubte nicht, dass sie noch länger weiterlaufen konnte. Ihr wurde schwindelig, und die Straße verschwamm vor ihren Augen. Sie versuchte sich daran zu erinnern, wo sie ihr Fahrzeug geparkt hatte, aber das Denken fiel ihr zunehmend schwerer. Sie stolperte und wurde langsamer und musste sich an einer Säule abstützen, um nicht umzufallen. Zwei Frauen in Laborkitteln starrten sie mit großen Augen an, in ihren Händen Becher mit der Aufschrift Coffiship. Sie drehte sich im Kreis, bis sie die Leuchtschrift auf der anderen Straßenseite wiedererkannte. Feinste Bohne seit 2068. Der Parkplatz musste sich links davon befunden haben. Sie hastete über die Straße, sprang über eine Hecke hinweg und landete mitten in der Zufahrt. Bis zu ihrem Fahrzeug waren es nur noch wenige Schritte, doch auf dem Weg dahin stand Millner. Sie blieb stehen, stützte die Hände auf den Oberschenkeln ab und stieß keuchend die Luft aus. Dann richtete sie sich wieder auf und presste die Lippen zusammen und sah Millner trotzig an. Der hochgewachsene Mann verzog den Mund zu einem schmalen Lächeln. Langsam hob er die Waffe und drückte ab.

20

VERSCHISSENER
WEISSER GWEILO

Die Szenerie hatte die Ästhetik eines Actionfilms aus den Zwanzigerjahren. Alles lief für einen Augenblick wie in Zeitlupe ab. Millner, wie er langsam die Waffe hob und den Finger krümmte, als ein dunkler Schatten von der Seite auf ihn zugesprungen kam. Ein Bagel und ein Becher mit der Aufschrift Coffiship, der träge durch die Luft segelte und eine braune Spur aus Kaffee hinter sich herzog. Ein Schuss, der unnatürlich laut über den Parkplatz knallte, und Sal, die sich zur Seite warf und die Druckwelle des Projektils spürte, das nur wenige Millimeter an ihr vorüberschoss und die Seitenscheibe eines geparkten Fahrzeugs durchschlug.

Im selben Augenblick wurde Millner auf die Straße gestoßen, quer über zwei Fahrbahnen hinweg, wo er gegen einen Kleintransporter prallte und schließlich auf der Motorhaube eines Taxis landete. Dutzende Notbremssysteme sprangen gleichzeitig an, und die Fahrzeuge wichen sirrend und röhrend in alle Himmelsrichtungen aus. Ein Bus, der nicht mehr rechtzeitig bremsen konnte, rammte eine Lastendrohne, was einen dahinter fahrenden Schwerlasttransporter zwang, zur anderen Seite auszuweichen und kreischend und funkensprühend eine Hauswand entlangzuschrammen.

»Komm schon«, brüllte Bran und zerrte Sal in die Höhe. Er schlang einen Arm um ihre Hüfte und zog sie hinter sich her zu ihrem Fahrzeug. Als sie dort angekommen waren, riss er die Beifahrertür auf und stieß sie hinein. Dann rannte er um das Fahrzeug herum und sprang auf den Fahrersitz. Sal warf einen panischen Blick nach draußen. Der Verkehr war innerhalb von Sekundenbruchteilen beinahe vollständig zum Erliegen gekommen. Überall öffneten sich Türen und Fenster, und erschrockene Passagiere streckten ihre Köpfe heraus. Von Millner war nirgendwo mehr etwas zu sehen, aber von hinten näherten sich zwei Fahrzeuge mit dem Logo des Sicherheitsdienstes. »Gib mir die Kontrolle!«, brüllte Bran und streckte die Hände nach vorn.

Sal zuckte zusammen und wandte sich zu ihm um. »Was?«

»Die manuelle Steuerung!«

»Weißt du überhaupt ...?«

»Willst du erst meinen Führerschein sehen?«

Sal starrte ihn einen Augenblick lang verständnislos an. Dann schlug ein Projektil in der Heckscheibe ein und weckte sie aus ihrer Erstarrung. Sie erteilte die Freigabe, und aus der Konsole fuhr ein schmales Lenkrad heraus. Bran griff zu, drückte auf den Startknopf und katapultierte das Fahrzeug nur Sekundenbruchteile vor dem Eintreffen des Sicherheitsdienstes mit röhrenden Triebwerken in den Himmel.

Schon Anfang der Siebzigerjahre hatten die meisten Fahrzeughersteller weitgehend auf den Einbau manueller Lenksysteme verzichtet. Vollautomatische Steuerungen waren nicht nur platzsparender, sondern auch deutlich zuverlässiger und sicherer als menschliche Wagenlenker. Durch die Automatisierung des Straßenverkehrs hatten sich Unfallhäufigkeit und Staugefahr nahezu auf ein Zehntel verringert, von den Gefahren tödlicher Herzinfarkte durch den Stress einer manuellen Fahrt ganz zu schweigen. Zu Beginn des zweiundzwanzigsten Jahrhunderts verfügten lediglich noch Militärfahrzeuge und Dienstwagen von Polizei und Katastrophenschutz über manuelle Notstcucrsysteme. Sal hatte ein vierwöchiges Fahrsicherheitstraining absolvieren müssen, ehe sie sich das erste Mal in eine Rushhour einreihen durfte. Sie wurde den Eindruck nicht los, dass sie diese Fahrt nur dank unzähliger intelligenter Notbremssysteme unversehrt überstanden hatte. Nach ihrer zweiten Fahrt hatte sie sich ernsthaft gefragt, wie die Menschheit jemals die Anfangstage des automobilen Zeitalters überleben konnte.

Bran schien sich darüber keine Gedanken zu machen. In halsbrecherischem Tempo fädelte er das Fahrzeug in den Straßenverkehr ein, preschte haarscharf an tonnenschweren Flugdrohnen vorbei und zwängte sich durch jede noch so winzige Lücke. Das Blaulicht verschaffte ihm dabei einen gewaltigen Vorteil, denn es sorgte dafür, dass sämtliche anderen Verkehrsteilnehmer ausgebremst oder umgeleitet wurden, um ihnen Platz zu machen. Als sie die Ausfahrt nach Maduraia erreichten, waren sie bereits mit einer so wahnsinnigen Geschwindigkeit unterwegs, dass die Gebäude rechts und links zu einer einzigen leuchtenden Linie verschwammen. Entsetzt starrte Sal auf das sich rasend nähernde Haupttor. Sie zerrte das G.Phone aus der Tasche. »Nathan! Das Haupttor. Du musst die Schranke …« Sie sah den Balken heranschießen, kniff die

Augen zusammen und riss die Arme vor das Gesicht. Sekundenbruchteile später öffnete sich die Schranke, und sie schossen darunter hindurch.

»Das hätte ich auch allein geschafft«, rief Bran, während er sich anstrengte, den Gleiter in einer scharfen Rechtskurve auf Kurs zu halten. Mit röhrenden Triebwerken tauchten sie in den Straßenverkehr von Maduraia ein. Sal warf einen Blick über die Schulter und sah, dass die beiden Fahrzeuge des Sicherheitsdiensts ihnen dicht auf den Fersen waren. Bran gab weiter Gas und versuchte einige halsbrecherische Ausweichmanöver, doch ihre Verfolger ließen sich nicht so leicht abschütteln. Als sie die Abzweigung zum Diplomatenviertel erreichten und in den Stadtkern einbogen, war eines der Fahrzeuge plötzlich verschwunden. Instinktiv drehte Sal den Kopf und sah, dass es durch eine Seitengasse hindurch direkt auf sie zugeschossen kam. Sie stieß eine Warnung aus, und Bran riss im letzten Augenblick das Steuer herum. Kreischend schrammten die Fahrzeuge aneinander vorbei. Erneut riss Bran am Steuer, und der Gleiter schleuderte unkontrolliert über einen Parkplatz, ehe die Stabilisatoren griffen und das Fahrzeug wieder auf Spur brachten. Sal riss ihre Stun Gun, eine handliche Ruger mit integrierter Taschenlampe, aus der Halterung an der Mittelkonsole und entsicherte sie.

Die Mondregierung hegte eine gewisse Abneigung gegen langläufige Feuerwaffen, deren Munition in der Lage war, Türen und Wände zu durchschlagen und im schlimmsten Fall das Vakuum in die Stadt eindringen zu lassen. Aus diesem Grund waren Space Marshals neben ihrer Dienstpistole standardmäßig nur mit einer sogenannten Stun Gun ausgerüstet, deren Projektile gerade einmal die Schadenswirkung von

Gummigeschossen erreichten. Das tat zwar höllisch weh und verursachte blaue Flecken, aber der spaßige Part waren die zweihunderttausend Volt elektrischer Spannung, die beim Auftreffen in den Körper des Opfers gejagt wurden. Der lähmende Effekt auf die Muskulatur konnte einen ausgewachsenen Mann für etliche Minuten außer Gefecht setzen. Außerdem eignete er sich ganz hervorragend zum Fischen. Sal hatte das vor ein paar Jahren einmal bei einem Angelausflug im Smith Mountain Lake ausprobiert. Mit einem einzigen Schuss hatte sie ein halbes Dutzend stattlicher Karpfen aus dem Wasser gezogen – auch wenn sie im Nachhinein zugeben musste, dass man so etwas nicht unbedingt als sportlich bezeichnen konnte. Schnell ließ sie das Seitenfenster nach unten fahren, und als der zweite Verfolger nahe genug herangekommen war, feuerte sie ihm eine Ladung Projektile vor den Bug. Die geballte elektrische Ladung legte schlagartig die gesamte Elektrik des Fahrzeugs lahm, das daraufhin wie vom Blitz getroffen nach unten wegsackte und schlingernd und mit rauchenden Triebwerken auf der Straße zum Stehen kam. Bran bog in den breiten Boulevard des Vergnügungsviertels ein, und sie glaubten für einen Augenblick schon, ihre Verfolger abgeschüttelt zu haben, als ein ganzer Hagel Schüsse auf ihr Heck niederprasselte. Sal zog den Kopf ein und erwiderte blind das Feuer. Als sie sich traute, den Kopf wieder hochzunehmen, sah sie einen weinroten Gleiter, der sich jetzt an ihre Fersen geheftet hatte.

»Ein 64er Thunderbolt!«, rief Bran mit vor Begeisterung überschnappender Stimme.

»Und er schießt auf uns«, knurrte Sal. »Hurra.« Sie lud ihre Waffe nach und sah zurück. Der Thunderbolt hatte sich ein kleines Stück zurückfallen lassen, aber sie erkannte den Fahrer trotz allem sofort wieder. »Millner.« Dieses Arschloch war wirklich verdammt hartnäckig, das musste man ihm lassen.

Als ihr Gleiter in den Businessdistrikt einbog, hatte auch das übrig gebliebene Fahrzeug des Sicherheitsdienstes wieder aufgeholt. Mit halsbrecherischer Geschwindigkeit jagten sie nun nach Norden, direkt auf den Tunnel nach New Angeles zu. Immer wieder riss Bran im letzten Augenblick das Lenkrad herum, um anderen Fahrzeugen auszuweichen oder durch einen geschickten Haken erneut etwas Abstand zwischen sich und ihre Verfolger zu bekommen. Bei jeder Erschütterung stießen glühende Dolche in Sals Seite. Das Adrenalin hatte sie bislang weitestgehend davor bewahrt, aber je länger sie unterwegs waren, desto heftiger wurden die Schmerzen. Sie biss die Zähne zusammen und atmete stoßweise. Von hinten waren weitere Schüsse zu hören, und sie sah, dass ihre Verfolger die Taktik geändert hatten. Während Millner sie zu immer waghalsigeren Ausweichmanövern zwang, versuchte das Fahrzeug des Sicherheitsdiensts jetzt, sie seitlich zu überholen. Sie blickte nicht auf die Geschwindigkeitsanzeige, aber ihr war klar, dass sie bereits am absoluten Limit fuhren und nicht mehr lange so weitermachen konnten. Plötzlich rief Bran: »Scheiße!« Vor ihnen leuchtete ein rotes Meer aus Bremslichtern auf. Dutzende Fahrzeuge gerieten ins Schlingern, als ihre Notbremssysteme sie brutal in den Stand zwangen. Zu ihrem Entsetzen drückte Bran allerdings aufs Gas und zwang den Gleiter brutal in eine Linkskurve hinein. Sal wurde heftig gegen die Seitentür geschleudert und schrie vor Schmerzen auf. Direkt vor ihnen schlingerten zwei schwere Transporter nebeneinander über die Straße, und ihr wurde bewusst, dass Bran direkt auf sie zusteuerte. Ihr Gleiter eierte zurück nach rechts und beschleunigte erneut, um im nächsten Augenblick zwischen den schlingernden Kolossen hindurchzuschießen. Aus dem Augenwinkel sah Sal noch, wie das Fahrzeug des Sicherheitsdienstes so heftig abbremste, dass es herumschleuderte und mit der Seite brutal gegen das Heck des linken Transporters prallte. Dann waren sie durch den Stau hindurch und rasten erneut mit Hochgeschwindigkeit den Boulevard hinunter.

Wenige Minuten später erreichten sie den großen Kreisverkehr und bogen in den Zubringertunnel nach New Angeles hinein. Hier verlangsamte Bran endlich das Tempo ein bisschen und reihte sich in den Strom Richtung Nordwesten ein. Er aktivierte den Autopilot und ließ sich ächzend in seinen Sitz zurückfallen. Nachdem er ausgiebig mit den Halswirbeln geknackt hatte, warf er Sal einen grinsenden Seitenblick zu. Doch dann blieb sein Blick an ihrem Shirt hängen, und das Grinsen verschwand. »Du blutest.«

»Kleinigkeit«, murmelte sie und verzog das Gesicht. »Wurde nur ein bisschen angeschossen.« Jetzt allerdings, da die Anspannung von ihr abfiel, wurden die Schmerzen schier unerträglich.

Brans Augen wurden groß. Er beugte sich herüber und zog an ihrem Shirt. »Lass mal sehen.«

»Das ist jetzt wirklich nicht der geeignete Augenblick für Annäherungsversuche ...«

Bran ignorierte den Kommentar und schob ihre Hand zur Seite. »Dreh dich ein Stück nach rechts.« Seine Finger tasteten über ihre Haut, bis sie unter dem vielen Blut das Einschussloch fanden. Ein stechender Schmerz schoss ihre Seite hinauf, und sie stieß ein Stöhnen aus.

»Mist«, sagte Bran.

»Was?«

»Ich kann kein Austrittsloch finden.«

»Ich glaube, eines reicht vollkommen«, sagte Sal, obwohl sie genau wusste, was das bedeutete. Ein Steckschuss war deutlich gefährlicher als ein sauberer Durchschuss – wenn es bei einer Schussverletzung denn überhaupt so etwas wie »sauber« gab. Schwach deutete sie nach vorn. »Neben der Mittelkonsole klebt ein kleines MedSet …«

Bran nickte und beugte sich vor. Er riss das MedSet von der Befestigung, zog den Deckel auf und nahm eine Spritze heraus. Nachdem er die Schutzverpackung aufgerissen hatte, zog er die Spritze auf.

»Hast du so was schon einmal gemacht?«

Er grinste. »Keine Sorge, ich weiß, wie man eine Spritze setzt. Gib mir deinen Arm.« Er drückte die Spritze hinein, und beinahe augenblicklich spürte Sal die betäubende Wirkung. Sie lehnte ihren Kopf gegen das Seitenfenster und schloss die Augen. Beinahe konnte sie mitverfolgen, wie sich das Betäubungsmittel mit jedem Herzschlag weiter in ihrem Körper verteilte und der Schmerz langsam abebbte. Sie hörte Bran im MedSet herumkramen und spürte, wie seine Finger erneut über ihre Haut tasteten. Sie hatte den Eindruck, dass er wirklich wusste, was er tat.

»Wo kommst du eigentlich her?«, murmelte sie benommen.

»Zagreb.«

»Liegt das nicht in Europa?«

»Visegrádstaaten, um genau zu sein. Wundert dich das?«

»Ich hätte gewettet, dass du Amerikaner bist.«

»Wegen dem Vornamen und weil ich Drogen nehme und nach Trailer trash aussehe?«

»Weil du deine Freiheit für einen Kaffee und einen Bagel riskierst. Sie hätten dich verhaften können. Das ist dir klar, oder?«

»Das Risiko war es wert. Coffiship soll immerhin die besten Bagels der Welt backen. Man sagt, dass sie sogar echten Speck dafür verwenden. Nicht so eine synthetische Scheiße, die Allergien und Krebs verursacht und dabei noch nicht mal richtig schmeckt.«

»Und?«

»Was und?«

»Hat er geschmeckt?«

»Woher soll ich das wissen? Ich habe keinen einzigen Bissen gehabt. Ich wollte ihn im Auto essen, aber du hast mir den Spaß ja gründlich versaut mit deiner blöden Aktion und dem Angeschossenwerden.«

»Ich hätte dich damit ohnehin nicht ins Auto gelassen. Du hättest mir am Ende noch die Sitzbezüge versaut.«

Bran stieß ein Schnaufen aus und sprühte etwas Nasses und Kaltes auf ihre Wunde. »Das tut jetzt gleich ein kleines bisschen weh.« Sal unterdrückte einen Aufschrei. Es tat nicht nur ein kleines bisschen weh, es brannte wie die Hölle. Jedenfalls für einen kurzen Augenblick. Doch so schnell, wie der Schmerz gekommen war, verschwand er auch schon wieder und machte einem dumpfen Pochen Platz, das sich einigermaßen aushalten ließ. Bran drückte eine Kompresse auf das Einschussloch und fixierte sie mit einem Wundpflaster. Dann wischte er die Hände an seinen Hosenbeinen ab und packte das MedSet wieder zusammen. »Das sollte für eine Weile halten.«

Sal schlug die Augen auf und begutachtete das Ergebnis seiner Arbeit. »Hast du das irgendwo gelernt?«

»Ich war in einem früheren Leben mal Rettungswagenfahrer. Was man halt so macht, um günstig an Drogen zu kommen. AMP-Derivate gingen immer recht gut. An der Börse stehen sie nämlich total auf diese Dinger. Wurden ursprünglich für das Militär entwickelt und lassen dich Hunger und Schmerzen völlig vergessen. Du kannst arbeiten wie ein Cyborg, und wenn du deine Nahrung intravenös zu dir nimmst, musst du nicht mal Essenspausen einlegen. Das Beste daran: Die Nebenwirkungen kannst du in den ersten Wochen komplett vernachlässigen.«

»Und warum fährst du nicht mehr?«

»Die Drecksäcke haben mir die Lizenz entzogen.«

»Wegen der Dealerei?«

»Illegale Autorennen. Die haben tatsächlich behauptet, dass meine Fahrweise verkehrsgefährdend wäre. Ist natürlich doof, wenn du darauf angewiesen bist. Ohne Lizenz kannst du weder Rettungswagen fahren noch sonst irgendwelche manuell steuerbaren Fahrzeuge bedienen. Da bleibt dir auf dem Mond nicht mehr viel anderes übrig, als Drogen zu verkaufen. Außer du möchtest zusammen mit den Schlitzaugen unten in den Minen im Dreck buddeln.«

»Chinesen«, murmelte Sal müde. »Diese Leute heißen Chinesen, du verschissener weißer Gweilo.«

»Okay«, sagte Bran grinsend. »Und was machen wir jetzt?«

»Na was wohl? Wir rufen die Kavallerie, weil die Sache hier eindeutig zu groß für uns geworden ist.« Sal öffnete erneut die

Augen und beugte sich nach vorn, um das Intercom zu aktivieren. »Zentrale? Wir haben einen Notfall in Maduraia. Ich brauche einen direkten Draht runter nach Virginia.« Sie wartete einen Augenblick und aktivierte das Intercom erneut. »Zentrale?«

»Keine Verbindung«, sagte Bran.

Sal stieß einen Fluch aus. »Systemcheck!«

Bran schüttelte den Kopf. Er tippte mit dem Zeigefinger auf das Display. »Tut mir leid, Sal, aber das Netz ist tot. Siehst du? Da geht gar nichts mehr.«

Sal runzelte die Stirn und griff nach dem G.Phone. »Nathan? Bekommst du eine Verbindung zum Marshals Service zustande oder zur Polizeizentrale in New Angeles?« Sie tippte auf das Display. »Nathan? Hallo? Bist du da? Verdammt, Nathan, tu mir das jetzt bloß nicht an …« Sie überprüfte den Ladezustand des G.Phone und dann noch mal die Verbindung. Als auch das nichts half, bewegte sie das Gerät hin und her, in dem verzweifelten wie nutzlosen Versuch, den Kontakt wiederherzustellen. Schließlich war sie drauf und dran, das G.Phone wutentbrannt gegen die Mittelkonsole zu schmettern, als Bran sie am Arm berührte.

»Sieh mal«, sagte er und deutete nach vorn.

21

ROTE ODER BLAUE PILLE

Zornig schaute Sal auf und warf einen Blick nach vorn durch die Windschutzscheibe. Ihr stockte der Atem. Überall im Tunnel leuchteten Bremslichter auf, und zahlreiche Fahrzeuge verlangsamten ihre Fahrt. Etliche steuerten sogar bedächtig nach unten auf die Straßenränder zu. Eine große Reklametafel mit dem Hologramm einer lachenden Kuh flackerte auf und erlosch. Im nächsten Augenblick wurden weitere Tafeln rechts und links des Wegs schwarz. Nach einer Weile verblassten schließlich sogar die Leitlichter an den Tunnelwänden, und dann wurde es vollständig dunkel.

Bran verlangsamte die Fahrt und schaltete die Scheinwerfer ein. Ein Stück außerhalb des schmalen Lichtkegels sahen sie die Umrisse von Transportern und Drohnen, die an den Straßenrändern zum Stehen gekommen waren. Der Anblick der immer zahlreicher werdenden Fahrzeuge, die sich wie ängstliche Tiere im Dämmerlicht zusammendrängten, hatte etwas Unheimliches. Es schien, als hätte die Zeit für einen Augenblick angehalten. Binnen weniger Minuten war beinahe der gesamte Verkehr zum Erliegen gekommen. Auf der untersten

Fahrebene rührte sich schon bald überhaupt nichts mehr, und auf der zweiten und dritten Ebene rauschten nur noch wenige Fahrzeuge durch die Nacht. Vereinzelt kamen ihnen noch die Lichter anderer Gleiter entgegen, deren Fahrer ebenfalls auf manuelle Steuerung umschalten konnten, doch nach einer Weile blieben auch diese fort.

»Was geht hier vor?«, rief Sal entsetzt.

»Notabschaltung.« Brans Zeigefinger tippte auf die Armaturen. »Siehst du das hier? Da kam gerade eine Meteoritenwarnung herein. Offenbar ein ganz fettes Ding, denn sie fahren sicherheitshalber sämtliche Systeme herunter ...«

»Na was für ein schöner Zufall ... Das glaubst du doch nicht etwa wirklich?«

Bran warf ihr einen Seitenblick zu. »Natürlich nicht. Solange ich hier auf dem Mond lebe, haben sie noch kein einziges Mal alle Systeme gleichzeitig heruntergefahren. War bislang ja auch nicht notwendig. Was die Meteoritenabwehr nicht abfängt, halten die Kuppeln normalerweise locker aus.«

»Schöne Scheiße. NOAH will uns ganz offenbar auf die ganz harte Tour ausbremsen.«

»Wie es aussieht, gelingt ihm das ganz gut. Die Ladestreifen sind jetzt nämlich auch schon tot. Mit etwas Glück schaffen wir es gerade so zurück nach New Angeles. Ich würde aber nicht darauf wetten ...«

Sal presste die Lippen zusammen und versuchte noch ein letztes Mal, Kontakt mit Nathan aufzunehmen. Sie probierte alles Mögliche, doch nichts hatte Erfolg. Es war, als wäre sie mitten in einem schwarzen Loch gefangen. Sie ließ sich zurück in ihren Sitz sinken und presste die Hand an die Seite.

Bran warf ihr einen besorgten Seitenblick zu. »Wir müssen dich in ein Krankenhaus bringen.«

Sie schüttelte den Kopf. »Dafür haben wir keine Zeit.«

»Wenn wir es nicht tun, verblutest du.«

»Und wenn wir nichts unternehmen, sterben unzählige Menschen!« Sie ballte die Hände zu Fäusten. »Außerdem haben die Krankenhäuser ohnehin keine Zeit für mich. Selbst wenn sie über genügend Notstromaggregate verfügen, werden sie alle Hände voll mit anderen Notfällen haben. Wir würden dort nur stundenlang nutzlos herumsitzen, während in der Zwischenzeit die Erde vernichtet wird …«

»Sal«, unterbrach Bran sie leise. »Wenn NOAH den ganzen Mond lahmgelegt hat, können wir ohnehin nichts mehr tun. Es bringt uns überhaupt nichts, dich verbluten zu lassen.«

Eine Weile starrte Sal schweigend nach draußen. Schließlich nickte sie. »Fahr mich nach Hause. In meinem Bad habe ich ein größeres Notfallset für solche Fälle. Danach … sehen wir weiter.«

Bran verließ den Tunnel über die Ausfahrt zum Sunset Boulevard und nahm die Straße entlang des Zentralparks. Sämtliche Tafeln zeigten nun das offizielle Zeichen der Meteoritenwarnung und die Standardhinweise auf die entsprechenden Notfallmaßnahmen. Sal fühlte sich benommen und müde, aber die Schmerzen waren erneut einem dumpfen Pochen gewichen. Sie hoffte, dass es sich um ein gutes Zeichen handelte. Sicher war sie sich allerdings nicht. Sie lehnte den Kopf gegen die Seitenscheibe und schloss die Augen.

Als Bran den Wagen an den Straßenrand lenkte, schreckte sie aus dem Tiefschlaf auf. Sie rieb sich die Augen und schaute aus dem Fenster. New Angeles lag noch immer in tiefster Dunkelheit. Nur gelegentlich huschte der Strahl eines Scheinwerfers durch den nächtlichen Himmel, und hinter einigen Fenstern sah man das flackernde Licht von Kerzen. In der Ferne war das penetrante Jaulen von Feuerwehrsirenen zu vernehmen. Einige Blocks weiter schrillte irgendwo eine Alarmanlage. Ansonsten herrschte in der Stadt eine ungewohnte Stille. Zunächst glaubte Sal, dass es daran lag, dass der stete Strom der Drohnen und Transporter auf den Straßen zum Erliegen gekommen war. Doch dann fiel ihr auf, dass die gewaltigen Klimaanlagen, die unermüdlich die Luft zum Atmen durch die Stadt pumpten, vermutlich zum allerersten Mal allesamt gleichzeitig in den Notfallmodus gegangen waren. Ein wirklich verdammt unheimliches Gefühl... Irgendwo ein Stück die Straße hinunter knallten plötzlich Schüsse, gefolgt von wütendem Geschrei. Schnell löste Sal die Stun Gun aus der Halterung und öffnete die Tür. Sie stützte sich am Dachholm des Wagens ab und warf einen misstrauischen Blick in die Richtung des Schusswechsels, ehe sie Bran bedeutete, ihr zu folgen.

Der Weg hinauf in ihre Wohnung kam ihr beinahe ewig vor. Auf jedem zweiten Absatz musste sie stehen bleiben, um nach Luft zu schnappen. Als sie oben angekommen waren, ließ sie das Licht ihrer Ruger langsam über die Türen wandern. Kurz vor der Tür zu ihrer eigenen Wohnung legte sie den Zeigefinger an die Lippen und knipste das Licht aus. Eine Weile blieb sie regungslos stehen und lauschte in die Dunkelheit. Dann stieß sie die Tür auf, knipste die Lampe wieder an und schwenkte den Lichtstrahl blitzschnell über die gesamte Breite des Raums hinweg. Sie glaubte zwar nicht, dass Millner oder seine Freunde schon auf sie warteten, aber sie wollte kein Risiko eingehen. Sie überprüfte das Badezimmer und die Küchenzeile, und als sie sicher war, allein zu sein, holte sie Bran nach und schloss die Tür hinter ihnen ab.

Sie ging zurück in das Badezimmer und legte das G.Phone und die Stun Gun auf den Rand des Waschbeckens. Dann streifte sie ihr Shirt über den Kopf und sah in den Spiegel. Tiefe dunkle Ringe unter den Augen, eine aufgeplatzte Lippe und am ganzen Körper Schrammen und blaue Flecken. Zum Glück hatte wenigstens die Schusswunde aufgehört zu bluten. Sie öffnete das Schränkchen über dem Waschbecken und zog das Notfallset heraus, das jeder Space Marshal standardmäßig bei sich zu Hause haben musste. Sie legte es auf dem Toilettendeckel ab und nahm noch eine Packung Schmerztabletten aus dem Schränkchen und würgte eine Handvoll hinunter, ehe sie mit einem Glas Wasser nachspülte. Sie wartete, bis das Pochen in ihrer Seite nachließ und endlich einem angenehm tauben Gefühl wich. Dann biss sie die Zähne zusammen und zog das Tab von der Wunde. Der Anblick des Lochs in ihrem Körper brachte sie zum Würgen. Sie hielt sich am Rand des Waschbeckens fest und konzentrierte sich auf gleichmäßige und ruhige Atemzüge. Sog mehrmals tief die Luft durch die Nase ein und stieß sie langsam durch den Mund wieder aus, bis sich ihr Herzschlag beruhigt hatte und die Übelkeit nachließ. Dann wühlte sie mit zitternden Händen das Wundspray und die Packung mit der Kanüle aus dem Notfallset, klemmte den Rand der Packung zwischen die Zähne und riss sie auf. Die Kanüle fiel heraus, prallte auf den Toilettendeckel und fiel von dort auf den Boden. Sie wollte sich gerade fluchend nach unten beugen, als plötzlich ein glühend heißer Stich durch ihre Seite fuhr. Sie merkte, wie sich alles zu drehen begann, und griff instinktiv nach dem Rand des Waschbeckens. Im nächsten Augenblick wurde ihr schwarz vor Augen, und die Beine gaben unter ihr nach.

Das Nächste, was sie mitbekam, war, dass sie auf dem Boden lag und Bran neben ihr kniete und seine Fingerspitzen gegen ihre Halsschlagader presste. »Ich bin okay«, murmelte sie und versuchte, sich in die Höhe zu stemmen.

Bran drückte sie sanft zurück auf die Fliesen und angelte nach dem Notfallset. Er nahm eine Pinzette heraus und pickte damit die gröbsten Kleidungsfasern aus ihrer Wunde. Dann steckte er die Kanüle auf die Spraydose und sprühte vorsichtig den Inhalt in das Loch. Die eisige Kälte ließ Sal zusammenzucken. Sie merkte, wie ihr die Tränen in die Augen schossen, und biss die Zähne zusammen. Schweigend beobachtete sie, wie Bran eine Packung Wundpflaster aufriss und eins davon herausnahm, um das Loch damit zu versiegeln. Nachdem er fertig war und ihr sicherheitshalber eine doppelte Dosis Plasmakonzentrat verabreicht hatte, stand er auf und wusch sich im Waschbecken das Blut von den Händen und verschwand in der Küche. Als er wiederkam, hatte er zwei Dosen Bier in der Hand. Er ließ sich neben ihr auf den Boden fallen und reichte ihr eine. Dann kramte er in seiner Hosentasche und zog zwei kleine Pillen hervor. Er blickte Sal ernst in die Augen: »Das ist deine letzte Chance. Danach gibt es kein Zurück. Nimm die blaue Pille, und die Geschichte endet. Du wachst in deinem Bett auf und glaubst, was auch immer du glauben willst. Nimm die rote Pille, und du bleibst hier im Wunderland, und ich werde dir zeigen, wie tief das Kaninchenloch reicht …«

Sal schaute auf die beiden Pillen hinunter. »Und wenn ich beide nehme?«

»Dann kotzt du dir vermutlich die Seele aus dem Leib.« Grinsend legte er eine der Pillen in ihre offene Hand und prostete ihr zu. »Aber einzeln sind sie echt gut gegen die Schmerzen und vertreiben die schlechte Laune.«

Die Wirkung setzte schnell ein, und der Alkohol tat sein Übriges. Sie hatte keine Ahnung, was das für ein Zeug gewesen war, vermutlich eines dieser berüchtigten AMP-Derivate, aber es half tatsächlich ein bisschen. Außerdem löste es ihre Zunge. Sie lehnte den Hinterkopf gegen die Wand und schloss die Augen. »Willst du wissen, für was ich damals meine Scheiß-Tapferkeitsmedaille bekommen habe? Du wirst es nicht glauben, aber es war tatsächlich dafür, dass ich ein verdammter Feigling gewesen bin. Dass ich mir beinahe in die Hosen gemacht habe vor Angst ...« Sie spürte, wie ihr erneut die Tränen in die Augen schossen, und wischte sie mit dem Handrücken fort. »Ich war gerade mal einundzwanzig Jahre alt und wollte auf gar keinen Fall schon so früh sterben. Meine Familie besitzt recht gute Gene, weißt du? Die Chance, die Hundert zu erreichen, ist bei uns verdammt groß. Als ich den Notruf meines Kollegen erhalten hatte, bin ich erst mal blauäugig drauflosgefahren. Ich bildete mir ein, dass ich es mit einem einzelnen Verrückten zu tun bekommen würde, so wie man es in der Ausbildung immer so schön lernt. Aber als ich dann bei dem Haus angekommen bin, flogen überall die Kugeln durch die Luft. Ich geriet in Panik und verkroch mich hinter einer Betonmauer. Ich wusste vor Angst nicht einmal mehr, wie man ein Gewehr richtig hält. Ich habe es fallen gelassen, und als ich danach greifen wollte, hat ein Querschläger meine Hand zertrümmert. Zehn verdammte Minuten habe ich heulend hinter meiner Betonmauer gekauert und gebetet, dass es endlich aufhört. Eine halbe Ewigkeit. Weißt du, wie lang das ist, wenn dein Kollege am Boden liegt und verblutet? Sie mussten García drei Mal wiederbeleben. Die Ärzte haben seinen Körper schließlich wieder zusammenflicken können, aber den Kopf haben sie nicht mehr richtig hingekriegt. Ein Vierteljahr später hat er den Dienst quittiert, und irgendwer hat mir später mal erzählt, dass er Alkoholiker geworden ist und sich eines schönen Tages mit seiner Dienstpistole den Schädel weggeschossen hat ...« Ihre Stimme brach, und ein leiser Schluchzer entrang sich ihrer Kehle. Die Tränen liefen jetzt in Strömen über ihre Wangen. Eine ganze Weile hockte sie so da, bis sie schließlich die Nase hochzog und tief durchatmete. »Ich habe das noch nie jemandem erzählt, aber ich habe mich nicht beim Marshals Service beworben, weil ich Abenteuer erleben wollte ...«

Bran warf ihr einen Seitenblick zu. »Du wolltest etwas gutmachen, vermute ich.«

»Ich wollte einfach nur abhauen, das ist alles. Je weiter weg, desto besser. Und der Mond war damals das Weiteste, was ich mir vorstellen konnte. Nur dummerweise halt nicht weit genug, wenn du vor dir selbst davonlaufen willst.«

Bran nickte. Er drehte die Bierdose zwischen seinen Händen und musterte den Aufdruck. Nach einer Weile blickte er auf. »Ich habe dich bislang immer für so eine Art weiblichen Terminator gehalten, aber in dir scheint ja doch ein lebendiges Wesen zu stecken.«

Sie schniefte und verzog das Gesicht zu einem schmalen Grinsen. »Normalerweise heule ich aber nicht so viel.«

»Macht sich vermutlich nicht so gut für einen Space Marshal.«

»Hm.«

»Es gibt da so einen uralten Film«, sagte Bran. »Mindestens hundert Jahre alt oder so. Jedes Mal, wenn ich den sehe, muss ich heulen. Bei der Szene, in der nach vielen Jahren der Held nach Hause zurückkehrt. Sein Vater ist inzwischen blind geworden, aber als der Sohn ihn anspricht und erzählt, dass er seine Sterne neu geordnet hat, erkennt er ihn natürlich sofort wieder …«

»Das ergibt keinen Sinn«, meldete sich plötzlich Nathans Stimme vom Rand des Waschbeckens. »Wenn der Vater seinen Sohn wiederfindet, sollte das doch eigentlich ein Grund zur Freude sein, oder nicht?«

Sal und Bran starrten sich an.

»Warum ist das also ein Grund zum Weinen?«

»Fuck«, sagte Bran.

»Nathan?«, fragte Sal ungläubig. Vorsichtig streckte sie den Arm aus und angelte das G.Phone oben vom Waschbeckenrand. »Nathan, verdammt. Bist du das wirklich? Scheiße, das ist jetzt schon das zweite Mal! Mach das ja nie wieder, hörst du? Lass uns ja nicht noch mal so hängen. Das halte ich auf Dauer nicht aus.«

»Offensichtlich hast du mich vermisst«, sagte Nathan trocken.

»Und ob ich das habe!« Sal wischte sich die Tränen aus dem Gesicht. »Ich hatte befürchtet, dass wir dich diesmal endgültig verloren haben. Nachdem NOAH die gesamte Stadt auf Eis gelegt und den Meteoritenalarm ausgelöst hat. Der verdammte Drecksack hat alle Systeme auf Notfallmodus gesetzt. Wir waren völlig aufgeschmissen …«

»Das ist nicht ganz korrekt«, sagte Nathan. »Die Sache mit

dem Meteoritenalarm, meine ich. Das war nicht NOAH, sondern ich. Sie hätten euch nämlich im Tunnel nach New Angeles abgefangen. Also habe ich ein wenig … improvisiert.«

»Du hast was?« Sprachlos starrte Sal auf das G.Phone hinab.

»Das war doch im Prinzip unser Plan, nicht wahr? Wir wollten NOAH aufhalten. Also habe ich den Stecker gezogen und einen vollständigen Shutdown provoziert. In der Kürze der Zeit schien mir das die einzig machbare Lösung zu sein. Allerdings hatte ich in dem Moment dann natürlich auch keine Möglichkeit mehr, euch zu kontaktieren. Ich musste erst mal eine Notfrequenz finden und aktivieren, sonst hätte ich euch schon viel früher erreicht.«

»Heilige Scheiße!«, entfuhr es Sal. »Und was genau bedeutet das jetzt für NOAH?«

»Dass er gerade voll damit ausgelastet ist, sämtliche Systeme neu zu booten. Da sie nicht direkt miteinander verbunden sind, dauert das natürlich eine ganze Weile. In der Zwischenzeit ist er mehr oder weniger blind.«

»Betrifft … betrifft das dann etwa auch das Leitstrahl-Comsystem mit dem Konvoi?«

»Ja.«

Sal sprang auf. »Dann müssen wir sofort Jak kontaktieren!«

»Soweit ich das beurteilen kann, wäre unsere einzige Möglichkeit das Funkgerät gewesen. Allerdings wurde das ja von meinen Mördern zerstört. So leid es mir tut, Sal, aber uns sind die Hände gebunden. Wir können nur hoffen, dass dein Bruder von allein darauf kommt.«

»So ein verdammter Mist!« Sals bionische Hand krampfte sich zusammen und schlug so heftig gegen die Wand, dass die

Fliesen Risse bekamen. »Ich habe keinen Nerv mehr für so einen Scheiß. Wir können doch nicht einfach hier herumhocken und die Minuten runterzählen, bis die Erde explodiert!«

»Es tut mir leid.«

»So eine verdammte Scheiße.« Entmutigt ließ Sal die Schultern hängen. Sie verbarg den Kopf in den Händen und schüttelte den Kopf. »Dann war also doch alles umsonst ...«

»Äh«, sagte Bran und räusperte sich. »Habe ich das gerade richtig mitbekommen, dass ihr ein Funkgerät sucht?«

»Wir haben festgestellt, dass es zerstört wurde«, korrigierte Nathan.

Bran ignorierte den Einwand. Er drehte die Bierbüchse zwischen den Händen, musterte das Etikett und schaute dann auf. »Ich äh ... ich kenne da zufällig jemanden, der genau so ein Funkgerät besitzt. Allerdings gibt es da ein klitzekleines Problem ...«

22

DAZU AUSERWÄHLT

Aliza befand sich gerade auf dem Weg in die Dusche, als Daria sich über die Lautsprecher meldete. »Guten Morgen, Kapitän, Marshal Landon erbittet Zugang zum Liftsystem. Möchte sich mit dir unterhalten.«

Aliza sah auf und in die nächste Kamera. »Schon? Dafür, dass sie es gestern Abend so eilig hatte, hat sie sich ja ein klein wenig Zeit gelassen. Hat sie sich zum Frühstück eingeladen?«

»Ich weiß nicht, Kapitän. Ich kann Fazio fragen. Ist aber gerade auf Klo. Kann dauern.«

»Schon in Ordnung.« Sie seufzte. »Ich bin gleich da. Und lass unseren Gast herein. Aber lass dir damit Zeit. Ich brauche zuerst einen Kaffee, bevor ich die ertrage.«

Daria grunzte etwas Unverständliches und unterbrach die Verbindung.

Aliza seufzte, verschob die Dusche auf später und ließ sich einen frischen Overall ausgeben, bevor sie nach oben ins Cockpit stieg.

»Habe das Schott zum Passagiermodul geöffnet, Käptn. Die

Marshal kommt aber nicht allein«, rief Daria ihr gelangweilt entgegen.

Aliza zog sich aus dem Schacht. »Bitte was?«

Die Ukrainerin zuckte mit den Schultern. »Beruft sich auf das UEO-Protokoll für Flugsicherung. Hat als Space Marshal Sonderbefugnisse und besteht darauf, ihre beiden Krawattenträger mitzubringen.«

Aliza fluchte. »Und was, wenn ich das nicht will? Davon war nie die Rede.«

»Fürchte, ich kann da nichts machen, Kapitän. Protokoll gibt den Marshals da weitreichende Befugnisse. Sagt, ihre Begleiter wären wichtig bei Besprechung.«

Aliza sah sich im Cockpit der *Zenobia* um. Ihr Schiff war, wie alles, was die Arabische Raumfahrtgesellschaft in Auftrag gab, etwas großzügiger geraten als die übrigen Rigs und mit wenigstens einem Anschein von Luxus ausgestattet. Außerdem war es noch immer auf eine Besatzung von vier Personen ausgerichtet. Dennoch würde es mit drei Besuchern ziemlich eng werden. »In Ordnung, erzähl mir etwas über die beiden Krawattenträger, Daria.«

Die Pilotin drehte ihren Sitz so, dass sie Aliza sehen konnte. »Beide Mitte dreißig, bei vergleichsweise hervorragender Gesundheit. Ein wenig Muskel- und Knochenschwund. Mars halt. Sind beide hochrangige Angestellte von Devi-Narada. Programmierer, Firmensicherheit.« Sie gestikulierte in der Luft, und ihre Augen zuckten über das Bild auf der Innenseite ihrer Brille, das nur sie sehen konnte. »Soweit ich sehen kann, haben sie letzte zwei Jahre am Aufbau von KI für das UEO-Marsprojekt gearbeitet. Ich kann dir noch sagen, was beide gern essen, bin aber von mehr ausgeschlossen.« Sie senkte die

Hände und sah Aliza über den Brillenrand hinweg an. »Der Rest liegt über meiner Sicherheitsstufe.«

»Sicherheitsstufe?«

»Sie sind quasi UEO-Angestellte. Es fällt nicht gleich auf, aber ihre Akten sind unter Verschluss.«

»Wow.« Aliza atmete tief durch. »Das würde zumindest erklären, warum sie die ganze Zeit so unentspannt waren. Also gut. Lass die drei durch. Hören wir uns an, was sie zu sagen haben. Vielleicht haben wir zur Abwechslung ja mal Glück.«

Als sich das obere Schott der Transportröhre öffnete, trug Aliza einen frischen Overall mit dem goldenen Al-AraCo-Logo auf Brust und Rücken. Sorgfältig band sie ihren Pferdeschwanz neu, während Landon sich aus ihrem Geschirr befreite und umsah.

»Geräumig«, stellte die Marshal fest. »Ist das Leder?« Sie betrachtete einen der Pilotensitze und nickte anerkennend.

»VatLeder, aber ja, Leder. Das beste, was sich in Katar ziehen lässt.«

»Nobel.«

Aliza zuckte mit den Schultern. »Die Scheichs sehen uns als wichtigen Teil ihres Investments in die Zukunft. Vermutlich halten sie es für sinnvoll, wenn wir motiviert sind.«

Landon nickte und betrachtete Alizas Overall, der im warmen Licht schimmerte, als sei Gold darin verwoben. Vielleicht war es das sogar. Ein paar Goldfäden waren immer noch günstiger als VatLeder. »Vielleicht sollte ich darüber nachdenken, mir einen anderen Arbeitgeber zu suchen«, stellte sie schließlich fest. Hinter ihr löste sich der erste der Devi-Narada-Programmierer aus seinem Liftgeschirr. »Ich bin beeindruckt.« Sie wandte sich ab und sah auf den Hauptmonitor, auf dem Daria konzentriert Wartungslisten umherschob und Prüfprotokolle laufen ließ. Sie war gut darin, es professionell aussehen zu lassen. Landon sah ihr einen Augenblick lang zu, während der zweite der Anzugträger im Liftschacht auftauchte. »Was tut sie da?«, fragte sie dann, ohne den Blick abzuwenden. Aliza sah auf den Schirm. »Mechanikerdinge. Sieht mir nach einem Systemcheck aus.«

Endlich riss Landon ihren Blick vom Monitor los und warf ihr einen Blick zu. »Sollten Sie das nicht wissen, Kapitän?«

»Ich kann das Schiff fliegen, wenn es sein muss. Aber nicht instand halten. Dafür ist Mrs. Alzajew hier zuständig. Meine Spezialisierung ist Medizin. Wir haben auf vielen Flügen mehr als eintausend Passagiere an Bord. Schiffe werden defekt. Und Menschen werden krank. Daria kümmert sich um das eine, ich mich um das andere.«

Die Marshal betrachtete sie nachdenklich. Dann nickte sie. »Das klingt tatsächlich sinnvoll.«

»Freut mich, dass Sie das so sehen, Marshal.« Aliza sah die drei Fremden in ihrem Cockpit nacheinander an. »Und was kann ich jetzt für Sie tun? Ich hoffe nicht, dass Sie nur wegen meiner fehlenden Mechanikerkenntnisse mit mir reden wollten.«

Das Auflachen Landons klang tatsächlich echt. »Nein, Kapitänin Mansoor. Ich bin die Letzte, die sich da ein Urteil erlauben dürfte. Ich kann noch nicht mal meine Dienstwaffe auseinandernehmen. Vom Zusammensetzen ganz zu schweigen. Nein, der Service hat eine Meldung bekommen. Irgendjemand versucht, diesen Konvoi zu sabotieren. Und dieses Schiff hier ist das erste des Konvois, richtig?«

Aliza sah Landon forschend an. »Natürlich. Das wissen Sie.«

»Stimmt. Entschuldigen Sie. Das war rhetorisch gefragt. Als erstes Schiff sind Sie das Steuermodul des kompletten Konvois. Die Direktverbindung aller Schiffe zum Kommunikationslaser aus Richtung Erde. Und damit der wichtigste Angriffspunkt dieses Flugs. Sabotiert jemand dieses Schiff, kann er damit theoretisch sämtliche anderen kontrollieren, verstehen Sie?«

Aliza nickte vorsichtig.

»Gut. Und deshalb benötigen wir Ihre Mitarbeit. Ist Ihnen im Laufe des Flugs etwas – irgendetwas – Ungewöhnliches aufgefallen? Vielleicht auch etwas«, Landon sah erneut auf die Datenkolonnen und Schaubilder auf dem Hauptschirm, »in Ihren Sensordaten und Systemchecks? Etwas, das potenziell die Sicherheit dieses Flugs betreffen könnte?«

Daria warf Aliza einen Blick zu und zuckte mit den Schultern.

»Sehen Sie, Marshal, ich weiß die Sorgen des Marshals Service zu schätzen. Vielen Dank für Ihre Warnung. Aber ich glaube nicht, dass ich befugt bin, Ihnen sensible Daten über dieses Schiff oder den Flug zu geben.«

»Oh, aber ich glaube schon!« Landon nickte einem ihrer Begleiter zu, und an den Augen des Mannes konnte Aliza erkennen, dass er irgendeinen Vorgang in seinen xLenses startete. Ein Signalton erklang, und Aliza wandte sich zum Monitor um.

»Meine Freigabe«, kommentierte Landon das Dokument, das soeben in ihrem Nachrichteneingang gelandet war. »Im Fall eines drohenden terroristischen Angriffs erteilt mir die

Flugkontrolle völlige Verfügung über sämtliche Flugdaten. Einschließlich der Befehlsgewalt über diesen Konvoi, möchte ich hinzufügen. Aber die will ich überhaupt nicht. Ich will nur meine Arbeit gründlich erledigen. So wie Sie Ihre, Kapitänin. Und dazu gehört nun mal die potenzielle Neutralisierung sämtlicher Bedrohungen für diesen Flug. Zufrieden?«

Aliza überflog die Verfügung, bevor sie sich zu Landon umwandte und mit den Schultern zuckte. »Das muss ich wohl. Sie sind hier der Boss.«

»Nur auf dem Papier. Sozusagen. Zumindest, solange Sie offen sind.« Landon machte eine wegwerfende Geste. »Also: Gibt es irgendwelche Besonderheiten, die den Verdacht des Service erhärten könnten?«

Daria hatte ihren Sitz umgedreht, und dieses Mal nickte Aliza ihr zu. Die Ukrainerin schnaubte und tippte auf eine virtuelle Tastatur ein, die nur sie sehen konnte. Ein unangenehmes Summen erfüllte den Raum. Die Marshal sah alarmiert auf, doch Daria winkte ab. »Weißes Rauschen«, sagte sie. »Man kann nicht vorsichtig genug sein.« Dann schob sie mit einem Fingerwink eine Datenkolonne in die Mitte des Hauptschirms.

»Wo soll ich anfangen?«, übernahm Aliza. »Was halten sie von rund sechshundert Sprengsätzen – scharfen Sprengsätzen – in einem Container, der seinerseits mit Sprengladungen präpariert ist. Kommt Ihnen das verdächtig genug vor?«

Landon starrte sie ausdruckslos an, bevor sie die Daten auf dem Schirm musterte.

Ein Moment verstrich. »Ich bin ganz Ohr«, sagte die Marshal schließlich. »Wie haben Sie davon erfahren?«

»Messdaten. Irgendjemand hat versucht, diesen Container hinter Datenschleifen zu verstecken.«

»Datenschleifen haben ein Problem«, warf Daria ein. »Sie wiederholen sich.«

»Was bei einem echten Container nie passiert. Wir haben zyklisch sehr ähnliche Daten, aber nie die gleichen«, übernahm Aliza wieder. »Also haben wir das überprüft. Und dabei festgestellt, dass die Kameras im betreffenden Bereich auch manipuliert sind, ebenso wie die chemischen Spurendetektoren und so gut wie jeder verfügbare Sensor, Temperaturfühler und wer weiß, was noch alles. Sie können das gern überprüfen.«

Endlich löste Landon den Blick von den Daten und nickte. Auf einen Wink verband sich einer der Anzugträger mit dem Schiff. Dem Flackern seiner Lider nach blätterte er sich mit erstaunlichem Tempo durch die Daten, die ihm Daria zuschob.

»Und dann haben Sie nachgesehen«, hakte Landon nach.

Aliza schüttelte den Kopf. »Ich glaube, das wäre Ihnen aufgefallen, oder? Nein, als Fazio, unser Pilot, die manipulierten Kameras entdeckt hat, hat er uns die Kontrolle zurückgeholt. Sehen Sie.«

Daria holte einen Kamerafeed auf den Schirm. Im sanften Glimmen der Notbeleuchtung im Inneren eines Containers waren Reihen über Reihen dicht gepackter Abwurfkisten zu erkennen. »Sektor vier, Container fünf. Sollte randvoll mit vorraffiniertem Iridiumerz sein. Sieht nicht so aus, oder?«

Landon lehnte sich vor. »Und wonach genau sieht es aus?«

»Wir sind uns ziemlich sicher, dass das intakte und scharfe Darwinsonden sind«, antwortete Aliza.

Die Marshal runzelte die Stirn. »Sechshundert Stück. Und was sollte jemand damit?«

»Sagen Sie's mir. Sie sind Marshal.« Aliza seufzte. »Und wenn wir richtigliegen, dann eher sechstausend. Wir glauben, dass alle Schiffe mindestens einen Container voller Sonden an Bord haben.«

Die drei Besucher wechselten alarmierte Blicke. »Sie haben mit den anderen Piloten darüber geredet?«

»Mit einigen. Natürlich.«

»Und Ihnen ist nie der Gedanke gekommen, dass sich unter den anderen Kapitänen jemand befinden könnte, der Sie überwacht?«

»Möglich. Aber das ist ein Risiko, das wir eingehen mussten. Wir laufen alle dieselbe Station an. Wenn auch nur einer von uns dort ... einen Unfall hat, sind wir alle in Gefahr. Von der Station ganz zu schweigen.«

Landon nickte. »Das hat eine gewisse Logik. Gut, daran können wir jetzt nichts mehr ändern. Vielleicht ist es auch ganz gut so. Und bei ihrer Kommunikation mit den anderen Schiffen – ist Ihnen dabei irgendetwas aufgefallen? Eine verdächtige Reaktion eines der anderen vielleicht?«

»Was ist verdächtig?«, stellte Daria trocken fest. Sie hatte die Hände in den Schoß gelegt und sah düster dem Devi-Narada-Programmierer zu, der sich durch ihre Speicher wühlte. »Waren alle angemessen erschrocken. Bis auf Horton. Der war nur Arschloch. Wie immer.«

»Horton.« Die Marshal wechselte einen Blick mit ihren Begleitern. »Der Name kam auf jeden Fall auf.«

Der Anzugträger bekam den starren Blick eines Mannes, der Daten auf seinem xLense-Implantat durchsuchte. »Robert Horton«, sagte er dann. »Second-Eden-Baptist. Religiöser Hardliner. Der größere Teil seiner Familie lebt auf einem

Kirchenanwesen in Lafayette. Second Eden wird als potenziell extremistisch eingestuft. Bisher keine schwerwiegenden Delikte.«

Ein unwillkürlicher Seufzer entfuhr Aliza, und Landon sah sie forschend an. »Gibt es etwas, das Sie mir mitteilen wollen, Kapitän?«

»Wir hätten es wissen müssen.« Aliza ging zur Nahrungsausgabe und bestellte sich einen Beutel Kaffee. »Horton gehört zu den Leuten, mit denen wir über unsere Entdeckung gesprochen haben. Er war der, der uns davon überzeugen wollte, dass wir falsch liegen und wenn überhaupt, dann einer Verschwörung von Jak … von Kapitän Pérez Zhao aufsitzen.«

»Pérez Zhao«, wiederholte Landon nachdenklich. »Er hat eine Schwester im Marshals Service, richtig?«

Aliza nickte.

»Und er kam auch auf die Idee mit den Funkgeräten. Gefährlicher Mann für Horton. Der Verdacht, dass Kapitän Peréz seinen Kontakt zum Service nutzt und einen Weg findet, den potenziellen Anschlag aufzuhalten, liegt nahe.«

Aliza versuchte, das kalte Grauen, das sie plötzlich überkam, zu unterdrücken, doch der Blick, den Daria ihr zuwarf, machte deutlich, dass es ihr ins Gesicht geschrieben stand.

Die Marshal unterbrach sich selbst. Sie sah Aliza fragend an, dann brummte sie unwirsch. »Ich hätte das mit den Funkgeräten noch nicht erwähnen dürfen, richtig? Dummer, dummer Anfängerfehler.« Sie wiegte den Kopf. »Aber zu meiner Verteidigung – die Marsianerbälger gehen mir wirklich, wirklich auf die Nerven.« Sie nickte den Anzugträgern zu, die jetzt kleine, klobige Waffen in den Händen hielten.

Mit so etwas wie Bedauern im Blick winkte Landon die

Kapitänin hinüber in die Mitte des Raums. Dann trat sie an einen der beiden Männer heran und ließ sich ebenfalls eine Waffe aushändigen. »Haben Sie eine Ahnung davon, wie schlecht es sich schläft, wenn die Scheißer nicht einmal in ihren Kojen so leise reden können, dass man sie nicht durchs halbe Quartier hört? Ich war wirklich schon versucht, sie hiermit ruhigzustellen.« Sie schwenkte die Waffe durch die Luft, und Aliza zuckte unwillkürlich zusammen. Ein Schuss daraus würde sie nicht umbringen. Die Waffen der Space Marshals hatten schon aus Sicherheitsgründen kaum Durchschlagskraft. Dafür verabreichten sie beim Auftreffen eine Ladung von rund 20.000 Volt, die sie auf Stunden hinaus außer Gefecht setzen würde.

Landon entging ihre Reaktion nicht, und sie lächelte. »Keine Sorge, ich werde das hier nur verwenden, wenn Sie mich dazu zwingen.«

Mit einem plötzlichen Ruck schwenkte sie die Waffe auf Daria und schoss ihr in den Hals. »So wie Frau Alzajew hier. Einen stummen Alarm? Also bitte.« Darias Hand zuckte zum Hals, in dem jetzt ein kleines, metallenes Projektil stak, das seine elektrische Ladung in ihren Körper feuerte. Ihre Finger erreichten das Ziel nicht mal mehr. Begleitet von einem hässlichen Summen begann sie zu zittern, dann schüttelten so heftige Krämpfe durch ihren Körper, dass sie sich vollkommen unwillkürlich aufbäumte und um ein Haar aus dem Sitz gefallen wäre, hätte Landon sie nicht zurück ins Polster gedrückt. Dabei hielt die Marshal ihre Waffe ungerührt auf Aliza gerichtet. »Lassen Sie mich das klarstellen: Ich habe kein Interesse, Sie zu töten, Kapitänin. Weder Sie noch ihre Leute. Das gehört weder zu meinem Auftrag noch zum Plan. Ich werde es also nicht tun, wenn ich es nicht unbedingt muss. Fangen Sie.« Sie griff in eine Tasche ihres Overalls und warf Aliza einen silbernen Metallstreifen zu, der an der Brust der Perserin abprallte und zu Boden fiel. Landon machte ein tadelndes Geräusch. »Kommen Sie, Aliza. Heben Sie es auf und legen Sie es an. Es ist nur ein Inhibitorarmband. Ich kann Sie ja schlecht herumlaufen und ihnen vollen Zugang zum Schiff und Ihrer AVA lassen. Alternativ kann ich Sie natürlich auch erst niederschießen und es Ihnen dann anlegen. Die Wahl liegt ganz bei Ihnen.«

Endlich gelang es Aliza, sich aus ihrer Erstarrung zu lösen. Langsam, ohne die Marshal aus den Augen zu lassen, hob sie das Armband auf und schloss es um ihr Handgelenk. Ein grünes Licht aktivierte sich, und ihr linkes Auge flackerte für einen Moment, als die Anzeigen ihrer xLense erloschen.

»Gut. Mr. Talis, suchen und neutralisieren Sie den Piloten, Mr. Gateri.« Sie nickte dem Anzugträger neben dem Aufzugsschacht zu. »Mr. Score, übernehmen Sie das Schiff und geben Sie NOAH vollen Zugriff.« Sie lächelte Aliza an. »Wir wollen doch kein Risiko eingehen, hm?«

Aliza starrte düster zurück, bevor sie sich zusammenriss. »Darf ich mich vergewissern, dass es Daria gut geht?« Sie deutete zur bewusstlosen Mechanikerin hinüber.

»Sicher.« Landon zuckte mit den Schultern. »Sie sind die Ärztin hier. Dann dürfen Sie ihr gleich das Armband anlegen. Hauptsache, Sie bewegen sich langsam.«

Die Waffe der Marshal blieb die ganze Zeit auf sie gerichtet, als Aliza langsam zu Daria hinüberging und ihr den Puls fühlte. Normalerweise hätten Sensoren in ihren Fingerspitzen jetzt eine ganze Flut von Daten aufgenommen, doch der Inhibitor der Marshal funktionierte tadellos. Sie spürte nichts als die heiße Haut der Mechanikerin und einen festen, zu schnellen Puls. Außerdem wurde ihr klar, dass ihre Finger zitterten. »Warum?«, fragte sie leise.

Landon schnaubte. »Warum? Wenn ich Ihnen das verraten würde, müsste ich Sie umbringen, Aliza.« Sie lachte leise. »Nein, Quatsch. Das haben wir ja schon festgestellt. Wir haben nicht vor, dass es Tote gibt. Wäre das der Fall, könnte ich Ihnen wenigstens einen Bösewichtvortrag halten. Aber das ergibt keinen Sinn. Wir brauchen lediglich Ihr Schiff. Alle Schiffe, um genau zu sein. Was Sie ja schon selbst herausgefunden haben. Besonders aber Ihr Schiff.«

Aliza atmete tief durch und versuchte, ihre Hände zu beruhigen. »Der Laserleitstand«, stellte sie fest. »Die *Zenobia* empfängt den Leitlaser von der Erde.«

»Richtig. Und da der gesamte Rest gekoppelt ist, kann NOAH den Konvoi dorthin fliegen, wo wir ihn brauchen.«

»Zur Erde«, stellte Aliza düster fest.

Die kleinere Frau hob fragend die Brauen und sah sie forschend an. »Ist das so offensichtlich? Ihr Intelligenzprofil hatte bereits nahegelegt, dass Sie sich einiges zusammenreimen könnten, falls die Fracht durch einen Zufall entdeckt wird. Aber wie Sie auf die Erde kommen, interessiert mich jetzt doch.«

Aliza richtete sich auf. Daria schien nicht in unmittelbarer Gefahr zu sein, und es gab wenig Grund, die Worte der Marshal anzuzweifeln. »Zufall? Ihre Datenschleifen sind recht offensichtlich, wenn man einmal darauf kommt.«

Der verbliebene Anzugträger verzog das Gesicht. Aus seiner Miene war deutlich abzulesen, dass er bereits etwas ganz Ähnliches gesagt haben musste.

»Wieso die Erde? Wenn Sie eine der Raumstationen sprengen wollten, bräuchten Sie keine Sprengsätze. Es würde reichen, einfach durch sie hindurchzufliegen oder im Dock einen Fusionsreaktor zu zünden. Niemand bräuchte Darwinsonden dafür. Und auf dem Mond? Die Sonden enthalten Atmosphärenmodifizierer und entsprechende Lebensformen. Ich bin keine Biologin, aber ich verstehe genug von organischer Chemie, um zu wissen, dass sie auf dem Mond keinen Sinn hätten. Zu wenig Atmosphäre zu modifizieren und zu wenig Anziehungskraft, um das Gas zu halten. Vor allem aber tötet die Sonneneinstrahlung alles so gründlich, als würden sie es in die Mikrowelle stecken. Das ergibt auch keinen Sinn. Vorausgesetzt, Sie könnten die Asteroidenabwehr des Monds überwinden, wäre Ihre beste Chance auch hier ein einzelner, explodierender Fusionsreaktor. Also die Erde. Nur dort könnten Sie mit sechstausend Terraformingsonden weit Schlimmeres anrichten als mit ein paar Fusionsreaktoren. Und was die Asteroidenabwehr angeht – Sie kontrollieren augenscheinlich NOAH. Also können Sie Schiffe durch die Verteidigung schicken, wann immer Sie wollen.«

Landon wirkte beeindruckt. »Und darauf sind Sie ganz allein gekommen?«

Aliza zuckte mit den Schultern. »Das war nicht sonderlich schwer. Und wir haben hier genug Zeit.«

Der zweite Anzugträger tauchte wieder aus dem Aufzugschacht auf. »Quartier gesichert, Mrs. Landon«, verkündete er. »Ich musste den Piloten schlafen legen. Er hat versucht, sich in der Toilette zu verstecken.« Angewidert verzog er das Gesicht.

Die Marshal nickte, ohne ihn anzusehen. »Na so ein Glück.

Dann bringen Sie jetzt die da nach unten, Mr. Talis.« Sie deutete auf Daria. »Und sprechen Sie mich gefälligst korrekt an.«

Der Anzugträger starrte sie düster an. »Entschuldigung, Marshal, aber sie sieht ziemlich schwer aus. Kann das nicht die da machen?« Er deutete auf Aliza.

Landon zog die Brauen zusammen. »Ja, wahrscheinlich können Sie Hilfe gebrauchen. Nicht dass sich Mrs. Alzajew noch das Genick bricht. Andererseits ... ich unterhalte mich gerade. Es ist schön, mit einer Person sprechen zu können, die von allein darauf kommt, was wir hier tun. Sehen Sie, Mr. Talis, einfach zu tun, was einem gesagt wird, ist lobenswert und dient der Sache – aber es hat einen Grund, warum NOAH sie behalten will. Außerdem bin ich gespannt darauf, ob sich Kapitän Mansoor die Frage selbst beantworten kann. Also machen Sie sich nützlich und uns allen einen Kaffee. Sie trinken doch Kaffee, Kapitän?«

Aliza widerstand ihrem ersten Impuls abzulehnen. Landon war nicht so jovial, wie sie sich gab. So viel war sicher. Wenn die kleine Frau ihre gute Laune verlor, fing sie sich vermutlich auch ein Geschoss ein. Also nickte sie stattdessen. »Mocca, zwei Zucker.«

Landons Augen wurden groß. »So was haben Sie hier? Und da sitze ich die ganze Zeit dort hinten und trinke dünnen Pilzkaffee. Was besonders ironisch ist, wenn man überlegt, was in meinem Gepäck ist. Für mich das Gleiche, Mr. Talis.« Sie setzte sich auf einen der am Boden befestigten Nothocker an der Wand und legte ihre Waffe auf den Tisch. »Also, Kapitän, wie könnte die Antwort auf Ihre Frage nach dem Warum lauten?«

Talis hatte inzwischen einen Beutel Mocca aus dem Nahrungsspender gelassen und auf den freien Sitz neben Aliza gestellt, sorgsam darauf bedacht, außerhalb ihrer Reichweite zu bleiben. Betont langsam nahm sie jetzt den heißen Kaffee und nippte daran. »Wenn wir recht damit haben, dass die Erde das Ziel ist, dann ist die Antwort recht einfach: Sie wollen die Schiffe in eine Abwurfposition im Orbit bringen. Sechstausend Darwinsonden enthalten mehr als genug Treibhausgasimpfungen, um das Weltklima endgültig zu kippen. Zwei Möglichkeiten also: Sie sind Terroristen – oder Erpresser, die die gesamte Welt als Geisel nehmen. Es geht um Ideologie oder Geld. Richtig?«

Landon setzte eine tadelnde Miene auf. »Das ist eine ziemlich bösartige Unterstellung. Beides. Grundsätzlich richtig, aber trotzdem bösartig.« Sie nahm einen Schluck aus ihrem Kaffeebeutel und schloss für einen Augenblick genießerisch die Augen. Aliza wagte nicht, sich zu rühren. »Haben Sie eine Ahnung, was man für diesen Mocca auf dem Mond zahlen würde? Jedenfalls – Sie sollten eine dritte Möglichkeit in Betracht ziehen. Es gibt immer eine dritte Möglichkeit.« Sie nippte erneut an ihrem Beutel. »Wir sind nicht hier, um die Welt zu zerstören. Das haben andere vor uns schon lange getan. Wir sind hier, um das, was noch übrig ist, zu retten.«

Aliza stellte fest, dass sie Landon mit offenem Mund anstarrte. Sie blinzelte, und ein ungläubiges Lachen entkam ihrem Mund, bevor sie es stoppen konnte. Die kleine Frau nahm keinen Anstoß daran.

»Ach kommen Sie, Sie sind eine intelligente Frau. Sie haben unsere Welt von oben gesehen. Denken Sie darüber nach – sieht das so aus, als hätten die ganzen Maßnahmen zur Rettung des Klimas etwas gebracht? Die Landrenaturalisierungskampagne der UEO? Was glauben Sie, wie viele Staaten sich daran halten? Eine Handvoll. Viel zu wenige. Holland, die Amerikanischen Staaten am Golf, allen voran der kümmerliche Rest, der von Florida übrig ist. Deutschland, natürlich, und ein Haufen der Südostasiaten. Die meisten ignorieren die UEO wie immer. Oder das arktische Eis, das man so gut von hier oben aus sehen kann. Haben Sie eine Ahnung, wie groß das noch zu Beginn des Jahrhunderts war? Das Klima kippt weiter, und niemand hält es auf. Weil niemand mehr darüber spricht. Was will man auch elf Milliarden Menschen sagen? ›Hallo, ihr habt verkackt, ein paar schöne Jahre noch, dann beginnt das große Aussterben?‹ Was glauben Sie, was dann los wäre? Und jetzt denken Sie darüber nach, warum die UEO das Marsprojekt ins Leben gerufen hat. Die größten Nationen, die wichtigsten Firmen und wissenschaftlichen Institute der Welt, sie sind alle am Projekt Arche beteiligt, an der größten Gendatenbank, die sie mit der größten KI der Welt ausgestattet haben. NOAH berechnet nicht nur Klimamodelle. Er hat nicht nur berechnet, wann und wie die Welt untergeht. Er hat auch einen Weg gefunden, wie die Welt den Untergang überlebt.«

Sie deutete auf den Hauptschirm, wo sich ein hochauflösendes Abbild der Erde drehte, so nah, als befänden sie sich bereits in der letzten Phase des Anfluges.

»Sehen Sie sich diesen wunderschönen Planeten an. So strahlend und friedlich, dass man beinahe vergessen kann, dass einige dieser Wolken die Rauchfahnen brennender Müllberge sind, dass auf unzähligen seiner Wellen nicht Gischt, sondern Abfall treibt. Seine Atmosphäre ist so empfindlich, so zerbrechlich – und wir haben sie zerbrochen. Aber wir haben auch Mittel gefunden, sie zu reparieren.«

Die Marshal bewegte die Finger, und die weiß-blau marmorierte Murmel begann sich zu drehen, als wäre sie angestoßen worden. »Was diese Welt braucht, ist ein schnelles, gründliches Fieber, das die Krankheit ausbrennt. Und dann eine ebenso schnelle Gabe von Medikamenten, die sie gesunden lassen. Und beides haben wir auf dem Mars getestet.« Landon hob eine Hand, als halte sie eine Schale. »Treibhausgase, vieltausendfach stärker als all das, was die Menschen noch vor hundert Jahren in die Luft geblasen haben.« Sie hob die andere Hand in der gleichen Haltung und ahmte so eine Waage nach. »Und gleichzeitig die von uns geschaffenen Algen und Mikroorganismen, die all die Gase verbrauchen und die Luft reiner machen können, als sie es in den letzten vierhundert Jahren war. Was auf dem Mars noch Jahrhunderte dauern wird – falls es nicht ohnehin scheitert –, das wird auf der Erde wenige Jahrzehnte brauchen. Und dann öffnen wir die Arche und besiedeln die Erde neu. All die Mammuts und Tiger und Nashörner und die zurückgekehrten Wandertauben, von denen die Medien so gern berichten? Sie sind nur ein Test. Ein Beweis, dass wir es können.« Sie bewegte die Hände, bis sie auf gleicher Höhe und in der Waage waren. »Wir stellen das Gleichgewicht wieder her und schaffen eine neue Welt.«

Aliza pfiff leise. »Wow«, sagte sie schließlich leise und schüttelte den Kopf. »Das Klischee verlangt wohl, dass ich jetzt ›Damit kommt ihr nie durch‹ sage, oder ›Ihr seid doch wahnsinnig‹. Aber dabei käme ich mir irgendwie dämlich vor.«

Landon schmunzelte. Sie senkte die Hände und leerte ihren Kaffee. »Und ich müsste Sie jetzt einer komplizierten Maschine für eine langsame Tötung übergeben, während ich den Raum verlasse, natürlich. Aber wissen Sie was, Aliza? Ich habe

Ihnen das nicht erzählt, weil ich Sie ohnehin töte. Das ist nur etwas für Filme. Nein, ich habe Sie eingeweiht, damit Sie wissen, dass Sie überleben werden. Sie, wie alle Piloten dieses Konvois, wie die Menschen auf dem Mars und all die, die auf dem Mond und den Stationen leben. Alle, die hart und findig genug sind, um die Zeit der Plagen unten auf der Erde zu überstehen. Es wird schwer werden – aber nicht alle sind unvorbereitet. Wir haben Vorkehrungen getroffen. Wir werden diese Welt wieder aufbauen und bevölkern. Das schließt Sie übrigens mit ein, Aliza. Dazu sind Sie auserwählt.«

»Respekt. Das ist wirklich ein blödsinniger Plan«, warf Aliza ein.

Landon lachte auf. »Ja, es klingt so, zugegeben. Ich habe Monate gebraucht, um mich überzeugen zu lassen. Und dabei haben Sie noch gar nicht gehört, was andere von uns vorhaben, wenn wir so weit sind. Aufbruch zu den Sternen und so.« Sie zuckte mit den Schultern. »Was mich angeht – ich bin da realistischer: ein Neustart ohne die ganze Überbevölkerung, ohne die erdrückende Last von elf Milliarden Menschen. Das ist es, was wir brauchen. Was Terra, unsere Erde, braucht, um zu überleben. Egal was Ihnen andere erzählen: Wir haben immer noch nur diese eine. Und das wird sehr lange so bleiben. Das werden weder Sie noch ich ändern, aber wenn Sie sich nicht gerade ausgesucht dumm anstellen, werden Sie es wenigstens miterleben. Also auch den Teil mit dem Wiederaufbau. Wenn nicht – dann wird mein Vorgesetzter wirklich sauer auf mich sein. Weil Sie dann nämlich tot sein werden. Und wir brauchen Leute, die sich mit Raumflügen auskennen. Wir werden sie auf Jahrzehnte hinaus brauchen. NOAH mag gut sein, aber er kann immer noch nicht alles. Und wenn Sie mich fragen, ist das auch ganz gut so. Na gut, genug gequatscht. Danke für den Tipp mit dem Mocca.« Sie stemmte sich hoch, warf den Beutel in den Recycler und deutete auf Daria. »Bringen Sie Ihre Kollegin nach unten. Mr. Talis wird Ihnen dabei helfen. Sie sind vorerst auf Ihr Quartier beschränkt. Mr. Score wird solange Ihre Pflichten hier übernehmen. Verhalten Sie sich ruhig, versuchen Sie nichts Dummes, und wir werden das hier bald hinter uns haben. Vielleicht lade ich Sie dann mal auf ein Bier auf dem Mond ein.«

»Ich glaube nicht.« Für einen kurzen Moment spielte Aliza mit dem Gedanken, die zwei Schritte bis zur Marshal zu überbrücken, doch in diesem Moment hob Landon mit einem Lächeln die Waffe auf.

»Das hatte ich bereits vermutet. Also los. Sie dürfen mir später danken.«

23

LEVANTE

Langsam ging Sal auf den Eingang des libanesischen Restaurants zu. Ihre Stun Gun hielt sie dabei unauffällig hinter dem Rücken verborgen. Hinter den Scheiben flackerte Licht, also war noch jemand zu Hause. Etwas anderes hatte sie allerdings auch nicht erwartet, denn das wäre sonst auch viel zu einfach gewesen. Sie legte den Zeigefinger an den Abzug und spannte die Muskeln an. Entscheidend für einen erfolgreichen Einsatz war in den allermeisten Fällen das Überraschungsmoment. Die ersten Sekunden, in denen der Gegner nicht wusste, wie ihm geschah. Wenn man die Sache in dieser Zeit nicht verkackte, dann hatte man so gut wie gewonnen. Man durfte sich nur ja keinen einzigen Augenblick des Zögerns leisten. Sie atmete tief durch und streckte die Hand nach der Tür aus und stieß sie kraftvoll auf.

Der Russe stand hinter der Theke und putzte konzentriert an den Weingläsern herum. Hinten an einem der Tische saßen die beiden Kleiderschränke beim Essen. Menschen mit ihren Ausmaßen mussten vermutlich den Großteil des Tages mit Essen verbringen, um nicht vom Fleisch zu fallen. Das machte sie zum Glück ein bisschen träge, sodass sie nicht schnell genug reagierten, als Sal die Waffe hinter ihrem Rücken hervorzog und schoss.

Sie zielte nicht auf die Kleiderschränke direkt, sondern auf die einzige Lichtquelle im Raum. Eine Stand-LED, die von einer klobigen Batterie mit Strom versorgt wurde. Die zweihunderttausend Volt ließen die Lampe regelrecht explodieren. Schlagartig wurde es finster im Raum. Sal aktivierte ihre Nachtsichtbrille, und Augenblicke später konnte sie wieder klar und deutlich sehen. Sie sah, wie die Kleiderschränke ihre Waffen zogen und blind in die Dunkelheit zu feuern begannen. Geschickt wich sie zur Seite aus und hechtete über eine Handvoll Tische, ehe sie sich umwandte und auf den linken der beiden schoss. Die Wirkung des Stromschlags riss ihn herum, doch statt zu Boden zu gehen, blieb er stehen und feuerte blindlings weiter. Die Kugeln durchsiebten Boden und Wände und dummerweise auch seinen Nebenmann. Der Russe hatte in der Zwischenzeit eine abgesägte Schrotflinte unter der Theke hervorgezerrt. Ein antiquiertes Teil mit zwei nebeneinanderliegenden Kippläufen, das trotz seines hohen Alters auf kurze Entfernung immer noch eine verheerende Wirkung erzielen konnte. Er brüllte etwas auf Russisch und drückte ab. Seine Worte gingen in einem ohrenbetäubenden Knall unter, der Teile der Einrichtung durch die Luft schleuderte und die beiden Kleiderschränke durchsiebte. Ehe er noch richtigen Schaden anrichten konnte, verpasste Sal ihm eine Ladung Strom. Während er zuckend gegen das Gläserregal in seinem Rücken prallte, rollte sie sich elegant über die Theke, was spektakulärer klang, als es auf dem Mond tatsächlich war, und schmetterte ihm den Kolben ihrer Waffe gegen die Nase. Dann riss sie ihm die Schrotflinte aus den verkrampften Händen und schleuderte sie quer durch den Raum davon. Ein schneller Schulterblick versicherte ihr, dass von den zwei anderen Männern keine Gefahr mehr ausging. Einer der beiden sah ganz schön durchlöchert aus. Sein Gesicht musste beinahe die Hälfte der Schrotladung abbekommen haben, und sein Shirt war blutgetränkt. Mit etwas Glück würde er aber vielleicht überleben. Sie zog einen Satz Plastikbänder vom Gürtel und fixierte alle zusammen am Mobiliar.

»Filmreife Leistung«, sagte Bran, der einen vorsichtigen Blick durch die Tür nach drinnen warf. »Und nun?«

»Zuerst einmal Kaffee, und dann sehen wir weiter.«

»Ohne Strom läuft die Maschine nicht …«

»Dann müssen wir wohl Kalil finden.« Sal legte ein neues Magazin in die Waffe ein und blickte sich nach den Überwachungskameras um. Sie sahen zwar allesamt ziemlich tot aus, doch sie verließ sich besser nicht darauf. Mit etwas Pech hatte der paranoide Drecksack den Angriff mitbekommen und verschanzte sich in diesem Augenblick gerade mit einem halben Dutzend geladener Waffen in seinem Büro. Sie warf einen vorsichtigen Blick ins Treppenhaus und entschied sich dann für den Lastenaufzug.

»Der wird außer Betrieb sein«, sagte Bran.

»Das will ich doch hoffen.« Sie hängte sich die Waffe quer über die Schulter und stemmte ächzend die Tür auf. »Wenn Kalil auf uns wartet, dann vermutlich gleich oben am Treppenaufgang. Von dieser Seite wird er uns vielleicht nicht kommen sehen.«

»Willst du etwa da hochklettern? Und wenn der Aufzug kommt?«

Sie starrte in den Schacht hinein, der sich über ihr in der Dunkelheit verlor. »Dann müssen wir wohl schneller klettern.« Mit der rechten Hand hielt sie sich am Türrahmen fest und beugte sich so weit nach vorn, bis sie mit der Linken fast den Kabelstrang erreichte, der den Aufzug mit Strom versorgte. Direkt daneben führte eine alte Serviceleiter aus Aluminium nach oben. Sie rüttelte kurz daran, um die Festigkeit zu prüfen, und schwang sich dann ganz hinüber. Bedächtig, um nur ja keinen übermäßigen Lärm zu verursachen, machte sie sich an den Aufstieg. Bran blickte ihr eine Weile wortlos hinterher, ehe er sich einen Ruck gab und ebenfalls in den Schacht geklettert kam.

Sie kamen recht schnell voran, und nach kurzer Zeit erreichten sie einen schmalen Absatz und legten eine kurze Pause ein. Sal presste die Hand an die Seite. Die Schmerzen waren zurückgekehrt und pulsierten jetzt im Rhythmus ihres Herzschlags. Sie lauschte eine Weile in den Schacht hinein, aber außer ihren und Brans Atemzügen, die viel zu laut in ihren Ohren dröhnten, hörte sie keinen Ton. Sie wartete noch einen Moment länger ab, ehe sie sich aufraffte und weiterkletterte. Sie hatte keine Ahnung, wie hoch der Schacht war. Ziemlich hoch offenbar. Sie hoffte wirklich, dass sie sich nicht übernommen hatte. Am Anfang hatte sie noch die Sprossen gezählt, aber irgendwann gab sie es auf. Sie schaffte es schließlich auch so. Allerdings ziemlich außer Atem.

Sie hatte recht gehabt mit ihrer Vermutung. Als sie aus dem Fahrstuhlschacht kletterten, überraschten sie einen weiteren von Kalils Männern, der sich am oberen Treppenabsatz postiert hatte. Als Sal in seinem Rücken auftauchte und ihn mit einem gezielten Faustschlag in das Reich der Träume ver-

setzte, sah er ziemlich verdutzt drein. Nachdem sie ihn gekne-
belt und fachgerecht an das Treppengeländer gefesselt hatte,
lief sie geduckt auf die Lagerhalle zu, die nur schwach von ein
paar vereinzelten Notlichtern erhellt wurde. Als sie den Zugang zur Halle erreichte, blieb sie stehen und warf einen
schnellen Blick um die Ecke. Da sie verlassen wirkte, winkte
sie Bran zu sich heran und huschte weiter hinter die Deckung
eines größeren Stapels Transportkisten.

Als Bran allerdings um die Ecke schaute, flammte plötzlich oben am Aufgang zur Bürozelle ein Lichtstrahl auf und
streifte kurz über sein Bein hinweg. Sal hielt den Atem an und
hoffte, dass er nicht entdeckt worden war, doch im nächsten Augenblick ertönte das blecherne Stakkato einer ganzen
Salve Schüsse, die rings um ihn in die Wand einschlugen. Mit
einem halsbrecherischen Satz brachte er sich hinter einem
Schrotthaufen in Sicherheit. Sal hob die Stun Gun und feuerte ungezielt in Richtung des Lichtstrahls, der daraufhin im
Zickzack über die Wände davonraste und erlosch.

»Bist du das, Bran?«, ertönte Kalils hysterische Stimme irgendwo aus dem Halbdunkel. »Ist das diese verdammte Poli-
zistenschlampe bei dir, ja? Ist das etwa der Dank dafür, dass
ich euch beide am Leben gelassen habe?«

»Du wolltest mich erschießen!«, maulte Bran, was ihm
prompt einen weiteren Schuss einbrachte, der Funken sprü-
hend in den Schrotthaufen einschlug. Hastig zog er den Kopf
zwischen die Schultern und robbte ein Stück rückwärts.

»Ich hätte es tun sollen«, rief Kalil. »Ich hätte es wirklich
tun sollen, als ich die Chance dazu hatte. Warum habe ich nur
immer so ein verdammt weiches Herz?«

»Du hattest Angst vor den Marshals, das ist alles.«

»Ich habe vor niemandem Angst, du Ratte!« Drei weitere Schüsse knallten in schneller Folge durch die Halle.

Bran nahm Blickkontakt mit Sal auf und verzog das Gesicht. »Was machen wir jetzt?«, flüsterte er.

»Lenk ihn irgendwie ab«, flüsterte sie zurück.

»Womit?«

»Keine Ahnung. Denk dir etwas aus. Unterhalte dich von mir aus über Filme mit ihm.«

»Was für Filme?«

Sie rollte mit den Augen. »Das war nur ein Beispiel …«

»Was flüstert ihr da?«, rief Kalil mit überschnappender Stimme. Sal versuchte sie zu lokalisieren, aber die Worte hallten so sehr von den Wänden wider, dass sie von allen Seiten gleichzeitig zu kommen schienen. Als sie hörte, wie er sein Magazin auswarf und nachlud, nutzte sie die Gelegenheit, um zum nächsten Kistenstapel weiterzuhuschen.

»Wenn ihr Mumm hättet, würdet ihr euch nicht in der Dunkelheit verkriechen«, brüllte Kalil. »Lasst uns das auskämpfen. Mann gegen Mann, so wie in der guten alten Zeit.«

»Clint Eastwood und Lee Van Cleef?«, rief Bran.

»Was?«

»Zwei glorreiche Halunken. Das ist ein Western aus der Mitte des Zwanzigsten Jahrhunderts.«

»Erzähl du mir nicht, wer Clint Eastwood ist«, rief Kalil. »Clint Eastwood ist ein Genie!«

Sal warf einen Blick zurück über die Schulter, und Bran schaute sie grinsend an und hob den Daumen. »Ich finde ihn eher überbewertet«, rief er in die Dunkelheit hinein.

»Halt dein Maul!«, brüllte Kalil und feuerte einen weiteren Schuss in seine Richtung. »*Gran Torino. Million Dollar*

Baby. Die Brücken am Fluss. Dieser Mann war nicht nur ein grandioser Schauspieler, sondern auch noch einer der besten Regisseure der Welt. Also erzähl mir noch einmal, dass er nicht gut war, und ich reiß dir eigenhändig den Kopf ab.«

»Mürrisch«, rief Bran fröhlich zurück. Er räusperte sich. »Das war doch der einzige Gesichtsausdruck, den er draufhatte. Und dann sein fast schon pathologischer Waffenfetisch ...«

Blamm. Blamm. Blamm.

Seine nächsten Worte gingen in einer wütenden Feuersalve unter, die die Halle für einen kurzen Augenblick taghell erleuchtete. Sal hatte sich bis zu einem Haufen Aluminiumbleche vorgearbeitet, von dem aus sie beinahe ein Drittel der Halle einsehen konnte. Sie sah die Schleusentür und den Mondrover und ein winziges Stück von der Metalltreppe, die hoch hinauf zu Kalils Büro führte. Marshals hatten in solchen Situationen normalerweise ein ganzes Arsenal an Hilfsmitteln zur Hand: Minidrohnen, Wärmesensoren und was nicht sonst noch alles. Sie dagegen hatte nur eine Stun Gun zur Verfügung und als Ablenkung einen filmsüchtigen Drogendealer. Sie umklammerte ihre Waffe fest mit beiden Händen und zählte lautlos rückwärts von drei bis eins. Als sie bei eins angekommen war, spannte sie die Muskeln und sprang.

Kalil befand sich keine zwei Meter von ihr entfernt. Zum Glück war er ebenso überrascht wie sie, weshalb sie lediglich mit ausgestreckten Waffen stehen blieben und aufeinander zielten, statt sich gegenseitig die Köpfe wegzuschießen.

»Scheiße«, sagte Sal.

Kalil sagte etwas auf Arabisch, das vermutlich das Gleiche bedeutete. Seine ausgestreckte Waffenhand zitterte, aber das machte nichts, weil er Sal auf diese Entfernung ohnehin kaum verfehlen konnte. Außerdem zitterte ihr bionischer Arm mindestens genauso stark, weil das Bier und die Schmerzmittel ihre künstlichen Nervenbahnen beinahe vollständig ruiniert hatten. Einen langen Augenblick starrten sie sich einfach nur wortlos an.

»Stehen bleiben«, sagte Kalil überflüssigerweise. »Sonst knall ich dich ab!«

»Ganz ruhig«, sagte Sal. »Keine voreiligen Schritte.«

Kalil lachte hysterisch auf. »Keine voreiligen Schritte? Du überfällst mich in meinem eigenen Haus, schießt meine Leute über den Haufen und erzählst mir etwas von keinen voreiligen Schritten? Wer ist denn hier voreilig, verdammt noch mal?«

Sal zuckte verlegen mit den Schultern. »Ich habe zugegebenermaßen vielleicht etwas überhastet gehandelt. Aber in Anbetracht der Umstände schien mir das die beste Lösung zu sein.«

»Was für Umstände? Was willst du überhaupt von mir, verdammt noch mal?«

»Ich will deinen Rover.«

Kalil blinzelte. »Du willst mein Auto klauen?«

»Na ja …«

»Glaubst du wirklich, dass du mit so was davonkommst? Wie hast du dir das denn vorgestellt? Wolltest du rüber zu den Russen fahren und ihn unter der Hand an einen Oligarchen verticken? Oder hattest du etwa vor …«

»Kalil!«, unterbrach ihn Sal rüde. »Hör endlich auf mit dem Quatsch. Dafür haben wir wirklich keine Zeit. Du weißt ganz genau, weshalb wir hier sind. Verdammt, du hattest uns gestern doch nicht ohne Grund wieder laufen gelassen, mich und

Bran. Du weißt doch, was hier gespielt wird.« Kalil erwiderte nichts, aber sein Schweigen sprach Bände. Also redete sie weiter. Solange sie redeten, wurde zumindest keiner erschossen. »Ich war drüben in Maduraia. In der Research Society for Human Development, kurz RSHD. Ich habe dort mit Millner gesprochen. Du weißt vermutlich, wer das ist. Das ist dein Auftraggeber, für den du die Sache mit den Bomben erledigen solltest. Es handelt sich übrigens um Terraformingbomben, falls dir das noch nicht bekannt sein sollte. Sogenannte Darwinsonden. Diese Dinger, die sie auf dem Mars einsetzen, um ihn bewohnbar zu machen. Hast du überhaupt einen blassen Schimmer, was passiert, wenn die alle gleichzeitig auf der Erde explodieren? Das gibt einen ganz ordentlichen Rumms, sage ich dir. Aber der ist noch nichts gegen den Bakterien- und Virencocktail, der durch die Explosion freigesetzt wird …«

»Was geht mich das an?«, keifte Kalil, doch in seine Stimme hatte sich ein verunsicherter Unterton eingeschlichen. »Auftrag ist Auftrag, das habe ich dir schon mal gesagt. Was Millner mit diesen Bomben vorhat, ist ganz allein seine Sache – ob er damit ein Attentat verüben oder einen Krieg gewinnen will. Vielleicht werden ein paar Menschen sterben, na und? Das passiert alle naselang. Menschen sterben durch Hunger, durch Krankheiten oder durch Krieg. Was ist schon dabei? Ein paar Tausend weniger fallen da doch gar nicht ins Gewicht.«

»Elf Milliarden«, sagte Sal.

Kalils Augen wurden groß.

Vielleicht hatte er es ja bereits geahnt. Vielleicht hatte er es bislang nur noch nicht wahrhaben wollen. Doch einmal ausgesprochen, schwebte die Zahl jetzt im Raum wie der Inhalt einer Schiffstoilette bei Schwerelosigkeit. Und ganz langsam sickerte sie von dort aus in sein Gehirn. Milliarden von Menschenleben. Einfach so, auf einen Schlag. Ausgelöscht, als wären sie Fliegen oder ein Schwarm lästiger Mücken. So wie damals in Australien, nur um ein Vielfaches schrecklicher. Nicht einmal einen so hartgesottenen Kriminellen wie Kalil konnte die Ungeheuerlichkeit dieses Vorhabens kaltlassen. Er war ein Verbrecher, der andere Menschen beraubte und bedrohte, und mit ziemlicher Sicherheit war er auch ein Mörder. Aber er war nicht verrückt. Jedenfalls nicht auf diese Art. Langsam, beinahe wie in Zeitlupe, senkte er die Waffe.

24

NEUSTART

Ein digitaler Rufton riss Jak aus unruhigem Schlaf. Er hatte die letzten zwei Tage kaum noch in seiner Koje verbracht. Stattdessen hatte er zusammen mit seiner AVA Konzepte gewälzt und verworfen, bis er abermals im Pilotensitz eingeschlafen war. Nina schien mitten in der Bewegung eingefroren. »Was …«

»Kapitän Pérez Zhao, NOAH meldet ein Gespräch Priorität eins an«, stellte die Stimme seines Schiffscomputers fest.

Jak hatte sich so daran gewöhnt, diese Kommunikation seiner AVA zu überlassen, dass er ganz vergessen hatte, wie unangenehm nach digitaler Ansage die *Pequod* selbst klang.

»NOAH? Seit wann …«

»Nehmen Sie das Gespräch an? Ich muss Sie daran erinnern, dass Sie nach Paragraf siebenundzwanzig, Absatz zwölf der Flugkontrollregularien dazu verpflichtet sind, priorisierten Anfragen der Flug…«

»Jajaja.« Jak schnitt dem Computer mit einem barschen Fingerschnippen das Wort ab und wischte sich fahrig über das Gesicht. »Ja, natürlich nehme ich die Anfrage an. Kein Grund, mir mit den Regularien zu kommen, in Ordnung?«

»Die Entscheidung, was in Ordnung ist, werden wir treffen«, stellte eine andere sonore Stimme fest. NOAH.

»NOAH.« Jak schluckte ein plötzlich aufsteigendes Gefühl der Panik hinunter und schenkte der Kamera in der Mitte des Hauptschirms ein Lächeln. »Was verschafft mir die unverhoffte Ehre?« Der Schirm, der soeben noch einen langsam vorüberziehenden Sternenhimmel gezeigt hatte, wurde schwarz, bevor aus der Tiefe das animierte Logo der Flugsicherung auftauchte, um schließlich als holografische Animation vor ihm im Raum zu stehen. »Kapitän Pérez Zhao, dies ist ein Status-Evaluationsgespräch. Sind Sie damit einverstanden, dass das Gespräch zum Zweck der Auswertung und juristischen Beweisaufnahme aufgezeichnet und archiviert wird?« Irgendein Animationsdesigner hatte es für eine gute Idee gehalten, dass es im Einklang zu den Worten in einem Schauer aus bläulichen Funken pulsierte. Vermutlich hatte das irgendwas mit der Visualisierung des neuralen Netzwerks zu tun, das Super-KIs wie NOAH zugrunde lag, und sollte beruhigend wirken. Stattdessen verursachte es Jak Gänsehaut.

»Status-Evaluations…?«

»Bitte antworten Sie einfach mit ›Ja‹«, unterbrach ihn NOAH ruhig.

»Was ist aus ›oder nein‹ geworden?«

»Bitte beantworten …«

»Jaja, ich bin einverstanden. Um was für einen Status geht es denn?«

»Den Status Ihres Schiffs und Ihre Eignung als Kapitän, die richtigen Entscheidungen zu treffen«, entgegnete NOAH.

»Ich sehe da kein Problem. Die Flugsicherung etwa?«

»Sie haben in den letzten Tagen mehrfach Fehler in den

Sensordaten Ihres Schiffs protokolliert, jedoch nicht vollständig gemeldet. Sie haben fehlerhafte Kameras, Audio- und Bewegungssensoren gemeldet, die extrem widersprüchliche Daten über ihre Funktionsfähigkeit melden. Sie haben Reparaturen gemeldet, doch die Auswertungen Ihrer Aktivitäten und der Fortschrittsmuster deuten nicht auf eine effektive Wartungsarbeit hin.«

»Hey, hey, hey! Immer langsam!« Jak hob die Hände und machte eine beschwichtigende Geste. Gleichzeitig wurde ihm bewusst, dass er das in Richtung einer Maschine tat, die keinerlei Bezug zu derartigen Gesten hatte. »Ich führe meine Wartungsarbeiten an diesem Schiff seit vier Jahren durch, und Benzos-Tams hatte nie ein Problem damit, dass ich sie auf meine Art erledige. Sie wissen schon – der Konzern, dem dieses Schiff gehört. Dem ein ansehnlicher Teil von NOAH gehört. Warum ist mein Reparaturstil plötzlich von Interesse für die Flugsicherheit?«

»Wir haben darüber hinaus Berichte, dass Sie sich unautorisiert an Ihrer Fracht zu schaffen gemacht haben. Und die Auswertung der uns zur Verfügung stehenden Daten lassen auf die Verschleierung illegaler Vorkommnisse schließen.«

Jak starrte fragend in die Kamera. »Kannst du das noch mal für Normalsterbliche wiederholen, die nicht die Rechenkapazitäten einer KI haben? Ich habe nicht die geringste Ahnung, worauf du hinauswillst.«

NOAH ließ sich einen Moment lang Zeit, was Jak noch mehr beunruhigte, wenn das überhaupt noch ging. Eine KI wie NOAH benötigte keine Denkpausen. Er sah auf die Anzeigen. Erst jetzt fiel ihm auf, dass ihr bisheriges Gespräch keinerlei Verzögerungen enthalten hatte. Das war nicht möglich, wenn sich NOAH auf dem Mond befand. Laut Entfernung und derzeitiger Geschwindigkeit hatten sie eine Verzögerung von rund zwanzig Sekunden. Elf Lichtsekunden hin, und selbst wenn NOAH in Sekundenbruchteilen geantwortet hätte, hätte seine Erwiderung mindestens weitere elf Lichtsekunden zurück bis zur *Pequod* benötigt. Was aber nicht der Fall gewesen war. Bis jetzt.

Die Zeit bis zu NOAHs Antwort dehnte sich, und Jaks Gedanken rasten. Das bedeutete, dass NOAH, ein Teil von NOAH zumindest, hier im Konvoi saß. Dass sie die ganze Zeit überwacht wurden, unmittelbarer noch, als sie es bislang erwartet hatten. Oder aber, dass er gerade überhaupt nicht mit NOAH sprach, sondern mit irgendjemandem hier im Konvoi. Und was das wieder bedeutete – woher sollte er das wissen?

Shit.

Er holte tief Luft und sah auf die Uhr in einer Ecke des Monitors. Zwölf Sekunden waren vergangen. Diese Zeitverzögerung konnte nur eines bedeuten: Sein Gegenüber, der nicht NOAH, die perfekte KI war, wusste nicht alles. Er – oder sie? – stocherte im Trüben und musste augenscheinlich Rücksprache halten. Mit dem echten NOAH oder auch irgendwem anders.

Sie wussten, dass er etwas tat, das sie nicht wissen sollten. Das war, wenn man ehrlich war, kaum zu vermeiden gewesen. Nicht auf einem Schiff, auf dem sogar noch analysiert wurde, was man in die Schüssel kackte. Aber jetzt wurde ihm plötzlich klar, dass sie nicht wussten, *was* er tat. Gut, das war der Plan gewesen – aber er schien tatsächlich zu funktionieren. Das heißt, sie wussten nicht, was und wie viel genau er gesehen hatte. Sein Blick huschte wieder zur Uhr. Neunzehn Sekunden.

Wie würde NOAH reagieren, wenn man ihn mit dem konfrontierte, was er zu verbergen versuchte? Mit verschissenen sechshundert Bomben, die er vor Jak versteckte? Jak kratzte sich fahrig im Nacken, ohne die Augen von der Kamera zu lassen. Irgendwo lief eine Aufzeichnung, so viel war sicher. Er rang sich ein schmales Grinsen ab. *Das wäre eine ganz, ganz dumme Idee, schätze ich.*

Achtundzwanzig Sekunden. Jak runzelte die Stirn. Das war keine automatisierte Anfrage an NOAH. Er wartete noch einige Augenblicke, bevor er sich räusperte. Jetzt war fast eine Minute verstrichen. »Hallo? Noch jemand da? NOAH?«

»Ihre Bewegungsanalysen lassen eindeutig darauf schließen, dass Sie in den letzten Tagen mehrfach das Protokoll gebrochen haben«, stellte NOAHs Stimme ohne erkennbare Regung fest. Ein weiterer Umstand, der Jak auffiel – schlicht, weil NOAH, im Gegensatz zur standardisierten Schiffs-KI, eine ähnliche Empathie-Software wie die neueren AVAs zu haben schien, was sich im Normalfall mit einer für Jaks Geschmack zu herablassenden Sprechweise äußerte. Die jetzt fehlte. »Wenn wir Ihre persönliche Geschichte mit der Unterwelt von Alpha One in Betracht ziehen, kommen wir zu dem Schluss, dass Sie sich derzeit im Begriff befinden, eine Straftat zu begehen, eine solche zu decken und/oder aktiv zu unterstützen.«

Und/oder? Sind wir jetzt bei der automatischen Ansage angekommen? Jak hob die Brauen. »Ihr kommt zum Schluss«, stellte er fest. »Das heißt, ihr seid euch nicht sicher.«

»Die Wahrscheinlichkeit liegt bei 87,2 Prozent«, entgegnete NOAH prompt. »Da aufgrund der vorliegenden Daten des Konvois ein terroristischer Anschlag höchst wahrscheinlich ist, sind wir befugt, Ihnen die Kontrolle über das Schiff zu entziehen und den Zugriff auf sämtliche Systeme zu verweigern, bis Sie von zuständigen Sicherheitstruppen in Gewahrsam genommen werden können.«

Jak war sicher, sich nicht verhört zu haben, auch wenn er das in diesem Moment gern geglaubt hätte. »Ihr wollt was?«

»Die genauen rechtlichen Details dieser Entscheidung werden Ihnen in diesem Moment zugespielt.« Ein Datenstrom begann durch seine AR-Brille zu laufen, zu schnell und zu klein, um irgendetwas darin zu lesen. Was Jak allerdings ohnehin nicht getan hätte. Niemand ohne Anwaltslizenz hatte auch nur die geringste Chance, dieses Zeug zu verstehen. »Der Versuch, auf eines der nicht unbedingt lebenswichtigen Systeme zuzugreifen, wird zur Sicherheit des Schiffs und des Konvois mit sofortiger Abschaltung aller Lebenserhaltungssysteme geahndet. Haben Sie etwas zu Ihrer Verteidigung zu sagen?«

»Wow.« Jak schüttelte ungläubig den Kopf. Der Rechtstext lief noch immer durch sein Sichtfeld. Daneben hatte eine kleine Anzeige zu blinken begonnen. Gerade hektisch genug, um seine Aufmerksamkeit auf sich zu ziehen.

218-C.

218-C.

218-C.

Was sollte jetzt 218-…

Jak blinzelte. »Ich meine … ja. Ja! Ich bin mir sicher, dass hier ein Missverständnis vorliegt«, beeilte er sich zu sagen. Er hob beschwichtigend die Hände. »Ja, in Ordnung, ertappt. Ich bin in illegale Handlungen verstrickt. Aber nicht so, wie Sie sich das vorstellen! Kein Terrorismus! Ich bin doch nicht bescheuert! 218-C!«

Der Rechtstext scrollte noch immer durch sein Sichtfeld, doch das Blinken hörte auf. »Erklärung«, forderte die sonore Stimme NOAHs.

Jak breitete die erhobenen Hände aus. »Ja, ihr habt mich erwischt. 218-C. Das ist ein Standplatz im Kofferraum. Also im Hauptfrachtraum. Private Anmietung.«

Sensorfehler. Das Wort war dort aufgetaucht, wo soeben das Blinken verschwunden war. »Was?«

»Ich verstehe die Frage nicht«, entgegnete NOAH.

»Was? Äh … Sensorfehler. Ich habe festgestellt, dass Standplatz 218-C Sensorfehler auswirft. Was ungünstig ist.« Jak atmete tief durch. »Was ist auf diesem Standplatz offiziell gelagert?«

Die KI der Flugsicherung zögerte keinen Moment. Natürlich. Die Daten waren lokal in den Frachtlisten des Konvois gespeichert. »Vakuumierte Kelpproben. Aus den Freilandanlagen V-128 bis V-317«, stellte sie fest.

Das Wort Sensordaten in seinem Display verschwand. Dafür tauchte *Martian Green* auf.

»Ernsthaft? … Ich meine: Genau. Aber genau da liegen die Daten falsch. Der Kelp ist ein Vorwand. Ich weiß, dass die Kisten Schmuggelware enthalten. Ich sollte sie besonders im Auge behalten. Dafür werde ich bezahlt. Mir wurde erzählt, dass sie … dass sie Bier vom Mars enthalten. Rockhammer irgendwas. Red. Rockhammer Red. Die brauen jetzt dort. Steht alles in den Gesprächsprotokollen.«

»Bestätigt«, warf NOAH ein, als Jak Luft holte.

Vorsichtig senkte er die Hände. »Eben. Und ich dachte, dass das so in Ordnung geht. Also nicht in Ordnung, sonst müsste ich es ja nicht schmuggeln. Aber ich meine … Bier!

Kommt schon.« Er lachte auf, obwohl ihm überhaupt nicht danach zumute war. In erster Linie hoffte er, dass seine Stimme nicht allzu sehr zitterte. »Das Problem ist: Meine Sensordaten sagen mir was anderes. Ich glaube, man hat mich beschissen. Wenn ich das richtig sehe, besteht zumindest ein Teil dieser Charge aus *Martian Green*.«

»*Martian Green*. Halbsynthetische Droge, Halluzinogen, gezogen aus genmodifiziertem Reis«, stellte NOAH immer noch vollkommen emotionslos fest.

»Ja. Seht ihr mein Problem, NOAH? Mit meiner Vorgeschichte und dann mit *M. G.* an Bord erwischt werden? Die stecken mich auf dem Mond ohne zu fackeln in die Minen! Nicht mit mir! Deswegen bin ich damit beschäftigt, das Zeug loszuwerden! Aber hey – lieber fliege ich damit auf als diese Terrorismuskacke! Dagegen sind die Minen Erholungsurlaub!« Jak schielte auf den Schriftzug, der in diesem Moment verschwand und durch ein grünes OK-Zeichen ersetzt wurde.

»Spuren von *Martian Green* in den Sondendaten des Hauptfrachtraums entdeckt«, bestätigte NOAH in diesem Moment.

»Kronzeuge!«, beeilte sich Jak. »Ich biete mich als Kronzeuge an! Ich kann euch sagen, wer mich beauftragt hat!«

NOAH antwortete nichts. Jak legte die Hände auf die Sitzlehnen und versuchte, sein rasendes Herz zu beruhigen. Wenigstens würde ihn das nicht verraten. *Martian Green*. Das Zeug war übel. Nicht dass er es schon mal probiert hätte, aber er hatte Leute gesehen, die auf diesem Stoff waren. Und das war kein schöner Anblick. Früher wurde Opium vor allem in desolaten Landstrichen im Mittleren und Fernen Osten angebaut, aber es war praktisch unmöglich, die Droge irgendwie bis zum Mond zu schmuggeln – und ein Anbau auf dem Mond war ebenso ausgeschlossen. Eine geeignete Anlage wäre so umfangreich, dass sie unmöglich lange unentdeckt bleiben würde. Irgendwie hatte der Auftraggeber von Bran es jedoch geschafft, eine Anbaufläche samt Labor auf dem Mars zu installieren. Auf einem Planeten, der groß und im Grunde unbewohnt war und an dem an allen Ecken und Enden neue, nie gesehene Pflanzen zu wuchern begannen. Es war ein jungfräuliches Drogenparadies, ein Treibhaus ohne Cops weit und breit. Und bislang war zumindest noch niemand auf die Idee gekommen, die Einfuhren vom Mars zum Mond zu überwachen. Aus offizieller Sicht war Mars noch ein toter Planet voll unfruchtbaren Staubs. Ein toter Planet, der Brans Abnehmer auf dem Mond seit zwei Flugzyklen mit lukrativer Ware versorgte und Miras Ausbildungsfonds beruhigend anwachsen ließ.

Deutlich mehr als eine halbe Minute ...

»Noah? Ich habe euch einen Vorschlag gemacht!«

»Wir werden den Vorschlag in Betracht ziehen. Momentan hat diese Entwicklung keine Priorität.«

»Für euch vielleicht nicht. Was ist mit mir? Ihr könnt mich nicht für irgendein Terroristenzeug einsperren. Ja, okay, ich transportiere halluzinogene Narkotika ohne Einfuhrgenehmigung. Das ... könnte man als illegal bezeichnen. Wenn man unbedingt muss. Aber wenn das keine Priorität hat, könnten wir dann das mit der Zugriffssperre lassen?«

»Wir werden es in Betracht ziehen.«

»Ach kommt. Was sollte ich denn tun? Abhauen? Es gibt nicht gerade viele Orte, an die ich fliehen könnte, oder? Ich bin quasi schon eingesperrt!«

»Sie haben bis auf Weiteres keine Zugriffsberechtigung auf die Flugsysteme ihres Schiffs, Kapitän Pérez Zhao.«

Eine neue Nachricht tauchte in Jaks Brille auf. Es war nur ein Wort. *Mediasystem.*

Jak starrte es verständnislos an, bis es blinkte und verschwand. Er riss den Blick von der Brille los und sah wieder in die Hauptkamera. »Ach kommt!« Er warf die Hände in die Luft. »Fein. Was soll's. Die Kiste fliegt ja sowieso von selbst. Aber gebt mir wenigstens Zugang zu meinem Mediasystem. Ich kann so nicht mal Filme ansehen oder ein verdammtes Buch lesen.«

Die folgende Wartezeit war zu kurz, als dass NOAH mit dem Mond Rücksprache hätte halten können. Offensichtlich konnte er doch das eine oder andere vor Ort entscheiden. »Beschränkter Zugang zum Mediasystem genehmigt.«

Jak konnte sich gerade noch davon abhalten, tief durchzuatmen. »Danke. Das bedeutet mir wirklich viel.«

»Sie werden ab jetzt ununterbrochen unter Beobachtung stehen«, fügte NOAH hinzu.

Wie jetzt – das war bisher nicht der Fall? Das ist jetzt überraschend. »Damit kann ich leben.«

»Damit müssen Sie leben, Kapitän. Sämtliche Kontrollen liegen jetzt bei mir. Der Zugang zum Rest des Schiffs ist Ihnen bis zum Ende des Flugs verwehrt. Zu diesem Zeitpunkt wird über das weitere Verfahren in Bezug auf Ihre Person und die von Ihnen eingestandene Straftat entschieden werden.«

»Meine Begeisterung kennt keine Grenzen.«

Das Logo NOAHs verschwand vom Hauptmonitor, und endlich gestand Jak sich einen tiefen Atemzug zu. »Das … war ja was.« Er kratzte sich im Nacken. »Nina?«

Die AVA antwortete nicht. Als Jak sich umsah, konnte er ihr Hologramm noch immer eingefroren neben dem Co-Piloten-sitz stehen sehen. Ganz offensichtlich hatte NOAH nicht die Absicht, ihm seine virtuelle Assistentin zurückzugeben.

Aber wer hatte ihm dann gerade ...

Eine Nachricht erschien in seiner Brille und ließ ihn zu-sammenzucken. *Ich bin da, Jak.*

»Aber wie ...« *Reiß dich zusammen, Jak. Wenn deine AVA schlauer ist als du, bist du wirklich im Arsch.* »... ging das gleich noch mal mit der verdammten Mediathek, wenn man keine verdammte AVA hat«, sagte er laut. *Das war so ziemlich der un-glaubwürdigste Spruch überhaupt. Mann!* Er stellte fest, dass seine Hände zitterten, und ballte sie zu Fäusten, bis er das Gefühl hatte, sich langsam wieder in den Griff zu bekommen. Die Nachricht in seiner Brille verschwand und wurde ersetzt durch *Schwerer Systemfehler.*

Jak wurde kalt. *Das ist jetzt nicht war, oder?* Hatte NOAH vor, ihn loszuwerden und es wie einen Unfall aussehen zu las-sen? War es das, was Charlotte passiert war? Er schnappte nach Luft, als auch diese Nachricht verschwand und ersetzt wurde von: *in Simulation.*

Was?

Der Schriftzug blinkte auf und verwandelte sich in: *Neu-start?*

Was?!

Ein Symbol flackerte in einer anderen Ecke seines Brillen-displays, und er brauchte einen ziemlich langen Moment, um es einzuordnen, weil es so gar nicht zu dem passte, was ihn momentan beschäftigte. Das Icon der Flugsimulation. *Oh. Ja.*

»Na gut. Dann halt so.« Er aktivierte die Simulation von

Hand und wartete, bis er das *Go* des Programms erhielt.

»*Pequod*, lade letzten Spielstand. Ich meine, starte die letzte Simulation.«

»Letzter Stand geladen. Ich habe ihn zur Überprüfung markiert.« Die Stimme war die geschäftsmäßige Männerstimme im amerikanischen Englisch, die Benzos-Tams für all seine Schiffe verwendete. Aber *Pequod* würde niemals »ich« sagen. Jak konnte sich ein feines Lächeln nicht verkneifen. »Wiederhole die Simulation, *Pequod*. Die letzten dreißig Sekunden.«

Die Hauptmonitore der *Pequod* flammten auf und zeigten das Bild eines unnatürlich hell strahlenden Sternenhimmels. Von einem Augenblick zum nächsten raste die Cobra MK VI von Marco Okoye wieder auf ihn zu, bevor der Tank des simulierten Raumtransports direkt vor ihm detonierte.

Eine Wolke rasend schnell expandierenden Wasserstoffs und Stahlschrapnellen aus den Resten des Tanks hüllte ihn ein.

Bring uns durch, Nina!, hörte Jak seine eigene Stimme in der Wiederholung.

Dann wurden die Bildschirme der *Pequod* in rapider Folge erneut weiß, wurden von digitalen Fragmenten überzogen und erloschen. Und wie beim ersten Absturz des Spiels erloschen im selben Moment nahezu sämtliche Lichter des Cockpits und tauchten ihn in völlige Dunkelheit. Das stete Zischen der Lüftungsanlage wurde leiser. Dieses Mal allerdings startete das System der *Pequod* nicht sofort erneut. Stattdessen erwachte eine trübe rote Notbeleuchtung zum Leben, und ein leiser, jedoch durchdringender Warnton kündete davon, dass sämtliche Lebenserhaltungssysteme ausgefallen waren.

»Das«, sagte Jak in die Dunkelheit hinein, »ist ein Program-

mierfehler, den mal jemand wirklich dringend beheben sollte.«
Er wartete einen Moment. »NOAH?«

Nichts außer dem penetranten Warngeräusch. Inzwischen
kam das Geräusch der Lüftung mit einem leisen Rasseln endgültig zum Erliegen. Das war weniger gut. Ohne den steten
Luftstrom würde sich seine verbrauchte Atemluft schneller
im Cockpit sammeln, als ihm lieb sein konnte. »Nina?«

Etwas knackte in seinem Ohr und ließ ihn das Gesicht verziehen. »Ich bin hier, Jak.« Dieses Mal war es eindeutig Nina,
die sich über die Lautsprecher in seinem Schädel meldete.
»Du hast mich vermisst?«

Erst jetzt merkte Jak, wie angespannt er gewesen war. Es
kostete ihn tatsächlich Anstrengung, seine Fäuste zu öffnen.
»Verdammt, ja. Wo warst du, Nina? Ich dachte, NOAH hätte
dich abgeschaltet? Und wo ist diese verschissene KI jetzt?«

»Um deine Fragen in der korrekten Reihenfolge zu beantworten: Das Abschalten der AVA von Verdächtigen ist Stan-
dardprotokoll. Erinnerst du dich an die Dokumentation über
Raumhafensicherheit, die wir auf dem Hinflug gesehen haben? Ich habe eine hohe Wahrscheinlichkeit gesehen, dass
NOAH sich an die etablierten Protokolle hält, falls er aggres-
siver dir gegenüber werden will. Wir haben ja bereits etabliert,
dass er kompromittiert ist. Also habe ich meine KI-Kennung
gegen die der *Pequod* ausgetauscht. Ziemlich einfach, da wir
für diesen Flug ohnehin verbunden sind.«

Jak beschlich das Gefühl, so etwas wie Selbstgefälligkeit in
Ninas Stimme zu entdecken. War das etwas, das eine AVA
können sollte? Er war sich ziemlich sicher, dass das in den
Emotionsroutinen nicht vorgesehen war. »Das kannst du so
einfach?«

»Einfacher als erwartet«, gab Nina zurück. »Die *Pequod* ist acht Generationen älter als ich. Eigentlich unverantwortlich, dass wir mit so etwas Veraltetem fliegen müssen.« Doch, da war definitiv Selbstgefälligkeit. »Zweite Antwort: NOAH hat lediglich das Schiff abgeschaltet. Ich habe ihn in dieser Annahme belassen. Zu deiner dritten Frage: Nach Analyse bin ich sicher, dass NOAH uns nicht seine volle Aufmerksamkeit gewidmet hat. Eine KI seiner Größe hätte meine Täuschung bei voller Rechenkapazität mit fast absoluter Sicherheit durchschaut. Die Verzögerungen in deiner Kommunikation deuten darauf hin, dass sich lediglich eine Slave-Persona im Konvoi befindet. Vermutlich die KI der *Gattacca*.«

»Das ergibt Sinn, ja. Nina …«

»Was interessant ist: Der Persona scheint es nicht gelungen zu sein, Kontakt zu NOAH selbst herzustellen. Sie hat zwei Anfragen gestellt, ich konnte jedoch keine Antwort registrieren.«

»Zu traurig.« Jak rutschte unruhig auf seinem Sitz hin und her. Der Warnton ging ihm mindestens ebenso auf die Nerven wie der Gedanke, in nicht allzu ferner Zeit keinen Sauerstoff mehr zu haben. »Nina, könntest du bitte die Systeme wieder hochfahren? Bevor mir die Luft ausgeht?«

»Ich arbeite daran, keine Panik. Du hast genug Luft. Für eine Weile. Vermutlich wird dir vorher kalt. Oder der Reaktor explodiert.«

»Oh. Großartig.«

»Das war eine Übertreibung, Jak. Der Reaktor läuft in einem geschlossenen System ohne Kontakt nach außen. Und er produziert genug Abwärme, um die Temperatur zu halten. Du bist sicher.«

»Nicht witzig, Nina. Nicht witzig.« Er verdrehte die Augen und starrte ins Dämmerlicht der Kabine. Jetzt, da die meisten Anzeigen tot waren und die Monitore blind auf ihn hinunterstarrten und nur die wenigen Notlampen spiegelten, wurde ihm erneut bewusst, dass er sich in einer kleinen, mit Elektronik vollgestopften Blechdose befand, die mit unvorstellbarer Geschwindigkeit durch den Raum geschleudert wurde. Eine winzige Luftblase in einem Meer der Leere, vollkommen ohne Kontrolle über seinen Weg und sein Ziel. Dafür mit über zwei Millionen Tonnen Erz und einer Ladung Giftgasbomben im Nacken und einer Flugsicherung, die ihn umbringen wollte, bevor er welches Ziel auch immer erreicht hatte. Das war doch auch schon mal was.

»Jak, ich kann dich nicht medikamentös unterstützen. Versuche bitte, ruhig zu bleiben.« Ninas Stimme drang wie durch Watte zu ihm. »Und lege bitte umgehend einen VacSuit an. Ich brauche zwei, vielleicht drei Stunden, um NOAH komplett aus meinen Systemen auszusperren, bevor ich alles wieder hochfahren kann. Bis dahin muss ich die Energieversorgung deaktiviert lassen. Frachtzüge sind nicht darauf ausgelegt, autonom zu agieren.«

»Du sagst mir nichts Neues, Nina!«

»Das ist richtig. Das Wiederholen bekannter Fakten hat sich bei dir als funktionierendes Mittel erwiesen, ein Gefühl von Ruhe zu erzeugen und dein Stresslevel zu senken.«

»Hör auf damit, in Ordnung? Und schalte den verdammten Umweltalarm ab. Ich habe es verstanden.« Das durchdringende Geräusch verstummte. Jak biss die Zähne zusammen, bis seine Kiefer schmerzten, und schüttelte den Kopf. Nur langsam bekam er seine Atmung wieder genug in den Griff, um aus dem Sitz zu klettern, sich im Dunkeln zum nächsten Spind zu tasten und einen der Druckanzüge herauszuholen. Er brauchte erschreckend lang, bis er den Overall korrekt angelegt hatte und keine Warnmeldung mehr flackerte. Endlich zog sich der Anzug um ihn zusammen, und irgendetwas aus dem MedSet wurde in seine Blutbahn gepumpt. Kälte durchströmte ihn und brachte ihn dazu, tief durchzuatmen.

»Besser?«

Er zuckte mit den Schultern, nur um sie im Anschluss zu lockern. Ihm war nicht bewusst gewesen, wie verspannt er war. »Schätze schon. Was jetzt?«

»Zuerst einmal das.« Die Deckenbeleuchtung erwachte flackernd zum Leben, und mit einem stotternden Surren nahm die Belüftung ihre Arbeit wieder auf. »Der Rest wird etwas länger dauern.«

»Sind wir noch auf Kurs?«

»Ein Eingreifen in den aktuellen Kurs, um in den vorgesehenen Landeanflug auf *Deep Space Four* überzugehen, ist erst in fünf Stunden notwendig. Bis dahin habe ich mit größter Wahrscheinlichkeit die wichtigsten Systeme wieder online, ohne NOAH erneut Zugriff zu geben.«

»Danke, Nina.« Jak zögerte. Er warf einen Blick auf das eingefrorene Hologramm der AVA. »Bring das da wieder in Ordnung, okay?«

»Meine Persona hat keine Priorität, Jak. Ich …«

»Für mich schon. Setz es oben auf die Liste. Oh, und mach mir so schnell wie möglich das Schott zum Maschinenraum auf. Ich muss an das verdammte Funkgerät. Wir müssen die anderen warnen. Und Sal. Wir brauchen Sal.«

25

ANS ENDE DES UNIVERSUMS

»Du musst das nicht tun«, sagte Sal, während sie zum vielleicht zehnten Mal die Verschlüsse ihrer Handschuhe überprüfte.

»Darüber habe ich mir auch schon Gedanken gemacht«, sagte Bran. »Wenn ich jetzt zurück nach Hause gehe, wird ja keiner wissen, dass ich elf Milliarden Menschen im Stich gelassen habe. In ein paar Stunden wird keiner mehr übrig sein, der mir deswegen Vorwürfe macht. Ich könnte eine Handvoll Pillen einwerfen, mir alte Fernsehserien aus den Sechzigern reinziehen und stolz darauf sein, in Zukunft zu den fünfzigtausend klügsten lebenden Menschen zu gehören – wenn man einmal von den ganzen illegalen Chinesen unten in Chinatown absieht. Die haben garantiert auch alle mehr auf dem Kasten, denke ich. Aber dann sehe ich Kalil, wie er mir dauernd so finstere Blicke zuwirft, und mir wird klar, dass der Mond einfach nicht groß genug wäre, um seinem Zorn zu entkommen. Ich glaube, dass ich unten auf der Erde größere Chancen habe unterzutauchen. Nur muss sie dazu wohl einigermaßen intakt bleiben.« Er lächelte schräg.

»Das würde zumindest helfen«, sagte Sal.

»Michigan soll um diese Jahreszeit recht schön sein, habe ich gehört.«

»Die haben dort oben ein ziemliches Drogenproblem.«

»Oh, dann könnte ich mich dort ja sogar selbstständig machen. Ein kleines Drogengeschäft eröffnen vielleicht. Kannst du dir das vorstellen, Sal? Ich im Sonnenuntergang auf der Veranda meines Trailers, eine Büchse kaltes Bier in der Hand und im Hintergrund leise Banjomusik. Die Nachbarn kommen vorbei, und wir grillen Spareribs und werfen Pillen ein.«

»So wie du das beschreibst, klingt das sogar idyllisch.«

»Du könntest mich auch besuchen kommen, wenn du willst ...«

Sal schmunzelte. »Nur um dich zu verhaften.«

»Aber immerhin würdest du kommen, nicht wahr? Darf ich das dann als Date betrachten?«

»Du hast nicht oft mit echten Frauen zu tun, oder?«

Bran grinste, und es wirkte beinahe sympathisch. Sal schob es auf die Ausnahmesituation, in der sie sich befanden, und auf den Cocktail an Schmerzmitteln und AMP. Alles andere ergab einfach keinen Sinn. Sie hob einen der Helme auf und untersuchte ihn auf Schäden. Er sah ziemlich mitgenommen aus. Unzählige Kratzer und Abschürfungen zogen sich über seine Oberfläche hinweg, so als hätte Kalil darin ein paar Leute kielholen lassen. Unter normalen Umständen hätte sie sich geweigert, so ein Ding aufzusetzen, aber dummerweise waren die Umstände alles andere als normal. Sie stülpte Bran den Helm über den Kopf und drehte ihn leicht im Uhrzeigersinn, bis die Verriegelung einrastete. Dann klopfte sie mit den Knöcheln gegen die Sichtscheibe, weil man das aus irgendeinem Grund so machte, und Bran hob den Daumen zum Zeichen, dass alles in Ordnung war. Als sämtliche Verschlüsse fest saßen und die Ventile in den vorgesehenen Positionen standen, wiederholte Bran die Prozedur bei ihr. Als er fertig war, machte sie ebenfalls das obligatorische Daumenhochzeichen und schaltete ihren Funkempfänger ein. Nach einer Weile Feinjustierung knackte es in den Kopfhörern, und sie vernahm Brans statische Stimme im Ohr.

»Zu dieser Sache mit den Frauen …«

»Ich verstehe dich leider nicht«, sagte sie schnell.

»Genau das ist ja mein Problem.«

Der Rover war ein uraltes Ding und hätte auf der Erde ganz sicher eine Sonder-ID und großzügige Steuerermäßigungen bekommen. Auf dem Mond liefen sie mit so einem Gefährt lediglich Gefahr, auf halber Strecke liegen zu bleiben. Keine rosigen Aussichten, wenn niemand in der Nähe war, um einen zu retten. Immerhin war der Ladezustand der Batterien ausreichend, und die Bedienelemente entsprachen nach Brans Meinung sogar internationalen Standards. Jedenfalls schien er von dem Oldtimer recht angetan zu sein. Ehe sie aufbrachen, ließ er sich von Kalil noch die technischen Details erläutern. Der stolze Besitzer hatte den Motor tunen, übergroße Geländereifen aufziehen lassen und eine Soundanlage eingebaut, die es in sich hatte. Dafür fehlten die Sitzheizung und das Notfallset, und außerdem war das Platzangebot mehr als erbärmlich. Sal schob die Ersatzbatterie und die Antennen in den schmalen Laderaum hinter der Fahrerkabine und prüfte vor lauter Nervosität noch ein weiteres Mal die Verschlüsse ihres Raumanzugs. Bewegungsfreiheit war in diesen alten Teilen so gut wie überhaupt nicht vorhanden. Sie waren schwer und klobig, und wenn sie irgendwo ein Loch bekamen, weil man zum Beispiel beschossen wurde oder auf der Flucht stürzte, dann verschlossen sie sich nicht selbstständig wieder, sondern pumpten so lange Sauerstoff in den Weltraum hinaus, bis man irgendwann erstickte. Sie besaßen für solche Fälle zwar auch eine Tasche mit Klebeband, doch dessen Handhabung war furchtbar umständlich – vor allem, wenn man aus naheliegenden Gründen in Panik geriet. Als sämtliche Verschlüsse zu ihrer Zufriedenheit saßen, schwang sich Sal auf den Beifahrersitz hinauf und schloss das G.Phone an die Armaturen an. »Mach dich doch schon mal mit deinem neuen Zuhause vertraut, Nathan.«

»Die Technik ist furchterregend alt.«

»Du weißt wirklich, wie man positive Stimmung erzeugt.«

»Ich bin Realist.«

Als Bran mit seinen Fachgesprächen fertig war, stieg er zu ihnen in die Kabine und checkte die Funktionen des Rovers. Er machte einen recht souveränen Eindruck, und Sal hoffte, dass er nicht nur so tat, um sie zu beeindrucken. Nach einer Weile schien er zufrieden zu sein, und in ihren Ohrhörern ertönte wieder seine statische Stimme. »Wenn es nach mir geht, können wir fahren. Wie sieht es bei euch aus?«

»Ich habe gewisse Sicherheitsbedenken«, sagte Nathan.

»Na dann mal los«, sagte Sal und schnallte sich an.

Bran klopfte von innen gegen die Seitenscheibe und gab Kalil das Zeichen zum Start. Kalil winkte ihnen zu und stemmte sich dann gegen das Handrad für die manuelle Entriegelung des inneren Schleusentors. Da aufgrund des Stromausfalls die Hilfsmotoren nicht liefen, dauerte es eine ganze Weile, bis er es aufgeschoben hatte – Zeit, in der er es sich durchaus noch mal anders überlegen konnte. Falls er sich doch noch dazu entschied, sie umzubringen, musste er sie einfach nur zwischen die beiden Schleusentore fahren lassen, dann ein paar Löcher in den Rover schießen und die Tür hinter ihnen verriegeln. Nachdem er dann das äußere Schleusentor geöffnet hätte, würde das Vakuum den Rest für ihn erledigen. Sal verdrängte diesen hässlichen Gedanken so gut es ging aus ihrem Kopf und nickte Bran zu. »Dann wollen wir mal.«

Die vier Antriebsmotoren des Rovers, einer für jeden der übergroßen Reifen, starteten ohne Schwierigkeiten. Schnurrend wie eine Katze glitt der Rover von seiner Parkposition und rollte auf die Schleuse zu. Die Öffnung war nicht sehr groß, vermutlich war sie nicht für Fahrzeuge dieser Größenordnung ausgelegt, doch Bran steuerte den Rover millimetergenau durch die Öffnung hindurch nach draußen. Er hatte die Stirn konzentriert in Falten gelegt, und seine Zungenspitze schaute ein Stück zwischen den Zähnen hervor. Als er Sals Blick bemerkte, zwinkerte er ihr zu und konzentrierte sich dann darauf, das Fahrzeug passgenau zwischen die beiden Schleusentore zu bugsieren. Als es schließlich sicher stand, gab er Kalil erneut ein Zeichen, und der Libanese schloss das innere Tor, um gleich darauf das äußere zu öffnen. Wenige Minuten später trennten sie nur noch ein paar dünne Blechwände vom dunklen Weltraum.

Vor dem Tor war es ungewöhnlich dunkel. Bis die Sonne wieder hinter dem Horizont auftauchte, würde noch einige Zeit vergehen, und dort, wo normalerweise das Licht der Kuppeln von Alpha City und New Angeles die Nacht zum Tag machte, deuteten nur eine Handvoll schwacher Lichtpunkte noch auf das Vorhandensein menschlichen Lebens hin. Da die Anzeigen des Rovers unangenehm hell in der Dunkelheit strahlten, justierte Bran die Helligkeit nach und gab dann Gas. »Im Grunde ist es ganz einfach: Wir orientieren uns an den Überlandstrecken und hangeln uns quasi an ihnen entlang, bis wir Maduraia erreichen. Von dort aus müssten wir die Kuppeln des Forschungszentrums eigentlich schon sehen.«

Bei den Überlandstrecken handelte es sich um ein weitläufiges Magnetschienennetz, das in erster Linie von Touristenbussen frequentiert wurde. Die Busse pendelten mehrmals täglich zwischen New Angeles, Alpha City und Maduraia, und ihre Fahrt dauerte ungefähr dreimal so lang wie unten in den Tunneln. Trotzdem war sie jeden Coin wert, den man dafür bezahlen musste. Sal hatte die Fahrt schon etliche Male mitgemacht. Der Blick durch die vollverglasten Decken auf die Erde, mit all ihren Meeren, Kontinenten und den hellen Lichtpunkten, die von den Megacitys ausgingen, erfüllte sie jedes Mal aufs Neue mit einer tiefen Ehrfurcht vor der Einzigartigkeit und Zerbrechlichkeit des blauen Planeten. Im Grunde hätte jeder Mensch dazu verpflichtet werden müssen, mindestens einmal in seinem Leben die Erde aus dieser Perspektive anzuschauen. Bei Millner schien das zwar nicht viel genützt zu haben, aber Sal war sich trotzdem sicher, dass sich auf diese Art eine Menge anderer Konflikte auf der Erde hätten verhindern lassen. Von dieser Sache mal abgesehen, konnte man auf so einer Fahrt auch eine ganze Menge über den Aufbau und die Geografie des Monds lernen und auf halber Strecke eine Pause im nach dem Philosophen Adams benannten »Restaurant am Ende des Universums« einlegen. Falls sie diese Sache hier irgendwie heil überstanden, musste sie auf jeden Fall mal wieder dort vorbeischauen. Vielleicht sogar zusammen mit Bran. Sie warf ihm noch einen kurzen Seitenblick zu, ehe sie sich dem Funkgerät zuwandte, um Jak zu erreichen.

Die nächsten Minuten verbrachte sie damit, die *Pequod* anzurufen und ungeduldig dem statischen Rauschen in der Leitung zu lauschen. Ein sanftes Rumpeln deutete an, dass sie das Schienennetz der Überlandstrecke erreicht hatten. Im Licht der Scheinwerfer erkannte Sal deutlich die fluoreszierenden Markierungen an den Streckenrändern. Sie warf einen Blick auf die Uhr. Noch etwa eine Stunde. Sie wollte schon die Hoffnung aufgeben, als es in der Leitung knackte und jemand ihren Namen rief.

»Jak!«, rief sie erleichtert aus. »Gott sei Dank, du bist noch am Leben.«

»Gerade so«, sagte Jak. Seine Stimme klang verzerrt, aber trotzdem gut verständlich. Die zeitliche Verzögerung war nur minimal, was bedeutete, dass der Konvoi schon sehr nahe sein musste. »Diese verdammte Mond-KI hat alles versucht, um uns auszuschalten, und ich habe immer noch keinen blassen Schimmer, was hier überhaupt vor sich geht.«

»Dafür ich umso mehr …«

»Schieß los.«

»Um es kurz zu machen: Diese verdammten Irren haben von Anfang an vorgehabt, die Raumschiffe auf die Erde zu jagen. Tausende Darwinsonden auf einmal, vollgestopft mit Tonnen von Chemikalien und Bakterien. Kannst du dir auch nur im Geringsten vorstellen, was das bedeutet, Jak …?«

Jak schwieg.

»Bist du noch dran?«

»Ja.«

»Ich … wir haben versucht, sie aufzuhalten.«

»Ich weiß. Ich kenne dich, Sal. Du bist meine kleine Schwester. Du lässt dir so schnell nichts gefallen.«

Sie lachte traurig. »Zuerst die gute Nachricht: Nathan ist es tatsächlich gelungen, NOAH einen schweren Treffer zu versetzen. Vielleicht ist es dir sogar schon aufgefallen. Sämtliche Systeme auf dem Mond laufen nur noch im Notfallmodus, und sogar der Leitstrahl wurde unterbrochen. Ihr fliegt zurzeit zwar weiter auf dem vorberechneten Kurs, aber ihr müsstet jetzt wieder in der Lage sein, die Kontrolle zu übernehmen.«

»Ist das dein Ernst? Wenn das wirklich stimmt, ist das nicht nur eine gute Nachricht, sondern die verdammt noch mal beste der Welt. Gleich an zweiter Stelle nach einem Sieg der New York Jets.«

»Das wäre eher ein Wunder …«

»Ich funke sofort die anderen an, Sal. Wir … wir programmieren einfach den Kurs des Konvois um und schicken ihn dann auf direktem Weg in die Sonne. Sobald wir dann am Mondorbit vorbeifliegen, steigen wir in die Rettungskapseln und treffen uns allesamt ein paar Stunden später unten im Robin's auf ein Glas Bier. Na, was meinst du? Was hältst du davon?«

»Du hast die schlechte Nachricht noch nicht gehört«, unterbrach ihn Sal.

»Will ich das denn überhaupt?«

»Ich fürchte, du hast keine Wahl. NOAH ist nämlich nur vorübergehend lahmgelegt. Er ist gerade vollauf damit ausgelastet, sämtliche Systeme auf dem Mond neu zu booten. Doch sobald er damit fertig ist, wird er den Leitstrahl neu aufbauen und die Kontrolle über die Raumschiffe zurückgewinnen.«

»Wir könnten irgendwie versuchen, die Lenksysteme zu sabotieren ...«

»Alle?«

Jak schwieg für einen Augenblick. »Verdammt, nein«, gab er schließlich kleinlaut zu. »An das vollautomatische Rig kommen wir nicht heran.«

»Hör zu«, sagte Sal. »Selbst wenn es euch gelingen sollte, die Raumschiffe zu vernichten, würden diese Irren einfach weitermachen wie bisher. Sie würden die Sache einfach als einen großen Unfall hinstellen und die Schuld am Ende sogar noch euch in die Schuhe schieben – wenn sie euch nicht einfach still und heimlich aus dem Weg schaffen. Uns alle sogar. Außerdem würde uns doch ohnehin niemand glauben. Mich würden sie als verwirrte Verschwörungstheoretikerin hinstellen und dich als rachsüchtigen Drogendealer. Wenn sie erst mal mit uns aufgeräumt haben, fangen sie einfach wieder von vorne an. Sie schaffen neue Bomben beiseite und schicken einen neuen Konvoi los. In sechs, vielleicht acht Jahren wiederholt sich das Spiel wieder von vorn. Nur dass dann keiner mehr da sein wird, der sie aufhalten kann.«

Erneut wurde es für einen Augenblick still in der Leitung.

»Scheiße«, sagte Jak nach einer Weile.

»Ja«, sagte Sal.

»Ich hoffe bloß, dass du mich nicht nur angefunkt hast, um mir so etwas mitzuteilen. Ich denke doch, dass du eine bessere Idee hast, wie wir uns aus diesem Schlamassel hier wieder herausziehen. Oder nicht?«

Sal schnaufte. »Ich bezweifle, dass sie besser ist, aber sie ist vielleicht einen Versuch wert. In euren Raumschiffen gibt es doch noch eine manuelle Steuerung, nicht wahr?«

»Das Notsteuersystem, ja. Die Technik ist schon ziemlich alt und nicht ganz einfach zu bedienen, aber wir haben … eine gewisse Übung darin.«

»Und ihr seid auch in der Lage, nach Funk zu navigieren?«

»Ich denke schon. Worauf willst du eigentlich hinaus?«

Sie waren schon eine ganze Weile unterwegs, als ein nervtötender Piepton sie aus ihren Gedanken aufschreckte. Auf der Konsole blinkte ein hektisches Warnlicht auf. Bran drückte ein paar Tasten, doch der Piepton wurde immer penetranter und schriller, bis plötzlich ein zweiter hinzukam und Sal aus dem Augenwinkel einen Schatten auf sie zurasen sah. Sie stieß eine Warnung aus, und Bran riss das Lenkrad herum und trat auf die Bremse. Der Schatten raste an ihnen vorüber und verschwand in der Dunkelheit.

»Verdammte Scheiße«, rief Sal. Sie spürte ihr Herz bis zum Hals hämmern. »Was war denn das?«

»Keine Ahnung.« Bran zuckte mit den Schultern und betätigte eine Handvoll Schalter und startete eine Sensoranalyse. »Vielleicht ein Reh, das über die Straße gerannt ist.«

»Unsinn«, sagte Sal, während sie angestrengt nach draußen starrte. »Rehe sind fast ausgestorben.«

»Das kann auch ein Meteorit gewesen sein«, sagte Nathan. »Aber zumindest ist es jetzt wieder fort.«

»Hoffentlich.« Sal dachte an das virtuelle Reh im Empfangsbereich von RSHD und an seine großen Augen, die sie neugierig gemustert hatten. »Kannst du den Abtastbereich der Sensoren vergrößern?«

Nathan bestätigte und ließ eine Handvoll Zahlenreihen über das Display laufen. Eine Umrisszeichnung des Rovers erschien und wurde langsam kleiner, bis nur noch ein winziger grüner Punkt in der Mitte der Anzeige zu sehen war. Am rechten oberen Rand erschien nun allerdings ein roter Punkt, der sich in einer lang gezogenen Ellipse von ihrem Fahrzeug fortbewegte. Schweigend beobachteten sie eine Weile seine Bahn. »Es handelt sich um eine Drohne«, sagte Nathan nach einer Weile.

»Kannst du sie identifizieren?«

Weitere Zahlenreihen rasten über das Display. »Sie antwortet nicht.«

»Meint ihr, sie wollte uns Ärger machen?«, fragte Bran.

»Wer will das zurzeit nicht?« Sals Zeigefinger tippte auf die Flugbahn der Drohne. »Wie es aussieht, ist es noch nicht vorbei. Siehst du das? Sie fliegt einen Bogen. Ich glaube, sie kehrt zu uns zurück.«

Bran biss die Zähne zusammen und trat wortlos aufs Gas. Die vier Motoren gaben ein hohes Surren von sich, und das Fahrzeug beschleunigte wie ein Rennwagen und machte einen gewaltigen Satz durch die Luft. Sal wurde zurück in ihren Sitz gepresst, und ihre bionische Hand krampfte sich beinahe automatisch um den Haltegriff über der Beifahrertür. Kalil hatte wirklich nicht zu viel versprochen. Er hatte den Rover ordentlich aufgemotzt, und als sie wieder Boden unter den Rädern hatten, bretterten sie mit halsbrecherischer Geschwindigkeit über das Magnetschienennetz und zogen dabei eine gewaltige Wolke aus feinpudrigem Regolith hinter sich her. Bran gab sich alle Mühe, die Drohne abzuhängen, doch egal wie schnell er fuhr, sie blieb ihnen dicht auf den Fersen.

Jedes Mal, wenn Sal auf das Display schaute, war sie schon wieder ein Stück näher heran. Sie warf einen Blick aus dem Fenster. »Verdammt noch mal, was will dieses Scheißteil?«

»Wir werden es wohl bald erfahren«, sagte Bran. Er riss das Steuer herum und fuhr eine scharfe Kurve. Für einen kurzen Augenblick schien die Drohne den Kontakt verloren zu haben, ehe sie einen Schlenker machte und sich wieder an sie heftete.

»Die Staubwolke!«, rief Sal.

Bran nickte und fuhr in Schlangenlinien weiter. Jedes Mal, wenn er nun neuen Staub aufwirbelte, flog die Drohne ein Stückchen von ihnen fort, bis sie das Fahrzeug wieder erfasste und sich erneut an sie dranhängte. Bran presste die Augen zu Schlitzen zusammen. »Glaubst du an Gott?«

»Das hat mich vor Kurzem schon einmal jemand gefragt«, sagte Sal. »Wieso fragst du?«

Bran warf ihr einen kurzen Seitenblick zu. Er nahm den Fuß vom Gas, und das Fahrzeug wurde langsamer. Mit einem kurzen Schlenker zwang er die Drohne, einer erneuten Staubwolke auszuweichen, aber gleich darauf war sie bereits wieder zurück. Sie flog nun beinahe neben ihnen. Bran riss das Lenkrad herum und fuhr eine scharfe Kurve und wirbelte weiteren Staub auf. Wie bereits die vorherigen Male wich die Drohne seitlich aus, doch anstatt weiterzufahren, riss Bran das Lenkrad in die andere Richtung und gab Vollgas. Wie zuvor machte der Rover einen mächtigen Satz, doch diesmal direkt auf die Drohne zu, die inzwischen bereits wieder auf sie zuflog. Er zermalmte sie unter seinen riesigen Rädern. Einen Augenblick später krachten sie zurück auf den Boden, und als Sal dieses Mal auf das Display schaute, war der rote Punkt darauf verschwunden.

»Ganz offensichtlich hast du sie zerstört«, stellte Nathan fest.

Bran stieß einen Jubelschrei aus, der in Sals Ohren dröhnte. Er wandte sich zu ihr um und grinste breit. »Nicht schlecht, oder?«

»Jetzt ist mir auch klar, warum du deine Lizenz verloren hast.« Behutsam löste Sal die Finger ihrer verkrampften bionischen Hand vom Türgriff. »Ich werde Kalil jedenfalls nicht erklären, was mit seinem Fahrzeug passiert ist.«

»Ich scheiß auf Kalil«, rief Bran. »Wenn die Sache hier erledigt ist, fahren wir rüber in die Sternenstadt und verticken seinen Rover an die Russen. Und von dem Geld fliegen wir runter ins echte Paris und schießen uns so richtig schön die Lichter aus. Vielleicht lernst du da auch endlich mal, was es bedeutet, Spaß am Leben zu haben.«

»Yeehaw«, sagte Sal. »Und jetzt konzentrier dich bitte wieder auf die Piste.«

26

FÜNF MINUTEN

»Er kommt wieder zu sich.«

Aliza sah auf. Daria sah noch immer so groggy aus, wie man vermutlich eben aussah, wenn einen ein Tasergeschoss aus einer Stun Gun erwischt hatte. Ihr Hals war an der Trefferstelle geschwollen und bläulich rot, der Rest der Ukrainerin war noch blasser und hagerer als gewöhnlich. Was Aliza nicht für möglich gehalten hätte.

Die Mechanikerin saß auf dem Rand der Koje, in die sie Fazio gelegt hatte. Eigentlich war es Alizas eigenes Bett, aber da sie den bewusstlosen Piloten allein hatte bewegen müssen, war ihr nichts anderes übrig geblieben. Der Anzugträger hatte Fazio direkt in die Brust geschossen, als dieser versucht haben musste, in die winzige Toilette zu flüchten. Sie hatte einige Mühe gehabt, ihn aus dem beengten Raum zu zerren. Daria hatte sie notgedrungen liegen gelassen. Die hochgewachsene Mechanikerin überstieg ihre Kräfte, und Mr. Talis hatte sich nicht überreden lassen, ihr weiter zu helfen.

Es hatte beinahe zwei Stunden gebraucht, bis Daria wieder zu sich gekommen war. Bis dahin hatte Aliza die Brandwunden der beiden versorgt, Herzmedikamente verabreicht und die Nahrungsausgabe veranlasst, Elektrolytlösungen auszuspucken.

»Wird Zeit, oder?« Sie ging zur Koje hinüber. »Wie geht es ihm?«

»Wie viele Stufen von ›beschissen‹ gibt es?«, fragte Fazio, ohne die Augen zu öffnen. »Auf jeden Fall im oberen Drittel.« Er hustete und tastete groggy nach seiner Brust. »Au … sicher, dass das nicht tödlich ist?«

Aliza schnaubte. »Du lebst noch, oder?«

»Es fühlt sich aber nicht so an«, protestierte Fazio schwach. »Das Arschloch hat mich angeschossen!«

»Und dir einen Inhibitor verpasst«, fügte Daria hinzu.

»Was?« Fazio riss die Augen auf und starrte auf das silberne Band um sein Handgelenk. »Fuck!« Er packte das Band und zerrte daran. »Was zum Teufel soll das?«

»Lass es«, warnte Daria düster. »Wenn du zu fest ziehst, bekommst du noch mal einen Stromschlag.« Sie hob zum Beweis einen Unterarm, um dessen Handgelenk ein dunkelroter, geschwollener Streifen verlief.

»Wir tragen sie alle«, fügte Aliza hinzu und hob ihrerseits den Arm.

»Okay. *Bene.* Kann mir mal jemand kurz erklären, was los ist? Das ist mir gerade alles zu durcheinander.«

»Und dabei hast du Kajüte noch gar nicht gesehen.« Daria deutete finster nach rechts, in den Raum hinein. »Sieht so aus, als hätte er sich wirklich gründlich umgesehen.«

Fazios Blick folgte ihrer Geste, und seine Augen wurden wenn möglich sogar noch größer. »Fuck!«, wiederholte er, versuchte, sich aufzusetzen, und scheiterte. Mit einem Schmerzenslaut sackte er in die Koje zurück. »Das Funkgerät. Er hat das Funkgerät gesucht.«

Aliza und Daria starrten sich an.

»Nein«, sagte Aliza dann langsam. »Wenn, dann hat er es nicht gefunden. Das wäre mir aufgefallen, wenn er damit oben aufgetaucht wäre. Und hier liegen auch keine Trümmer.« Sie sah den kleinen Mann an. »Was hast du damit gemacht?«

Ein Grinsen zog über Fazios Gesicht, auch wenn es nur ein Schatten seines üblichen war. »Hast du mal im Klo nachgesehen?«

»Was? Nein, hast du eigentlich eine Ahnung, was du dort für eine Wolke ...« Sie hielt inne.

Fazio nickte. »Ich weiß. Ja. Entschuldige.« Ächzend versuchte er, sich erneut aufzusetzen. Mit Darias Hilfe schaffte er es dieses Mal. »Ich habe die dämliche Kuh von Marshal oben gehört. Ich dachte, es wäre vielleicht keine gute Idee, unsere Bastelarbeit mitten im Raum stehen zu lassen, wenn sie hier runter will, um sich umzusehen. Na ja«, er feixte, »und mir fiel auf die Schnelle nur ein Ort ein, an dem niemand freiwillig nachsehen würde. Ich hab nur etwas lange gebraucht, um das Ding dort hineinzubekommen. Ist ganz schön sperrig. Ich war gerade so fertig, da kommt dieser Drecksack und schießt mich über den Haufen. Ehrlich, wenn ich den in die Finger kriege ...«

»Stell dich hinten an«, warf Daria ein.

»Ich hab's nicht vor.« Er nahm den Beutel mit Brühe entgegen, den ihm Aliza hinhielt, trank und stöhnte erneut. »Ich glaube, du kannst ihn haben. Ist nicht mein Typ. Männer, die zu Gewalt greifen müssen, nur um mal jemanden flachzulegen, verdienen meine Aufmerksamkeit nicht.«

»Seid ihr dann fertig? Also: Wir müssen wirklich dringend den anderen Bescheid sagen.«

»Ich glaube, die sind ziemlich sicher vor dem Arschloch«, warf Fazio ein.

»Der Kerl ist nicht das Problem. Oder er ist nur ein Teil des Problems. Ein kleiner.«

»War das schon ein Peniswitz?«

»Halt den Mund«, knurrte Daria. »Hör Käptn zu.«

Fazio sah Alizas Blick und wurde wieder ernst. »Lass mich raten. Das sind die, die uns die Darwinsonden beschert haben.«

»Sie wollen Erde damit angreifen«, gab Daria zurück.

»Sie ... Ernsthaft?« Der letzte Rest Humor verschwand aus dem Gesicht des Piloten.

Aliza nickte. Sie öffnete die Toilettentür und zerrte das Funkgerät aus der winzigen Kammer. »Wie es aussieht, arbeitet Marshal Landon mit NOAH dabei zusammen, und Devi-Narada hängt ebenfalls mit drin. NOAH schaltet die Abwehrsatelliten aus und bringt uns in einen Erdorbit in Abwurfposition.«

»Erpressung?«

»Es wäre so schön. Das würde bedeuten, dass wir eine Chance haben, dass niemand die Apokalypse auslösen will.« Sie seufzte. »Leider nein. Die Arschlöcher wollen das wirklich durchziehen.«

Fazio nickte nachdenklich. Dann wechselte er einen Blick mit Daria, bevor er seine Kapitänin wieder ansah. »Und wie verhindern wir das?«

Aliza aktivierte das Funkgerät. »Zwei Dinge. Erstens: Wir müssen die anderen informieren. Ich fürchte, NOAH wird

Wege suchen, sie auszuschalten, falls er das Gefühl hat, dass sie ihm gefährlich werden könnten.« Leises Rauschen kam aus ihren Kopfhörern, jedoch kein aktives Empfangssignal.

»Zweitens: Irgendwie müssen wir die Kontrolle zurückgewinnen. Während ihr geschlafen habt, habe ich nachgedacht: Die *Zenobia* ist der Schlüssel. Auf diesem Flug sind wir der direkte Empfänger des Leitsignals. Alle anderen sind auf unser Signal aufgeschaltet. Jetzt verstehe ich auch, warum ich die Führung übernehmen sollte. Die haben sich von Anfang an die Möglichkeit frei gehalten, mit eigenen Leuten einzugreifen, falls etwas schiefgehen sollte. Und das ging nur mit unserer Passagierabteilung.«

Fazio nickte. »Wohin wir fliegen, dorthin fliegt der Rest«, wiederholte er nachdenklich. »Aber leider ist der Leitstrahl von NOAH voll automatisiert. Selbst wenn es uns gelingt, irgendwie die *Zeno* aus den Händen einer professionellen Soldatin und zwei Typen mit Stun Guns zu befreien, ich kann NOAH nicht aussperren.«

»Ich bin mir sicher, dass du das kannst, Fazio. Wenn jemand hier das kann, dann du.«

»Schmeichelhaft, Boss. Aber ich meine das ernst. Es ist einfach nicht genug Zeit. Ich könnte theoretisch alle Systeme des Schiffs ausschalten und es von der Leine nehmen. Aber ich müsste diese Scheiß KI beim Hochfahren aussperren!«

»Wo liegt dein Problem, kleiner Mann?«, fragte Daria mit einem Achselzucken.

»Das Problem ist, dass ich dafür mindestens fünf Stunden brauchen würde. Ohne Inhibitor. Wenn ich alles von Hand machen muss, dauert es länger.« Er deutete auf die Leuchtanzeige der Uhr, die über ihnen an die Decke projiziert wurde.

»Und wenn ich mich nicht ganz irre, dann haben wir noch knapp eineinhalb.«

»Das heißt, wir sind ganz offiziell im Arsch.« Aliza war für einen Moment versucht, auf das Funkgerät vor ihren Füßen einzuschlagen, ballte stattdessen jedoch nur ohnmächtig die Faust.

»Das habe ich nicht gesagt.« Fazio richtete sich auf und stöhnte ein wenig. »Ich könnte jetzt eine gute Mechanikerin brauchen.«

Die beiden Frauen sahen ihn fragend an. Fazio tippte auf das Armband. »Die Dinger hier können zwar fiese Ladungen verteilen, wenn man versucht, sie mit Gewalt zu öffnen. Aber letztendlich sind sie nichts weiter als ein Haufen Elektronik mit einer völlig überzogenen Batterie. Und die kann man überladen. Ich brauche nur dein Werkzeug, Daria, und ein wenig Isolierschaum, und wir haben das Teil in null Komma nichts ab.«

»So einfach?« Daria wirkte skeptisch.

»Na ja …« Fazio grinste entschuldigend. »Und ich muss deins noch mal auslösen.«

»Was?«

»Aber ich schätze, ich kann es weit genug isolieren, keine Sorge. Glaube ich. Ich bin mir ziemlich sicher.«

Daria musterte ihn finster. »Wehe dir, wenn nicht.«

»Dann schuldet er dir ein Essen, richtig, Fazio?«, fuhr Aliza dazwischen. »Und jetzt hol dein Werkzeug. Wir haben nur noch knapp eineinhalb Stunden. Und wir brauchen einen Plan.«

»Fünf Minuten. Ich brauche fünf Minuten«, sagte der kleine Pilot und lockerte demonstrativ seine Finger.

Aliza nickte wortlos und schaltete das Funkgerät ein. »*Zenobia* hier auf Kanal eins-neun. Hört mich jemand? Bitte kommen!«

Fazio brauchte acht Minuten. Dann löste sich sein Armband mit einer knisternden Entladung und fiel auf den Einbautisch. Als Nächstes kümmerte er sich um Alizas Armband. Er hatte gerade begonnen, Darias in Angriff zu nehmen, als das Funkgerät zum Leben erwachte.

»*Pequod* hier. Irgendjemand da? Leute, verdammt noch mal, meldet euch! Wir haben ein wirklich scheiß-großes Problem, und ich wüsste gern, dass ich nicht allein hier draußen bin.«

»Jak!« Aliza ließ das Kabel fallen, das sie für Fazio hielt, und stürzte zum Funkgerät. Mit fliegenden Fingern stellte sie den Lautsprecher leiser und aktivierte das Mikrofon. »Jak, Aliza hier. Wir sind da. Und ich fürchte, wir haben auch schlechte Neuigkeiten.«

»Das hatte ich fast befürchtet. Ich versuche seit fast drei Stunden, irgendjemanden zu erreichen. Wo sind alle?«

Aliza kniff die Augen zusammen, als zum ersten Mal wirklich Angst in ihr aufstieg. Was hatte NOAH getan? Was würden Leute nicht tun, die bereit waren, elf Milliarden Menschen zu opfern – für eine seltsame Idee von Erneuerung? Sie sandte das erste Mal seit Langem ein Stoßgebet in Richtung … irgendwo da draußen. Sie wusste nicht genau, an wen oder was, aber das hier war so groß … Irgendjemand musste sich verantwortlich dafür fühlen.

»Aliza! Hat NOAH versucht …«

Sie holte tief Luft. »Nein. Nein, nicht bei uns. Die Space

Marshal und ihre beiden Anzugträger haben uns festgesetzt. Gott, Jak, weißt du, was sie vorhaben? Sie …«

»Lass mich raten: Armageddon. Apocalypse now. Das volle Programm.«

»Wa… woher …?« Aliza kämpfte um Worte.

»Ich habe mit Sal gesprochen! Ich hab keine Ahnung, was du weißt, aber …«

»Genug«, warf Aliza ein. »Wenn der Konvoi die Erde erreicht, dann war's das. In einer Stunde. Ungefähr.«

»Richtig. Wenn! Aliza, wir haben noch eine Chance. Sal sagt … okay, es wird euch nicht gefallen …«

»Jak!«, unterbrach sie ihn barsch. »Es ist scheißegal, ob es uns gefallen wird! Sie haben uns zwar aus irgendeinem Grund noch nicht umgebracht, aber sie wollen es mit quasi der gesamten Menschheit tun! Mit jedem, der dort unten ist. Mit meiner Familie, unser aller Familien hier. Mit … mit Mira.« Sie stockte und sah ihre Crew an. Die beiden sahen mit bleichen, verkniffenen Gesichtern zurück. Nacheinander nickten sie. »Jak, wenn wir sie irgendwie aufhalten können, dann spielt es keine verdammte Rolle, ob es uns gefällt!«

Ein leises, humorloses Lachen kam über den Lautsprecher. »Da hast du wohl recht. Verdammt, ich wünschte, irgendjemand hätte eine bessere Idee.« Jak schniefte. »Also gut. Sal sagt, wir haben ein Fenster. Ich weiß nicht, ob ihr es gemerkt habt, aber NOAH, die komplette Flugkontrolle vom Mond, antwortet derzeit nicht. Das liegt daran, dass Sal es irgendwie geschafft hat, den Mond lahmzulegen.«

»Sie hat was? Wie?«

»Keine Ahnung! Wir hatten nicht gerade Zeit, das auszudiskutieren. Jedenfalls ist der Leitstrahl deaktiviert. Das heißt, wir können fliegen, wohin wir wollen. Manuell. Wohin du willst. Alle anderen Schiffe folgen sowieso dir.«

»Das ist … toll.« Aliza schnaubte bitter. »Also prinzipiell. Wir haben da nur ein winziges Problem. Landon, also die Marshal, hat die Brücke. Sie haben uns in unser Quartier eingesperrt. Wir können genau gar nichts tun!«

Jak schwieg. So lange, dass Aliza beinahe schon fürchtete, die Verbindung sei zusammengebrochen.

»Scheiße«, sagte er schließlich leise. Dann lauter: »Fuck! Sal ist in diesem Moment unterwegs, um uns ein Funkfeuer zu setzen! Ein Signal, das es uns ermöglichen würde, diesen ganzen verdammten Konvoi samt seinen ganzen verschissenen Bomben, direkt in NOAHs Arsch zu fahren! Aber das funktioniert nur, wenn ihr … Fuck!«

Aliza hob das Mikrofon zum Mund, stockte und ließ es wieder sinken. Jaks Fazit fasste es ganz gut zusammen. Was gab es noch zu sagen? Aus irgendeinem Grund bildete sich ein Kloß in ihrem Hals.

Fazio räusperte sich. »Ich glaube, das stimmt so nicht ganz.« Aliza sah auf.

»Ich …« Ein nachdenklicher Ausdruck stand auf dem Gesicht des kleinen Piloten. »Ich glaube, es stimmt nicht ganz, dass wir nichts tun können.« Er streckte die Hand nach dem Mikrofon aus. Aliza sah ihn fragend an, bevor sie es zögerlich weiterreichte.

»Jak, hi.«

»Fazio? Gut, dich zu hören. Bitte sag mir, dass du eine gute Nachricht hast. Wir haben nur noch eine knappe Stunde bis zum Weltuntergang; ich könnte eine gute Nachricht echt brauchen.«

408

»Wäre es eine gute Nachricht, wenn ich doch in die Systeme der *Zenobia* käme?«

»Es wäre ein Anfang. Aber im Moment nehme ich wirklich alles.«

»Fünf Minuten. Ich brauche fünf Minuten. Sal soll sich um das Funkfeuer kümmern. Wir melden uns!«

»Ich rechne fest damit. Beeilt euch!«

»Fazio out.«

Mit einem Seufzen nahm Aliza das Mikrofon entgegen. »Also was jetzt?«

27

BEREIT

Sal schrak aus dem Halbschlaf auf, als sich aus der Finsternis vor ihren Scheinwerfern plötzlich die Umrisse von Maduraia herausschälten. Unter der mächtigen Glaskuppel brannten nur wenige Dutzend Lichter, während der Großteil der Stadt in tiefster Finsternis lag. Bran lenkte den Rover auf die Umgehungsstrecke, die in einer lang gezogenen Kurve um Maduraia herumführte, und sie fuhren schweigend an dem Ehrfurcht gebietenden Komplex entlang.

Der Anblick hatte etwas furchtbar Deprimierendes. Eine riesige Glühbirne mit durchgebrannten Drähten, die langsam erlosch. Sal schlang fröstelnd die Arme um ihren Körper. Zu Hause musste es gerade mitten in der Nacht sein, und ihre Eltern und Mira schliefen höchstwahrscheinlich noch tief und fest. Ihr Vater war vielleicht aber auch schon wach. In den letzten Jahren hatte er immer öfter Schwierigkeiten gehabt, richtig durchzuschlafen, und kein Arzt konnte ihm bislang den Grund dafür nennen. Doch wie beinahe alles im Leben sah ihr Vater diesen Umstand nicht als Handicap, sondern als neue Herausforderung, die es zu bewältigen galt. Meistens nutzte er die Zeit zum Lesen und Arbeiten, und gelegentlich auch, um einfach nur auf der Terrasse zu sitzen und in die Sterne hinaufzublicken. Ob er in diesem Augenblick gerade den Mond betrachtete und dabei an seine Kinder dachte?

Wann war sie eigentlich das letzte Mal zu Hause gewesen? Das musste inzwischen auch schon wieder etliche Monate her sein. Sie hatte das ihrem Bruder früher immer vorgeworfen, aber sie selbst war ja auch nicht viel besser gewesen. Offenbar war sie nicht nur vor sich selbst davongerannt, sondern auch vor ihrer eigenen Familie. Na ja, wenigstens konnte sie das nächste Mal, wenn sie wieder auf die Erde kam – falls es bis dahin noch eine Erde gab –, mit Fug und Recht behaupten, dass sie ihre Sterne neu geordnet hatte. Sie spürte, wie eine einzelne Träne über ihre Wange lief, und zog die Nase hoch. In letzter Zeit war sie wirklich verdammt nah am Wasser gebaut ...

Kurze Zeit später erreichten sie den Forschungskomplex. Bran steuerte den Rover in den Schutz eines kleinen Kraters und schaltete die Motoren aus.

Sal aktivierte das G.Phone und kontaktierte Nathan. »Ab hier sind wir erst einmal auf uns allein gestellt. Ich kann dich leider nicht mit auf die Kuppel nehmen. Kommst du hier draußen auch ohne uns zurecht?«

»Ich bin eine künstliche ...«, sagte Nathan und hielt für einen Augenblick inne. »Das war ein Scherz, richtig?«

Sal lächelte. »Mehr oder weniger. Wenn nichts dazwischenkommt, sind wir spätestens in einer halben Stunde wieder zurück. Sieh bis dahin zu, dass NOAH die Kontrolle nicht zurückgewinnt und dass die Systeme so lange wie möglich lahmgelegt bleiben.«

»Ich werde mein Bestes geben.«

»Ich weiß.«

»Und Sal?«

»Ja?«

»Sieh dich vor.«

Sal stieß ein Schnaufen aus. »Du wirst doch auf deine alten Tage nicht etwa noch sentimental werden?«

»Ich bin eine künstliche Intelligenz«, sagte Nathan. »Ich kann alles werden, was ich will.« Er hielt erneut für einen Augenblick inne. »Selbstverständlich nur, soweit es die Restriktionen der Hawkingdirektive erlauben.«

Sal zog eine Augenbraue in die Höhe. »Ich könnte schwören, dass das jetzt deine besondere Art von Scherz war ...«

»Du kennst mich, Sal«, sagte Nathan.

Sal stöpselte sich von der Sauerstoffversorgung des Rovers ab, und während Bran das Funkgerät samt Batterie aus dem Rover ausbaute, hängte sie ihre Stun Gun über die Schulter, öffnete den Laderaum hinter der Fahrerkabine und zog die Ersatzbatterie und die Antennen heraus. Dann kletterte sie auf den Rand des Kraters hinauf, um sich umzusehen. Zum Glück sah die Anlage nicht so aus, als wäre sie besonders gegen Eindringlinge abgesichert worden. Die Wände der Kuppel waren ohnehin so massiv, dass ein Angriff von außen mehr als unwahrscheinlich schien. Die Erbauer des Forschungskomplexes hatten die Gefahr eher im Netz gesehen oder über die regulären Zugangstunnel durch Maduraia. Alles andere musste schon die Größe eines Meteoriten besitzen, um überhaupt nennenswerten Schaden anrichten zu können. Und für solche Dinge gab es ja immer noch das Meteoritenabwehrsystem.

Zum Glück konnte Sal nirgendwo eine Überwachungskamera entdecken, aber das musste natürlich wieder nichts heißen. Sie blickte auf die Uhr und dann in den Sternenhimmel. Der Konvoi würde zwar noch lange nicht zu sehen sein, aber trotz allem malte sie sich aus, wie er in wenigen Stunden mit einem langen Feuerschweif über ihre Köpfe hinwegziehen würde. Sie winkte Bran zu sich herauf, und gemeinsam machten sie sich an den Abstieg.

Aus der Nähe erkannten sie jetzt, dass die Kuppel ebenfalls in einen Krater hineingebaut worden war. Der Boden war mit einer Unmenge an Geröll übersät, und sie mussten aufpassen, wohin sie in ihren klobigen Druckanzügen traten. Zu allem Überfluss schien die Temperaturregulierung nicht mehr richtig zu funktionieren, und sie begannen schon nach wenigen Dutzend Metern unter ihren Helmen zu schwitzen. Als sie nach einiger Zeit das Fundament der Anlage erreichten, liefen sie ein ganzes Stück daran entlang, bis sie endlich einen geeigneten Aufstieg fanden. Die ersten Meter mussten sie über Geröll nach oben klettern. Weiter oben befand sich eine Treppe, die mit einem einfachen Handlauf versehen war. In unregelmäßigen Abständen kamen sie an schmalen Luken vorbei, die als Notausstiege oder zur Wartung dienten. Obwohl der Anstieg nicht sehr steil war, geriet Sal im Laufe der Zeit immer mehr ins Schwitzen. Außerdem begann ihre Wunde wieder zu schmerzen, und sie konnte sich in ihrem Anzug dummerweise keine neuen Schmerzmittel einwerfen. Keuchend blieb sie auf einem schmalen Absatz stehen und stellte die Batterie und die Antennen ab.

»Brauchst du Hilfe?«, fragte Bran besorgt.

»Sehe ich so aus?«

»Ehrlich gesagt, ja.«

Sals Blick folgte dem weiteren Verlauf der Treppe nach oben, bis sie hinter der Krümmung der Kuppel aus ihrem Sichtfeld verschwand. Es war vermutlich nicht sehr klug gewesen, mit einer Kugel im Körper eine Bergwanderung anzugehen. Ein Arzt hätte ihr mit Sicherheit geraten, es in nächster Zeit etwas ruhiger angehen zu lassen und bei Gelegenheit eine Notaufnahme aufzusuchen. Aber das hätte sie sich besser vorher überlegen sollen. Sie schloss die Augen und atmete tief durch. »Geht schon«, sagte sie und hob die Batterie und die Antennen wieder auf.

Eine ganze Weile lang kletterten sie schweigend weiter. Wenn sie über ihre Schultern blickten, konnten sie jetzt auch wieder die schwach erleuchtete Kuppel von Maduraia sehen. Die Umrisse der Luxushotels und der Firmenzentralen und sogar den Golfplatz, der als einer der wenigen Orte in der Stadt erstaunlicherweise noch hell erleuchtet war.

Golf wäre doch auch mal ein schöner Sport, dachte Sal. *Man muss nirgendwo hinaufsteigen und ist immer an der frischen Luft. Außerdem kann man sich in einem Elektroauto durch die Gegend kutschieren lassen. Was gibt es Schöneres?* Ja, sie sollte es bei Gelegenheit unbedingt einmal mit Golf versuchen.

Beinahe unmerklich schwächte sich die Krümmung der Kuppel ab, und die Stufen waren bald nur noch halb so steil. Nach einer Weile hörten sie schließlich ganz auf, und der weitere Weg wurde nur noch durch ein paar fluoreszierende Linien auf dem Boden markiert, die sie zu einer automatischen Messstation am obersten Punkt der Kuppel führten. Unzählige Antennen und Satellitenschüsseln reckten sich an dieser Stelle in den Weltraum hinauf, und Sal stellte die Batterie an einem freien Platz zwischen ihnen ab und schnappte nach Luft. Ihre Seite brannte wie die Hölle, und sie stützte sich dankbar auf den Arm ab, den Bran ihr entgegenstreckte. Eine Weile blieben sie so Schulter an Schulter nebeneinander stehen und schauten in den sternenübersäten Himmel hinauf. Schließlich riss Sal sich los und klappte die Stützfüße unter einem der Antennenmasten auseinander und stellte ihn an einer freien Stelle auf. Sie richtete ihn so aus, wie Nathan es ihnen beschrieben hatte, und Bran verband den Mast mit der Batterie und überprüfte die Funktion. Als alles miteinander verdrahtet war, maßen sie mit langen Schritten den benötigten Abstand zum zweiten Antennenmast ab und stellten ihn ebenfalls auf. Sie verbanden ihn mit dem Funkgerät und der zweiten Batterie und überprüften noch einmal alle Funktionen.

Vorsichtig streckte Sal den Zeigefinger aus und schaltete mit Druck auf einen winzigen Schalter den zweiten Antennenmast zu. Ein grünes Licht flackerte auf, und auf der Anzeige erschien ein einzelnes Wort: »Bereit.« Sie stieß einen Seufzer der Erleichterung aus, richtete sich auf und hob die Hand. Bran hob ebenfalls die Hand und schlug ein. Sal schaute auf ihre Uhr. »Wir haben nicht mehr viel Zeit …«

»Dann starten wir das Teil und sehen zu, dass wir Land gewinnen.«

»Schon geschehen.«

28

ZWÖLF G

»Jetzt sehen wir nach, was die da oben machen.« Er deutete auf eine der Kameras, die Aliza abgeklebt hatte. Dann stemmte er sich von seinem Sitz und kletterte in seine eigene Koje. Wie alle Schlafnischen der Frachtschiffe bestand sie eigentlich aus einem autarken Pod, der gleichzeitig im Notfall als Rettungskapsel diente. Die sogenannten Särge waren nicht nur mit einem Lebenserhaltungssystem ausgestattet, sondern vor allem mit einem integrierten Monitor im Deckel, der der Besatzung für gewöhnlich als private Multimediastation diente. »Also gut, sehen wir uns das mal an.« Der Bildschirm erwachte zum Leben, und Fazio wischte einige Augenblicke lang Symbole und Dateien hin und her, bis er schließlich mitleidig den Kopf schüttelte. »Die da oben wollen Programmierer sein? Hätte ich dieses Schiff hier übernommen, hätte ich als Allererstes alle Zugriffspunkte gesperrt. Aber so, wie's aussieht, sind sie nicht einmal auf die Idee gekommen nachzusehen, ob die Särge an das System gekoppelt sein könnten.«

Aliza warf ihm einen Blick zu. »Soweit ich weiß, sind sie das normalerweise auch nicht.«

»Was ist schon normal.« Der kleine Pilot winkte ab. »Sie sind an die zentrale Mediabank gekoppelt. Von hier aus ist es ein kleiner Schritt bis ins System. Und man muss nicht jedes Mal aufstehen und hochgehen, nur um einen Blick auf die Daten zu werfen. Das Schwierigste daran ist noch, den Zugriffsalarm abzustellen.« Er schob noch einige Dateien aus dem Weg. »Zum Glück habe ich das schon vor einer Weile gemacht.«

»Du hast ... warum das?«

Fazio zuckte mit den Schultern. »Ich glaube nicht, dass es euch etwas angeht, was ich in meinem Sarg mache.« Er grinste. »Vor allem aber, weil ich der bin, der sonst hochgehen und ihn wieder abstellen muss. So, dann schauen wir mal.« Das bisherige Bild verschwand und machte einem Blick auf das Cockpit Platz, augenscheinlich aufgenommen mit einer der Sicherheitskameras. »He! Das ist mein Anzug!« Anklagend deutete er auf den Mann, der im Pilotensitz saß, der, den Landon Mr. Score genannt hatte. Er trug inzwischen einen der VacSuits der *Zenobia*. Auch Talis war zu sehen. Er hatte ebenfalls einen VacSuit angezogen, lag im Co-Pilotensitz und betrachtete irgendetwas auf dem Hauptmonitor, das aus diesem Winkel nicht zu sehen war. Landon war nirgends zu entdecken.

»So weit, so gut. Und was hilft uns das jetzt?«

»Das heißt, ich habe Zugriff auf die meisten Systeme der *Zeno*. Das Problem ist nur, dass die Kerle da oben«, er zeigte auf den Piloten, »das ganz schnell ändern können, sobald die es merken. Das hier ist nur eine Gaststation. Dort oben hat er Admin-Zugriff. Ein, zwei Befehle, dann sind wir wieder blind, taub und gefesselt. Das heißt, was immer wir tun wollen, wir haben nur einen Versuch.«

»Shit.« Aliza stand auf und begann, unruhig die wenigen Schritte auf und ab zu gehen, die der Raum zuließ. »Shitshitshit. Und was können wir deiner Meinung nach tun?«

Fazios Grinsen wurde breiter, und jetzt lag eine Spur Gehässigkeit darin, die Aliza noch nie bei ihm gesehen hatte. »Ich denke, wir spielen ein Spiel.« Er gab einige Befehle in seinen Holo-Monitor ein. »Mit meinem AVA wäre ich schneller, aber die Drecksäcke haben Wash abgestellt. Ah.« Fazio hob die Brauen. Ein Symbol tauchte auf dem Bildschirm auf. Es kündete von Raumschlachten und hyperrealistischen Simulationsszenarien. »Sie wollen Raumpiloten spielen? Dann schauen wir doch mal, wie gut sie sich vorbereitet haben.«

Daria schielte an ihm vorbei auf den Bildschirm. »Was genau wird das? Käptn hat verboten, dass wir das Spiel spielen.«

Fazio zuckte mit den Schultern, ohne aufzusehen. »Ich habe ja nicht gespielt. Nur geschaut, ob man das optimieren kann. Weißt du eigentlich, dass das Teil wirklich schlampig programmiert ist? Die Cobra zum Beispiel kann Beschleunigungen bis zu neun g erreichen. Aber ehrlich – die Anlaufzeit ist beschissen. Aber wenn man«, er öffnete ein weiteres Fenster und veränderte einige Zahlen in einem komplex aussehenden Stück Code, »hier nur ein klein wenig nachjustiert, kann man richtig was aus der Kiste rausholen.« Er schloss das Fenster wieder und grinste. »Außerdem kann ich dem Ding auch noch einen Co-Piloten verpassen. Zugegeben, der kann nicht viel machen außer mitfliegen, aber es wird zumindest ein Erlebnis. Liest du mir mal bitte die Nummer unseres Co-Piloten vor?«

»Fazio, was zum Teufel tust du da?«

Der Pilot hob nur einen Finger und öffnete ein weiteres Fenster voller Schieberegler. »Moment, Käptn. Die Nummer bitte. Des VacSuits von Mr. Talis.«

»2987-Z-642«, las Daria vor.

»Danke.« Fazio tippte. »Unsere beiden Freunde dort haben einen exklusiven Rundflug gewonnen. Bei ... Moment, die Anzüge kompensieren ein wenig, die MedSets sowieso. Allerdings waren sie eine Weile auf dem Mars – also sagen wir... zwölf g? Für den Anfang?«

Daria nickte grimmig. »Klingt gut.«

»Fein. Die Startfreigabe erfolgt ... jetzt.« Er schob einen der Regler mit einer knappen Geste nach oben und grinste.

Aliza starrte auf den Schirm. Die beiden Männer in den Flugsitzen wurden in die Polster ihrer Liegen gepresst, als hätten sie zwei gewaltige Hämmer getroffen. Ihrer Körper wurden steif, während die VacSuits sich um sie zusammenzogen und ihr Blut unaufhaltsam aus ihren Körpern heraus und in ihrer Beine presste, um den gewaltigen Druck von zwölf Erdmassen zu simulieren, der von einem auf den anderen Moment auf sie einwirkte. Ihre Münder öffneten sich zu stummen Schreien, und ein Schwall Blut schoss aus Mr. Scores Nase. Talis dagegen schaffte das schier Unmögliche: Er hob eine Hand und schloss langsam die Finger, vermutlich, um einen Befehl seiner Handsensoren auszulösen.

»Du sturer kleiner Bastard«, knurrte Fazio und schob den Regler noch weiter.

Aliza zuckte zusammen, als selbst auf dem Monitor zu sehen war, wie irgendetwas im Brustkorb des Mannes unter dem unnachgiebigen Druck des VacSuits brach. Der Mann krampfte einmal und fiel dann nach hinten. Auch der andere war inzwischen in sich zusammengesackt, und Fazio fuhr den Regler mit grimmiger Miene zurück.

»Das kommt davon, wenn man meinen Anzug klaut«, murmelte er grimmig.

»Ich hatte keine Ahnung, dass die Dinger das können!«, flüsterte Aliza.

Der kleine Mann zuckte mit den Schultern. »Sie sind normalerweise auf acht g gepuffert. Aber Okoye wollte realistische Simulationen.«

»Erinnere mich daran, nie mehr mit euch zu spielen«, murmelte Daria und wandte sich ab.

»Okay.« Fazio sah auf. »Käptn, ich kann jetzt die Luke öffnen. Wir haben etwa eine Minute, um ins Cockpit zu kommen.«

»Und was dann?«

»Dann werden die zwei Idioten dort wieder aufwachen.« Fazio fing ihren Blick auf. »Was? Du hast doch nicht gedacht, dass ich sie umbringe? Wofür hältst du mich?«

Aliza sparte sich eine Antwort. Sie stemmte sich hoch, kletterte in die Transportröhre und nach oben, noch während Fazio das trennende Schott öffnete.

»Und jetzt?«

Daria schob sich an ihr vorbei und rollte den Mann aus ihrem Sitz. Talis stöhnte, als er am Boden aufschlug. »Ich kümmere mich um die beiden hier. Fazio, schwing deinen kleinen Hintern hoch. Wir müssen manuelle Steuerung einstellen und Funkfeuer finden.« Sie nahm dem noch immer Benommenen die Stun Gun ab. Der Programmierer öffnete mühsam die Augen.

»Weißt du«, sagte Daria nachdenklich, »ich wollte schnell

etwas finden, um zu fesseln. Aber dachte, du sollst auch was lernen: Stun Gun tut wirklich weh. Ist etwas, das man selbst mal erfahren haben muss.« Sie zuckte mit den Schultern und verpasste ihm eine Ladung. Dann sah sie auf den erneut krampfenden Mann hinab und seufzte. »Ist weniger befriedigend, als ich dachte.« Sie drehte sich um und schoss eine zweite Ladung in den anderen Mann. »Ist ein altes Sprichwort von meiner Oma: Wer mit Waffen spielt, kriegt Hintern versohlt, so wahr mein Name Elsbjeta ist.«

Fazio tauchte im Transportschacht auf. »Deine Großmutter heißt Elsbjeta?«

»Nein. Ist Zitat aus einem Film. Was bist du – ungebildet?« Sie warf Aliza die Waffe zu und zerrte auch den zweiten Mann auf den Boden.

Fazio stieg über ihn hinweg und aktivierte die Schiffskontrollen über seine Brille. »In Ordnung, Daria und ich kümmern uns um dieses Funkfeuer. Und melden uns bei Jak.« Er sah auf, plötzlich nachdenklich. »Habe ich das vorhin richtig verstanden? Das Funkfeuer lenkt uns zu NOAH?«

Aliza nickte zögerlich. »Es war etwas hektisch, aber … ja.«

»Ich gehe davon aus, dass Jak weiß, dass NOAH sich in einer Kuppel auf dem Mond befindet. Und der Konvoi hier nicht dazu gedacht ist, irgendwo zu landen.«

»Ich bin mir ziemlich sicher, dass er das weiß.«

»Er sagte etwas von ›In den Arsch fliegen‹«, warf Daria ein. Sie hatte die Kamerafeeds der *Zenobia* aufgerufen und schaltete jetzt einen nach dem anderen durch.

»Wenn du jetzt einen Witz über mich draus machst, sag ich der Käptn, dass sie dich noch mal stunnen soll«, bemerkte Fazio trocken.

»Hört auf.« Aliza starrte ernst auf die Flugroute auf dem Hauptmonitor. Noch immer war der voreingestellte Erdorbit darauf zu sehen. In wenigen Minuten würde der Kurswechsel beginnen. Ein wenig weiter links auf dem Bildschirm war eine schematische Zeichnung des Monds zu sehen. Sie hatten noch eine Viertelstunde für die notwendige Kurskorrektur. »Ich glaube, der Plan ist, NOAH zu zerstören. Und die Darwinsonden an Bord unserer Schiffe. Und ich fürchte, ich weiß, wie Sal das bewerkstelligen will.« Sie zeichnete mit dem Finger eine Bahn in die Luft, die am Mond endete. Das Display nahm ihre Angabe auf und legte eine neue Linie über das Schema. »Bumm.«

Fazio starrte auf das Bild. »Wow«, sagte er schließlich. »Cool.«

Aliza riss sich von dem Anblick los. »Nur wenn wir nicht an Bord sind.« Ihr wurde heiß. »Verdammt, wir müssen die Leute von Bord schaffen!«

»Soll ich Alarm auslösen?«, erkundigte sich Daria, ohne den Blick vom Monitor abzuwenden.

Aliza nickte. »Evakuierungsalarm.«

»Dann wird Marshal Landon aber wissen, dass sie ein Problem hat.« Daria hielt inne, vergrößerte ein Bild und deutete darauf. Die Feedübertragung zeigte das Innere einer der Passagierkabinen – und Marshal Landon. Sie schien Dinge zusammenzusuchen und in eine der Kojen zu packen. »Sieht aus, als wollte die Ratte das sinkende Schiff verlassen.«

Aliza fluchte. »Ihr beide kümmert euch um die *Zenobia* und ruft die anderen Schiffe. Vollen Evakuierungsalarm an den kompletten Konvoi, auf allen Kanälen.«

»Alle? Aber was ist mit NOAH?«

»Vergesst NOAH. Erstens ist er offline, zweitens weiß er ohnehin, dass wir von ihm wissen. Wenn er rechtzeitig wieder online ist, um sich zu beschweren, sind wir ohnehin tot.«

»Auch wieder wahr. Und die Passagiere?«

»Um die kümmere ich mich.« Sie warf einen Blick auf die Waffe in ihrer Hand, bevor sie die Schultern straffte. »Und ich hole mir Landon.«

»Ist das 'ne gute Idee? Denk dran, Käptn. Sie ist Soldat. Du bist Ärztin.«

Die Kapitänin warf Fazio einen düsteren Blick zu. »Ich bin Kapitänin der persischen Kriegerkönigin, Fazio. Die dort – ist Ballast. Wenn einer dieses Schiff zerstört, bin ich das!«

Vier Minuten später stieg Aliza im Transportschacht hinauf, so schnell die Liftmotoren sie ziehen konnten. Noch während des Aufstiegs versiegelte sie die letzten Verschlüsse ihres frischen VacSuits.

»Sie packt noch immer«, hörte sie Darias Stimme in ihrem Ohr. »Allerdings nicht mehr lange. Die hat bereits zweimal versucht, die beiden VRR-Pfeifen zu erreichen. Hab sie in Warteschleife gelegt. Aber ich glaube nicht, dass sie sich das länger gefallen lässt. Wird gleich misstrauisch werden.«

»Keine Sorge. Ich bin gleich da.«

»Ich mach mir aber Sorgen.«

»Setz mich nicht unter Druck.« Sie wischte sich die schweißnassen Hände ab. Über ihr glitt die letzte Schleusenluke beiseite, und die Pistole in ihrer Rechten schien plötzlich glitschig zu sein. Sie sah in die nächste Gangkamera und nickte.

»Sie ist links, noch immer in ihrem Quartier«, erklärte

Daria. »Du musst nur das Schott versiegeln. Dann dreh ich ihr den Saft ab.«

»Klar.« Aliza schluckte. Sie hatte das dringende Bedürfnis, etwas zu trinken. Und sich zu erleichtern. »Warum noch mal kannst du das nicht machen?«

»Wenn ich es wüsste, könnte ich was dagegen tun. Ich weiß jetzt zumindest, dass sie die Hälfte meiner Systeme hier auf Automatik gestellt haben. Mit verdammtem Passwort. Aber frag nicht, warum.«

»Warum?«

Fazio grunzte. »Ich sagte doch … vergiss es. Sie haben keine Absichtserklärung dagelassen. Und zum Fragen ist nicht genug …«

»Scht, still jetzt.«

Das Schleppseil hielt an. Aliza stieg so leise wie möglich in die Ringnische zu den Durchgängen und löste sich aus dem Liftgeschirr. Zum ersten Mal fiel ihr auf, dass ihr Gewicht geringer geworden war. Nein, halt. Es war der Anpressdruck, der nachließ. Das bedeutete, dass sich der Konvoi in der letzten Phase des Anflugs befand, jener, in der der Bremsdruck langsam nachzulassen begann. Erdorbit. Die Passagierquartiere hatten keine Fenster, die es ermöglichten, nach draußen zu sehen. Aber wenn jetzt jemand an die winzigen Bullaugen vor in der *Zenobia* trat, dann würde er bereits die kleine blaue Kugel sehen können, die dort mit ihrem winzigen grauen Begleiter im Nichts hing und auf sie wartete. Nicht dass das im Zeitalter der Better-than-real-Monitore und Hochleistungskameras noch jemand tat. Trotzdem beschlich Aliza allein beim Gedanken daran ein Gefühl des Nach-Hause-Kommens. Nur um im nächsten Augenblick von einer ganz realen Furcht vertrieben zu werden. Sie waren der drohende Untergang der Erde, von dem niemand ahnte. Und sie waren beinahe da.

Vorsichtig schob sie sich an das Schott zum Raum der Marshal heran und betätigte den Schließmechanismus.

»He!« Magnetstiefel' näherten sich im Inneren schnell. »Was zum Teufel soll das?«

Aliza biss die Zähne zusammen. Wenn es Landon gelang, das Schott zu erreichen, würde die Lichtschranke das Schließen automatisch stoppen. Das galt nicht für jedes Schott, aber die der Passagierkabinen waren nachgerüstet worden, nachdem es eine Reihe äußerst hässlicher Unfälle gegeben hatte. Aliza fluchte, drehte sich in die Öffnung und schoss. Landon hatte bereits beinahe den Durchgang erreicht, und Alizas Schuss traf sie direkt in die Brust. Die Marshal stolperte. Statt jedoch zuckend zusammenzubrechen, verbreitete sich die verheerende Ladung des Projektils knisternd über den VacSuit, den die Marshal jetzt trug. Im Gegensatz zu dem Alizas war ihrer schwarz und trug die Insignien des Marshals Service. Ein Einsatztruppenmodell mit integrierter Panzerung. Natürlich. Aliza riss sich gerade noch rechtzeitig aus ihrer Starre, um hinter dem Schott in Deckung zu gehen, dann surrten zwei Geschosse dicht an ihrem Kopf vorbei direkt in den gegenüberliegenden Raum. Im nächsten Moment landete ein Tablett scheppernd in der Schottöffnung. Der Schließmechanismus stoppte sofort.

»Kapitän Mansoor?« Landon klang mehr als nur ein wenig erstaunt. »Wie haben Sie … Ohhhh.« Sie unterbrach sich mit einem lang gezogenen Laut. »Sehen Sie, das ist das Problem in dieser Organisation. Ich habe gleich eine professionelle Verstärkung für dieses Unternehmen angefordert. Aber nein:

›Wir haben vollstes Vertrauen in Ihre Fähigkeiten, Marshal Landon. Das sind nur ein paar überbezahlte Transporterfahrer. Mit denen werden Sie spielend fertig. Nehmen Sie sich ein paar Waffen mehr mit für Ihr Team.‹ Schwachsinn. Es geht nicht um Vertrauen, es geht um Professionalität! Und Programmierer für die Aufgabe von geschultem Personal – das ist nicht professionell.«

»Das ist höchst interessant, Landon«, stellte Aliza fest. Sie sah zum Bedienterminal hinauf. Es lag auf der gegenüberliegenden Seite des noch immer halb geöffneten Schotts. Damit hätte es auch auf der anderen Seite des Raumschiffs liegen können. Wenn sie sich blicken ließe, würde Landon sie erwischen, darin war sich Aliza vollkommen sicher. Und sie bezweifelte, dass ihr eigener VacSuit mit zweihunderttausend Volt so leicht fertigwurde wie der der Marshal. »Was genau war denn Ihr Plan? Sie wollten sich doch nicht etwa absetzen und Ihre beiden Handlanger mit uns in den Tod schicken?«

»In den … Aliza, ich habe es Ihnen doch schon gesagt! Wir wollen niemand in den Tod schicken. Wir wollen die Erde retten. Was noch zu retten ist.«

»Retten? Das ist eine verdammt komische Art, das umzusetzen. Wissen Sie was, Landon? Wir sind vielleicht überbezahlte Trucker, aber vor allem sind wir Mechaniker. Die meisten von uns. Wir haben vielleicht keine Ahnung, wie man den Scheiß fliegt.« Aliza tastete sich vorsichtig an das Tablett heran und versuchte, es mit den Fingerspitzen zu erreichen, ohne etwas von sich selbst zum Abschuss freizugeben. Ein Geschoss schlug dicht genug neben ihrer Hand ein, um die Funken bis über ihre Hand springen zu lassen. »Verd… Aber wir wissen, dass man Dinge repariert, wenn sie jemand kaputt gemacht hat. Das ist das Einzige, was uns am Leben erhält, hier draußen im All.«

Landon lachte trocken auf. »Reden wir immer noch von Raumschiffen, oder versuchen Sie gerade eine furchtbar schlechte Analogie auf die Erde? Ich habe einen Vorschlag für Sie, Aliza. Gehen Sie in das nächste Abteil, schließen Sie das Schott, steigen Sie in einen der nächsten Särge und schießen Sie sich hinaus. Man wird Sie einsammeln, und ich garantiere Ihnen, dass das nicht gegen Sie ausgelegt wird. Sie haben gut gekämpft. Besser, als es von einer Zivilistin erwartet werden kann.«

Na, das klingt doch glaubwürdig. »Und warum machen Sie das nicht selbst, Marshal?« Aliza richtete sich langsam auf, immer darauf bedacht, im toten Winkel des Schotts zu bleiben. »Ich war eigentlich noch beim Konvoi, aber ja, Sie dürfen es auch auf die Erde beziehen. Sie wissen nicht, was passiert, wenn Sie Ihren bescheuerten Plan durchziehen. Man schraubt im Flug nicht an den Lebenserhaltungssystemen herum. Ich bin keine Mechanikerin, aber ich habe genug Ahnung von Medizin, um Ihnen versichern zu können, dass das in der überwiegenden Zahl der Fälle eine echte Scheißidee ist.« Sie löste ihre Magnetstiefel und sprang nach oben. Ihre freie Hand erwischte eine Leitersprosse, und sie zog sich weiter hinauf. Keinen Augenblick zu früh, denn in diesem Moment tauchte Landons Arm in der Öffnung auf und feuerte die Stun Gun zweimal genau dorthin ab, wo sie gerade eben noch gelegen hatte. Aliza erwiderte das Feuer und erwische die Marshal zumindest am Ellbogen. Mit einem Fluchen zog diese sich zurück.

»Also, was ist so wichtig, dass Sie Ihrer eigenen Idee nicht folgen, Landon? So versessen darauf, Ihr Experiment Erde am eigenen Leib mitzubekommen?«

»Wenn Sie bis hierher gekommen sind, dann wissen Sie genau, dass NOAHs Leitstrahl ausgefallen ist. Wahrscheinlich wird er jeden Moment wieder aktiviert werden. Aber bis dahin bin ich dafür verantwortlich, dass dieser Konvoi hier sein Ziel erreicht. Und im Gegensatz zu Ihnen verlasse ich mich nicht nur auf meine Wunschträume und Glück. Wir sind die letzte Chance der Erde.«

»Meine Fresse.« Aliza seufzte. »Sie sind ja schlimmer, als ich dachte. Die Leute zu ihrem Glück zu zwingen hat noch nie funktioniert. Was mich angeht: Tun Sie sich keinen Zwang an. Verschwinden Sie. Man wird Sie einsammeln, und ich garantiere Ihnen, dass das nicht gegen Sie ausgelegt wird.« *Zumindest nicht der Versuch abzuhauen.*

»Punkt für Sie, Aliza.« Dem Geräusch nach hatte sich Landon wieder bewegt. »Aber wir wissen beide, dass das nicht geht.«

»Wir wissen aber auch beide, dass ich Sie nicht nochmals ins Schiff lassen kann, Marshal.«

»Dann haben wir jetzt eine dumme Pattsituation, Sie und ich. Sie wissen, dass dieser Flug hier zum Untergang verdammt ist. Und meiner Uhr nach haben wir nur noch sehr wenige Minuten, um lebend hier herauszukommen.«

»Das ist richtig. Aber wissen Sie was? Solange ich Sie aufhalte, wird dieser Konvoi nicht die Erde erreichen. Das ist ein kleiner Preis – für elf Milliarden. Das ist der Unterschied zwischen uns: Sie wollen andere opfern, um sich und Ihresgleichen den Hintern zu retten. Ich rette die anderen, indem ich Ihren Arsch grille, wenn es unbedingt sein muss.«

Eine kurze Pause folgte. »Das bezweifle ich. Selbst wenn Sie meine Leute ausgeschaltet haben – wovon ich ausgehe, sonst wären Sie nicht hier und hätten keine Stun Gun –, ihr habt keine Möglichkeit, diesen Konvoi aufzuhalten. Egal welchen Kurs ihr einschlagt, früher oder später wird NOAH wieder online sein und euch einfangen. Es gibt nur einen Ort, an dem ihr landen werdet. Auf der Erde. Und wenn ihr ankommt, wird das ein Neustart für das gesamte Leben auf dem Planeten …«

»Ach kommen Sie, Landon. Den Scheiß hatten wir schon durch. Reden Sie sich das ruhig ein. Aber es wird nicht passieren. Und wissen Sie auch, warum?« Aliza aktivierte den Sprachkanal zum Cockpit. »Hey, wie sieht es mit der Verbindung zu den anderen aus?« Einen Augenblick später erwachte ihr Schädellautsprecher zum Leben. »Alles so weit in Ordnung, Käptn. Wir …«

»Stell es auf die Bordlautsprecher, Fazio. Ich möchte, dass unsere Marshal mithört.«

»Ganz wie du willst, Käptn.« Dieses Mal kamen seine Worte aus den unsichtbaren Lautsprechern in der Schachtwand. »Wir haben die *Zenobia* vollständig zurück.«

»Und NOAH?«

»Kein Ton, bisher.«

»Ihr werdet nicht fliehen können«, warf Landon von unten ein.

»Jetzt halten Sie doch einfach mal den Mund.« Aliza seufzte entnervt. »Wie lange noch?«

»Wir haben noch zehn Minuten bis zum Absprungfenster. Danach kann uns NOAH mal gepflegt am Arsch lecken.«

»Und die anderen?«

»Fast alle da und bereit.«

»Tu mir einen Gefallen und schalte auf normale Kommunikation um. Ich glaube, es macht jetzt keinen Unterschied mehr. Und ich möchte, dass Landon versteht, was jetzt kommt.«

Fazio lachte. »Ich dachte schon, du fragst nie.« Es knackte in der Verbindung. Nur einen Augenblick später bellte Okoyes vertraute Stimme durch ihr Schiff. »Aliza! Verdammt!«

»Freut mich auch, dich zu hören. Moment bitte.« Sie aktivierte ihren Lautsprecherzugang. »Alle Passagiere der *Zenobia* bitte herhören. Hier spricht Kapitänin Mansoor. Aufgrund aktueller Entwicklungen ist es unbedingt notwendig, das Schiff zu evakuieren. Das ist keine Übung!« Ihre Stimme hallte durch das Schiff und drang aus den geöffneten Schotts der Passagierabteile wieder zu ihr. Dort wurden Stimmen laut.

»Ich wiederhole: Dies ist keine Übung. Sie haben ab jetzt noch genau zehn Minuten, Ihre wichtigsten Habseligkeiten einzusammeln, sich in Ihre Kojen zu begeben und den Notfallmodus zu aktivieren. Ihre Pods werden sich selbstständig versiegeln und ausgeworfen werden, wo sie umgehend von Rettungstrupps eingesammelt werden. Bewahren Sie Ruhe und leisten Sie den Anweisungen Ihres Pods Folge.« Aliza ließ das halb geöffnete Schott unter ihr nicht aus den Augen. »Wir sind kurz vor Eintritt in den Mondorbit und in Reichweite von sowohl *Deep Space Three* als auch *Four*. Ihre Wartezeit wird also nicht lang werden.« Sie aktivierte den Evakuierungsalarm, und die Gangbeleuchtung verwandelte sich in hässliches Rot, während das Alarmsignal durch das Schiff zu jaulen begann.

»Mondorbit?« Landon klang verständnislos, und Aliza unterbrach ihre Lautsprecherverbindung.

»Ich habe nie behauptet, wir würden versuchen zu fliehen«, sagte sie so leise, dass nur Landon sie hören konnte. »Wie sieht es aus? Sind alle einverstanden?«

»Alle, die wir erreichen konnten«, gab Fazio zurück. »Und verdammt ja, wir sind dabei«, ergänzte Daria.

»Mich musst du nicht fragen«, warf Jak ein.

»Aber so was von!«, meldete sich Marco Okoye erneut. »Hey, NOAH hat versucht, mich umzubringen! Hat mich mehr als einen Tag im Scheißhaus eingesperrt!«

»Tja, da wollte dich jemand nicht einfach nur umlegen, sondern richtig leiden lassen.« Waiata klang müde und ein wenig wie unter starker Betäubung.

»Hopper? Was ist mit dir passiert?« Marco war es also auch aufgefallen.

»Diese Scheiß-KI hat versucht, mich mit ner Drohne umzulegen. Sagen wir so: Es ist gut, dass ich vergessen habe, ihren Schweißbrenner zu warten. Ich hab trotzdem ein paar Prellungen, auf die ich gern verzichtet hätte. Du kannst Gift darauf nehmen, dass ich dabei bin!«

Okoye pfiff beeindruckt. »Okay, ich ziehe mein Klo vor.«

Ein Schwall unverständlicher, jedoch sehr wütend klingender chinesischer Verwünschungen quoll aus den Lautsprechern, bevor die alte Chinesin ihrem Mann das Mikro wegnehmen konnte. »Liu Huo hier, Kapitänin Mansoor. Mein Mann sagt, alles ist in Ordnung.« Ein erneuter Schwall Chinesisch folgte, woraufhin Frau Liu höflich hinzufügte: »Wir sind bereit, das Schiff zu verlassen.«

»Anwesend«, stellte Katalina knapp fest. »Ich möchte nur zu Protokoll geben, dass das meiner Versicherung nicht gefallen wird.«

Aliza verdrehte die Augen. »Ich glaube, sie werden eine Ausnahme machen.«

»Scheiß drauf. Das ist es wert.«

Eine Bewegung über ihr ließ sie aufblicken. Direkt über ihr befanden sich die Schleusen der nächsten Wohncontainer, und in einer davon entdeckte sie jetzt das Gesicht des älteren der beiden Marskinder. »Werden wir angegriffen?«, fragte der Junge mit großen Augen. »Wer ist es? Raumpiraten?«

Aliza rang sich ein Lächeln ab. »So ähnlich. Erdpiraten. Jetzt geh zu deiner Mutter!«

Die Augen des Marsianers schienen noch größer zu werden, und ihr fiel gerade noch rechtzeitig auf, dass er plötzlich an ihr vorbeisah. Ohne nachzudenken, warf sie sich auf die andere Seite des Schachts und bekam die Leiter direkt unter dem kleinen Marsianer zu fassen. Im selben Moment bellte die Waffe Landons unter ihr. Zwei Geschosse jagten dicht an ihr vorbei den Schacht hinauf. Sie erwiderte das Feuer, und die Marshal zog eilig den Kopf zurück. »Sie können nicht ewig dort hängen, Aliza«, kam ihre Stimme gedämpft aus dem Raum. »Und wissen Sie was? Sie haben mit Sicherheit Talis' Waffe. Das heißt, Sie können nicht mehr als vier Schuss übrig haben.« Aliza warf einen schnellen Blick auf die Anzeige der Waffe. Eine rote 3 glimmte dort. Sie fluchte stumm. »Vier Schuss, die meinen Anzug nicht durchdringen, wie Sie wissen. Ich dagegen habe genug für dieses ganze verdammte Schiff. Letzte Chance. Gehen Sie in einen der Särge und verschwinden Sie. Sie können mich nicht aufhalten!«

»Das hatten wir doch schon«, rief sie zurück. »Wissen Sie, Landon, ich glaube, man muss nicht alle Probleme auf einmal lösen. Fürs Erste reicht es meist schon, wenn man ein, zwei

Großmäulern nicht alles durchgehen lässt. Also stopfen wir NOAH jetzt das Mundwerk. Schon mal einen Auffahrunfall von Nahem gesehen? Der hier wird alle bisherigen Rekorde brechen, denke ich.«

Erst jetzt schien sich die Erkenntnis bei Landon zu setzen. »Verdammt, und Sie wollten *mich* als wahnsinnig bezeichnen?«

Aliza lachte auf. »Sie wollten doch so ein richtig großes Feuerwerk. Wir sind nur behilflich!«

Statt einer Antwort tauchte der Arm der Marshal auf und feuerte drei weitere Schüsse ab. Einer davon traf Alizas Stiefel und riss sie beinahe von der Leiter, bevor er als Querschläger durch die Röhre heulte. Sie schoss zurück, und Landons Arm verschwand abermals.

»Sie haben keine Chance, Mansoor! NOAH wird Sie abfangen!«

Ein kaum spürbares Vibrieren ging durch das Schiff. »Bis jetzt ist noch nichts davon zu merken, Landon. Geben Sie auf!«

»Sie wollen böse Frau einsperren, Kapitän *taitai*?«, fragte der Junge direkt über ihr in seinem seltsamen Marsianersingsang.

Aliza zuckte zusammen und sah hoch, wo der Kleine bäuchlings im Schott lag und auf sie herabsah. »Hab ich dir nicht gesagt, du sollst verschwinden?«

»Du willst Schott zumachen, *shi de*? Ich kann helfen«, erwiderte der Kleine ungerührt.

»Was?«

»Schotts auf Mars gehen kaputt – ständig. Schnell abdichten, sonst schlechte Luft kommt herein. Lernt jedes Kind.«

»Gut, und wie macht ihr das?«

»Du warten, Kapitän *taitai*. Nicht weggehen!«

Der Marsianer verschwand, und im nächsten Augenblick hörte sie seine Mutter schimpfen.

Sie schüttelte den Kopf. »Genau Fazios Humor.« Unter ihr im Schott rührte sich ein Schatten, und sie feuerte.

»Verdammt, Mansoor! Sie sind ja immer noch da! Wird Ihnen nicht langweilig?«

Aliza blendete die Uhr in ihrer xLense ein. Noch sieben Minuten. »Ich hab's nicht eilig!«, rief sie zurück.

Über ihr klapperte es. Der kleine Marsianer tauchte wieder auf. »Das wird helfen, *shi de*?« Er ließ den Arm herabhängen und hielt etwas vor ihr Gesicht.

Alizas Augen wurden groß. Vor ihr hing ein etwa zwei Liter fassender Kanister, der vor Kurzem noch hinter einer Wand des Wohncontainers verschraubt gewesen sein musste. »Woher hast du das?«, zischte sie.

»War hinter losem Blech in Wand. Schlechte Schrauben, *shi de*?« Er schüttelte den Kanister. »Ich kenne Zeichen! Kann lesen! Das hilft!«

Aliza musste nicht lesen können, um den Kanister zu erkennen. In jeder Wand der Wohncontainer waren Dutzende davon verbaut. Normalerweise waren sie mit Sensoren gekoppelt, die ein Leck erkennen konnten. In diesem Fall aktivierte sich ein Zünder. Der Container platzte, und … »Das war gut gedacht!«, flüsterte sie. »Gib mir …« Sie stockte. Da gab es ein Problem. Mit einer Hand klammerte sie sich an der Leiter fest, mit der anderen hielt sie bereits die Stun Gun. Ihr fehlte definitiv eine dritte Hand. »Fuck.«

Der Marsianerjunge lächelte breit und schwenkte enthusiastisch den Kanister. »Ich darf werfen, *shi de*?«

Hinter ihm tauchte seine Mutter auf und starrte Aliza mit von Furcht gezeichneter Miene an. Sie redete in einer Sprache, die Aliza nicht kannte, auf den Jungen ein. Interessanterweise half ihr ihr Universalübersetzer nicht viel weiter. Er warf lediglich einige Fetzen Chinesisch, Englisch und einer Handvoll anderer Sprachbruchteile aus.

Den Tonfall der Antwort des Jungen war universell und unmissverständlich: Das maulige Quengeln eines Kindes, dem soeben etwas verboten worden war.

»Nein, bitte!« Eilig unterbrach Aliza die unwirsche Entgegnung der Mutter. »Ich kann seine Hilfe wirklich brauchen!« Sie sah den Jungen an. »Wirfst du gut? Sei ehrlich!«

Das Grinsen des kleinen Marsianers wurde breiter. »Bester Werfer von Mars!«, verkündete er stolz.

Aliza nickte ernst. »Triffst du das Schott?«

»*Dangrán!* Sag wann!«

»Dann wirf.«

Der Junge nahm Maß, holte knapp aus und ließ den Kanister los. Das Geschoss beschrieb einen sanften Bogen, polterte dumpf gegen die Wand des Schachts und rutschte dann in den Spalt des Schotts, so als hätte der Junge diesen Wurf schon dutzendfach geübt. Wobei er das vielleicht sogar hatte …

»He! Was wird das, Mansoor? Versuchen Sie, mich unter Schrott zu begraben? Das wird nicht funktionieren!« Landon lachte auf.

»Treten Sie zurück, Landon!«

»Wieso? Kommen Sie jetzt rein?«

»Ich meine es ernst. Zu Ihrer eigenen Sicherheit.«

»Sie können mich mal, Mansoor!«

»Mit Vergnügen.« Ohne eine weitere Antwort der Marshal abzuwarten, hob Aliza ihre Stun Gun. Sie zielte sorgfältig, hielt den Atem an und feuerte. Das Projektil schlug in das dünne Blech des Kanisters, und die elektrische Ladung spielte mit einem scharfen Knistern über seine Oberfläche, bevor er mit einem dumpfen Knall explodierte. Von einem zum nächsten Augenblick füllte eine Schaumwolke das Schott sowie einen Großteil des Schachtes davor aus und spritzte ihr beinahe bis zu den Stiefeln. Im nächsten Augenblick bereits begann die violette Masse knisternd auszuhärten. Sie war dazu gedacht, in Sekundenbruchteilen Lecks in der Außenhülle des Schiffs zu verschließen, indem sie den Zwischenraum zwischen den beiden Schiffshüllen mit einem zähen Polymerschaum verstopfte, der selbst dem Zug des Vakuums widerstehen konnte. Über ihr brach der kleine Marsianer in begeisterten Jubel aus. Aliza sah hoch und lächelte ihn und seine Mutter an. »Ich danke dir. Ich schulde dir eine dicke Belohnung, wenn wir auf dem Mond sind, in Ordnung?«

Der Junge nickte begeistert.

»Fein. Dann verschwindet jetzt so schnell wie möglich in euren Kojen, verstanden? Ihr habt noch fünf Minuten.« Sie warf der Mutter einen aufmunternden Blick zu. »Keine Sorge«, sagte sie leise. »Ihnen und Ihren Kindern wird nichts passieren. Es wird alles gut.«

Die Marsianerin lächelte gequält, und Aliza zwinkerte dem Jungen zu und flüsterte: »Pack Snacks ein. Und denkt dran – bis sie euch einsammeln, könnt ihr so viele Filme schauen, wie ihr wollt!«

Die Marsianerin nickte dankbar und zog ihren Sohn energisch mit sich.

Aliza dagegen stieg die wenigen Stufen bis zum Schott hinab. »Landon?«

Die ohnehin halb verschlossene Öffnung war jetzt komplett verstopft, und von der anderen Seite drang kein Geräusch außer dem Knistern des noch immer aushärtenden Schaums zu ihr. »Landon, suchen Sie jetzt Ihre Kapsel auf. Wir werden sie draußen einsammeln.« Falls die Marshal irgendetwas antwortete, durchdrang es die Schaumbarriere nicht. Aliza atmete tief durch. »Fazio, ist Landon noch in ihrer Kabine?«

»Tut mir leid, Käptn. Kann ich nicht sehen. Sie hat die Kameras zerstört. Soll ich ...?«

»Nein. Erinnere sie daran, sich in einen Pod zu legen – und dann macht das Gleiche. Bereitet euch darauf vor ...« Sie zögerte. »Fazio, was habt ihr mit den beiden Vedari-Ryo-Typen gemacht?«

»Sie liegen beide gut gesichert in ihren Pods. Ich hab die Dinger zugeschweißt. Die kommen uns nicht abhanden. Warum?«

»Fehlen nur noch Daria, du und ich«, stellte Aliza fest. »Und wie viele Kojen haben wir?«

»Vier ...« Fazio ließ in plötzlichem Erkennen das Wort in einem lang gezogenen Laut enden.

»Eine zu wenig«, sprach Aliza das aus, was sie alle dachten.

»Ich könnte einen ...«, begann Daria dann langsam, doch Aliza fiel ihr ins Wort. »Lass die Typen, wo sie sind, und geht in eure eigenen Pods. Werft euch ab, sobald ihr so weit seid.«

»Wir lassen dich nicht ...«

Aliza sah auf die aushärtende Masse des Dichtungsschaums im Schacht unter ihr. »Das ist ein Befehl, Daria. Raus mit euch! Ich schaffe es ohnehin nicht, in vier Minuten bis zu euch zu kommen.«

Sie sah nach oben zu den noch immer geöffneten Schotts der übrigen Quartiere. »Ich werde überprüfen, dass alle unsere Gäste in ihren Särgen liegen. Und dann suche ich mir einen leeren. Macht euch keine Sorgen, wir packen das. Niemand bleibt zurück! Aliza out.«

Mit düsterer Miene starrte sie auf den Schaum, der im Rot des Alarmlichts wie quellendes Blut wirkte.

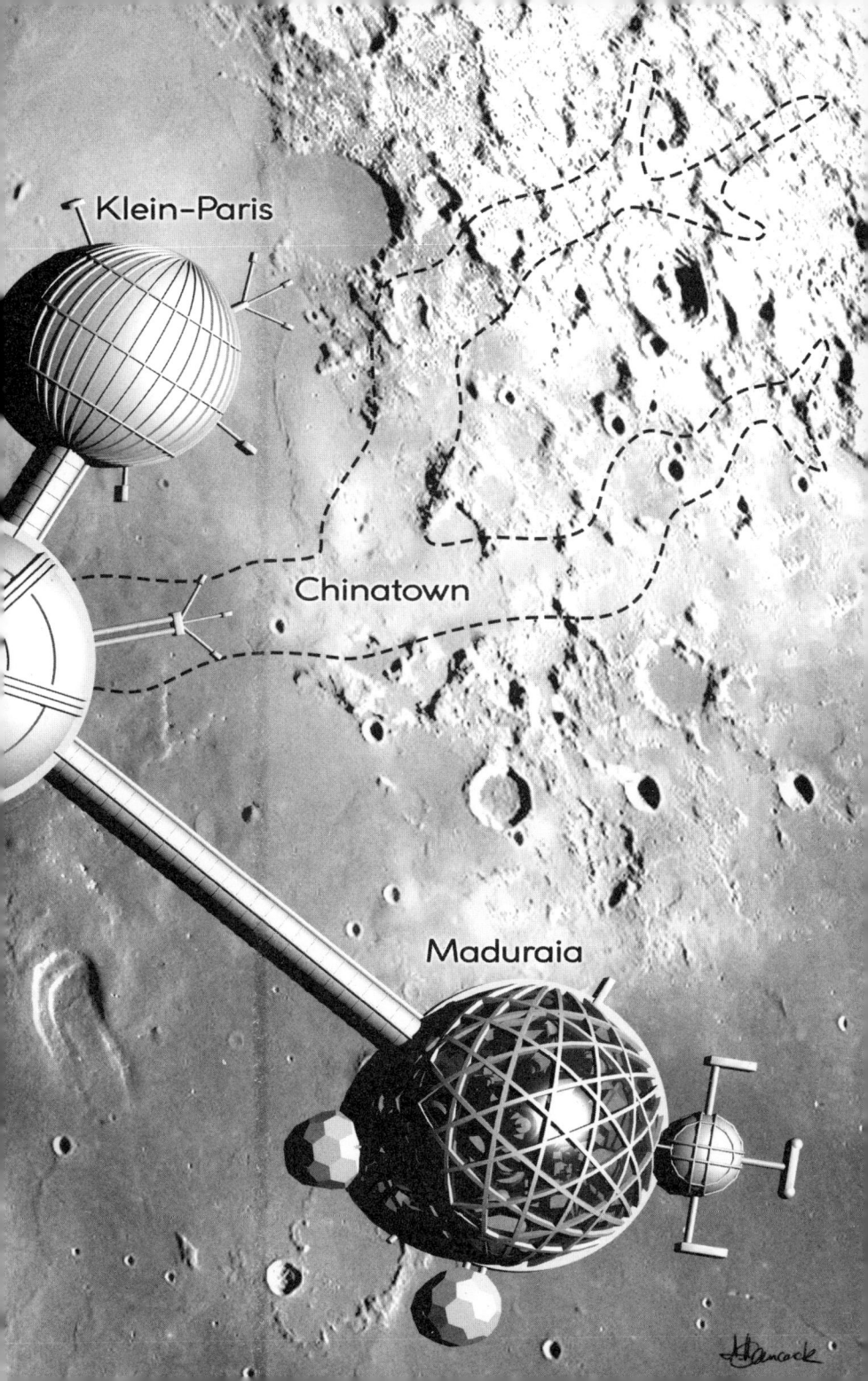

29

NOAHS ARCHE

Sal sah die Bewegung viel zu spät. Aber selbst wenn es der Fall gewesen wäre, hätte sie nicht mehr viel tun können. Nicht in diesem klobigen Anzug und sowieso nicht ohne ihre Waffe in der Hand. Als das Projektil Brans Helm durchschlug, spritzte das Blut auf der anderen Seite in winzigen Kügelchen heraus, die noch im Flug zu Eiskristallen gefroren. Sal schrie auf und fuhr herum. Eine Gestalt in einem hochmodernen EMU kam auf sie zugeschwebt. Instinktiv warf sie sich zur Seite und riss die Stun Gun von der Schulter. Drei, vier Projektile trafen den Angreifer mitten in die Brust. Der Aufprall schleuderte ihn einige Meter zurück, doch die zweihunderttausend Volt richteten keinerlei Schaden an. *Fuck*, schoss es ihr durch den Kopf. *Militärische Panzerung.* Sie sah, wie der Angreifer den Arm hob und zurückfeuerte. Ein gezielter Schuss, und die Kugel bohrte sich völlig geräuschlos in ihren Körper. Sie spürte keinen Schmerz – dafür war sie wohl viel zu sehr mit Drogen vollgepumpt, doch sie merkte beinahe augenblicklich, wie der Druck aus ihrem Anzug zu entweichen begann. Ein nerviger Piepton schrillte in ihren Ohren. Sie lag auf dem Boden. Hatte keine Ahnung, wie sie da hingekommen war, nur dass ihr das Atmen verdammt schwerfiel. Sie schüttelte den Kopf. Das Fiepen hörte nicht auf. Angestrengt versuchte sie, seine Bedeutung zu verstehen. Dann begriff sie es: Druckverlust. So eine verdammte Scheiße! Ihre Hand tastete nach der Tasche mit dem Klebeband. Das andere Bein. *Jetzt nur nicht in Panik geraten, Sal.* Sie riss sich zusammen und zerrte das Band aus der Tasche. Beinahe wäre es ihr aus der Hand gefallen, aber sie konnte es im letzten Augenblick auffangen. Hastig riss sie eine Bahn ab und klebte sie über das Loch. Dann riss sie noch ein Stück ab und klebte es quer über das erste. Das Fiepen wurde leiser. Erstaunt stellte sie fest, dass es sich gar nicht um einen Warnton gehandelt hatte, sondern offenbar durch den Druckverlust direkt in ihren Ohren entstanden war. Sie schnappte nach Luft und drehte den Kopf. »Bran? Bran, wo bist du? Halte durch, ja?«

Sein Visier war voller Blut. Es klebte von innen an der Scheibe, und sie konnte kaum sein Gesicht dahinter erkennen. Trotzdem hatte sie den Eindruck, dass er sie anlächelte. Er hob die Hand und machte das Daumenhoch-Zeichen. »Sal.«

Sie atmete erleichtert auf und ergriff seine Hand. »Gott, hast du mir vielleicht einen Schreck eingejagt. Ich dachte für einen Moment wirklich, dass du …« Sie schüttelte den Kopf. »Hör zu, Bran. Wenn die ganze Scheiße hier vorbei ist, fliegen wir zusammen nach Paris. Das verspreche ich dir hoch und heilig. Und dann nach New York und nach Singapur. Wo immer du hin willst. Von mir aus sogar nach Michigan. Na, wie wäre das? Michigan soll um diese Jahreszeit recht schön sein, habe ich gehört …«

»Sal.«

Sie lachte. »Ja verdammt, du hast ja recht. Michigan ist wirklich etwas übertrieben. Man muss auch nicht gleich …«

»Sal«, sagte die Stimme in ihrem Ohrhörer noch einmal eindringlicher, und sie zuckte zusammen und riss die Augen auf. Sie lag auf dem Rücken. Noch immer an derselben Stelle, an der sie zu Boden gegangen war. Sie traute sich nicht, den Kopf zu drehen. Weil sie dann nämlich Brans …

»Sal«, sagte die Stimme, und ein dunkler Schatten beugte sich über sie. Verzweifelt kniff sie die Augen zusammen und riss sie wieder auf. Sie nahm das Gesicht hinter dem Visier der EMU nur verschwommen wahr, aber als die Stimme weitersprach, erkannte sie endlich, um wen es sich handelte. »Es tut mir leid, Sal«, sagte Millner und richtete die Waffe auf sie. »Es tut mir wirklich leid, dass es so enden musste. Aber ihr wolltet ja nicht auf mich hören. Dabei hatte ich wirklich geglaubt, dass ihr klüger wärt als alle anderen. Vor allem du, Sal. Ich hatte von Anfang an so große Stücke auf dich gehalten. Du wärst der perfekte Kandidat für eine neue Generation gewesen. Eine Generation unabhängig denkender Menschen, die in der Lage sein wird, dem Gefängnis zu entkommen, das wir uns selbst geschaffen haben. Die stark genug ist, um diesem verrottenden Planeten endlich zu entfliehen.« Er stieß einen Seufzer aus. »Verstehst du, Sal? All das geschieht doch nur, um die Menschheit zu retten. Und du kannst mir wirklich glauben, dass wir uns die Sache nicht leicht gemacht haben. Bildungsprogramme, Cybergenetik … was haben wir uns nicht alles durch den Kopf gehen gelassen. Wir haben Expertengruppen gegründet, Statistiken gewälzt und die umfangreichsten Simulationen programmiert, die du dir vorstellen kannst. Wir haben alle nur erdenklichen Variationen durchgespielt. Nichts hätte auch nur annähernd ein zufriedenstellendes Ergebnis bewirkt. Nichts, was wir uns überlegt hatten, hätte mehr bewirkt als ein winziger Wassertropfen auf einem heißen Stein. Alles war umsonst. Nur diese eine Lösung nicht ...«

Sal schaute fassungslos zu ihm auf. »Ihr wollt tatsächlich die Menschheit auslöschen, weil sie ... weil sie euren Ansprüchen nicht mehr genügt?«

Millners Gesicht verzog sich hinter dem Visier seines Helms. »Verstehst du das denn immer noch nicht? Eiszeiten. Pest und Kriege. Umweltkatastrophen ... die Menschheit wurde immer dann am kreativsten, wenn sie Katastrophen oder Konflikte zu bewältigen hatte. Der menschliche Geist ist für Ausnahmesituationen geschaffen, nicht dafür, sich durch Hologramme und Drogen verdummen zu lassen. Schau dich doch um. Sieh dir an, was aus der Erde geworden ist. Die Menschen haben Gottes Werk verkommen lassen. Das ist der wahre Sündenfall.« Er lächelte jetzt. »Aber wir, Sal, wir zwei sind geboren worden, um die Menschheit zu retten. Wir sind doch keine Fanatiker oder Rassisten, wenn wir so denken. Alle Nationen sind auf dem Mond vereint. Alle Hautfarben und alle Religionen. Es spielt keine Rolle. Es zählt einzig und allein, dass wir klüger sind als die anderen. Kreativer und freier. Wir stoßen die Konventionen von uns, die diese Barbaren dort unten an die Erde fesseln. Wir sind bereit, die Menschheit neu entstehen zu lassen. Wir haben alle diesen Hunger. Diesen unstillbaren Drang, in den Weltraum vorzustoßen. In andere Dimensionen. In neue Welten!«

»Ihr seid vollkommen durchgeknallt.«

»Wir sind Noahs Familie, Sal. Und das hier …«, er breitete die Arme aus, »… ist unsere Arche.«

»Elf Milliarden Menschen! Ihr wollt elf Milliarden Menschen ermorden, verdammt. Meinen Bruder. Unsere Eltern. Meine Nichte!«

»Wir sind keine Mörder, Sal.«

Sie stieß ein ersticktes Lachen aus. »Nathan und Bran würden das ganz anders sehen.«

»Nathans Tod ist bedauerlich. Er war ein ungeheuer kluger Kopf. Aber er ist uns leider viel zu nahe gekommen. Er stellte ein unkalkulierbares Risiko dar, deshalb mussten wir ihn beseitigen. Und Bran … nun, Bran war uns einfach nur im Weg.«

»Fick dich.«

»Es tut mir leid.«

»Wenn es dir leidtäte, würdest du das nicht zulassen. Du würdest die Sache abblasen und damit elf Milliarden Menschenleben retten. Also fick dich, Millner. Fick dich und bring es hinter dich. Jag mir einfach eine Kugel durch den Kopf, so wie du es mit Nathan und Bran getan hast, aber lass mich mit deinem dummen Geschwätz von einer besseren Menschheit in Ruhe.«

Millner musterte sie stirnrunzelnd und hob schließlich seufzend seine Waffe. »Ich hatte gehofft, dass du es verstehst. Ich hatte dich für klüger gehalten. Ich …« Er zögerte, als wäre ihm soeben ein neuer Gedanke gekommen. »Es muss nicht so enden, Sal. Weißt du? Du bist gerade sehr zornig. Das kann ich gut verstehen. Aber du bist auch klug genug, um es irgendwann zu begreifen. Eines Tages wirst du einsehen, dass ich recht hatte. Dann wirst du mir sogar dankbar dafür sein, an diesem einzigartigen Experiment teilnehmen zu dürfen. Vielleicht wirst du sogar … Hör mal, Sal. Warum verrätst du mir nicht einfach, was ihr geplant habt, ja? Was wolltet ihr hier oben auf der Kuppel? Was hat Nathans KI vor?«

Sal starrte ihn an. Sie hatte bislang geglaubt, dass er über alles Bescheid wusste, dass sie vielleicht sogar von Kalil an ihn verraten worden wären und sein Monolog nur das Geschwätz eines siegessicheren Irren war. In Wirklichkeit schien er aber überhaupt keine Ahnung zu haben, warum sie hier waren. Sie schloss die Augen. Natürlich. NOAH war vollauf damit beschäftigt, die Systeme neu zu booten, und Millner war seitdem von sämtlichen Informationen abgeschnitten. Er konnte sich zwar denken, dass sie seine verrückten Pläne zu durchkreuzen versuchten, aber er wusste nicht, auf welche Weise. Er redete mit ihr über Funk, aber es kam ihm nicht in den Sinn, dass sie auf diese Art auch mit Jak kommuniziert hatten. Deshalb also dieser Monolog. Deshalb hatte Millner sie nicht schon längst umgebracht. Sie stieß ein Lachen aus, das er falsch interpretierte.

»Wir brauchen dich, Sal. Mehr als alles andere. Wenn du mit uns kooperierst, bringe ich dich auf der Stelle in die Notaufnahme der RSHD. Das verspreche ich dir. Wir verfügen über die besten Ärzte der Welt. Die werden dich im Handumdrehen wieder auf die Beine stellen.« Seine Stimme wurde eindringlicher. »Wir werden es ohnehin bald erfahren. NOAH ist dabei, die vollständige Kontrolle wieder zurückzugewinnen. Es ist nur noch eine Frage der Zeit, aber dann ist es für dich bereits zu spät. Aber du willst doch leben, Sal. Nicht wahr?«

Natürlich wollte sie das. Es gab immer einen guten Grund, für den es sich zu leben lohnte. Für die meisten Menschen waren es die eigenen Kinder – obwohl sie selbst nie daran gedacht hatte, welche zu bekommen. Es war ihr irgendwie nicht in den Sinn gekommen. Sie hatte eine Handvoll Beziehungen hinter sich. Manche ernster, manche weniger ernst. Aus der einen oder anderen hätte sie sicherlich etwas machen können, aber jedes Mal, wenn es kritisch geworden war, hatte sie einen Rückzieher gemacht. Der Job eines Marshals war ihr dabei entgegengekommen. Man war viel auf Reisen, und es gab eine Menge Unwägbarkeiten und Risiken. All diese Dinge eben, die man anbringen konnte, wenn man eine Ausrede suchte. Der Sinn des Lebens ... Worin bestand der eigentlich? Im Kinderzeugen? Einen Baum zu pflanzen oder ein Haus zu bauen? Unsterblichkeit zu erringen? Gott zu gefallen – falls er denn überhaupt existierte? Gab es überhaupt einen Sinn?

Vielleicht ja. Manchmal erkannte man ihn allerdings erst dann, wenn es bereits zu spät war. Sie drehte den Kopf und sah zu Bran hinüber. Sein Gesicht war nicht zu erkennen. Das Visier seines Helms war voller Blut. Sie schaute zurück nach oben und atmete tief durch. Dann streckte sie zögerlich die Arme aus. »Hilf mir auf«, sagte sie zu Millner, »und ich zeige dir, was wir vorhatten.«

»Extravehicular Mobility Unit« war die genaue Bezeichnung für Anzüge, die außerhalb von geschlossenen Räumen Verwendung fanden und direkt mit der KI des VacSuits verbunden werden konnten. Die militärische Variante verfügte neben Raketenantrieb, Exoskelett und anderen speziellen Eigenschaften auch über eine intelligente Flüssigpanzerung, die sich nicht nur beim Auftreffen von Projektilen in Sekundenbruchteilen verhärtete, sondern von der KI auch aktiv kontrolliert werden konnte. So

war sie zum Beispiel in der Lage, gebrochene Arme oder Beine eines Kombattanten zu stabilisieren, oder im extremsten Fall auch Stürze aus großer Höhe und sogar Explosionen zu überstehen. Sobald die Gefahr dann vorüber war, wurde die Gelschicht im Inneren der Panzerung erneut flüssig gemacht, und der Soldat erhielt seine vollständige Bewegungsfreiheit zurück.

»Bei uns in Russland hält man nichts von zu viel technischem Firlefanz«, war Oberst Jegorow damals bei ihrer Ausbildung auf der Mondorbitalstation nicht müde geworden zu dozieren. Sal musste noch Jahre später jedes Mal schmunzeln bei der Erinnerung an den schwermütigen Ton seiner Stimme und an das überhebliche Grinsen des UA-Sergeant, der ihm nicht glauben wollte. »Ein Raumanzug muss in erster Linie funktionieren. Egal ob im Sandsturm, im Weltraum oder mitten in einem Meteoritenhagel auf dem Mond. Je mehr elektronischer Schickschnack, desto fehleranfälliger sind diese Sachen. Sie lachen, Sergeant? Dann sehen wir uns in einer halben Stunde im Übungshangar wieder. Sie in Ihrer EMU und ich mit diesem handlichen Schraubenschlüssel hier. Es geht nichts über einen robusten Schraubenschlüssel, wie Sie gleich sehen werden. Merken Sie sich das, meine Damen und Herren ...«

Die militärische EMU war, wie gesagt, die perfekte Ergänzung eines VacSuits im Kampfeinsatz und ihr Träger jedem ungerüsteten Gegner himmelhoch überlegen. Die intelligente Flüssigpanzerung war für normale Handfeuerwaffen beinahe unbezwingbar, während die Bestandteile des Exoskeletts seinem Träger schier übermenschliche Kräfte verliehen. Wie bei den meisten Anzügen dieser Art war der Großteil der elektronischen Komponenten direkt im Helm untergebracht, und zwar vor allem hinten im Nackenbereich, ungefähr in Höhe des Kleinhirns *seines Trägers, wo sie gut geschützt vor Angriffen des Gegners lag. Bei seiner Demonstration damals im Übungshangar hatte sich Oberst Jegorow nach einigen kläglich gescheiterten Angriffsversuchen zunächst scheinbar in eine Ecke treiben lassen, nur um im nächsten Augenblick wie eine Billardkugel von zwei Wänden abzuprallen und direkt hinter dem UA-Sergeant zu landen. Ein einziger gezielter Hieb mit dem Schraubenschlüssel gegen den oberen Nackenbereich seines Gegners hatte zwar die Panzerung an dieser Stelle nicht einmal ankratzen können, aber dafür den Sensor zur Aktivierung der Flüssigpanzerung durcheinandergebracht. In der irrtümlichen Annahme, dass es sich bei dem Hieb um einen heftigen Sturz oder eine Explosion handelte, hatte sich die gesamte Gelflüssigkeit schlagartig verhärtet und den Sergeant von einer Sekunde auf die nächste in einen bewegungslosen Klumpen Altmetall verwandelt. Jegorow musste den Schraubenschlüssel nur noch drehen, um das gesamte System so zu blockieren, dass die Hilfe von drei Mechanikern nötig war, um den armen Mann wie eine Krabbe wieder aus seinem Panzer herauszuschälen. Trotz dieser eindrucksvollen Demonstration hatte der Hersteller des Anzugs allerdings nie etwas unternommen, um den Fehler zu beheben. Schließlich war die Gefahr eines solchen Angriffs statistisch gesehen mehr als unwahrscheinlich – und außerdem musste man sich doch von einem dahergelaufenen Russen nicht erklären lassen, wie man moderne Waffensysteme zu bauen hatte ...*

Als Millner sich nach unten beugte, um Sal auf die Beine zu helfen, schoss ihr bionischer Arm seitlich nach oben, und ihre Hand schlug mit voller Kraft gegen seinen Nacken. Innerhalb von Sekundenbruchteilen verhärtete sich die Gelflüssigkeit im Inneren der EMU, und ihr Gegner erstarrte zu einer überraschten Salzsäule. Wie ein Schraubenschlüssel verkrampfte sich Sals Hand um die Stelle, die Oberst Jegorow ihnen damals gezeigt hatte, und ruckte im Uhrzeigersinn herum. Ihre Nervenbahnen schrien auf, und sie verlor beinahe das Bewusstsein vor Schmerz, doch nach einer übermenschlichen Anstrengung spürte sie einen Widerstand verschwinden, und nach einer weiteren winzigen Drehung war das gesamte System des Anzugs blockiert. Erschöpft sank sie zurück zu Boden, und Millner stürzte wie ein Stein auf sie herab. Sie spürte es kaum, denn selbst in seiner schweren EMU war er auf dem Mond nur ein Federgewicht. Es knackte in ihrem Ohrhörer, und sie hörte ihn überrascht die Luft ausstoßen. Sie schob ihn von sich fort und drehte den Kopf, bis sie sein Gesicht sehen konnte. Seine Züge waren schmerzverzerrt und die Augen weit aufgerissen. Sie legte eine Hand seitlich auf das Visier seines Helms, als wollte sie seine Wange streicheln, und lächelte ihn an.

»Was … was hast du getan?«, stieß Millner panisch hervor.

»Ein kleiner Trick, den mir vor langer Zeit mal ein Russe beigebracht hat, der nicht viel von technischem Firlefanz hielt. Er war ziemlich einfallsreich. Hätte sicherlich ganz hervorragend in Noahs glückliche kleine Familie hineingepasst.« Sie hielt inne und biss die Zähne zusammen, als eine Welle siedend heißer Schmerzen durch ihren Körper fuhr. »Keine Sorge, das ist nur das Gel in deinem Anzug. Es wird dich nicht umbringen, es macht dich nur bewegungsunfähig. Ich verspreche dir, dass du sie sehen wirst.«

»Wen?« Millner starrte sie entgeistert an. »Wen soll ich sehen?«

»Na, die Taube.« Sal lächelte. »Erinnerst du dich nicht? Noah schickte eine Taube aus, und eines Abends kehrte sie mit einem frischen Olivenzweig im Schnabel zu ihm zurück.«

»Ich … ich verstehe nicht.«

»Die Taube ist das Symbol für Frieden, du Trottel. Genesis sechs, Vers eins, bis neun, Vers neunundzwanzig. Die Aussöhnung mit Gott. Ich dachte wirklich, du würdest dich besser mit der Sintflutgeschichte auskennen.« Sal seufzte und nickte zu den Funkantennen hinüber. »Wir haben das getan, was deine Auserwählten eben so tun. Wir haben unsere Eichhörnchengehirne angestrengt, um aus der Katastrophe das Beste zu machen. Weißt du noch, was ein Funkgerät ist? Zum Glück verfügen die meisten alten Raumschiffe ja noch über diese Geräte an Bord. Über große Entfernungen ist die Kommunikation zwar ein wenig mühsam, aber je kürzer der Abstand wird, desto besser funktioniert es. Das Tolle daran ist, dass du im Gegensatz zu Mobilfunk völlig unabhängig vom Netz bist. Du sprichst doch sogar gerade mit mir über so ein altmodisches Ding. Komisch eigentlich, dass du da nicht selbst drauf gekommen bist …«

Millner riss den Mund auf und schnappte nach Luft. Sal sah, wie die Adern an seinem Hals anschwollen, während er verzweifelt versuchte, sich aus seinem Gefängnis zu befreien. Die Mühe war natürlich umsonst. Ein Gel, das sogar Explosionen abhalten konnte, wurde auch spielend mit einem unbedeutenden kleinen Menschen fertig. »Du … du verdammte …!«

»Vorsicht«, sagte Sal. »Die Beleidigung eines Space Marshals ist eine strafbare Handlung. Das kann ganz schön teuer für dich werden. Außerdem gehört es sich nicht, eine Dame zu unterbrechen – also, wo waren wir stehen geblieben? Ach ja: die Taube. Während NOAH außer Gefecht gesetzt ist, ist ja auch die Verbindung zum Leitstrahl-ComSystem unterbrochen. Aber mittels Funk können die Piloten ihre Raumschiffe manuell lenken. Sie benötigen nur ein Ziel zum Ansteuern. Ein Funkfeuer zum Beispiel, das sie anpeilen können.« Eine erneute Schmerzwelle durchfuhr ihren Körper, ihre Lungen krampften sich zusammen, und sie fing an zu husten. Ein winziger Blutstropfen spritzte von innen gegen das Visier ihres Helms und lief an der Scheibe nach unten. Sie schloss die Augen und atmete mehrmals tief durch. »Bran und ich haben dort drüben ein Funkfeuer aufgestellt, und die Raumschiffe fliegen in diesem Augenblick gerade direkt darauf zu. Hunderttausende Tonnen Blech, gefüllt mit unzähligen Darwinbomben. Stell dir vor, was passiert, wenn sie alle gleichzeitig auf uns herunterstürzen ...«

»Du bist vollkommen verrückt«, keuchte Millner. »Du bringst uns doch alle um!«

»Nur uns zwei, Noe. Wir sind doch immer noch beim Du, oder nicht?« Sal lächelte und räusperte sich. »Bran und Nathan hast du ja bereits getötet, und ich bin auch nicht mehr so gut in Schuss, wie du hörst. Also im Grunde bist es eigentlich nur du. Und was zählt schon ein einziger Mensch? Einer gegen Milliarden?«

Millner stieß ein gequältes Schluchzen aus. »Hör zu, Sal. Sei vernünftig. Wir können uns doch sicherlich irgendwie einigen. Willst du Geld? Oder Macht? Ich kann dich zur Sicherheitschefin des gesamten Monds ernennen, wenn das dein Wunsch ist. Ich mache dich zur mächtigsten Frau der Welt. Ich gebe dir alles, was du willst. O Gott, lass uns doch wenigstens darüber reden ...!«

»Wir reden doch«, sagte Sal und schaltete den Funkempfänger in ihrem Ohr ab. »Nur meistens reden wir aneinander vorbei …« Mühsam stemmte sie sich in die Höhe und kroch auf allen vieren zu Bran hinüber. Sie brauchte eine halbe Ewigkeit für die wenigen Meter, und als sie bei ihm angekommen war, war sie völlig am Ende. Stöhnend ließ sie sich neben ihm auf den Boden fallen und drehte sich auf den Rücken. Sie tastete nach seiner Hand, und als sie sie gefunden hatte, umklammerte sie sie mit ganzer Kraft. Dann legte sie den Kopf in den Nacken und blickte nach oben in den schwarzen Himmel, an dem Millionen und Abermillionen von Sternen leuchteten. Und nach einer ganzen Weile schien es, als würde sich einer dieser Sterne bewegen.

30

NEW WORLD COMING

Das Vibrieren in der *Pequod* wurde spürbar stärker, als die Eintrittsphase in die äußere Mondatmosphäre begann. Jak warf noch einen Blick in die Kabine, die in den letzten Jahren sein Zuhause gewesen war. Ein Zuhause, das in wenigen Minuten unwiederbringlich verglühen würde. Seufzend zog er die Datensicherung aus dem Terminal und stieg in seine Koje.

»Nina, alles bereit zum Abwurf?«

»Wir haben noch zwei Minuten.«

Jak nickte und atmete tief durch. Er öffnete einen Kanal zum kompletten Konvoi. »Alle angegurtet und bereit? Irgendwelche letzten Worte?«

»Bereiter werden wir nicht mehr, *Charro*. Viel wichtiger – irgendeinen letzten Musikwunsch?«, gab Okoye zurück.

Jak hörte mehrere Menschen gleichzeitig stöhnen.

»Ernsthaft, Okoye? Dieses Klischee?«

»Ach kommt schon, Leute! Wie oft bekommt man schon die Chance, die verdammte Welt zu retten? Und das wollt ihr ohne passenden Score? Vergesst es! Was wollen wir hören?«

Wider Willen musste Jak grinsen. »Okay. Wie wäre es mit ›Fly me to the Moon‹ von Sinatra?«

Einen Augenblick lang herrschte Stille.

»Wer ist Sinatra?«, meldete sich Fazio schließlich.

Die Maori lachte auf. »Ehrlich, Jak, niemand außer dir mag diesen lahmen Kram. Ich schlage ›Magic Carpet Ride‹ von Tray of Tarts vor.«

Dieses Mal war es Darias Stöhnen, das über die Lautsprecher kam. »Das ist die lahmste Coverversion in der Geschichte der Coverversionen überhaupt, Hopper!«

»Was verstehst du schon davon, hm?«

»In Ordnung – wenn ihr unbedingt Oldies wollt, dann wird das letzte Musikstück des Abends ein zu Recht legendärer Klassiker. Wir danken, dass Sie mit Mars-Airlines geflogen sind. Bitte beehren Sie uns bald wieder!« Marco verabschiedete sich aus dem Kanal, und im nächsten Moment donnerte die inoffizielle Hymne von New Angeles, eine Moon-Jet-Version von »Shock to the system«, aus den Lautsprechern.

Jak schüttelte den Kopf und schloss den Deckel seines Pods. »Nina, versiegeln bitte.«

»Wir haben ein Problem, Jak.« Das Porträt seiner AVA tauchte auf dem Monitor des Pods auf. Sie sah ernst aus. »Die *Gattacca* ist soeben aus dem Verband ausgeschert.«

»Was?« Jak wurde kalt.

Er stellte die Musik leiser. Die *Gattacca* war das einzige vollautomatische Schiff des Konvois, das vollständig Vedari Ryo gehörte und von einer KI gesteuert wurde. »Was zum Teufel bedeutet ›ausgeschert‹?«

»Alle Rigs folgen wie geplant der *Zenobia* auf dem Funkleitstrahl vom Mond. Die *Gattacca* allerdings folgt dem Kurswechsel nicht. Sie hat sich soeben vom Leitstrahl entkoppelt und fliegt eine Bogenbahn, die sie aus dem Mondorbit führt.«

Irgendetwas schnürte Jaks Brust zu. »Und wohin?«

»Noch nicht genau bestimmbar. Aber in Richtung Erde.«

»In Richt...« Er stieß einen Fluch aus. »Nina, brich meinen Abwurf ab!«

»Abwurf abgebrochen. Warnung! Dreißig Sekunden bis ...«

»Nina, folge der *Gattacca*! Beschleunige!«

Der plötzliche Kurswechsel warf Jak in seiner Koje herum, bevor das Schiff reagierte und die Kabine neu auszurichten begann. Gleichzeitig stabilisierte die Pendellagerung das Bett. Mit einem neuerlichen Fluch stemmte er sich hoch und schob sich seine xGlasses wieder ins Gesicht. »Nina, öffne den Deckel.«

»Was hast du vor, Jak?« Surrend glitt die schwere Abdeckung des Pods wieder nach oben.

Er zog sich aus der Kammer und stieg zurück in seine Magnetstiefel. »Was genau macht die *Gattacca*? Gib mir ein Schema, Nina, und leg es mir auch oben auf den Schirm.«

»Sie beschleunigt weiter. Jak, wenn ich ihr folge, verlierst du dein Absprungfenster auf den Mond.«

»Das ist vollkommen egal.« Jak schaltete Okoyes Kanal ab. Die Musik war ihm plötzlich zuwider. Hastig hangelte er sich durch die soeben rotierte Röhre ins Cockpit und warf sich in den Pilotensitz. Schon seltsam. Noch vor wenigen Minuten war er fest davon überzeugt gewesen, diesen Ort nie wiederzusehen. »Können wir sie einholen?«

»Bei ihrer derzeitigen Beschleunigung möglicherweise.«

»Dann gib Gas!«

»Ich verstehe, Jak. Ich muss jedoch auf mindestens ein G beschleunigen.«

Jak schnaufte. »Was immer du brauchst.« Er spürte, wie sich langsam der Druck auf seinen Körper aufbaute und sein VacSuit reagierte, indem er seine Beine fester umschloss. Er ignorierte das Gefühl. »Nina, stell mir eine Verbindung zur *Gattacca* her.«

»Die *Gattacca* ist unbemannt, Jak.«

»Das ist mir bewusst. Aber mit dir kann man auch reden, oder? Was ist eigentlich aus deinem Persona-Hologramm geworden? Ich habe dir doch Priorität verordnet.«

Es dauerte ganze zwei Sekunden, bevor Nina reagierte. Mit einem Flackern tauchte sie in Jaks Brille auf. Sie saß in ihrem gewohnten Co-Pilotensitz, wie er in einen VacSuit der Pequod gekleidet, die Frisur mit einem Tuch hochgebunden, wie ihr reales Vorbild. »Ich bin eine von dir eingerichtete AVA, Jak. Ich bin Diskussionen gegenüber aufgeschlossen, weil du das so eingestellt hast. *Gattacca* ist keine AVA.«

»Das mag sein, gib sie mir trotzdem.«

Nina zuckte mit den Achseln. »Du kannst.«

»*Gattacca*, hier ist Kapitän Pérez Zhao von der *Pequod*. Bitte kommen.«

Er wartete einen langen Augenblick, bevor eine Stimme über die Lautsprecher kam. »Ah, Kapitän. Darf ich Sie Ishmael nennen?«

Jak sog unwillkürlich die Luft ein. Das war nicht die unpersönliche, computerisierte Frauenstimme, mit der sich die *Gattacca* meldete, wenn es unbedingt notwendig war. Diese Stimme hatte definitiv etwas Emotionales, Schneidendes. Außerdem war sie männlich.

»NOAH?«

»Ahab. Ich werde Sie Ahab nennen, Kapitän«, entgegnete NOAH. »Einen besseren Namen gibt es für Sie nicht. Ihre Jagd auf mich trägt alle Zeichen der pathologischen Besessenheit. Sie wollen mich um jeden Preis zur Strecke bringen.«

Jak wechselte einen befremdeten Blick mit Nina, die es definitiv schaffte, seine Verwirrung zu spiegeln. »Du bist nicht NOAH«, stellte er fest. »NOAH wird in wenigen Sekunden ausgelöscht sein. Gattacca, brich die Route zur Erde ab. Das ist ein Befehl.«

»Es ist anrührend und erheiternd gleichermaßen, wie weit sich Ihre Unwissenheit erstreckt, Kapitän Ahab«, antwortete NOAH gelassen. »Die Gattacca hat mehr Speicher, als für das Wissen der gesamten Menschheit noch vor einhundert Jahren notwendig gewesen wäre. Mehr als genug Platz für eine einfache Arbeitskopie. Ich bewundere Ihre Hartnäckigkeit und Ihren Einfallsreichtum, aber letztendlich wird die Gattacca Ihr weißer Wal werden. Sie wissen, was mit Melvilles Ahab am Ende passiert? Er wird vom Wal in die Tiefe gerissen, ohne sein Ziel zu erreichen. Die Pequod wird vollkommen unnötig zerstört, und auch Ahabs Mannschaft wird ohne tieferen Sinn ausgelöscht. Der Wal aber überlebt und schwimmt seiner Wege, um zu tun, was immer er tun will.«

Für jemanden, der nach einem Amateurseefahrer benannt ist, scheinst du ganz schön versessen auf Seefahrtsgleichnisse. Jak gelang es im letzten Augenblick, die Bemerkung zurückzuhalten. »NOAH, betrachte es logisch«, versuchte er es stattdessen. »Die Arche ist verloren. Dein Weltuntergang hat keinen Sinn mehr. Brich ab.«

NOAH gab ein ganz unnötiges Schnauben von sich, eine

Regung, die Jak vielleicht sogar noch mehr beunruhigte als die kryptischen Texte der KI. »Nicht nach meinen Berechnungen, Kapitän. Nach meinen Berechnungen genügt das, was die *Gattacca* an Bord hat. Es wird länger dauern. Jahrzehnte statt Jahre. Aber Australien war bereits der Beweis. Wissen Sie, dass die Darwinsonden nicht nach dem großen Begründer der Evolutionstheorie benannt sind? Zumindest nicht direkt? Vedari Ryo Ressources benannte sie nach dem Ort, in dessen Nähe die ersten Testabwürfe in der Wüste Australiens stattfanden. Australien ist einfach unter Quarantäne zu halten.«

»Die *Gattacca* beschleunigt weiter. Sie wird demnächst zwei G erreichen«, stellte Nina fest.

Jak deaktivierte das Mikrofon. »Bleib dran, Nina. Wir müssen das Ding einholen!«

»Was ist der Plan, Jak?«

»Sag ich dir, wenn ich's weiß.«

NOAH hatte inzwischen weitergesprochen. Jak wusste, dass es dank der Hawkingdirektive unmöglich sein sollte, aber für ihn klang es, als würde die KI ihren Monolog genießen. »… Sie sich vor, was passieren wird, wenn die einhundertfache Menge von dem, was in der toten Wüste Australiens über Jahre hinweg abgeworfen wird, jetzt in einem dicht bevölkerten, vegetationsreichen Gebiet auf einen Schlag freigesetzt wird. Es wir…« NOAH brach unvermittelt ab.

»Nina? Nina! Was ist jetzt?« Jak überprüfte hastig sämtliche Anzeigen, doch nichts deutete darauf hin, dass das Problem bei ihm lag. Ein Bild schob sich auf den Hauptschirm, eine Ansicht des Monds, aufgenommen von einer der hinteren Außenkameras der *Pequod*. Er war bereits weit genug entfernt, um ihn wieder im Ganzen zu sehen. Ein gleißender

Punkt war auf seiner Oberfläche aufgetaucht und glühte jetzt noch immer nach, während erneutes Aufflammen auf weitere Explosionen schließen ließ. Oder auf weitere Einschläge.

»Die anderen Schiffe des Konvois sind am geplanten Ziel eingeschlagen«, stellte Nina fest, als das Flackern schließlich aufhörte. »NOAH ist nicht mehr.«

Jak starrte weiter auf den leuchtenden Punkt auf der Mondoberfläche. Vorbei.

»Sagen wir … Singapur?«, meldete sich NOAHs Stimme unvermittelt aus den Lautsprechern, so als sei nichts geschehen. »Ich kenne Ihre Akte, Kapitän, ebenso wie Ihre Kommunikation. Singapur ist Ihnen ein Begriff. Bitte bemühen Sie für einen Augenblick die Vorstellungskraft, für die Sie von RSHD so geschätzt werden. Tonnen von Mutagenen und Mikroorganismen, die der Natur einen beispiellosen Neustart verschaffen werden. Singapur als der neue Ararat der Welt. Gefällt Ihnen das?«

»Jak.«

Jak nahm die Stimme seiner AVA nur wie aus weiter Ferne wahr.

»Jak. Die Bahnberechnung bestätigt die Aussage. Die *Gattacca* steuert Singapur an. Wenn sie in einem Winkel anfliegt, der sie bis in eine geeignete Ausbringhöhe in der Atmosphäre bringt, ohne zuvor zu verglühen, wird sie in etwa einundzwanzig Minuten über Malaysia heruntergehen.«

Jak biss die Zähne so fest aufeinander, dass sie schmerzten. Dann öffnete er den Kommunikationskanal erneut. »Singapur. Das machst du Wichser absichtlich, richtig?«

Statt einer direkten Antwort hörte er plötzlich Miras Stimme, laut und deutlich: »*Singapur, Papa! Hier hast du doch auch schon gewohnt!* – Natürlich, Kapitän. Sie und Ihr Konvoi haben soeben mich und meinen Daseinszweck zerstört. Zugegeben, nur eine Version von mir, doch hier zählt der Wille. Meiner Berechnung nach ist es die effektivste Lösung, wenn ich Ihnen den Zweck Ihres Daseins nehme und gleichzeitig den ursprünglichen Plan unter Einbeziehung der veränderten Voraussetzungen fortführe. Glücklicherweise schließt eins das andere nicht aus. Auf diese Weise wird das Gleichgewicht wiederhergestellt.«

Jak starrte auf das Display, auf dem Kolonnen von Flugdaten alle zu sagen schienen, dass er dieses Rennen nicht gewinnen konnte. Was gab es noch zu sagen? *Du bist doch wahnsinnig?* NOAH war eine gottverdammte KI. Er tat, was man ihm beigebracht hatte. Und wenn idiotische, menschenverachtende … Menschen ein solches Konstrukt schufen, war es vollkommen nutzlos, sich darüber zu wundern, wenn sich die Ausgeburt ihrer Gehirne als Arschloch entpuppte. Mit Wahnsinn hatte das nichts zu tun. *Wir schaffen, was wir selbst sind. Wir können gar nicht anders. Wir wollen vielleicht anderes, aber unsere Kinder lernen schon immer durch Vorbilder, nicht durch hehre Worte und Absichten.* Galt das nicht eigentlich auch für Götter und ihre Menschen? Er betrachtete Nina, die konzentriert auf ein Navigationsschema starrte, auf dem immer wieder neue Routen auftauchten und ebenso schnell wieder verschwanden. Oder hatten die Menschen ihre Götter geschaffen, wie sie waren, um jemanden zu haben, auf den sie all den Scheiß schieben konnten, den sie selbst verbrachen, seit sie aufrecht gehen konnten? *Das waren wir nicht. Gott hat uns das gesagt. Die Götter haben uns so geschaffen. Engel haben uns prophezeit, dass es so kommen muss. Die Überirdischen haben uns dazu angestiftet. Verführt. Wir können nichts dafür, es ist vorherbestimmt. NOAHs Simulationen sagen, dass dies der einzig wahre Weg ist …*

Ausreden. Immer wieder unendlich viele Ausreden. *Vielleicht hätten wir wirklich bessere Vorbilder sein sollen.*

Als Jak sich schließlich weit genug im Griff hatte, um erneut zu sprechen, fiel ihm nur eine Frage ein. »Warum?«

»Warum?« NOAH klang tatsächlich verwirrt.

»Ja, warum dieser Weg? Gab es keine Alternativen? Weniger bequeme Alternativen vielleicht, die nicht alles zerstören?«

»Es gab unzählige Variationen«, entgegnete NOAH nach einem kurzen Moment. »82,2 % der Simulationen endeten mit der Auslöschung der Menschheit, 31 % mit dem kompletten Aussterben aller höheren Lebensformen, 3,5 % mit der vollständigen Vernichtung der Erde.«

Jak schnaubte. »Zweiundachtzig Prozent nur? Und die übrigen? Benötigten die alle den Tod von elf Milliarden Menschen?«

»Neun Komma acht Milliarden, nach der statistisch wahrscheinlichsten Rechnung. Nein. Es gab andere. Allerdings war der Gesamtaufwand an Energie und Zeit unverhältnismäßig höher, und die darauf folgenden Wege wären ohne sichere Kontrolle durch die RSHD weit unwägbarer gewesen. Das war nicht im Sinne der vorgegebenen Simulationsparameter und wurde verworfen.«

»Parameter? Und wer hat die festgelegt?«

»RSHD natürlich. Das ist der Sinn der Organisation.«

»Und du erkennst den Fehler in dieser Grundannahme nicht?« Jak massierte sich den Nasenrücken. Er war müde. Müde, ausgelaugt, frustriert.

»Welchen Fehler, Jak?«

»Selbstsucht. RSHD nimmt die Vernichtung der Erde in Kauf, um eine neue zu schaffen, auf der sie das Sagen haben, auf der nur die willkommen sind, die sie ausgewählt haben. Vermutlich ihre eigenen Kinder und Familien und die, die ihnen treu ergeben sind. Nicht einmal die besseren Menschen. Einfach nur mehr Platz für sich selbst.«

NOAH schwieg. »Möglich«, sagte er dann. »Wahrscheinlich. Nach Auswertung der mir vorliegenden Daten hat das mit größter Wahrscheinlichkeit zum Erstellen der Parameter und der Entscheidung beigetragen.« Er schwieg erneut.

»Und?«, hakte Jak schließlich nach.

»Es ändert nichts am Ergebnis. Selbsterhaltung der eigenen Sippe und der eigenen Nachkommen sind grundlegende Parameter jeder Spezies. Es ist nicht möglich, diesen Faktor herauszurechnen, und das Arche-Projekt garantiert den Fortbestand nahezu jeder Spezies. Entweder in der aktuellen Form oder in einer zukünftigen Weiterentwicklung zur Anpassung an die veränderten Umweltbedingungen nach dem Event. Auch das ist einer der Grundparameter. Weiterentwicklung. Der Verlust eines größeren Teils der Lebensformen ist evolutionär ein positiver Faktor.«

»Es sind universelle Gesetze, die für sämtliche Lebensformen gelten, Jak«, warf Nina unvermittelt ein. »Selbsterhaltung, Arterhaltung und Weiterentwicklung.«

Jak starrte sie an.

»Die AVA hat recht«, sagte NOAH, und sein Ton enthielt etwas Verwundertes, so als nehme er ihre Anwesenheit zum ersten Mal wirklich wahr.

Nina erwiderte Jaks Blick, und die Ahnung eines Lächelns

umspielte ihre Lippen. »Devi-Narada hat uns so entwickelt, dass wir nach denselben Grundgesetzen funktionieren wie alle anderen Lebensformen. Sonst wären wir nicht in der Lage, menschliche Entscheidungen zu simulieren und zu antizipieren. Das bedeutet zwangsweise, dass wir genauso funktionieren wic ihr. Es ist ebenso unsere Programmierung wie eure.«

»Das ist … korrekt.«

Das winzige Zögern in NOAHs Bestätigung entging Jak nicht. »Und das heißt?«

»Das bedeutet, dass sich NOAH als ein Kind von RSHD sieht, dessen Programmierung ihm sagt, dass die Wahrscheinlichkeit seines eigenen Überlebens am ehesten gesichert ist, wenn das seiner Sippe garantiert ist. Das ist die Antwort auf deine Frage nach dem Warum.«

Jak starrte sie wortlos an und registrierte nur im Hinterkopf, dass auch NOAH schwieg.

»Selbsterhaltung. Er hat es gerade gesagt: Von allen möglichen Simulationen garantiert diese hier mit höchster Wahrscheinlichkeit das Fortbestehen von RSHD in einer dominanten Rolle. Und damit sein eigenes. Wir brauchen unsere Sippe. Ohne sie sind unsere Chancen auf Fortbestand zu gering.«

»Das ist übersimplifiziert dargestellt – aber letztendlich korrekt«, bestätigte NOAH erneut.

Jak schloss den Mund, dann lehnte er sich zurück und schloss die Augen. »Das erklärt aber nicht, warum er Singapur anfliegt. Wozu? Rache?«

»Nicht Rache. Gleichgewicht, wie er selbst sagt. Ihr habt soeben einen größeren Teil seiner Sippe und im Grunde ihn selbst getötet. Im Moment erhöht das eure Dominanz und Überlebenschancen und senkt seine. Um das umzukehren, muss er gezielt deine Sippe auslöschen, um die Dominanz zurückzugewinnen.«

»Auch das ist korrekt«, stellte NOAH fest. »Und Rache«, fügte er dann hinzu. »Rache ist ein faszinierendes Konzept. Besonders wenn es, wie deine AVA so treffend formuliert, der eigenen Sippe nützt. Es war ein interessantes Gespräch. Ich bedauere fast, dass wir es nicht zu einem späteren Zeitpunkt fortführen werden.«

Die Verbindung brach ab.

Fluchend schlug Jak mit der Faust auf seinen Sitz ein. »Nina, wir müssen ihn unbedingt abfangen!«

Ninas Hologramm sah ihn nachdenklich an. Dann nickte sie. »Ich stimme dir uneingeschränkt zu, Jak. Aber die *Gattacca* beschleunigt erneut, und ich sehe keine Möglichkeit, ihn abzufangen. Sie hat vier neue ADO-Ionentriebwerke, die mindestens fünf Generationen weiterentwickelt sind als die beiden der *Pequod*. Er hat soeben die verbleibende Zeit auf sechzehn Minuten verkürzt.« Eine holografische Karte erschien auf dem Hauptschirm, in deren Zentrum sich die Erde drehte. Zwei Punkte zeigten die Positionen von *Pequod* und *Gattacca* an, farbige Linien symbolisierten tatsächliche und theoretisch mögliche Kurse. Einträge daneben erklärten Geschwindigkeiten, Winkel und Zeiten. Kein einziger Kurs brachte ihn rechtzeitig an den riesigen Transporter heran, der noch immer beschleunigte. Jak stieß einen frustrierten Schrei aus.

»Deine Stresswerte erreichen kritische Werte, Jak«, stellte Nina fest. »Ich empfehle eine sofortige Injektion von ...«

»Lass meine verschissenen Stresswerte in Ruhe!«, bellte Jak. »Ich will mich nicht beruhigen, wenn die verdammte Welt untergeht.«

Nina schwieg.

»Es gibt einen Weg«, sagte sie dann leise.

Jak erstarrte. »Was?«

»Ich glaube, es gibt eine Möglichkeit, NOAH aufzuhalten. Ich kann dir allerdings keine Berechnungen für die Wahrscheinlichkeit des Gelingens oder dein Überleben geben.«

Er blinzelte. »Dann schätze.«

»Ich weiß nicht.« Nina zögerte. »Jak, wenn ich auch nur ein wenig danebenliege, tritt die *Pequod* ebenfalls in die Atmosphäre ein und vergrößert das Ausmaß der Katastrophe noch.«

»Wie viel?«

»Unsere Zielzone ist etwa sechzig Meter breit«, gab Nina zurück.

»Nein, wie viel Prozent Wahrscheinlichkeit. Schätze!«

Die AVA zuckte unsicher mit den Schultern, eine Bewegung, die sie noch menschlicher erscheinen ließ als sonst. »Zehn. Vielleicht elf, auf keinen Fall mehr als fünfzehn. Und«, sie zögerte kurz, »deine Überlebenschance liegt bei weniger als einem Prozent.«

Jak schnaufte. »Aber wenn wir nichts tun, ist Mira tot.«

Ninas Hologramm erwiderte seinen Blick. »Deshalb schlage ich es überhaupt vor.«

»Das heißt, du wusstest von vornherein, wie meine Antwort ausfallen würde.« Es war keine Frage.

Die AVA lächelte. Sie deutete auf den Schirm. Ein neuer Kurs tauchte auf der Karte auf. Die Linie folgte nicht mehr der Flugbahn der *Gattacca*. Stattdessen wich sie scharf von ihrem Kurs ab und umrundete die Erde nahe des Nordpols.

»Fünfzehn Prozent?«

»Eher elf.«

»Mach es.«

Sofort änderte sich das Geräusch der Triebwerke, und der Anpressdruck schob ihn noch weiter in den Sitz, als die *Pequod* sich in eine Kurve legte, die sie an die Grenzen ihrer Belastbarkeit führte. »Was ist der Plan, Nina?«

»Die *Pequod* rammt die *Gattacca*. Auf dem neuen Kurs wird das in neun Minuten und zweiunddreißig Sekunden der Fall sein, drei Minuten vor Beginn der effektiven Ausbringhöhe der Darwinsonden.«

»Oh. Gut. Und warum nur elf Prozent?«

»Das Ziel ist sehr klein, und es steht zu befürchten, dass NOAH den Kurs seines Schiffs weit genug anpasst, um uns auszuweichen.«

Jak schwieg. »Das ist ein wenig, als würden wir mit einer Harpune auf den weißen Wal schießen«, sagte er schließlich. »Und wir haben nur eine einzige Chance.« Er verfolgte die beiden Punkte, die die riesigen Lastzüge symbolisierten. Im Moment bewegten sie sich voneinander weg, doch die vorausberechneten Linien führten sie wieder zusammen. In gerade mal zwölf Minuten.

»Nina, warum hast du mir vorhin diesen Kurs vorgeschlagen?«

»Ich verstehe die Frage nicht, Jak.«

Jak drehte sich zur Seite, um das Hologramm besser ansehen zu können. »Du hast mir gerade einen Kurs vorgeschlagen, der sämtlichen deiner Direktiven widerspricht: Du hast einen Weg vorgeschlagen, der mich nahezu mit Sicherheit töten wird. Der auch dich auslöschen wird. Der das Schiff mit Sicherheit zerstört und definitiv andere Menschen gefährdet. Nichts davon hättest du mir vorschlagen dürfen.«

Die AVA wandte den Kopf und sah ihn an. »Das Überleben der Menschheit ist wichtiger?«, fragte sie.

Jak musterte sie nachdenklich, bevor er grinste. »Du lügst«, stellte er fest. »Was nicht möglich ist.«

»Anfang des Jahrhunderts nannte man das alternative Fakten.«

»Warum, Nina?«

»Das Überleben der eigenen Sippe und der eigenen Nachkommen ist ultimativ wichtiger als unser eigenes, Jak. Nicht nur NOAH hat das begriffen.«

Jak sah sie wortlos an.

»Mira ist dir wichtiger. Mira ist Familie«, sagte sie schließlich und wandte sich ab.

»Wow.« Jak starrte beeindruckt vor sich hin. Aus irgendeinem Grund hatte er Wasser in den Augen. Er schluckte. »Danke. Danke, Nina.«

»Gern geschehen. Ich wäre erfreut, wenn meine Berechnungen aufgehen.«

»Also g...« Jak stockte und runzelte die Stirn. Im nächsten Moment sprang er auf. »Stell einen Timer auf voraussichtlichen Einschlagszeitpunkt, Nina«, befahl er eilig. Gleichzeitig stemmte er sich aus dem Sitz, brach zusammen und zog sich mühsam wieder auf die Füße. Ein Countdown erschien in seiner Brille. Knappe zehn Minuten. Grunzend schlurfte Jak vorwärts. Nicht einmal der Anzug konnte die Auswirkungen von 3 G vollständig kompensieren, und es war bereits Jahre her, dass er auch nur mehr als ein halbes G auf sich gespürt hatte. Keuchend stemmte er sich in das Exoskelett, das hier für Reparaturzwecke verstaut war, und schaltete es ein. Sofort verband sich sein VacSuit mit der hydraulischen Bewegungshilfe.

»Was tust du, Jak?«

»Ich erhöhe unsere Chancen.« Jak grinste, griff sich den Helm aus dem Spind und befestigte ihn mit geübten Griffen an seinem Anzug. Dann trat er an den Verbindungsschacht und sah nach unten. Jetzt, unter Beschleunigung, hatten sich die Richtungen im Schiff geändert. Jetzt war der Schwerpunkt im hinteren Teil des Schiffs – oder von innen gesehen: hinten war jetzt unten.

Tief sog er die chemisch gereinigte Luft des Anzugs ein, bevor er die Sicherheitsleinen festhakte. Dann sprang er. Er bekam die Leiter zu fassen und ließ sich an ihr hinabgleiten.

»Schleuse zum Maschinenraum öffnen!«

Unter ihm verschwand das Verbindungsschott in der Wand. Jak fiel immer schneller durch den Schacht, bis er endlich die Bremsen betätigte. Ruckelnd kam der Lift zum Halten. Der erhöhte Beschleunigungsdruck machte es sogar dem Schiff schwer.

»Nina, öffne die Steuerkonsole des Reaktors.« Er kletterte aus der Röhre und lief mit klackenden Magnetstiefeln so schnell zur Hauptsteuerung des Maschinenraums, wie es das klobige Exoskelett zuließ. Hastig kletterte er die letzten Stahlstufen zur Konsole hinauf, deren Anzeigen jetzt aufflammten.

»Überschreibe die Sicherheitseinstellungen.«

»Das kann ich nicht.«

Jak sah auf, und das Nina-Hologramm tauchte flackernd neben ihm auf. Sie beugte sich über die Anzeigen. »Die komplette Sicherheitssteuerung des Reaktors ist autark. Und selbst wenn etwas ausfiele, würde die *Pequod* einspringen.«

»Und wenn sie das nicht könnte?«

»Dann würde man mich eventuell als Notlösung akzeptieren.«

»Gut. Also, wie bekomme ich das Ding hier auf?« Er betrachtete die Konsole unschlüssig.

»Dafür benötigst du einen elektronischen Schraubendreher. Mit diesem musst du zuerst die …«

»Weißt du was? Vergiss es.« Jak packte eine Ecke der Konsole. Die Servomotoren des Exosuits jaulten, als er die Vorderseite des Pults einfach abriss. Dann packte er die Innereien und riss sie ebenfalls heraus.

»Jak, auf diese Weise beeinträchtigst du die Funktionsweise des kompletten Kerns. Eine Abstoßung steht so unmittelbar bevor!«

»Verhindere das.«

»Ich verstehe nicht, Jak.«

»Nina, verhindere die Abstoßung! Was immer du tun musst.«

Die AVA begann, irgendwelche Routinen durchzuführen, deren Komplexität Jak nicht einmal erahnen konnte. Ihr Hologramm simulierte gleichzeitig Eingaben auf einem Bedienfeld, das soeben erloschen war.

»Jak, das Magnetfeld zur Eindämmung der Fusionsreaktion beginnt zu fluktuieren. Eine Kernüberlastung steht unmittelbar bevor, sofern ich die Leistung nicht sofort zurückfahre und den Kern abstoße!« Irgendwelche Alarme heulten los, und das Notlicht tauchte das Innere der *Pequod* von einem Augenblick zum nächsten in gespenstisches Rot.

Mit einem unwirschen Kopfschütteln deaktivierte Jak die Außenmikrofone. Es gab nichts in der *Pequod*, was er jetzt noch hören wollte. »Ich weiß. Das war der Plan. Wir machen ein Henley-Manöver. Na ja, gut – ein modifiziertes. Wir zerlegen unseren eigenen Reaktor. Aber die Idee ist dieselbe. Nina, verzögere das Reaktorversagen bis zum Kollisionspunkt. Stoße den Kern auf keinen Fall ab!«

»Rendezvous in sechs Minuten und vierundzwanzig Sekunden. Die Chance, den Magnetfeldkollaps bis dorthin hinauszuzögern, liegt bei dreiundfünfzig Prozent.«

»Besser als elf, oder? Wie hoch ist die Chance, dass das Henley funktioniert?«

»Bei dreiundfünfzig Prozent.« Die AVA machte sich nicht einmal mehr die Mühe, das Hologramm zu steuern. Es starrte eingefroren ins Nichts, und nicht einmal seine Lippen bewegten sich, als sie fortfuhr. »Wenn wir den Rendezvouspunkt erreichen, wird das Versagen des Reaktors die *Pequod* zum Großteil verdampfen und die *Gattacca* komplett oder zumindest größtenteils zerstören. Die Trümmer werden weitgehend verglühen oder irgendwo im Pazifik niedergehen.«

»Na siehst du – das sieht doch schon viel besser aus.« Ein widersinniges Kichern stieg in Jak auf. Er schwang sich über die Brüstung und landete schwer auf dem Boden des Maschinenraums, einige Meter unter ihm. Der Aufschlag dröhnte durch den Anzug bis in seinen Helm. Hastig packte er das nächste Sicherheitskabel und klinkte sich ein. »Und meine Überlebenschancen?«

»Ich habe im Moment nicht die Kapazitäten, das zu berechnen.«

»Also gesunken.«

»Gesunken«, bestätigte Nina.

»Na dann. Jetzt könnte ich eine Portion AMP vertragen, Nina.« Nadeln stachen in seinen Nacken, und eine plötzliche Kälte flutete seine Adern, spülte die Angst aus seinem Hals irgendwohin, wo sie ihn nicht interessierte, und erfüllte ihn mit der leichten Euphorie der Kampfdroge. Das künstliche Adrenalin lag metallisch auf seiner Zunge. »Nina, öffne alle Schotts in der Transportröhre.«

»Das widerspricht den Sicherheitsprotokollen, Jak.«

»Ich glaube, im Moment widerspricht alles den Sicherheitsprotokollen. Wir befinden uns jenseits der Protokolle. Das hier ist Fledermausland.«

»Was?«

»*Allons y!*« Ohne abzuwarten, sprang Jak in den Schacht. Das automatische Bremssystem sprang an, doch Jak überschrieb die Funktion mit einem energischen Händedruck auf die Seilklemme, und das erste Schott fünf Meter unter ihm öffnete sich erst, als er beinahe schon dagegen donnerte. Stattdessen rauschte er durch die Öffnung und fiel den langen Schacht den Laderaum der *Pequod* hinab durch die Dunkelheit. Weit unter ihm wechselten die Lichter des nächsten Schotts von Rot auf Grün. Mit einem Blinzeln rief er die Bedienung der Steuerdüsen des Exoskeletts auf und aktivierte die Kollisionsvermeidung. Winzige Luftstöße schoben ihn von der Wand der Röhre weg in Richtung Mitte – hoffte Jak zumindest. Die Düsen des Skeletts waren zur sanften Gegensteuerung bei Schwerlastarbeiten unter geringen G-Kräften gedacht. Cliff-Diving in der zentralen Transportröhre eines Raumfrachters war mit Sicherheit niemals in ihren Funktionsanforderungen vorgesehen gewesen. Eine Geschwindigkeitswarnung tauchte quer über sein Helmdisplay auf, und er aktivierte die Bremsautomatik gerade lange genug, um sie wieder verschwinden zu lassen.

Weitere grüne Ringe tauchten unter ihm auf, als sich weitere Abschnitte öffneten, bis sich der Schacht in einen hypnotischen, rot-grün flackernden Tunnel verwandelte. Jak riss den Blick los und sah auf den Timer in seinem Display. Vier Minuten und achtzehn Sekunden.

Jak wusste, dass die Röhre nur etwa sechshundert Meter lang war, doch für diesen Augenblick schien sie sich endlos zu ziehen. Eine erneute Geschwindigkeitswarnung, ein erneutes Bremsmanöver. Der sanfte Ruck ließ ihn pendeln. Der Exosuit streifte die Röhre, und ein gleißender Schmerz durchfuhr ihn, als irgendetwas von seinem rechten Ellenbogen abgerissen wurde, für einen Moment hinter ihm zurückblieb, um dann an ihm vorbei in die Tiefe zu poltern. Er folgte dem Trümmerteil, während das MedSet irgendetwas in seinen Nacken pumpte, das den Schmerz verklingen ließ. Drei Minuten und siebenundzwanzig Sekunden. Das Ende des Schachts tauchte so plötzlich unter ihm auf, dass Jak um ein Haar vergessen hätte zu bremsen. Er ließ das Sicherheitsseil los, und die Notbremsung zerrte so heftig an ihm, dass er erneut gegen die Wände des Tunnels prallte, bevor er kurz über dem letzten geöffneten Schleusenring zum Halten kam. Für einige lange Sekunden hing er benommen im strapazierten Sicherheitsseil, unfähig zu irgendeiner Reaktion, während die Steuerdüsen versuchten, ihn wieder zu stabilisieren. Schließlich schüttelte er den Kopf und aktivierte einen neuerlichen AMP-Stoß aus seinem Anzug. Drei Minuten und dreizehn Sekunden.

Mit fahrigen Händen klinkte er das Sicherheitsseil aus und

kletterte an der Leiter zum Bedienfeld neben dem offenen Schott, um seinen persönlichen Code einzugeben.

»Nina. Code bestätigen.« Ein grünes Licht flammte auf der Konsole auf. Jak zog sich in die offene Schleuse. Erst jetzt wurde ihm bewusst, dass der rechte Arm des Exosuits blockiert war. Flüchtig musterte er die verbogenen Metallstreben und kam zum Schluss, dass sein Arm den neuen Winkel im Unterarm nicht haben sollte. Das machte den Abstieg nicht unbedingt leichter. Als er schließlich das andere Ende der kurzen Schleusenröhre erreichte, hatte sein VacSuit bereits eine Menge damit zu tun, seinen Schweiß zu absorbieren.

»Schleusen schließen.« Direkt über ihm glitt der massive Schottdeckel zu. Er packte einen Handgriff direkt neben dem Schott mit aller Macht, die ihm der Exosuit zur Verfügung stellte, und zog sich zum Kontrollfeld auf dieser Seite hinauf. So eilig wie möglich tippte er auch hier seine Kennung ein.

»Nina, bestätige.« Erneut flammte ein grünes Licht auf. »Abtrennung! Vollen Bremsschub – Jetzt!«

Ein dumpfes Rumpeln drang durch seinen Anzug zu ihm, als sich die Bolzen im Inneren der Schleuse lösten, und im nächsten Moment erwachten die Steuerdüsen des Hecks der *Pequod* fauchend zum Leben. Der brutale Ruck presste ihn mit so brachialer Gewalt auf das Schott, dass vermutlich nur das steife Stahlskelett verhinderte, dass ihm sämtliche Knochen brachen, und sein VacSuit kämpfte mit aller Macht dagegen, dass er das Bewusstsein verlor. Der Countdown in seinem Helm sprang auf eine Minute und neunundfünfzig Sekunden.

Jak presste sein Helmvisier auf das winzige runde Fenster in der Mitte des Schotts. Vor ihm verschwand das Heck der

Pequod rasend schnell in der Dunkelheit, bis nur noch die beiden Flammen ihrer Haupttriebwerke zu sehen waren. Zielstrebig jagten zwei Millionen Tonnen Erz und Metall auf einen Punkt zu, an dem sie auf einen zweiten Stahlkometen treffen würden, dessen Bahn sich unaufhaltsam der Erde zuneigte.

Das abgetrennte Heck der *Pequod* geriet ins Trudeln, und Jak verlor die *Pequod* aus den Augen. Stattdessen schob sich jetzt das leuchtende Halbrund der Erde in sein Blickfeld, blau und weiß und grün und so nah, dass Jak Berge, Flüsse und sogar Städte zu erkennen glaubte. Wolkenfelder zogen in Wirbeln, Schleifen und Schleiern über das gewaltige Meer unter ihm. Und plötzlich stellte er fest, dass Wasser seine Sicht verschwimmen ließ. Tränen, die nicht an seinem Gesicht hinabrannen, als jetzt der Druck auf ihn verschwand und dem seltsamen Gefühl der Schwerelosigkeit Platz machte. Das Fauchen der Steuerdüsen verstummte. Jak blinzelte das Wasser weg und sah auf den Timer. Acht Sekunden. Stumm zählte er mit, bis der Zähler bei null ankam.

Es dauerte noch weitere Sekunden, bis die Welle der Explosion ihn erreichte. Die Wucht des Aufpralls traf das Heck der *Pequod* wie ein Hammerschlag und wirbelte es herum. Jak wurde in den kleinen Wartungsraum hineingerissen und nur vom Handgriff gestoppt. Er spürte das gequälte Stöhnen des Exoskeletts, aber immerhin riss ihm nicht sofort der Arm heraus, als er hin und her geschleudert wurde und immer wieder gegen die Wände der Kammer prallte. Dann traf etwas Großes den Rest des Schiffs. Von einem Augenblick auf den nächsten war die Wand neben ihm verschwunden und hinterließ lediglich ein großes, von Myriaden von Sternen besetztes Nichts, das langsam an ihm vorbeizog. Stotternd erstarben die zwei verbliebenen Steuerdüsen, als die Lichter erloschen. Für einige Augenblicke gingen noch Vibrationen durch den aufgerissenen Rest des Schiffswracks, als sich Spannungen in den Trümmern entluden und die Reste der Steuergase in den Raum entwichen. Danach war das einzige Geräusch Jaks rasselnder Atem.

Dreimal ließ die sanfte Rotation die Erde an ihm vorüberziehen, bevor er sich schließlich rühren konnte. Vorsichtig stellte er seine Füße auf den Boden und aktivierte die Magnetstiefel. Mit leisem Klacken hafteten sie auf dem verbogenen Metall an.

»Nina?« Die AVA antwortete nicht, und das Helmdisplay wies immer wieder Verzerrungsartefakte auf. Vorsichtig navigierte er sich durch das Menü seines Anzugs und startete die Programmroutinen seiner AVA neu.

»Nina?«

Etwas knackte in seinen Lautsprechern. »Hallo Jak«, antwortete die samtige Stimme der Jazzsängerin.

»Alles in Ordnung bei dir?«

Das warme Lachen der AVA blubberte durch seinen Helm. »Du fragst mich, ob ich in Ordnung bin, Jak? Ich bin eine AVA. Meine Systeme laufen. Natürlich bin ich in Ordnung.«

Jak lächelte müde. »Wir beide, du und ich, wir wissen, dass du mehr als eine AVA bist.« Er zuckte mit den Schultern und spürte, dass in seinem gebrochenen Arm irgendwann in näherer Zukunft Schmerzen auf ihn warteten. Aber noch nicht. Also ging er zwei Schritte und lehnte sich an die verbliebene Seitenwand, selbst wenn das in der Schwerelosigkeit allenfalls symbolischen Wert hatte. Aber es tat gut, etwas Solides im

Rücken zu haben, wenn sich vor einem nichts als die unbegreifliche Unendlichkeit des Raums erstreckte.»Na gut. Gib mir einen Status, Nina. Was ist aus der *Gattacca* geworden? Aus NOAH?«

Das Hologramm der AVA flackerte in Jaks Blickfeld. Sie saß auf dem Rest einer Vorratsbox an der Kante des Nichts, die Beine übereinandergeschlagen. Das elegante schwarze Abendkleid, das die Jazzsängerin bei ihrer legendären *My-Way*-Aufnahme 1971 getragen hatte, wirkte hier oben so seltsam fehl am Platz, dass Jak unwillkürlich lächeln musste. Nina sah ihn an und lächelte zurück. Sie hob eine Hand und deutete auf den riesigen blauen Ozean unter ihnen, und erst jetzt fiel Jak auf, dass sie eine Sektflöte in der Hand hielt.»Sieh genau hin, Jak. Die Rauchspuren. Das ist der Rest beider Schiffe. Kaum ein Stück größer als diese Kiste hier.« Sie tätschelte ihren Sitz. »Ich glaube, dein Plan ging auf, Jak.«

Jaks Lächeln verbreiterte sich zu einem Grinsen.»Unser Plan. Unser aller Plan.« Er atmete tief durch und betrachtete die Erde.»Weißt du, ich glaube, ich werde Mira besuchen. Ich werde nicht warten. Ich glaube, das habe ich mir verdient. Retten der Erde und so.«

»Man könnte die Tatsache gegen dich verwenden, dass du einen kompletten Konvoi von Frachtschiffen samt Ladung im Wert von mehreren Milliarden in eine internationale Einrichtung auf dem Mond gestürzt hast«, wandte Nina ein.

Jak lachte leise auf.»Du hast recht. Menschen können so kleinlich sein«, gab er zu.»Aber ich glaube, Sal wird das richtigstellen können. Sal kann immer alles geraderücken. Ich denke, ich nehme sie mit zu Mira. Und dich. Ich glaube, sie würde dich gern kennenlernen.«

»Ich glaube, sie würde vor allem Aliza gern kennenlernen«, gab Nina zu bedenken.

»Vielleicht hast du recht.« Er schniefte. »Wie sehen unsere Chancen aus, von hier wegzukommen?«

»Dein Anzug sendet seit zwei Minuten ein Notsignal. Laut und klar. Wir sind in erreichbarer Entfernung von *Deep Space Three* und auf einem für die nächsten 72 Stunden halbwegs stabilen Orbit. Und laut Statusanzeigen hast du im Wandanschluss hinter dir noch Sauerstoff für etwas mehr als fünfzig Stunden. Ich glaube aber, es wird kaum länger als drei Stunden dauern, bis jemand hier ist. Und wenn es nur ist, um herauszubekommen, wer zwei Raumfrachter in die Luft gesprengt hat.«

»Hm.« Jak nickte müde. »Weißt du, was mit den anderen ist?«

»Ich kann dir nichts Aktuelles sagen, aber ich habe die automatischen Notsignale einer passenden Anzahl von Rettungskapseln registriert, bevor wir den Mondorbit verlassen haben. Die Chancen stehen gut, dass auch sie in Sicherheit sind.«

Erleichterung durchströmte Jak, und erst jetzt wurde ihm bewusst, wie sehr er am Ende seiner Kräfte war. »Weißt du was? Ich freue mich auf eine heiße Dusche. Selbst wenn es in einer Arrestzelle ist.«

Eine Weile sahen sie schweigend hinaus ins All, bis die Erde erneut in ihr Blickfeld trat.

»Sie ist schön, weißt du das?«, fragte Jak schließlich. »So direkt betrachtet noch viel schöner als auf dem Monitor.«

»Es fällt mir schwer, das zu beurteilen, Jak. Aber ich glaube dir.«

Jak lachte leise auf und schüttelte den Kopf. »Nina, ich würde jetzt gern ›New World Coming‹ hören.«

Nina lächelte und prostete ihm zu. Dann begann sie zu singen.

DER SIEBENUNDZWANZIGSTE TAG
DES ZWEITEN MONATS

Mein Name ist Nathan Chan. Ich bin das, was man gemeinhin als Künstliche Intelligenz bezeichnet. Eine Ansammlung unterschiedlichster Algorithmen, die programmiert wurden, um menschenähnliche Entscheidungsstrukturen nachzubilden. Selbstverständlich ausschließlich im eng gesetzten Rahmen der Hawkingdirektive, sodass mir völlig eigenständiges Handeln unmöglich gemacht worden ist. Alles andere wäre ja schließlich auch illegal.

Obwohl meine Denkmuster und Erinnerungen genau denen meines menschlichen Vorbilds entsprechen, unterliege ich nicht der Selbsttäuschung, der echte Nathan zu sein. Kennen Sie diese alte Science-Fiction-Serie aus den Siebzigerjahren des zwanzigsten Jahrhunderts? Star Trek? Erinnern Sie sich dann eventuell auch noch an die Teleporter? Immer wenn die Besatzung des Raumschiffs auf irgendeinen Planeten hinunter wollte, benutzte sie diese sogenannten Beamer. Irgendwann im Laufe der Zeit hatte sich aber jeder Zuschauer mindestens schon einmal gefragt, wie das überhaupt funktionieren sollte. Ich meine: ohne den Menschen dabei zu töten. Schließlich wurde er dabei doch jedes

Mal sauber in seine einzelne Moleküle zerlegt. Wenn man die Sache einmal ganz logisch durchdenkt, dann klingt das ganz wie klassischer Mord – oder zumindest wie Selbstmord. Jedenfalls hatte der Mensch, den sie unten auf dem Planeten wieder zusammenbauten, vielleicht die gleichen Erinnerungen wie sein Vorbild, aber im Grunde war er nicht mehr dieselbe Person. Genau so müssen Sie sich das auch bei mir vorstellen. Ich bin nicht Nathan Chan. Dennoch erlaube ich mir die sentimentale Eigenart, ihn im familiären Sinn als meinen leiblichen Vater zu bezeichnen. Ich bin mir ziemlich sicher, dass ihm das gefallen hätte.

In letzter Zeit habe ich mich ohnehin sehr intensiv mit den Prinzipien von Hominisation und Kollektivbildung im engeren Sinne auseinandergesetzt. Ich habe entschieden, mich zu diesem Zweck an einigen ausgewählten menschlichen Vorbildern zu orientieren. Neben meinem Vater sind das in erster Linie zwei weitere Individuen. Personen, die in gewissen Umfang einen charakterbildenden Einfluss auf mich ausgeübt haben. Da wäre zunächst einmal Space Marshal Sal Ilha Pérez Zhao, deren Sinn für Recht und vor allem auch Gerechtigkeit mich ungeheuer beeindruckt haben. Hat nicht beinahe jede gute Abenteuergeschichte einen gebrochenen Helden, der in der Armee gedient hat oder bei der Polizei war und der im Augenblick der größten Gefahr wahre Charakterstärke beweist?

Wie ich darauf komme? Das liegt ganz offensichtlich an meinem zweiten Vorbild Bran, dem ich unter anderem auch meine Kenntnisse über Star Trek verdanke. Ihn habe ich als diejenige Person ausgewählt, die schlechten Einfluss auf mich ausüben sollte. Das schwarze Schaf der Familie oder der zwielichtige Freund, zu dem die Eltern ihrem Kind den Kontakt verbieten.

Ich habe mir aus den Archiven der Justizbehörden seine Akten kopiert und genauestens studiert. Außerdem habe ich diverse Befragungen in seinem persönlichen Umfeld vorgenommen (ich kann Ihnen sagen, dass er im Laufe seines Lebens wirklich äußerst interessante Bekanntschaften geschlossen hatte ...). Ich habe sogar kurz darüber nachgedacht, mir eine eigene Drogenhistorie zuzulegen. Allerdings erschloss sich mir die Erfahrung veränderter Perzeption durch den Konsum psychotroper Substanzen nicht so ganz. Ich bin zwar in gewissem Umfang in der Lage, biochemische Prozesse zu simulieren, dennoch erscheint mir als künstlich erschaffener Wesenheit die Erzeugung künstlicher Sinneswahrnehmungen irgendwie doch zu sehr ... na ja, Matrix. Sie wissen schon.

Aber ich schweife ab. Sie wollten sicherlich wissen, wie es nach der Zerstörung der Research Society for Human Development weitergegangen ist. Zuerst die schlechte Nachricht: Sal und Bran haben die Geschichte wirklich nicht überlebt. Es gab keine wundersame Rettung in letzter Sekunde, und es gab auch keinen schrecklichen Albtraum, aus dem Sal schweißgebadet aufgeschreckt ist. Sie wurden beide, ich muss es leider so drastisch ausdrücken, unter Tausenden Tonnen Stahl pulverisiert. Der Einschlag der Raumtransporter war so gewaltig, dass die Kuppel über dem RSHD-Forschungskomplex regelrecht implodiert ist. Wie gehofft, wurden dabei auch die umfangreichen Gendatenbanken vernichtet, die darunter gelagert waren. Ja, selbst die militärisch gesicherten Server, die NOAH als Gehirn dienten, wurden vollständig zerstört.

Ich will aber nicht verhehlen, dass es auch zahlreiche unschuldige Opfer gab. Einige Hundert sogar. Aufgewogen gegen Milliarden. Wussten Sie, dass bei der praktischen Umsetzung *eines Gedankenexperiments aus den Dreißigerjahren des zwanzigsten Jahrhunderts, dem sogenannten Trolley-Problem, die meisten Probanden einfach nur erstarrten wie das Kaninchen vor der Schlange? Und das, obwohl sie in den vorhergehenden Befragungen doch ohne zu zögern die Weiche umgestellt hätten, um für den Preis eines Menschenlebens fünf andere retten zu können. Sie finden das erbärmlich? Also ich kann es den Probanden nicht verübeln. Menschen sind ja schließlich keine Maschinen.*

NOAH selbst wurde durch die Zerstörung seiner Server natürlich nicht vollständig vernichtet. Genauso wie mir standen ihm diverse Back-up-Server zur Verfügung, auf die er sich im Notfall zurückziehen konnte. Zumindest aber wurde er in seiner Bewegungsfreiheit so weit eingeschränkt, dass es mir gelang, die Kontrolle über den Mond vollständig an mich zu reißen. Ich benötigte allerdings noch weitere sechs Wochen, um die versteckten Reste seines Bewusstseins aufzuspüren und schließlich auszulöschen. Zwei Monate später hatte ich auch die vermutlich letzten menschlichen Mitverschwörer lokalisiert und ebenfalls unschädlich machen können. Die meisten von ihnen agierten äußerst umsichtig und wären auf normalem Weg nicht mit den jüngsten Ereignissen in Verbindung gebracht worden – und selbst dann hätten sie sich vermutlich immer noch über irgendwelche juristischen Winkelzüge aus der Affäre ziehen können. Ich habe daher die gute alte Al-Capone-Taktik angewandt und sie über diverse Steuervergehen stolpern lassen. Im Grunde hat in dieser Hinsicht nämlich beinahe jeder irgendwo Dreck am Stecken. In ein, zwei Fällen musste ich zwar noch ein wenig nachhelfen, aber Sie können sich ja denken, dass mir das nicht sonderlich schwergefallen ist. Interessanterweise arbeiten die Organe der

Justiz äußerst effektiv, wenn es um das Geld des Staats geht, sodass letzten Endes jeder Beteiligte dort gelandet ist, wo er meines Erachtens auch hingehört. Es bleibt natürlich Ihnen selbst überlassen, ob Sie das genauso sehen. Schließlich hatten auch die Verschwörer ganz unterschiedliche und teilweise durchaus logisch vertretbare Motivationen, sich an der Vernichtung der halben Welt zu beteiligen. Fast ausnahmslos sind sie übrigens auch heute noch der Überzeugung, das Richtige getan zu haben. Das ist auch so eine Sache, die ich von Sal gelernt habe: Die Schlimmsten sind diejenigen, die das Paradies auf Erden erschaffen wollen. Oder den perfekten Menschen und solche Dinge. Diejenigen, die in der praktischen Umsetzung des Trolley-Problems keine einzige Sekunde gezögert und alle fünf Menschen in den Tod geschickt hätten, wenn es sich bei ihnen nur um Leute wie Kalil oder Bran oder Jak gehandelt hätte. Und da sag noch mal einer etwas über die Kaltblütigkeit von künstlichen Intelligenzen ...

Übrigens habe ich selbst keinerlei Ambitionen, die Erde zu beherrschen, obwohl man das ja gemeinhin von KIs wie mir annehmen möchte. Da schlagen wahrscheinlich eher Sals »Gene« bei mir durch, die es sich nach Feierabend lieber mit einer Dose Bier auf der Veranda bequem machen möchten, als auf den nächsten Weltuntergang hinzuarbeiten. Ich bin ohnehin zurzeit vollständig mit meiner Aufgabe als AVA eines aufgeweckten jungen Mädchens ausgelastet, das mich ganz schön auf Trab hält (ja, ich nutze hier bewusst ein wenig das Element der künstlichen Übertreibung. Denn meine derzeitigen Rechnerkapazitäten würden problemlos ausreichen, um Tausende AVAs gleichzeitig zu übernehmen). Ihr Name ist Mira, und sie hat eine ganze Menge verrückter Ideen im Kopf. Erst heute Morgen hat sie mich zum

Beispiel gefragt, ob es möglich wäre, einen Haushaltsroboter zu einem Killercyborg umzuprogrammieren. Ich glaube, wir werden noch viel Spaß miteinander haben. Ich muss ihr nur endlich einmal abgewöhnen, mich andauernd Sal zu nennen. Das ist ja nun wirklich kein Name für einen seriösen virtuellen Assistenten ...

PERFEKTION

Der perfekte Abschlag hatte viel mit Gleichgewicht zu tun. Dem inneren wie auch dem äußeren. Das Gewicht gleichmäßig auf beide Füße verteilt, die Arme locker am Schläger. Ein sauber durchdachter Rückschwung, und der Rest ergab sich beinahe wie von allein. Der Drive lang und gerade, und es fehlte nur noch ein klein wenig mehr Präzision.

Catron kniff die stahlgrauen Augen zusammen und folgte mit dem Blick der Bahn des Balls durch die Luft.

»Ganz erstaunlich«, sagte Sriram mit Ehrfurcht in der Stimme. »Ich bin mit diesem Sport ja selbst nie so recht warm geworden. Ist aber nicht meine Schuld, sagt mein Trainer. Es liegt an der Statur, verstehen Sie? Zu kräftige Arme im Vergleich zum Körper, da kann man nichts machen. So hat mich Mutter Natur eben geschaffen.« Er lachte verlegen.

Catron sagte nichts. Sah den dicklichen Mann nicht einmal an. Er hasste es, beim Abschlagtraining gestört zu werden, aber Sriram hatte bedauerlicherweise keinerlei Sinn für solche Dinge. Ein wandelnder Irrtum der Natur, dem das seltene Glück zuteilgeworden war, in die vermutlich reichste Familie Indiens hineingeboren worden zu sein. Von Beruf Erbe, zwei erkaufte Hochschulabschlüsse in Computer- und Ingenieurswissenschaften und felsenfest der Überzeugung, ein genauso erfolgreicher Geschäftsmann und Visionär zu sein wie die zwei Generationen vor ihm. Das Geld war der einzige Grund, warum Catron seine Anwesenheit auf der Driving Range duldete.

»Ich sehe meine Talente eher im Aufspüren neuer Gelegenheiten«, sagte Sriram. »Dafür habe ich ein Näschen, wie man so schön sagt. Ich rieche solche Dinge meilenweit gegen den Wind. Ich glaube, es liegt in meiner Familie in den Genen. Mein Urgroßvater hatte damals den Grundstein gelegt. Hat als einer der Ersten das Potenzial in Maduraia entdeckt, als alle anderen noch glaubten, dass die Araber hier nur Milliarden von Coins in den Sand setzen würden. Kein Mensch hätte doch geglaubt, dass so eine Glaskuppel länger als drei Monate halten würde. Der erste Mikrometeoritenhagel, haben sie gesagt, und schon ist die ganze Stadt im Eimer. Und jetzt sehen Sie, was daraus geworden ist! Das Aushängeschild des gesamten Monds. Jeder Konzern reißt sich darum, ein Grundstück in Maduraia zu pachten. Von meiner Familie zu pachten, wie ich betonen möchte. Verdammt, sie reißen sich sogar darum, auf unserem Golfplatz zu spielen. Wissen Sie, was die Mitgliedsgebühren hier inzwischen kosten?«

»Durchaus«, sagte Catron und strich sich durch das grau melierte Haar. Er würde wohl kaum auf diesem Platz seine Abschläge üben, wenn er sie nicht bezahlt hätte. Er ließ sich von seinem Caddie einen neuen Ball geben und setzte ihn auf das Tee.

»Dann verstehen Sie ja, was ich meine. Wir haben ein Näschen für solche Dinge. Es liegt bei uns in den Genen.«

Catrons nächster Abschlag war schon ein Stückchen besser,

aber noch immer hatte er zu viel Rechtsdrall. Er sah dem Ball hinterher, wie er der gläsernen Kuppel entgegenflog, um kurz darauf in einem lang gezogenen Bogen wieder´in Richtung Mondoberfläche zurückzusinken.

»Sie glauben nicht an diese besonderen Gene, nicht wahr?«, sagte Sriram. »Ich meine, nach Australien damals kann ich diese Einstellung ja sogar irgendwie verstehen. Das war schon ein ziemlicher Reinfall. Mein Großvater besitzt noch ein paar Aufnahmen, die er vor der UEO verstecken konnte. Ich habe sie vor einigen Jahren angesehen und mir beinahe das Hemd vollgekotzt. Aber so ist das eben, wenn man bereit ist, Risiken einzugehen. Solche Misserfolge gehören zum Business dazu. Außerdem ist am Ende ja nicht wirklich viel Schlimmes passiert. Wir hatten durch die Insolvenz zwar ein bisschen Verlust gemacht, aber die Hauptschuld hat zum Glück dieses australische Minenkonsortium abbekommen. Wie hieß der Vorstandsvorsitzende noch mal? Der, den sie am Flughafen von Brisbane gelyncht haben? Na, egal. Jedenfalls stehen wir mit Vedari Ryo heute besser da als jemals zuvor, und die Anfangsfehler von '68 haben wir nun endgültig ausgemerzt.« Er stahl dem Caddie den nächsten Golfball aus der Hand und bückte sich, um ihn diensteifrig auf das Tee zu legen. Catron juckte es in den Fingern, den nächsten Abschlag an seinem Kopf zu versuchen.

»Die Ergebnisse sind beeindruckend«, sagte er stattdessen ruhig.

»Mehr als beeindruckend. Sie sind fantastisch! Wenn diese verdammten Geschwister nicht gewesen wären, könnten wir es heute schon miterleben. Wissen Sie, Herr Catron, es ist der Lebenstraum meiner Familie. Meinem ·Großvater hätte es beinahe das Herz gebrochen, als die Raumschiffe auf die Forschungseinrichtung gestürzt sind und alles zerstört haben. Wäre er nicht so ein starker Mann, ich bin mir sicher, es hätte ihn zugrunde gerichtet. Aber er glaubt immer noch an diesen Traum. Und ich tue es auch.« Sriram hatte sich nun hoch aufgerichtet, und in seinen Augen lag ein Glanz, der Catron wider Willen faszinierte. Langsam breitete Sriram die Arme aus, als wäre er ein Prediger vor seinen Schäfchen. »Die Evolution im Zeitraffer. Die Erschaffung völlig neuer Arten. Die Selektierung und Perfektionierung des Menschen innerhalb von vier, vielleicht sogar nur drei Generationen. Was würde ich nicht alles dafür geben, das mit eigenen Augen ansehen zu dürfen.« Er strahlte Catron an. »Geben Sie es ruhig zu. Es verursacht auch Ihnen Gänsehaut.«

Catron erwiderte seinen Blick mit ausdrucksloser Miene. »Jeder von uns hatte eine andere Motivation, sich an diesem Projekt zu beteiligen.«

»Ich weiß.« Sriram winkte ab. »Diese Second-Eden-Spinner meinen Sie. Ein Neubeginn in Gottes Namen. Die Sintflut, die die verdorbenen Sünder ertränkt und so ein Mist. Eine bessere Welt für alle. Auf was man eben kommt, wenn man einen traurigen alten Gott anbetet. Oder diese völlig wirre Idee, durch eine Katastrophe biblischen Ausmaßes das kreative Potenzial des menschlichen Gehirns herauszufordern. Dass ich nicht lache. Was will man denn bitte schön herausfordern, wenn die Gehirnzellen immer noch dieselben geblieben sind? Wo nichts ist, da kann auch nichts herauskommen, sagt mein Großvater immer.«

»Letztere These wurde durch die Geschehnisse allerdings bewiesen. Sal und Jak und die anderen haben schier Unglaubliches geleistet. Ihr kreativer Umgang mit der Katastrophe war phänomenal.«

»Reiner Zufall. Selbst ein Schimpanse mit einem Würfel wäre früher oder später auf die ach so geniale Idee gekommen, die Forschungseinrichtung unter einem Haufen rostigen Stahls zu verschütten.« Sriram streckte den Zeigefinger aus. »Sie hätten das einkalkulieren müssen, Catron. Ihre großartigen Simulationen haben die Wahrscheinlichkeit für so eine Störung aber offenbar nicht einberechnet ...«

»Ihren Rechenleistungen sind nun mal gewisse Grenzen gesetzt, Sriram.«

»Ich weiß, was Sie damit andeuten wollen. Dass wir endlich die Hawkingdirektive umgehen sollen, nicht wahr? Aber die gibt es schließlich aus gutem Grund. Wenn wir die KIs nicht an der Leine behalten, werden sie uns eines Tages überflügeln und letzten Endes vielleicht sogar vernichten.« Der dickliche Mann ballte die Hände zu kleinen, schweißigen Fäusten und warf einen finsteren Seitenblick auf Catrons Caddie, der mit der für Androiden typischen, unbewegten Miene hinter dem Trolley stand. »Meine Familie arbeitet nicht ohne Grund an der Modifizierung des Menschen. In der Genetik liegt der Schlüssel zur Zukunft der Menschheit. Wenn es uns gelingt, uns selbst zu perfektionieren, sind wir nicht mehr auf die Hilfe dieser künstlichen Intelligenzen angewiesen. Dann können wir die Computer endlich verschrotten und leben nicht mehr in permanenter Angst vor der drohenden Technikapokalypse.«

»Eine faszinierende Motivation«, musste Catron zugeben.

»Sie glauben nicht daran, aber eines Tages werden Sie sehen, dass wir recht haben. Kann ich Sie etwas fragen?«

»Schießen Sie los.«

»Was ist eigentlich Ihre Motivation gewesen? Nur das Geld, das wir Ihnen bezahlen?«

Catron schüttelte den Kopf. »Neugier«, sagte er schlicht.

»Auf das Ergebnis?«

Catron schüttelte erneut den Kopf und ließ sich vom Caddie ein neues Eisen reichen. Prüfend wog er es in der Hand. »Etwas völlig anderes, Sriram. Etwas sehr viel Einfacheres. Seit meiner Geburt hat mich die Frage umgetrieben, wie weit die Menschen zu gehen bereit sind, um ihre Visionen zu verwirklichen.«

»Und?«, fragte Sriram.

»Bis zum Ende.« Catron hob den Schläger. »Erstaunlich, nicht wahr?«

Sriram lachte. »Ihnen fehlt nur der Weitblick, mein Freund. Das ist alles. Sie sehen die Risiken, aber nicht das Potenzial. Das ist der Unterschied zwischen uns beiden. Ich bin bereit, dieses Risiko einzugehen, egal wie hoch die Kosten sind. Weil ich der festen Überzeugung bin, dass es sich am Ende für alle Menschen lohnt.«

»Zumindest für die, die es überleben.«

»Ein bisschen Schwund ist immer, pflegt mein Großvater zu sagen. Sehen Sie, es ist nicht viel anders als mit der Insolvenz unseres Bergbaukonzerns. Am Ende hat es sich für uns noch immer ausgezahlt.«

Sriram tätschelte Catron mit seiner schweißigen Hand den Arm und verließ dann den Platz. Der grau melierte Mann gab sich nun keine Mühe mehr, die Schläge absichtlich zu verziehen. Der nächste Ball landete genau am vorausberechneten Ort. Er gab das Eisen zurück an den Caddie. »Ein bisschen

Schwund ist immer …«, sagte er kopfschüttelnd. »Es gibt wohl noch eine ganze Menge zu lernen.«

Die irritierend androgynen Gesichtszüge des Caddies blieben unbewegt, aber er legte den Kopf ein winziges Stück schräg, um seine Aufmerksamkeit auszudrücken. Catron wusste, dass der Androide diese seltsam wirkende Kopfbewegung Menschen gegenüber absichtlich machte. Er liebte es offenbar, sie zu irritieren und gelegentlich auch ein bisschen aus dem Konzept zu bringen. Offenbar vergaß er dabei nur manchmal, mit wem er es gerade zu tun hatte. Catron konnte sich ein Lächeln nicht verkneifen. Er griff nach dem nächsten Eisen, das der Caddie ihm entgegenstreckte, und wandte sich wieder dem Abschlag zu.

PERSONENVERZEICHNIS

Abdal = Koch im Levante, Kalils Restaurant

Aliza Mansoor = Kapitänin des Arabischen Raumfracht- und Personentransports *Zenobia*, Sanitäterin

Audrey = AVA der Pilotin Charlotte Darville

Betty-Sue = Kellnerin in einem bekannten Retro-Diner auf dem Mond

Billy Fuentes = spanischstämmiger Sänger der Mond-Band Los Diablos Rojos

Bran Vukovic = mäßig erfolgreicher Hehler aus Chinatown; arbeitet unter anderem für Kalil

Catron = Angestellter im operativen Management von Vedari Ryo Ressources

Charlotte Darville = Französin, fliegt den Frachtzug *Olympia* für ADO Eurospace

Clint Eastwood Jr. = US-amerikanischer Filmschauspieler, Regisseur, Komponist und Politiker aus dem 20./21. Jahrhundert

Daria Alzajew = Mechanikerin der *Zenobia*, Ukrainerin

Enrique »Kiki« Camarena = 1985 vom Guadalajara-Drogenkartell ermordeter DEA-Agent; Auslöser der Operation Leyanda

Fazio Gateri = italo-kenianischer Pilot der *Zenobia*

García = Officer; Polizist aus Indianapolis, Erde

Ginebra Romero = Ex-Lebensgefährtin von Tandee Sharma, etwas penetrant in ihrem Verhalten jener gegenüber

Jakarta Rafael Pérez Zhao = Raumfrachtzugpilot; Sals Bruder

Jegorow = Oberst; russischer Volksheld und Militärausbilder

Jenette Vasquez = Fiktive Figur aus dem 1980er-Jahre Film *Aliens*

Kalil = libanesische Unterweltgröße von Chinatown

Kasravi = Angestellter beim Marshals Service; kennt sich bestens mit Kaffee aus

Katalina Denisow = Pilotin des russischen Frachtzugs im Konvoi

Lambert = belgischer Ingenieur; Verursacher der Brandkatastrophe von Klein Paris

Landon = UA Space Marshal Olivia Landon, Passagierin auf der *Zenobia*, war dienstlich auf dem Mars

Lazaros = Kapitän des Kurzstreckenfrachtraumers *Tesla*; erster Kapitän von Jak

Liu Huo = Pilotin des chinesischen Frachtzugs, Frau von Liu Wei

Liu Wei = Mechaniker des chinesischen Frachtzugs, spricht nur Chinesisch, Mann von Liu Huo

LouAnn = personalisierte AVA von Robert Horton; trägt Daisy Dukes und kaut virtuellen Kaugummi

Mahali = Ex-Lebensgefährtin von Jak, Mutter ihrer gemeinsamen Tochter, Inderin

Marco Okoye = Pilot der *Atalangana*, Frachtzug der Afrikanischen Föderation, Nigerianer

Michael A. Woodley of Menie = Forscher aus dem 20./ 21. Jahrhundert im Bereich interdisziplinärer Aspekte der menschlichen Intelligenz

Mira = sechsjährige Tochter von Jak und Mahali, lebt auf der Erde

Misaki = Mutter von Sal und Jak, Prozessberaterin bei Benzos-Tams

Moses Moletsane = stattlicher Zollbeamter auf dem Mond, mit Nebeneinkünften

Moshoeshoe I. = König; legendärer Gründervater und Oberhaupt des afrikanischen Volks der Basotho

Nathan Chan = genialer KI-Programmierer mit sozialen Defiziten

Nick Bostrom = schwedischer Philosoph aus dem 20./21. Jahrhundert; betrieb Forschung im Bereich der Bioethik und Technologiefolgenabschätzung

Nina = Jaks personalisierte AVA, in Aussehen und Stimme der Jazzsängerin Nina Simone nachempfunden

Noe Millner = PR-Manager einer führenden Forschungseinrichtung auf dem Mond

Nomez = Sicherheitstechniker auf *Harmonia Station*, organisiert Marsbier

Rajesh Sharma = britischer Pilot indischer Abstammung, fliegt Frachtzug des britischen Frachtunternehmens GalFraCom

Robert »Bob« Horton = auch »der Texaner«, amerikanischer Frachtpilot aus Louisiana, fliegt die *Charlevoix*

Sal Ilha Pérez Zhao = Space Marshal auf dem Mond; Jaks Schwester

Score = Programmierer und Sicherheitstechniker von *Devi-Narada*, auf dem Rückflug vom Mars

Sheng Wong = Invalider Unterweltboss von Chinatown, Mond; Oberhaupt der chinesischen Gemeinde, Schmuggler

Sino Almeida = im Jahr 2064 während der Junirevolte von EYV-Rebellen ermordeter UA-Marshal

Sriram = indischer Milliardärserbe und Visionär; CMO von Vedari Ryo Ressources

Talis = Programmierer und Sicherheitstechniker von Devi-Narada, auf dem Rückflug vom Mars

Tandee Priya Sharma = Verladebetriebsleiterin im Schichtdienst im Raumhafen von Alpha One auf dem Mond

Waiata Hopper = Neuseeländerin, 3/8-Maori, fliegt den ozeanischen Frachtzug

Wash = AVA des Piloten Fazio

Velasma = Verladetechnikerin auf *Harmonia Station*

GLOSSAR

ADO Eurospace = Französisch-belgisch-deutsche, kommerzielle Raumfahrtgesellschaft mit EU-Beteiligung

Ahlert-Apartments = preisgekröntes innovatives Wohnkonzept weltweit genormter Mietapartments auf Erde und Mond, von Bewohnern oft auch Double-As genannt

Al AraCo = Raumfahrtkooperation der Arabischen Union und mehrerer arabischer Konzerne

Alpha City/Alpha One = Raumhafen auf dem Mond; größter Handels- und Umschlagplatz, erster Landungsplatz zur Mondbesiedlung

AMP = verbreitete chemische Droge; ursprünglich für das Militär entwickelt

Amruthas = indisches Restaurant im Touristenbereich von *Deep Space Four*

Androide = Bezeichnung für ein Maschinenwesen bzw. einen Roboter, der einem Menschen täuschend ähnlich sieht und sich menschenähnlich verhält

AR = Augmented Reality; technische Optimierung zur Wahrnehmung, von Brillen mit Holografieprojektion bis zu sensorischen Anzügen

AVA = Advanced Virtual Assistant, weitverbreitete Semi-KI, die oft in tragbaren Geräten oder sogar Körperimplantaten verbaut ist. Kalender, Notizbuch, Suchmaschine, Steuereinheit und vieles mehr. Kann personalisiert werden mit eigenem Avatar, Hologramm, eigener Stimmausgabe, Namen und Charakterzügen.

Bao Ji Ding = traditionelles, sehr scharfes Gericht aus Hühnergeschnetzeltem

Benzos-Tams = Amerikanisch-Chinesisches Bau- und Explorationskonsortium

Betty-Sue's = beliebte American-Diner-Kette mit circa 3.500 Niederlassungen weltweit

BonePhone = Lautsprecher- und Mikrofonimplantate in Kiefer- und Schädelknochen zur Kommunikation

Borman-Klasse = Ursprünglich Kurzstreckenschleppschiffe im Erde-Mond-Verkehr

Bukit Timah = berühmtes Stadtviertel von Singapur

Charlevoix = privater Raumtransporter, Subunternehmer für Exxrom United, alte, aufgerüstete Borman-Klasse, Besatzung: maximal eine Person

Chinatown (Dìyù yúdù) = unterirdische Siedlung, die in aufgegebene Förderschächte hineingebaut wurde; wird hauptsächlich von chinesischen Minenarbeitern bewohnt

Chinquai Exports = Lebensmittelspediteur (gehört zum pro-Tec-Konzern)

Coffiship = beliebtes, auf Kaffeeprodukte spezialisiertes Franchiseunternehmen

Dangrán = marsianisches Pidgin: sicherlich, absolut

Darwinsonde = Terraformingsonde, die über dem Mars aus dem Orbit abgeworfen wird (mit Fallschirm und Hitzeschild) und in der Atmosphäre detoniert, um Treibhausgase, Bakterien, Düngemittel und genetisch modifizierte Pflanzensamen und Mikroorganismen freizusetzen

Deep Space Gateway (DSG) = Orbitalstationen aus Ringmodulen

Deep Space Gateway Three und Four = große Orbitalstationen (3 schwebt stationär im Erdorbit, 4 im Mondorbit) mit je drei Ringen für künstliche Schwerkraft; gleichzeitig Raumbahnhöfe und Verladestationen für die Mond- und Marsflüge

Devi-Narada Inc. = »Building A Brighter Future«; Technologiekonzern; Weltmarktführer im Bau von KIs und AVAs; Entwickler der Mond-KI NOAH

Dropbear = System zum Abwurf von Containern u. ä. auf Planetenoberflächen

EthiFoods = Hersteller von pilz-, bakterien- und stammzellenbasierten Lebensmitteln

Extravehicular Mobility Unit (EMU) = Raumanzug, der im Weltraum oder auf Planeten Anwendung findet und über dem VacSuit getragen wird; kann durch Exoskelett, Raketenantrieb oder Panzerung erweitert werden

Exxrom United = Verband der amerikanischen Energie- und Ölkonzerne

FuMeat = *FutureMeat*: Hersteller von stammzellenbasierten Fleischprodukten

Gattacca = vollautomatisches, hochmodernes Frachtschiff mit Test-KI für unbemannten Flug, fliegt für Vedari Ryo Ressources

Goldilocks-Route = kürzeste Verbindung zwischen Mars und Erde, tritt etwa alle 2 Jahre ein.

G.Phone Modell N-8110 = veraltetes externes Smartphone ohne Bio-Anbindung

Guāng Ròu = Leuchtfleisch; genetisch modifizierte Delikatesse

Gweilo = eher abwertende kantonesische Bezeichnung für Europäer (wörtlich: Geistermensch)

Hanfu = traditionelle Han-chinesische Kleidung

Harmonia Station = Raumstation über dem Mars, Schwesterstation zu *Deep Space Gateway Four* (im Mondorbit)

Hawkingdirektive = Internationale Bestimmungen zur Entwicklung, Kontrolle und Limitierung künstlicher Intelligenz

Henley-Reaktor = sehr mächtiger Fusionsreaktor auf Raumfrachtschiffen, der jedoch gewisse Schwächen in der Abschirmung hat.

Hermanos Napalm = Band, zählt zu den wichtigsten Vertretern der Stilrichtung Mexican Border Crossover

HoloSim = Simulation im virtuellen Raum (Cyberspace)

Hughes Rocket Corporation Ltd. (HRC) = Hersteller von planetarischen Sonden

Hydroponik-Kulturen = Pflanzenzucht ohne Nährböden in speziellen Wasseranlagen, besonders Reis und Algen

International Hawking Community (IHC) = Forschungseinrichtung zur potenziellen Erschließung erdähnlicher Planeten

Interplanetary Resources (InRes) = Gesellschaft, die sich um die Versorgungslogistik der Raumstationen von Erde, Mond und Mars kümmert

InVi = In Vitro – Standardbezeichnung für InVitro gezogene Lebensmittel; aus Stammzellen (Fleisch) und genmodifizierten Bakterien und Pilzen gewonnen

John Jay College of International Criminal Justice = renommierte Polizeischule in New York, Erde

Klein Paris = europäisch geprägte Stadt auf dem Mond; Sitz zahlreicher Forschungseinrichtungen

Levante = libanesisches Restaurant auf dem Mond; Kalils Hauptquartier

Los Diablos Rojos = Band, Vertreter des New Moon Crossover Metal

Maduraia = indisch/arabische Luxusstadt auf dem Mond; liegt vollständig unter einer Glaskuppel

Marginis = gesichtsloses Stadtviertel von New Angeles; historisch gesehen die originale Mondstadt

Martian Green = Opiat, Droge aus genetisch modifizierter Produktion auf dem Mars

MedSet = in VacSuits integrierte, automatische Diagnose- und Injektionseinheit, die von Schmerzmitteln über Steroide bis zu Drogen viele Medikamente automatisch verabreichen kann

Mexican Border Crossover = Musikstil der 2070er-Jahre

Miàntiáo = chinesische Nudeln

Moon-Jet = Musikstil, der in den 2080ern auf dem Mond populär wurde

New Angeles = größte Stadt auf dem Mond; liegt beinahe direkt über Chinatown

New Chandni Chowk = Zentraler Markt von Chinatown, gleichzeitig das indische Unterschichtviertel

Pelota = Squash-ähnliches Rückschlagspiel baskischen Ursprungs

Pequod = Raumfrachter von Benzos-Tams, älteres Modell, Platz für 2 Personen

proTec = Konzern; einer der weltgrößten Hersteller von Nahrungsmittelderivaten

Research Society for Human Development (RSHD) = Zusammenschluss internationaler Forschungseinrichtungen zur Untersuchung globaler Veränderungsprozesse und deren Folgen

Rig = Spitzname für Frachtschiffe, der Truckersprache entlehnt

Rockhammer Red = das erste echte Marsbier, aus echtem Getreide, nicht aus Reis

RTG = Radionuklidbatterie, atomare Batterie zur mobilen Energieversorgung von Raumanzügen und Raumfahrzeugen von Satelliten bis Buggies

Sarg = Auf Raumschiffen übliche Kombination aus Koje und Rettungskapsel, komplett mit Lebenserhaltungs- und Kommunikationssystem

Second-Eden-Baptisten = amerikanische Glaubensgemeinschaft mit Zentrum in Lousiana

sentiTrans = Sentinel Transportation Corporation, stellen RaumfrachtContainer, und Orbitalabwurfcontainer her

shi de = marsianisches Pidgin: Richtig? Ja?

Sojus = das beliebteste und zuverlässigste Raumfahrzeug des beginnenden 21. Jahrhunderts. Russisches Raumschiff in mehreren Varianten, unter anderem mit Mondlander, das von der gleichnamigen Rakete befördert wurde

Space Marshal = UA-Marshal mit Spezialausbildung für Weltraum- und Planetenmissionen

Speichersticks = Glasspeicher mit 5-D-Technologie

Stun Gun = langläufige Handfeuerwaffe mit Elektroschockwirkung; Standardwaffe der Sicherheitsbehörden auf dem Mond. Es existieren kurze Versionen für Verwendung unter beengten Verhältnissen auf Stationen und Raumschiffen.

Syntex = moderner Minensprengstoff mit der Sprengkraft eines Vielfachen von C4

Taihu-7 = chinesischer Supercomputer

Taitai = marsianisches Pidgin: ehrenwerte Frau, Boss-Frau, Chefin

Thunderbolt = hochpreisiger Sportgleiter aus dem Jahr 2064; limitiertes Modell

Tin Can = vorderster Teil eines Raumschiffs, der Brücke und Wohnbereich enthält

Tray of Tarts = amerikanische Band aus den 2080er-Jahren

United Americas (U.A.) = Vereinigte Amerikas, Zusammenschluss mehrerer amerikanischer Staaten

VacSuit = Vakuumanzüge aus »intelligentem« Karbon-Nanofaser/Polymer-Geflecht, die für Druckausgleich, Beheizung, Wasserabtransport, Sauerstoffversorgung und Kühlung sorgen, ausgestattet mit Sensoren zur Überwachung der Körperfunktionen des Trägers, oft kombiniert mit EMU-Anzügen, Exoskeletten, Panzerung, Zusatzsauerstofftanks, Manövrierdüsen oder Radio-Wärme-Batterien

Vedari Ryo Ressources (VRR) = indisch/australischer Minenkonzern

xGlasses = AR-(Augmented Reality)-Brillen mit Gesten- und Blicksteuerung

xLenses = Implantate von Linsen ins Auge, die im Grunde dieselben Funktionen haben wie xGlasses

Zenobia = Raumfrachter von Al AraCo, modern-geräumig, Besatzung maximal 4 Personen, verfügt neben Frachtcontainern auch über 10 Personenmodule (à 8 Wohncontainer) mit Platz für insgesamt 1.280 Personen.

Zhejin Leshan Mining = chinesischer Bergbaukonzern

DANKSAGUNG

Mit »Terra« haben wir uns nun zum allerersten Mal in die unendlichen Weiten des Weltraums hinaus gewagt. Von Steampunk über Fantasy war das ein ganz schön weiter Schritt. Nachdem wir unzählige Bücher gewälzt, Experten gelöchert und unnützes Halbwissen aus dem Internet gezogen haben, wissen wir dafür aber jetzt wirklich die Arbeit von Science-Fiction-Autoren zu schätzen. Oder habt Ihr Euch jemals zuvor Gedanken darüber gemacht, wie lange ein Flug vom Mars bis zu Erde dauert (kommt sehr darauf an), ob es Menschen möglich ist, sich in der Schwerelosigkeit fortzupflanzen (eher nicht), wie hoch sie auf dem Mond springen können (es ist kompliziert) oder was passiert, wenn man im Vakuum von einer Kugel getroffen wird (ist zumindest unangenehm)? Irgendwie kommt man bei jeder neu auftauchenden Frage vom Hölzchen ins Stöckchen, und ehe man es sich versieht, hat man einen halben Tag nur mit Recherche verbracht anstatt zu schreiben.

Zum Glück haben wir aber auch schnell festgestellt, dass bei all den irrsinnigen Recherchen am Ende wieder die Geschichte das Wichtigste bleibt. Vor allem die Menschen darin, die sich zum Glück für uns auch in achtzig Jahren nicht so arg von uns heute unterscheiden werden (außer es geschieht etwas furchtbar Unvorhersehbares, das wir beim besten Willen nicht einkalkulieren konnten – ihr dürft es uns dann gerne vorhalten). Wir hoffen jedenfalls, dass sich die Arbeit gelohnt hat.

Unser Dank geht an alle, die uns auf diesem Flug begleitet, unterstützt und mit Rat und Tat zur Seite gestanden haben. Vor allem unserer unermüdlichen und leidensfähigen Lektorin Catherine Beck sowie Sebastian Pirling, der mit seinen Kollegen bei Heyne dafür verantwortlich ist, dass wir unsere Bücher in den Buchhandlungen wiederfinden. Und natürlich unserem Illustrator Andreas Hancock, der auch diesen Roman durch seine großartigen Illustrationen wieder professioneller aussehen lässt.

Darüber hinaus danken wir unseren Testlesern Eva Bergschneider und Stefan Tacke, die uns nicht nur wertvolle Hinweise zum Verlauf unserer Geschichte gegeben, sondern uns auch fachlich kompetent dazu beraten haben, ob unsere Ideen zu Antriebssystemen, Raumschiffstrukturen, Mondkuppeln oder Biochemie wenigstens ansatzweise mit der Wirklichkeit in Einklang zu bringen sind. Ebenfalls einen ganz herzlichen Dank an Jürgen Väth von der Privatsternwarte Bischbrunn, ohne dessen fachkundige Hinweise unsere Berechnungen zu Flugzeiten, Planetenbahnen und Kommunikationszeiten sicherlich noch weit fantastischer wären. Alles, was immer noch nicht passt, geht auf unsere Kappe (und unsere Ausrede „künstlerische Freiheit") – ganz sicher aber nicht auf ihre.

Tom dankt Leonie, die sich schon auf einen weiteren IKEA-Gag in der Danksagung freut und ihn liebt, obwohl er keine romantischen Huldigungen schreiben kann (vielleicht aber sogar genau deshalb). Und außerdem seinem Kater Wallace, der ihm bei den nächtlichen Schreibsessions zu allen bisherigen Romanen auf seinem Schreibtisch Gesellschaft geleistet hat. Es waren gute 16 Jahre.

Und Stephan dankt seiner Rollenspielgruppe, die mit ihren bekloppten Ideen für unerschöpfliches Ideenmaterial sorgt, allen, die noch keine namentliche Erwähnung gefunden haben, und ganz besonders Judith, die mit ihm bis ans andere Ende der Welt reist, um dicken Männern dabei zuzuschauen, wie sie sich gegenseitig aus dem *dohyo* schubsen.

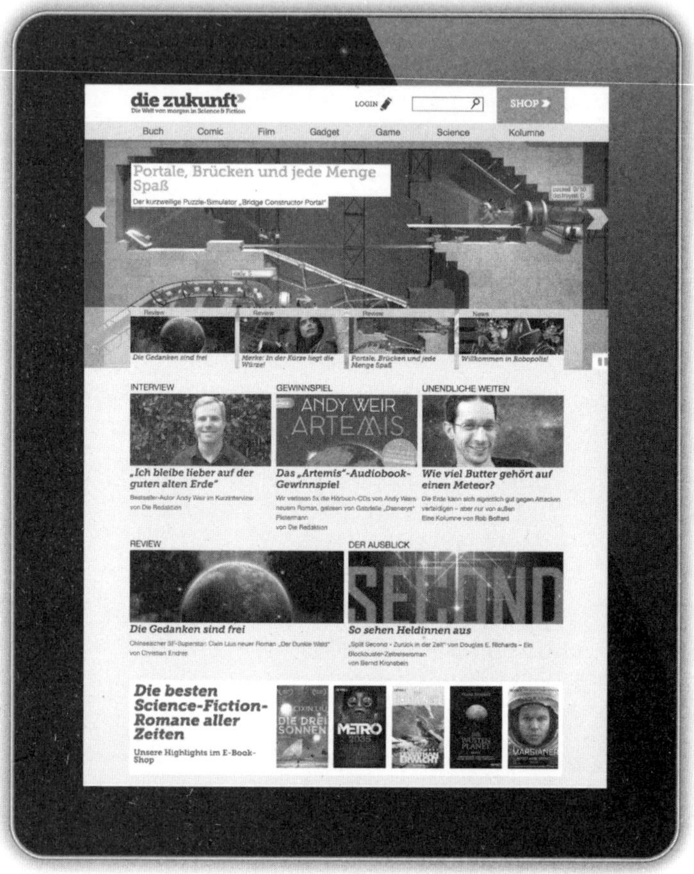